戦後琉球の公務員制度史

米軍統治下における「日本化」の諸相

川手 摂──［著］

東京大学出版会

A History of the Civil Service System in the Postwar Ryukyus:
Its "Japanization" under U. S. Military Rule
Sho KAWATE
University of Tokyo Press, 2012
ISBN 978-4-13-036243-6

戦後琉球の公務員制度史　目次

凡例

序章　「戦後琉球」と日本——連続性の視点から……………………………… 1
　第1節　研究の対象　1
　第2節　先行業績と本書の意義　4
　第3節　分析の視角・方法と本書の構成　14

第1章　各群島の諸政府と職員の任用・給与——1945〜1952年………… 17
　第1節　群島諸政府の機構・組織・人員　17
　第2節　群島諸政府職員の任用　27
　第3節　群島諸政府職員の給与　42
　第4節　本章のまとめ——任用における戦前との連続性、
　　　　　　　　　　　　　給与における米国との連続性　60

第2章　全琉統一政府の設立と「公務員法」の形成…………………… 63
　第1節　全琉統一政府への胎動　63
　第2節　琉球臨時中央政府の設立　69
　第3節　琉球政府の設立と身分引継問題　75
　第4節　琉球政府「公務員法」の形成　79
　第5節　本章のまとめ——「公務員法」による日本との連続性の獲得　96

第3章　琉球政府公務員の任用——制度と実態……………………………… 99
　第1節　琉球政府公務員の任用制度　99
　第2節　琉球政府公務員の任用の実態　117
　第3節　本章のまとめ——制度における日本との連続性、
　　　　　　　　　　　　　人材における戦前との連続性　139

第4章　琉球政府の職階制と給与制度……………………………………… 141
　　第1節　琉球政府の職階制の立案過程と制度　141
　　第2節　琉球政府の給与制度と職階制　155
　　第3節　琉球政府の職階制の実際——運用過程と制度的限界　163
　　第4節　本章のまとめ——「連続的な制度の実施という断絶」、
　　　　　　　　　　　　　　　　　　　　帰結における連続　183

第5章　市町村職員の任用・給与と「幻」の市町村公務員法……… 187
　　第1節　戦後琉球の市町村制度　187
　　第2節　市町村職員の人員・給与・任用　191
　　第3節　「幻」の市町村公務員法　201
　　第4節　本章のまとめ——「公務員法」不在という断絶　234

第6章　琉球水道公社の職員制度……………………………………………… 239
　　第1節　戦後琉球の水道事業と琉球水道公社　240
　　第2節　「職員制度以前」の琉球水道公社　248
　　第3節　琉球水道公社職員の任用　251
　　第4節　琉球水道公社の給与制度と職務分類制　269
　　第5節　琉球水道公社の消滅　284
　　第6節　本章のまとめ——制度・人材両面における米国との連続性　288

第7章　琉球政府公務員の「復帰」……………………………………… 289
　　第1節　奄美群島の「復帰」　290
　　第2節　沖縄・宮古・八重山群島の「復帰」　301
　　第3節　公務員が「復帰」するということ——給与切替と身分引継　319
　　第4節　本章のまとめ——「復帰」による窮極的な連続性の獲得　346

終章　琉球政府とは何だったのか………………………………………… 349

あとがき　359

索引　365

凡　例

1. 引用文中に筆者が注釈を記載した場合、あるいは、引用上の便宜のために書き足しを行った場合は〔　〕に入れて示した。また、引用文中で省略した箇所は……で示す。
2. 本書は、研究対象の性質上、基本的にキリスト暦を使用した。ただし、引用文や文書名においては元の表記に従い、必要に応じてキリスト暦を付記する。
3. 沖縄県公文書館所蔵の琉球政府文書（以下、琉政文書）、琉球水道公社文書（以下、公社文書）からの参照・引用に際しては、それぞれの文書であることを明記した上で、資料タイトルと資料コードを記す。同一章内で同一資料から参照・引用をする場合には、「前掲○○文書（資料コード）」と記す。
4. 米国立公文書館所蔵の琉球列島米国民政府文書（USCAR Records：以下、USCAR 文書。なお琉球列島米国民政府は以下、USCAR とする）は、国立国会図書館憲政資料室所蔵のマイクロフィッシュ化されたものを利用した。参照・引用に際しては、同文書であることを明記した上で、資料タイトルとシート番号を明記する。なお、この番号は憲政資料室独自のものである。同一章内で同一資料から参照・引用をする場合には、「前掲 USCAR 文書（シート番号）」と記す。
5. 琉球政府総務局文書課が編集し、沖縄県公文書館が原資料を所蔵している対米国民政府往復文書（以下、往復文書）は、国立国会図書館憲政資料室所蔵のマイクロフィルム化されたものを利用した。参照・引用に際しては、同文書であることを示した上で、請求記号、リール番号を明記する。
6. 上記 3 ～ 5 以外の一次資料については、脚注で必要な説明を示す。
7. 琉球政府立法院（以下、立法院）会議録および国会会議録からの参照・引用に対する脚注は、「回次＋議会名・〔国会の場合〕衆参の別・本会議／委員会名（日時、会議録号数）」を記した。「第 1 回立法院本会議（1952 年 5 月 23 日、会議録 24 号）」、あるいは「第 68 国会参議院沖縄及び北方問題に関する特別委員会（1972 年 4 月 21 日、会議録 4 号）」のごとくである。
8. 新聞記事については、「「記事名」紙名　年.月.日　朝／夕刊〈ただし朝刊の場合は無記載〉、面数。」の形式で示した。たとえば、「「新職種格付基準　五月中旬には実施」新報 53.4.19、2。」のごとくである。紙名は以下の通り省略する。奄美タイムス：奄夕、うるま（ウルマ）新報：うる、沖縄朝日新聞：沖朝、沖縄タイムス：沖夕、海南時報：海南、南西新報：南西、みやこ新報：みや、宮古タイムス：宮夕、琉球新報：新報。これ以外の新聞については、省略せずに表記する。

一　ゑけ　上がる三日月や
又　ゑけ　神ぎや金真弓
又　ゑけ　上がる赤星や
又　ゑけ　神ぎや金細矢
又　ゑけ　上がる群れ星や
又　ゑけ　神が差し櫛
又　ゑけ　上がる虹雲は
又　ゑけ　神が愛きゝ帯

（おもろさうし　第十　外間守善校注）

――これは琉球人の祖先が夏の夜の航海中、熱帯の蒼穹を仰ぎ、星昴の燦爛たるを観て歌うたオモロであろう。調べ自ずから整うてさながら奥妙なる音楽を聞く思いがする。しかもその想像の雄渾潤大なる、とうてい梅が枝に鶯の声を聞いて喜ぶ所の詩人が想い及ぶ所ではない。実に年中、雲霧に覆われがちな畿内に住んでいた万葉の詩人は、こういう南国の星月夜を夢にも見なかったであろう。

伊波普猷「琉球人の祖先について」

序章 「戦後琉球」と日本
―― 連続性の視点から

第1節 研究の対象

 本書は、戦後琉球の琉球人[1]政府機構における公務員制度・人事行政の歴史を、実態に即して描き出すとともに、それらに制度論的・過程論的な分析を加えることを目的とする。
 「戦後琉球」とは、あまり耳慣れない言葉であろう。筆者はこの言葉を、〈米軍の統治下に置かれていた、1945年から1972年5月14日（奄美群島については1953年12月24日）までの琉球列島〉という時空間を指す概念として使用する。ここでまず、筆者が「沖縄」ではなく「琉球」という言葉を選択した理由を明らかにしておこう。
 はじめに、比較的単純な理由として、「沖縄」が奄美群島を包含できない、という問題がある。地理的概念としての「沖縄」を空間的に最も拡張した場合、それは沖縄県の領域と一致する[2]。そこには、日本による「琉球処分」以降、一貫して鹿児島県の圏域内にあった奄美は含まれ得ず、したがって、どうしても「沖縄」より広い概念が必要になる。そこに（それ）より（は）適切な言葉として現れてくるのが「琉球」なのである。

---

 1) 「琉球人」という言葉は、とりわけ戦前期の日本において、侮蔑的なニュアンスで使われていた。また戦後においては、琉球列島に籍を置く住民（の集合）を指して、主に米軍側が使用した（英語ではRyukyuan）。筆者は、後述する理由から、本書が対象とする空間的領域を「琉球」と呼ぶため、その圏域に籍を有する人々も「琉球人」と呼ぶ。そこに侮蔑・差別の意図がないことはもちろんである。
 2) 逆に最も縮小した場合、それは沖縄島を指すことになる（それより狭い「沖縄市」が存在するが、「沖縄」と聞いて沖縄市が想像されることはあまりなかろう）。そして、沖縄島と沖縄県の中間には、沖縄群島がある。

だが、「琉球」か「沖縄」かという用語選択は、このような地理的な意味での選択にとどまるものではない。それは、さまざまな時代のさまざまな立場のさまざまな人々にとって、アイデンティティに関わる大きな問題であり続けてきた。単純化して言えば、「琉球」という言葉に絡みついているのは、15世紀から19世紀に列島を統べた王国の記憶と、1945年から1972年に列島を統べた米軍の記憶であろう。それは「自立」[3]と「被支配」という正反対の記憶であるがゆえ、「琉球」という言葉の上では、複雑な思いが交錯しているはずである。

　これを踏まえた上で、筆者が「琉球」を選択するのは、まず第一に、研究対象が「被支配」の特異な時空間であったという事実を、端的に示すためである。支配者である米軍は、従前の支配者である日本が60年以上前に貼りつけた「沖縄」という言葉を段階的に引き剥がし、代わりに「琉球」という言葉を貼りつけていった[4]。だからこそ、「脱・被支配」を目指した人々は、海の向こうの「祖国」をまなざしながら、一様に「沖縄」を掲げ、よりどころとした。たとえば、立法院議員の中村安太郎（沖縄人民党）は、「琉球政府行政組織法」の立法要請案を批判して、「独立国家的錯覚を与え、若しくは植民地的名称と思われる琉球政府行政主席、局長、立法院、上訴裁判所等々の名称を、沖縄県庁、沖縄県知事、部長、沖縄県会、沖縄地方裁判所等々と改称して、全人民の祖国復帰の熱願を明文化すべきである」と述べている[5]。復帰論者の中村にとって、〈琉球〉は米国支配の、〈沖縄〉は「祖国」日本の象徴であった。ここでは、こういった「支配と被支配のせめぎあい」を念頭に置いた上で、「琉球」という言葉を使用する。

　第二に、「沖縄」という言葉が持つある種の「中心性」を忌避したい、という思いがある。本書で述べていくように、1952年に琉球政府が設立されるまで、政府機構は奄美、沖縄、宮古、八重山の四群島ごとに独立して設置・運営され

3）　ただし、「自立」の空間である琉球王国において、「被支配」の境遇に置かれていた人も多くいたことを忘れるべきではなかろう。

4）　鹿野政直は、①1945年4月の米軍発行住民向け新聞『琉球週報』の発刊、②軍政の陸軍への移管による司令部の名称変更（Okinawa Base Command → Ryukyus Command）を、米軍による「琉球」化の指標として挙げている。「「沖縄」と「琉球」のはざまで」『戦後沖縄の思想像』朝日新聞社、1987年を参照。

5）　第2回立法院本会議（1953年3月11日、会議録12号）。

ていた。そして、この領域区分は、現在なお有効なものとして流通している。

　それらの群島の一つである／にすぎない「沖縄」の名をもって、(前述のとおり、歴史的経緯から「沖縄」には含まれない奄美は除く)三つの群島を束ねて呼称してしまうのは、それが無自覚的にせよ、「沖縄中心主義」の発露にほかならないのではなかろうか。そのような「沖縄中心主義」から極力脱し、各群島の存在と独自性を意識的に浮かび上がらせるために、「沖縄」という言葉を沖縄群島に押し込め、代わりに「琉球」という言葉で各群島を総称する、というのが筆者の狙いである。

　もちろん、そのような言い換えのみで、「沖縄中心主義」を脱することはできないだろう。各群島への、具体的な言及の積み重ねが必要である。本書で、第1章において沖縄以外の三群島にもできるかぎり詳しく言及したり、第7章において奄美の「復帰」も取り上げたりしているのは、いささか不充分ではあるが、このような筆者の意図を反映したものである。

　以上、本書が対象とする時空間について述べた。次に、本書が対象とする事象である「公務員制度」、「人事行政」についても若干の考察をしておきたい。

　まず、二者のうち、より広い概念である「人事行政」について、公務員法の規定を手がかりに考えてみる。第2章でその成立過程を検討する琉球政府公務員法（1953年立法4、以下本書を通して基本的に「琉公法」と呼ぶ）の章立てを見ると、「任用」「職階制」「給与、勤務時間その他の勤務条件」「分限及び懲戒」「服務」「研修及び勤務成績の評定」「福祉及び利益の保護」「職員団体」という項目が掲げられている。ここから、行政組織を主体とする、これらの項目に関する個別具体の行為の束が人事行政である、と言うことができよう。

　ところで、その個別具体の行為は、最も極端な場合を考えれば、なんらの定型的ルールにも基づかずになされうる。たとえば、ポストや等級別に給与額を定めた給与表というルールが存在しなくても、ある職員の給与額を任意（あるいは恣意）に設定し、支払うことは可能である。だが、行政組織では、個別具体の行為を羈束するための実定性・公開性・可変性を備えたフォーマル・ルールが定立されるのが普通であり、そのルールの総体は一般的に「公務員制度」と呼ばれる。したがって、公務員制度の制定（および改廃）という行為もまた、人事行政の一部分であるとみなすことができよう。

なお、すべての個別具体の行為が、フォーマル・ルールに完全に覊束されてなされる状態と、なんらのルールにも基づかずになされる状態を両極に置いた場合、その間には、フォーマル・ルールは存するが、一部の行為がそれに基づかずになされる状態や、フォーマル・ルールは存しないが、同種の行為の反復によって事実上の（インフォーマルな）ルールが形成され、後の行為がそれに覊束される状態が存在しうる（そういった「事実上のルール」まで含めて、「制度」と呼ぶ場合もあろう）。このような、ルールと行為の多様な関係性のもとに、人事行政は展開されるのである。
　以上、本書の対象である「戦後琉球」の「公務員制度」・「人事行政」について、それぞれの言葉の含意を確認した。節を改めて、本書に関連する先行業績を概観し、それと対比させる形で、本書の意義について述べることにしたい。

第2節　先行業績と本書の意義

　新崎盛暉は、戦後琉球の歴史を規定してきた要因を、①米国の対沖縄政策（a. 本国政府の政策、b. 現地軍の政策に細分化される）、②日本政府の対沖縄政策、③沖縄民衆の動向（a. 米軍統治からの受益者層の動向、b. 沖縄人民の闘いの動向に細分化される）、④本土国民の沖縄問題をめぐる動向の四つであると説明する[6]。すぐに気付くように、ここには米国政府と日本政府は出てきても、琉球政府は出てこない。
　そのため、彼が著した戦後琉球の代表的な通史である『戦後沖縄史』（日本評論社、1976年）と『沖縄戦後史』（岩波書店、1976年、中野好夫との共著）を見ても、立法院を除き、琉球政府に関する言及は驚くほど少ない。また、大城将保による『琉球政府』と題された書籍（ひるぎ社、1992年）でさえ、その内容は対米関係史・政治史・復帰運動史（これら三つは密接に絡み合っている）に終始しており、上述の新崎の視角を共有していると言えるのである。
　とはいえ、「琉球政府」に着目した文献・論文等がまったく存在しないわけではない。1950年代からすでに、佐久間疆ほか「琉球の自治行政を語る（座

6）　新崎盛暉「沖縄戦後史論序説」『沖縄文化研究』4号、1977年、303-304頁。

談会）」（『自治時報』10 巻 1 号、1957 年）や国井成一「琉球政府の行政について」（『都市問題研究』10 巻 4 号、1958 年）など、琉球政府の組織や基本法制について紹介するものが見られる。中でも国井論文は、日本側からいち早く琉球政府の職階制に注目したものとして特筆すべきであろう。その後も「復帰」の前後に至るまで、たとえば河合代悟「戦後沖縄法制度小史──統治機構の変遷を中心として（上）（下）」（『地方自治』275 号・276 号、1970 年）など、いくらか存在するが、いずれにせよこれらは、組織・制度の大枠を概観するにとどまっている。なお、分析的な内容は一切含まれないものであるが、元琉球政府職員の照屋栄一が編纂した一連の資料、とりわけ『沖縄行政機構変遷史』（1984 年）は、組織の変遷や幹部人事などを追うのにきわめて有益である。

　琉球政府の前身機構や市町村についてまで視野を広げると、早くは島袋邦「軍事占領下における自治組織」（『法律時報』31 巻 11 号、1959 年）がある。最近では仲地博が「戦後沖縄自治制度史」と銘打ち、終戦直後から「復帰」までを通観する論文を構想しているが、「終戦直後の混乱期」について論じた 1 本（『琉大法学』65 号、2001 年）のみで執筆はストップしており、その内容も、戦後初期の沖縄島の住民生活や政治状況を概観する中で、沖縄諮詢会について言及した我部政男「占領初期の沖縄における政軍関係」（『年報政治学』40 号、1989 年）と重なる部分が多い。史資料集としては、琉球政府文教局編『琉球史料』（全 10 巻、1956 〜 65 年）や沖縄県沖縄史料編集所編『沖縄県史料 戦後 1 〜 4』（1986 〜 93 年）がある。当事者が執筆した書籍には、沖縄諮詢会で社会事業部長を務めた仲宗根源和の『沖縄から琉球へ』（月刊沖縄社、1973 年）や、琉球臨時中央政府立法院参議・琉球政府総務局長などを務めた嘉陽安春の『沖縄民政府』（久米書房、1986 年）がある。

　市町村に関して、『沖縄市町村三十年史』（1982 〜 83 年）は、市町村自治制度や行財政の通史、各市町村の略史（『地方自治七周年記念誌』〈1955 年〉に掲載されたものを再録）、自治制度関係法令の原文、諸政府が制定した条例・立法および米軍が制定した諸規則の一覧表などを収録し、情報に富んでいる。元市町村長を中心とした自治体関係者へのインタビュー記録をまとめた『おきなわ自治物語』（沖縄県町村会、2004 年）も興味深い。石島弘「戦後沖縄の地方行政組織法」（『沖大論叢』11 巻 1 号、1971 年）は、琉球政府で市町村自治法が制定される

以前の市町村の組織規程であった地方行政緊急措置要綱と市町村制の内容を紹介しているが、その内容は本格的な分析には程遠い。

政府の財政について取り上げたものには、やや古いものでは福丸馨一『沖縄の財政問題と地方自治——琉球政府と沖縄県』(鹿児島県立短期大学地域研究所、1977年)や今村元義・高良倉成「琉球政府設立以前の沖縄行財政の状況」(『琉球大学教育学部紀要 第一部』23集、1979年)があり、最近では、池宮城秀正の一連の論考をまとめた『琉球列島における公共部門の経済活動』(同文舘出版、2009年)がある。池宮城の著書では、琉球政府の予算と租税、市町村財政と政府間財政調整制度、教育区の財政、米国政府および日本政府による援助と、一通りの紹介と概説がなされている。また、後述する教育行政の範疇と重なるが、島袋哲「琉球教育法(琉球列島米国民政府布令第66号と165号)と教育税」(『琉球大学教育学部紀要 第一部』22集、1978年)は、1958年までの布令による教育委員会制度・教育税制度を概説し、教育税制度の法的欠陥や徴収状況、教育区の財政構造にも言及している。

以上のような総論的なものから離れ、行政の個別の政策領域に目を移してみると、本格的な研究は決して多くはないものの、史資料集や通史を含めた文献はそれなりの量存在している。以下、分野ごとに概観していこう。

まず、農林水産関係では、全16冊(19巻まであるが、1・2巻と8・9巻は合巻、6巻は欠巻)という大部の『沖縄県農林水産行政史』がある。うち、戦後行政について取り上げているのは、1・2巻「総説・農林水産行政編」、3巻「農政編」、7巻「林業編」、8・9巻「水産業編」、13巻「農業資料編Ⅳ」、14巻「農業資料編Ⅴ」、16巻「林業資料編Ⅱ」、18巻「水産業資料編Ⅱ」、19巻「行政記録・年表編」である。これらで、戦後琉球の農林水産行政の法制・政策・制度・事業などの変遷はほぼ完全にカバーされていると言えるだろう。なお3巻の第1部「農政一般」も執筆している高良亀友は「戦後の沖縄における農業法律に関する若干の考察」(『農業経済論集』25巻、1974年)において、農林漁業関係法の歴史に触れながら、「本土の方を無批判に志向し、財政の裏付けのない、実効性のない法令を多く作った」ことを批判している。

経済関係法制については、立法の内容と変遷を淡々と並べ書いた島袋鉄男の諸論(「戦後沖縄の金融関係法」「戦後沖縄における産業保護立法」「戦後沖縄における

物品税法」『琉大法学』11〜13号、1970〜72年）があるが、著者自身が言うように、「立法の趣旨と内容を概観するにとどまる」ものである。宮里政玄編『戦後沖縄の政治と法——一九四五-七二年』（東京大学出版会、1975年）には、島袋の論考「経済法制の変遷（二）——一九五〇年以降」と共に、中原俊明「経済法制の変遷（一）——一九四五年より一九五〇年にかけて」も掲載されている。

郵政事業については、沖縄郵政管理事務所編『琉球郵政事業史』（1974年）や、琉球電信電話公社『沖縄の電信電話事業史』（1969年）があり、制度・事業・組織の変遷などが網羅されている。電信電話公社については、元職員・識名朝清の『米軍統治と公社事業』（2006年）が、個別の事業や技術論よりは経営論に重点を置き、より踏み込んだ（回顧的）考察を行っている。郵政事業の一部をなす電波政策・放送行政に関しては、宮城悦二郎『沖縄・戦後放送史』（ひるぎ社、1994年）において、電波法や放送法の制定を中心に取り上げられている。また、技術的・専門的部分が大半を占めるが、気象行政につき『沖縄気象台百年史』（1990年）がある。

土木・建築行政については、当事者の座談会の記録と回想録を集めた沖縄県土木建築部技術管理室編『回想 土木建築行政の50年』（1996年）がある。それぞれの思い出語りであるため、体系性には欠けるが、諸事業や制度の実際、職員の任用の経緯などが垣間見られる。都市計画については、池田孝之が「戦後沖縄都市計画の実際史に関する研究（1）（2）」（『琉球大学工学部紀要』25号・30号、1983年・85年）、「戦後沖縄の都市計画における米国統治政府の影響」（『都市計画論文集』24号、1989年）において、制度と実態を紹介し、日本と比較した戦後琉球の特殊性にも言及している。

教育行政は、業績が多い分野である。通史的なものとしては、沖縄県教育委員会がまとめた『沖縄の戦後教育史』（1977年）や、八重山に特化した石垣市教育委員会編『戦後八重山教育の歩み』（1982年）などがある。また、文教局職員の回想録と座談会を収録した『戦後沖縄教育の回顧録』（1993年）がある。

教育行財政をめぐっては、戦後琉球の（日本と比べた場合に）特徴的な制度であった教育区、公選制教育委員会、教育税が注目されている。島袋哲「復帰前の沖縄の地方教育行政——布令から民立法にいたるまでを中心に」（『琉球大学法文学部紀要　社会学篇』31号、1989年）は、教育区制度・教育委員会制度を概

説し、若干の問題点も指摘する。同じ著者の「琉球教育法（琉球列島米国民政府布令第66号、165号）、民立法による教育委員会法と教育税(2)」（『琉球大学教育学部紀要　第一部』23集、1979年）は、教育税制度に関する文教局、市町村会、教職員会、その他各種団体の意見を紹介している。嘉納英明『戦後沖縄教育の軌跡』（那覇出版社、1999年）には、教育委員会・教育税制度に関する三編の論文が収録されている。森田満夫「戦後沖縄教育行財政制度の地域的実相に関する考察」（『沖縄国際大学総合学術研究紀要』8巻2号、2005年）は、名護の教育税納税率や教育委員選投票率に影響を与えた地域の事情を掘り起こしている。

　もう一つ焦点化しているのは、1952年に布令として与えられた琉球教育法を、立法院による立法で置き換えようとした、いわゆる教育四法（1958年に実現）をめぐる動向である。たとえば上沼八郎『沖縄教育論』（南方同胞援護会、1966年）は、教育四法の制定過程に注目し、それを米軍への抵抗の歴史として描き、さらに、教育の現状が「本土」に比べて立ち遅れていると指摘する。

　社会教育に関しては、戦後沖縄社会教育研究会という研究グループによる『沖縄社会教育資料』（全7巻、1977〜87年。1〜3巻は法制や行財政に関する資料やインタビュー記録を、4巻は奄美、5巻はUSCARの政策、6巻は宮古・八重山に関する資料をそれぞれ収録。7巻は戦時中に関するもので、やや毛色が異なる）や、同グループの中心人物だった小林文人の（平良研一との共）編による論文集『民衆と社会教育——戦後沖縄社会教育史研究』（エイデル研究所、1988年）がある。

　図書館については、県立図書館再興の過程を、既存文献と聞き取り調査により論述した漢那憲治「占領下沖縄における公共図書館の復興過程とその変遷についての研究」（『文化学年報』54集、2005年）や、学校図書館法成立前の学校図書館の状況と、成立後のモデル校事業、振興計画、日本政府援助について論じた同著者の「占領下沖縄の学校図書館法成立後の振興計画とその施策についての試論」（『同志社大学図書館学年報』35号、2009年）がある。さらに学校図書館法については、木幡洋子「琉球学校図書館法制定の経緯とその意義」（『大阪教育大学教育実践研究』9号、2000年）や安藤友張「占領期沖縄における学校図書館法成立とその背景」（『九州国際大学教養研究』15巻3号、2009年）などがある。

　文化行政については、沖縄民政府芸術課長を務め、後に軍政府に転出、戦後

琉球初のラジオ局・琉球放送局の局長となった川平朝申の『終戦後の沖縄文化行政史』（月刊沖縄社、1997年）があるが、いわゆる「ウラ話」に満ちた、回想録としての性格が強い書である。

医療・福祉の分野も、比較的蓄積が多い。まず、戦後の保健・医療政策の流れについて鳥瞰したものに、照屋寛善「戦後沖縄の保健医療行政の推移とその展開」（『琉球大学保健学医学雑誌』3巻4号、1981年）がある。この論文は、著者の回顧録『戦後沖縄の医療』（メヂカルフレンド社、1987年）にも転載されている。同書は、琉球衛生研究所長時代や公務員医師会についてなど、興味深いエピソードに満ちている。琉球衛生研究所については、1970年に所長に就任した吉田朝啓が回想的に記したウェブサイト「琉球衛研物語」がある[7]。

保健婦については、戦後琉球時代に導入され、「復帰」後も1997年まで存続した保健婦駐在制度について、主に人事制度・慣行の検討によって、制度が維持された要因を明らかにした大嶺千枝子・仲里幸子・川崎道子ほか「保健婦駐在の実態から駐在制度の確立に影響した要因を探る」（『沖縄県立看護大学紀要』3号、2002年）や、日本で一部行われていた保健婦駐在制度と沖縄のそれを比較し、連合国軍最高司令官総司令部（GHQ/SCAP、以下単にGHQ）からUSCARに移籍してきた同一人物が重要な役割を果たしていることを示した大嶺「占領期に行われた保健婦駐在の制度比較に関する史的考察」（『沖縄県立看護大学紀要』2号、2001年）がある。また、看護師については、仲里幸子・吉川千恵子・大嶺千枝子「日本復帰前後の沖縄における准看護婦制度の史的考察」（『沖縄県立看護大学紀要』1号、2000年）が、1967年の公衆衛生看護婦助産婦看護婦法の制定過程を検討し、それによって導入された准看護婦制度の運用を明らかにしている。保健所については、各所ごとの職員の回顧録を編んだものとして沖縄県環境保健部予防課編『沖縄戦後の保健所のあゆみ』（1981年）がある。

薬務行政については、『沖縄薬業史』（1972年）があり、法令や組織の変遷をはじめ、医薬品輸入、麻薬取締、医薬品広告の取締、毒・劇物や農薬の取締などといった個別事業における行政の活動が記録されている。琉球政府薬務課が、日本薬局方をそのまま琉球で通用させられるように薬事法を改正するべく法務

---

[7] http://ryukyueiken.web.fc2.com/（2012年10月10日接続）

局と調整し、結局認められなかったために、「独自」の琉球薬局方を作ることになったという記述は興味深い（21-22頁）。

　その他、ハンセン病政策については、政策の当事者が戦前期から「復帰」までひととおりの通史的記述を試み、さらに疫学的消長や具体的に取られた対策などについて論じた、犀川一夫「沖縄のらい政策について」（『日本らい学会雑誌』54巻4号、1985年。著者は、「復帰」後から80年代前半にかけて各種雑誌に執筆している）や、米軍側史料を含む、より広範な史資料に依拠しながら、琉球政府の政策対応の歴史を丁寧に跡付けた森川恭剛「琉球政府のハンセン病隔離政策」（『琉大法学』72号、2004年）がある。また、優生保護法については、澤田佳世「米軍統治と家族計画――戦後沖縄における生殖をめぐる交渉」（『沖縄国際大学社会文化研究』11巻1号、2008年）に、立法案可決までと、USCARによる公布前の廃止措置に至る過程について、USCAR側の史料を使いながら分析する箇所がある。

　社会福祉については、沖縄社会福祉協議会編の『沖縄の社会福祉25年』（沖縄社会福祉協議会、1971年）が総論・概論として相当網羅的なものであり（とりわけ、我喜屋良一による第一部第三章「社会福祉」は、詳細な通史となっている）、公的扶助・児童・身体障害者・高齢者・医療および公衆衛生・社会保険などに関する制度・事業・組織の変遷や諸統計など、記述も詳細である。生活保護法や児童福祉法、医療保険や年金制度については、その立案過程についても若干論じられている。中野育男『米国統治下沖縄の社会と法』（専修大学出版局、2005年）も、類似の領域に関する書であるが、基本的に二次文献に依拠しながら、制度の成立と展開を述べるにとどまる。社会保険（医療保険、公務員退職・厚生・国民の各年金）については、沖縄県保健医療福祉事業団編『本土復帰までの沖縄の社会保険のあゆみ』（1978年）が、単に制度の概要や変遷のみならず、制度の立案・成立過程を詳細に記述しており、また、内部文書なども収録されていて資料価値が高い。さらに、児童福祉に限ったものでは、沖縄県生活福祉部がまとめた『戦後沖縄児童福祉史』（1998年）が紙幅の3分の2ほどを概況的な歴史記述に当てているほか、当事者の体験・回想を交えた幸地努『沖縄の児童福祉の歩み』（1975年）もある。

　その他、古波蔵香咲花「戦後初期沖縄におけるソーシャルワークのはじまり

とその後の展開についての一考察」(『地域文化論叢』10号、2008年)は、米軍が設置し、琉球政府時代になって社会福祉主事に吸収された「軍社会事業委員」制度について、その職務や人選および若干の活動実態を明らかにする。また、鈴木崇之・加藤彰彦「渡真利源吉の思想と実践」(『地域研究』1号、2005年)は、琉球政府職員として児童福祉法の立案に関わった渡真利源吉のライフヒストリーの概略紹介だが、児童福祉法の形成過程において山崎亮一という日系2世のUSCAR職員の影響の跡が紹介されているのが興味深い。

労働関係では、先述の中野が『米国統治下沖縄の職業と法』(専修大学出版局、2009年)で職業安定行政について取り上げているが、これも基本的に二次文献に依拠した制度の概説である。琉球政府によるボリビアへの計画移民政策については、石川友紀「ボリビア・オキナワ移住地形成への琉球政府計画移民の経緯──初年度移民を事例として」(『琉球大学法文学部紀要 地域・社会科学系篇』1号、1995年)や伊是名尚子「第二次大戦後における沖縄移民史の一考察──琉球政府によるボリビア計画移民を中心として」(『南島史学』57・58号、2001年)が論じている。同じ琉球政府による、日本への「労働力送り出し」政策の論理と実態について明らかにしたものに、岸政彦「過剰移動──戦後沖縄の労働力移動における政治的要因」(『龍谷大学社会学部紀要』36号、2010年)がある。

法務関係では、戸籍制度について、当事者であった元法務局長・久貝良順の口述録「戦後沖縄における法体系の整備」(『沖大法学』9号、1990年)が、回想を交えて制度や手続について論じているほか、いくらかの論文(西原諄「戸籍法制の変遷と問題点」宮里編前掲書や、奥山恭子「戦後沖縄の法体制と戸籍の変遷(1)」『横浜国際社会科学研究』11巻3号、2006年)がある。また、宮里編前掲書には、砂川恵伸・安次富哲雄・新垣進「土地法制の変遷」、松本タミ「家族法の変遷とそれに伴う身分関係事件の動向」が掲載されている。

税務関係では、『戦後沖縄税務行政史』(1982年)があり、税務行政の制度や組織の変遷、各琉球政府税の内容や徴収の動向などがまとめられ、関係者の座談会も収録されている。また、税関について、琉球税関に勤務していた呉屋喜一郎の『我が歩みし「琉球税関」』(2007年)があり、中でも、1963年頃に税関を「琉球税関庁」として主税庁から独立させ、計画局の外局とする構想を打ち出した(1965年8月、主税局税関部として、税務部といわば「同格」になる

ことで決着）回想は興味深い。通関行政の関係では、東平地清二「沖縄における植物検疫の歴史」（『沖縄農業』1巻2号、1962年）が、戦前期から1962年までの植物検疫の歴史について（とりわけ1952年以降を詳細に）取り上げている。

　上記以外では、警察行政について、県警本部による『沖縄県警察史』が刊行されており、その第三巻（2002年）が戦後編となっている。会計検査院について、元院長の玉盛隆起が著した『琉球政府会計検査院史』（経済調査会出版部、1976年）は、当事者としての回想を含めながら、制度や組織の変遷とその検討過程、業務の実態や諸統計などを織り交ぜた書で、院の沿革を一通り理解できる。特に、法の規定により、会計検査委員長を事務局職員が選挙したエピソードは興味をひく（45-47頁）。金融検査庁（部）については、元金融検査庁職員らによる『琉球政府金融検査庁　回顧録』（1992年）があり、さらに初代部長の外間完和が著した『キャラウエイ旋風——琉球政府金融検査部長回顧録』（ひるぎ社、2000年）がある。この書は、キャラウェイ高等弁務官の絶大な権力によって推し進められたと言われることの多い1963年からの金融機関の「大粛正」の背景に、実際には弁務官の直接的な指示・命令がほとんどなかったことを当事者が語るもので、戦後琉球史のある部分の通説を強烈に揺さぶる。

　以上、戦後琉球の行政に関する先行業績の状況をまとめると、当事者（個人・組織）によるものが多く、そうではないものも、既存の文献や資料をまとめるにとどまる場合が多い。そして全般的には、立法など法制度の規定やその変遷を紹介するのみ（一部、その制定過程について——とりわけUSCARが容喙してきた場合に——記述したものは見られる）で、その運用・執行の局面にまで踏み込んで分析したもの、すなわち行政研究を行っているものがきわめて少ない。

　本書の対象である公務員制度・人事行政の分野でも、状況はまったく同じである。給与制度について取り上げた単著には、人事委員会委員長を務めた棚原勇吉の『琉球政府公務員給与詳解』（崎間書店、1964年）があるが、その内容は（詳細ではあるものの）制度紹介にとどまり、分析には踏み込んでいない。また、沖縄県人事委員会編の『人事委員会史——20年のあゆみ』（1973年）は公務員制度全般を、同職員課編『職員給与制度等の変遷——戦後50年のあゆみ』（1995年）は給与制度や給与額の変遷を知るのには便利だが、いずれも制

度の外観しかつかめない。その他、職階制に言及した既述の国井論文や、日本政府の職員が現地調査を基に執筆した文章が 2 本見つかるが（滝沢朗「琉球政府公務員の退職年金制度の発足」『レファレンス』16 巻 3 号、1966 年、長橋進「国政的事務に従事する琉球政府公務員の実態調査報告」『人事院月報』22 巻 8 号、1969 年）、これらも制度紹介にとどまっている。任用について、既述の照屋寛善の論文には、公務員医師の定着率の低さを示すデータが取り上げられており、また、同じく既述の大嶺・仲里・川崎らの研究は人事に着眼し分析しているが、いずれも医療専門職についての、限られた言及にとどまる。

　ところで、近年、新しい一次資料の精査や、関係者への聞き取り調査などにより、戦後琉球史をとらえなおそうとする、明田川融[8]、黒柳保則[9]、櫻澤誠[10]、平良好利[11]、鳥山淳[12]、森宣雄[13]、若林千代[14]らの研究が見られる。しかし、彼／彼女らの問題関心は——きわめて乱暴にまとめてしまえば——主に政治や外交、大衆運動の動向にあり、行政機構やその活動が（少なくとも中心的な主題として）取り上げられることはほとんどない。

　以上を総括すると、①戦後琉球の通史において、琉球政府（の行政府。以下、

---

8) 『沖縄基地問題の歴史』みすず書房、2008 年。
9) 「アメリカ軍政下の宮古群島における「革新」政党の軌跡」『愛知大学国際問題研究所紀要』111 号、1999 年。「八重山自治会・「宮良支庁」・八重山人民党——米軍政下における「野党」の成立」『愛知大学国際問題研究所紀要』117 号、2001 年。「下地敏之・宮古民主党平良市政と宮古自由党」『沖縄法政研究』7 号、2004 年。「1946 年の米軍政下旧沖縄県地域における行政統合問題」『沖縄法政研究』8 号、2005 年。「奄美群島の分離による地域の再編成と政党」鹿児島県地方自治研究会編『奄美戦後史』南方新社、2005 年。「「行政家」「政治家」「実業家」——宮古民政府知事としての具志堅宗精」『沖縄法学』37 号、2008 年。「宮古支庁・宮古民政府・宮古群島政府——戦後の宮古における「自治」の原点」『沖縄法政研究』12 号、2009 年。「島嶼地域「琉球弧」における「自治」再編成という経験」『沖縄法政研究』13 号、2010 年。
10) 『沖縄の復帰運動と保革対立』有志舎、2012 年。
11) 「沖縄復帰運動の政治的動態——復帰協を中心として」『国際関係学研究』15 号、2002 年。「戦後沖縄と米軍基地（1〜7）——沖縄基地をめぐる沖米日関係」『法學志林』106 巻 2-3 号、107 巻 2-4 号、108 巻 3-4 号、2008-11 年。
12) 「復興の行方と沖縄群島知事選挙」『一橋論叢』125 巻 2 号、2001 年。「戦後初期沖縄における自治の希求と屈折」『年報・日本現代史』8 号、2002 年。「1950 年代初頭の沖縄における米軍基地建設のインパクト」『沖縄大学地域研究所所報』31 号、2003 年。
13) 『地のなかの革命——沖縄戦後史における存在の解放』現代企画室、2010 年。「沖縄戦後史の分岐点が残したある事件」『サピエンチア』44 号、2010 年。
14) 「占領初期沖縄における米軍基地化と「自治」、1945〜1946 年」『国際政治』120 号、1999 年。「第二次世界大戦後の沖縄における政治組織の形成、一九四五年〜一九五一年——沖縄人民党を中心にして」『沖縄文化研究』28 号、2002 年。「戦後沖縄における政治空間とその構造をめぐって——朝鮮戦争前夜、1948〜1950」『季刊軍縮地球市民』10 号、2007 年。

基本的に、「琉球政府」という用語を行政府に限定して用いる）は等閑視されてきたきらいがある。②行政に関しては、個別政策領域ごとに一定の文献が存在するが、制度紹介に終始している場合が多く、本格的な研究を行っているものは少ない。公務員制度についても状況はまったく同じである。そして、③近年、一次資料を駆使した研究が蓄積され始めているが、行政研究は取り残された状況にある。

　これらの先行業績の状況を踏まえ、本書は、①琉球政府の、②行政に関する、制度・施策紹介にとどまらない本格的な分析を、③一次資料を駆使して展開することを目指す。このような意味で、本書は、戦後琉球史の未踏の領域に歩みを進めるものであると言えるだろう。次節で、その分析の視角や研究方法について述べることとしたい。

第3節　分析の視角・方法と本書の構成

　前節で述べたように、琉球政府の公務員制度の外観・概要を知るには、すでにいくらかの文献が存在している。したがって本書は、単なる制度の通史にとどまるわけにはいかない。そこで以下、本書が琉球政府の人事行政・公務員制度をどのようなレンズを通して眺め、どこに焦点を合わせ、いかなる像を浮かび上がらせようとしているのかについて述べておくことにしたい。

　第一に、本書は一貫して、琉球と日本（あるいは時に米国）の関係、より具体的に言えば、そこに見られる「連続性」に注目する。簡単に定義すれば、ある二者の間に因果関係や影響 - 被影響関係によってもたらされる相似性・同一性が存在する時、そこに連続性がある、と考える。本書を通観するテーマを掲げるとするならば、この言葉がふさわしいであろう。詳しくは後の各章で見ていくことになるが、戦後琉球の政府機構における公務員制度は、米軍統治という状況に置かれていながら、通時的な「戦前との連続性」と共時的な「日本との連続性」という、二つの連続性をその主要な特質とし、時間の経過とともに前者が後者に転形していくという経緯をたどった（この転形を「日本化」と言ってもよいだろう）。そして、米軍を経由した「米国との連続性」は、限られた局面にのみ現れた。これらの連続性が、いかなる論理や思想、環境のもと、

いかなる過程において生まれ、維持／転形されていったのかを解明することが、本書の大きな主題となる。一方で、そこに連続性の切断＝断絶が起こることもある。その場合にもまた、その背景や過程を解明することに関心を寄せる。

　第二に本書は、人事行政・公務員制度の全分野を網羅的にカバーすることはせず、その根幹をなすものと考えられる、任用と給与に関心を集中させる。その際、給与については制度のみを検討し、既存の文献や資料によって比較的容易に確認でき、（当事者にとってはきわめて重要な問題であっただろうが）分析的にさして重要な意味を持つとは言えない、給与水準やその決定過程といった実態面には基本的に踏み込まない。一方、任用に関しては、どのような職員がどのように昇進していったのかという実態面についても、制度面と合わせて集中的に検討する。これは、その論点を総合的かつ分析的に取り上げた業績が見当たらない上、結論を先に言明してしまえば、それを明らかにすることが、琉球政府の人的側面における「戦前との連続性」を照らし出すことにつながると考えられるためである。さらに本書は、給与制度と任用制度をそれぞれ単独のものとして分析するだけでなく、両者に職階制を加えた三者のうちにある密接な関係をとらえ、それを詳細に検討する。それがとりわけ明確になっているのは第4章である。これによって同章は、単に戦後琉球という局時／地的な空間にかぎられない制度論的分析にもなっている。

　第三に本書は、法制度の変遷を単に書き連ねたり、既存の文献に記された内容を整序してまとめるのみにとどまらず、琉政文書をはじめとする一次資料や、地元新聞の記事を駆使し、制度の実施・運用過程に照明を当ててその姿を浮かび上がらせるとともに、行政内部の日常的な作動の様態を明らかにする。これによって、第二点と同じく、分析は戦後琉球という局時／地的な空間にかぎられない、一般論として読むこともできるだろう。また、これは第一点とも関わってくることだが、USCAR文書や日本政府の文書といった一次資料も適宜利用することで、琉米・琉日・琉日米の関係を浮き彫りにすることも試みている。

＊

　本書は以下のとおり構成される。第1章は、1952年の琉球政府設立前まで

奄美・沖縄・宮古・八重山の各群島に置かれていた行政機構を「群島諸政府」と総称し、その職員の任用・給与の実態と制度について明らかにする。第2章は、(各群島単位ではなく)琉球全域を管轄していた行政機関における職員の任用・給与の実態と制度を明らかにし、合わせて、琉球政府において、米軍の布令を経て、立法院による制定法として結実することになる「公務員法」の立案・制定の過程と、その制度内容について分析する。第3章は、琉球政府公務員の任用制度を紹介し、独自に作成したデータベースなどを使って、任用の実態にも迫る。第4章は、琉球政府の職階制と給与制度を詳細に分析し、さらに、職階制・給与制度・任用制度の関係について考察を加える。第5章は、市町村職員について、その任用・給与の実態と制度をマクロデータのレベルで概観し、さらに、制定に向けた動きが繰り返し起こりながら、「復帰」に至るまで成立しなかった、日本の地方公務員法にあたる市町村公務員法の「不」制定過程を明らかにする。第6章は、琉球政府とは毛色の異なる公的機関として、USCARによって設立された琉球水道公社を取り上げ、その職員の任用・給与や職務分類の制度と実態を明らかにする。第7章は琉球政府に戻り、琉球政府公務員の日本「復帰」の一部始終を詳細に描く。終章は全体の総括を行い、今後の展望について述べる。

第1章　各群島の諸政府と職員の任用・給与
―― 1945～1952 年

　本章では、1945 年から 1952 年まで、琉球列島を構成する奄美・沖縄・宮古・八重山の各群島に分立していた政府機構（以下、群島諸政府と総称する）の職員の任用および給与の実態を明らかにする。利用可能な史料の分量から、言及はどうしても沖縄が中心となるが、序章で述べた理由から、できるかぎり他の群島にも目を向けることとしたい。

第1節　群島諸政府の機構・組織・人員

1. それぞれの「戦後」と行政機構の再生

　琉球列島の「戦後」がいつ始まったのか、確定するのは難しい。それはまず、凄惨な地上戦によって荒野となり果てた沖縄島と、それ以外の島では大きく異なる。そして、沖縄島の中でも、早くに米軍の捕虜となり、収容所に送り込まれた人たちにとっては、その時からが戦後であるが、その時まだ島内で逃げ・隠れ続けていた人々にとっては、戦争は続いていた。とにかく、生き延びた人それぞれに、それぞれの戦後のはじまりがあった。

　　ⅰ）沖縄

　戦後の沖縄群島における政府機構の起点は、偶然にも、日本の「敗戦」の日と同じ 1945 年 8 月 15 日である。この日、米軍政府[1]は沖縄島の石川に、命をつないだ戦前の政治的・文化的指導者たちを招集し、住民代表会議「仮沖縄人

---

[1]　米軍は、1945 年 4 月の沖縄島上陸とほぼ時を同じくして、いわゆる「ニミッツ布告」により、「日本帝国政府の総ての行政権の行使を停止」し、軍政府（Military Government）を設立した。当時の軍政府文書を見ると、1946 年 7 月の琉球軍司令部（Ryukyus Command: RYCOM）設置

諮詢会」を開催した。その場において、Okinawa Advisory Council ——沖縄諮詢会[2]と呼ばれることになる諮問機関の設置と、その構成員の選挙が告げられた。8月20日、当選人15人によって諮詢会は正式に発足する。委員長には、戦前は沖縄県立第二中学校の校長を務めていた志喜屋孝信が選ばれた。

諮詢会は、その名称が示すように、基本的には軍政府の諮問機関にすぎなかった。しかし、29日に開かれた第1回の諮詢会で13（後に14）の専門部門の設置とその長の人事が決まり[3]、加えて軍政府側から、各部の職員（部員および書記）の人選および人数について、各部担当の軍部長と相談の上決定することが指示された[4]。かくして諮詢会は、行政機構としての性格を帯び始める。

31日に開かれた諮詢会協議会では、各部の職員数の大枠が決定された（未定の総務部を除くと、最少は労務部の5名、最多は商工部の18名）[5]。これを受けてか、公衆衛生部では早くも「九月に於て職員二名を採用、十一月迄に二名を増員」[6]している。各部には書記が「多いところで27、8名、少いところ

までは「Military Government, Ryukyus」、設置後は「Ryukyus Command Military Government」との表記が見られる。その後、宮古・八重山には南部琉球列島軍政府（Ryukyus Command Military Government, Southern Ryukyus）が、奄美には北部南西諸島軍政府（英語名称が表記された文書を未見。「南西諸島」という訳語については本章注32を参照）がそれぞれ設置された。表記から見るに、両軍政府は（沖縄の軍政府ではなく）琉球軍司令部の直下に置かれていたと考えられる。

　その後、1950年5月に、琉球列島軍政府（Military Government of the Ryukyu Islands）と、琉球／奄美／沖縄／宮古／八重山／東京の各軍政官府（Military Government Team）が設置された。文書上の名称表記を見るかぎり、各軍政官府は琉球軍司令部の下に位置づけられていたようである。これらは、同年12月に琉球列島軍政府が琉球列島米国民政府（United States Civil Administration of the Ryukyu Islands: USCAR）に改組されると同時に、民政官府（Civil Affairs Team）と名称変更され、USCARの下部機構と位置づけられた。その後、51年3月には東京民政官府がUSCARの在日本琉球貿易事務所（Office, Ryukyuan Trade Affairs in Japan）に改組、6月には琉球民政官府、10月には沖縄民政官府がそれぞれ廃止された。以下、特に区別する必要がない場合には、これらの組織を「軍政府」あるいは「USCAR」と総称する。

2) これを沖縄諮詢委員会と訳している史料・文献も多いが、両者は同じOkinawa Advisory Councilを指している。
3) 各部の名称と部長（括弧内に記入）は以下の通り。総務部（又吉康和）、公衆衛生部（大宜見朝計）、法務部（前上門昇）、教育部（山城篤男）、文化部（当山正堅）、社会事業部（仲宗根源和）、商工部（安谷屋正量）、農務部（比嘉永元）、保安部（仲村兼信）、労務部（知花高直）、財務部（護得久朝章）、通信部（平田嗣一）、水産部（糸数昌保）、工務部（松岡政保）。
4) 琉球政府文教局編『琉球史料　第一集』（以下本章では『琉球史料〇』：〇には集数をアラビア数字で表記する）那覇出版社、1988年、19頁。
5) 沖縄県沖縄史料編集所編『沖縄県史料 戦後1　沖縄諮詢会記録』（以下本章では『諮詢会記録』）1986年、31頁。
6) 『琉球史料1』39頁。

で5、6名」いたという[7]。その後、人員は膨張していったようで、翌46年1月下旬には、軍政府側から「各部の事務員は多い」、「執行機関でなく諮問〔機関〕であるから人員は余り多く」いらない、という指摘を受けている[8]。

1946年に入ると、軍政府は個別の指令によって、「沖縄○○部」という名称の機構を相次いで設置し始めた。その主なものを挙げてみると、1月2日に沖縄文教部（指令86号）[9]、1月8日に沖縄警察部（指令92号）、3月15日に沖縄農務部・沖縄工業部・沖縄水産部・沖縄財政部・沖縄商務部（指令134号）、3月28日に沖縄労務部（指令143号）などである。これらは、諮詢会にすでに置かれていた各部に執行権限を委譲し、正式な行政組織として位置づけたものであった。

部の設置と並行して、軍政府は3月初頭に、それらを統合する「中央執行機関」の構成の提出を諮詢会に求めた[10]。4月22日、指令156号によって沖縄民政府[11]が創設され、24日には知事の任命式が行われる。同指令によれば、民政府は行政各部・裁判組織・市町村行政・諮詢団体を包含するとされ、立法機関を欠くものの、戦後琉球に初めて登場した総合的な政府機構であった。すでに設置されていた各行政部は、この指令によって民政府の各部と位置づけられた（ただし工務部は、民政府発足後の5月3日に指令4号によって設立）。部の数は、諮詢会と同様の14で、これに知事官房が追加された。

民政府は、戦前との連続性を色濃く残した組織であった。それを端的に象徴しているのが、その行政組織を規定した「沖縄民政府官制」（1946年5月1日、

---

7) 板良敷長基「戦後行政物語1　沖縄諮詢委員会のころ」『沖縄』1978年4月号、24頁。
8) 『諮詢会記録』266頁。
9) 『アメリカの沖縄統治関係法規総覧Ⅳ』池宮商会、1983年、72頁に収録された軍政府指令89号「教育部の設置」（1946年1月4日）中に、「（一九四六年一月二日付本部指令第八六号に従って設置された）沖縄文教部」との文言が見られる。なお、軍政府・USCARは、布告・布令・指令という形式の法を発した。以下では「軍政府」「USCAR」は省き、単に布告・布令・指令と表記する。
10) 『諮詢会記録』356頁。
11) 指令156号のタイトルは "Creation of Central Okinawan Administration" である。これを素直に訳出すれば、新しく創設される政府の呼称は「沖縄中央（行）政府」となるべきであったが、沖縄民政府文書では、当初から「沖縄民政府」と訳された。これは、宮古・八重山を分離したままの状態で「中央政府」を名乗ることを承認しがたいという民政府関係者の思惑が反映されたものだったという。なお、軍政府側も「実態」に合わせ、1946年12月1日付の指令20号で "Okinawa Civilian Administration" に呼称を変更している。以上、大城将保「沖縄戦後史へのアプローチ」『新琉球史　近代・現代編』琉球新報社、1992年、304-305頁参照。

訓令甲1号)[12]である。全30条から成るこの官制は、戦前さながらの「沖縄民政府官制左ノ通定ム」というレトロな文言から始まり、まず第1条で民政府に置かれる官職を定める。そこにはたとえば、部長・官房長という幹部ポストから、事務官・技官・視学官などの官、書記、さらには警察職員たる警視・警部・巡査、司法関係では判事・検事・弁護士、福祉関係の養護院長・保育官・看護婦といった職制が列挙されている。続く第2〜8条は知事の職権に関する規定であり、第9〜24条は各部の設置と所掌事務を、第25〜28条は部長・官房長の職権や課の設置根拠などを定める。最後の第29・30条は、警察署・学校・病院等の機関の設置規定となっている。内容や構成、そして何より名称から想像されるように、これは、戦前日本の行政組織および官の体系を規定した諸官制との連続性を見せている。具体的に言えば、官職の設置については各省官制通則、知事の職権および附属機関の設置については地方官官制、各部の所掌事務については各省官制に範を取り、それらが切り貼りされたものに見える。

　このような戦前日本との連続性は、軍政府にも是認されたものであった。すなわち、4月1日の軍民協議会において軍政府側は、行政機構の形態について内部で検討した結果、「皆がよく知って馴れて居る」、「戦前に近い機構が最も良いではないかとの結論になった」旨を伝えているのである[13]。

　さらに民政府は、その職員に関して、「官吏服務規律」（訓令甲14、1946年8月5日）および「官吏懲戒規程」（訓令甲15、同日）という二つの規則を定めている。名前だけでも、これらが戦前日本の「官吏服務紀律」と「文官懲戒令」に倣っていると推測できよう。実際その内容は、前者は、「天皇の官吏」性の根拠となった周知の第1条、「凡ソ官吏ハ天皇陛下及天皇陛下ノ政府ニ対シ忠順勤勉ヲ主トシ法律命令ニ従ヒ各其職務ヲ尽スヘシ」をさすがに除去している[14]以外は、ほぼそのまま官吏服務紀律の条文を利用しており、後者についても、高等・普通懲戒委員会の区別をしていないこと以外は、文官懲戒令とうりふたつなのである。また、職員のことを指して「官吏」という言葉を使ってい

---

12) 官制の原文は、『琉球史料1』78-87頁に掲載されている。
13) 『諮詢会記録』430頁。
14) すでに、1945年末の時点で、日本における官吏制度の「民主化」の動向は沖縄島に伝えられていた。「官吏は公僕」うる45.12.5、2。

ることも、戦前との連続性をうかがわせる。

　続いて民政府の人員面を見ていこう。すでに諮詢会時代から軍政府に過剰を指摘されていた人員であるが、1948年1月の時点で、その数は実に9,000人を超えていた[15]。あまりの多さに、正確な職員数を民政府当局が把握できていないことが、沖縄議会において批判される[16]ような有様であった。

　設立以来、民政府には歳入がなく、予算は100％軍政府が負担していたが、1947年3月31日の指令7号「沖縄群島に於ける課税手続の設定及実施の件」により、4月1日から税の賦課徴収が開始される。同月末、軍政府は民政府の予算削減を指示した[17]。軍政府はすでに2月5日付で、沖縄民政府の行政費が他の群島の民政府に対して大きいことを指摘し、人件費を最小限にするため、必要不可欠な者以外の新規採用を認めず、冗員は俸給名簿から除去せよ、と指示しており[18]、この予算削減指示は、職員を削減すべきというメッセージを含んでいると受け止められた[19]。さらに軍政府は、9月16日の軍民連絡会議で、「来年度から住民の税収を以て民政府は賄ふ様に……但復興費は軍政府から支出す。部の統合、人員等も来る十二月迄〔ママ〕でに立案せよ。来年四月から実施す」る、と指示した[20]。これにより人員整理は決定的になり、10月24日には官房長から各部長へ、「欠員は原則として補充しないこと」、「是非補充しなければならぬ事情があるときは、他部と交渉の上割愛〔ママ〕して貰ふ様にすること」を示した通牒が発せられた[21]。これに合わせて、整理対象職員の就職を斡旋するための整理委員会の設置が検討されたり[22]、軍政府が再雇用を検討するため、整理職員の経歴・職種・現俸などを記した名簿を提出するよう民政府に求める[23]と

---

15) 『琉球史料6』に収録された、宮里辰彦「沖縄経済安定への道」(11頁)。なお、1948年末時点での沖縄群島の就業者数は226,031人であった(『琉球史料5』156頁)。
16) 第20回沖縄議会(1949年5月19日)における議員の意見。『琉球史料2』82頁。
17) 1947年4月30日の軍民連絡会議における志喜屋知事の発言。沖縄県立図書館史料編集室編『沖縄県史料 戦後2 沖縄民政府記録1』(以下本章では『民政府記録1』)1988年、322頁。
18) 「過大な民行政費の大幅削減を要望！」うるま47.2.28、1。
19) 1947年5月16日の部長会議における護得久財務部長の発言。『民政府記録1』339頁。
20) 同上、458頁。
21) 官房長発各部長宛「人事の方針に就て」(知第131号、1947年10月24日)。沖縄県立図書館史料編集室編『沖縄県史料 戦後3 沖縄民政府記録2』(以下本章では『民政府記録2』)1990年、405頁。
22) 『諮詢会記録』499頁。
23) 『民政府記録1』558, 671, 674頁。

いった動きが見られた。いずれも、その後の経緯については不明であるが、とにかく 1948 年 4 月をもって、1 房 16 部の機構は 1 房 10 部に再編され[24]、職員も大幅に整理された。整理対象となった職員に対しては、退職金を支給することが検討されたが、軍政府は 3 月 29 日付の知事宛文書[25]で、「目下軍施設に於てはその目的遂行に要する有能な職員が払底で困まり抜いている。依って貴政府を退職する職員で有能な士は容易に再就職が出来」るので、退職金の支払いは認められない、とこれを拒否している。

その後、人員数の膨張は抑制されたのだろうか。1949 年 4 月 8 日の部長会議に提出された「1950 年度民政府各部割当歳出予算案」によれば、当時点での人員数は 7,981 人（本庁 785 人、廊庁 7,196 人〈その過半数は教員と警官〉）であった[26]。この際にも軍政府から 1,400 人を整理すべきと指摘され[27]、実際に 4 月 1 日付で 1,348 人が減員されたようである[28]。さらに、10 月の機構再編に合わせて再び人員整理が実施され、本庁では 10 月 31 日付で 647 人中 68 名が退職した[29]。以上から分かるように、沖縄民政府では、職員数の膨張と人員整理が繰り返されていた。

ⅱ）奄美

敗戦後の奄美群島では、鹿児島県庁大島支庁が戦前に引き続いて、戦後処理を中心とする行政運営を行っていた。1945 年 10 月 15 日には県庁から初の公文が届き[30]、翌 46 年 1 月 20 日には、県庁の内政部長をはじめ、警察・土木・水産・人事などの担当職員が、「戦災慰問」を名目に奄美視察を行っている[31]。

しかし、1 月 29 日の「若干の外廓地域を政治上行政上日本から分離することに関する覚書」（SCAPIN 677）によって奄美群島の日本からの分離が決ま

---

24) 同上、664 頁。
25) 『琉球史料 1』73 頁。
26) 『民政府記録 2』186 頁。ただし、軍政府は 5 月 17 日時点での現在員を 8,373 人としている（同 202 頁）。一方、同 168 頁に掲載された「改正俸給案」に記載された人員数を合算すると、7,020 人となる。これらの少なくない差が何に起因するものなのかは不明である。
27) 「處置なしの民政府」うる 49.5.2、1。
28) 『行政記録 総合版 第 1 巻』沖縄県総務部広報課、1980 年、49 頁。
29) 「民政府遂に 68 名を整理」うる 49.11.2、1。
30) 村山家國『新訂 奄美復帰史』南海日日新聞社、2006 年、32 頁。
31) 同上、36 頁。

り、3月14日に北部南西諸島[32]軍政府が設置されると、軍政府は大島支庁に勤務する「日本人」を送還する方針を明らかにし、現支庁長を解任して「奄美人」（豊島至振興主事）を就任させた[33]。6月3日には機構が改革され、秘書・内務・財務・経済・食糧・教育の6課制に、さらに7月には次長が置かれて、中江実孝経済課長が任命された。その後、課を部とする改革があり、秘書課は官房となった。

　10月3日、大島支庁が廃止され、臨時北部南西諸島政庁が設置される。翌47年5月には、政庁の機構改革が行われ、1房8部制となった。9月20日、豊島知事が急逝し、26日付で副知事の中江実孝が知事に任命された。

　人員であるが、1947年5月の『奄美タイムス』は、政庁の職員が警察・郵便・税務関係職員を除いて251名と、開庁時点の約2倍になっており、その時行われた機構改革によってさらに増加するだろうと指摘している[34]。1949年6月には組織改正と異動があったが、この際、予算定員の2割削減を軍政府から指示された。当時の人員が2,777名であり、その2割となると550人あまりであった[35]が、実際の減員は83人で、後に政庁の直営事業に従事する職員として復職する者もあって、実質整理人員は60人ほどにとどまったようである[36]。その後、1950年1月時点では、職員は2,606人を数えていた[37]。

　ⅲ）宮古

　宮古群島には、1945年8月26日に米軍海兵隊が進駐したが、これは一時的なもので、短期の内に撤収した。その3ヵ月後の11月26日付の布告1-A号によって、南部琉球列島（宮古・八重山）に海軍軍政府による本格的な軍政が

---

[32] 米軍が使用した「Northern Ryukyu Islands」＝北部琉球列島という用語を、奄美側は一貫して北部南西諸島と訳した。したがって、奄美の軍政府はこのように呼ばれ、後述する臨時北部南西諸島政庁も、英語の名称は「Provisional Government of the Northern Ryukyu Islands」であった。ここには、琉球王国による征服、島津による支配、日本国鹿児島県への編入という、幾層にも折り重なる歴史を背景にした、自分たちは「琉球」住民ではないという（一筋縄ではいかない）アイデンティティが表出されていたと言えるだろう。
[33] 村山、前掲、54-55頁。
[34] 「政庁職員更に増員？」奄タ 47.5.29、1。
[35] 「予算定員の二割程度を削減」奄タ 49.6.25、2。
[36] 村山、前掲、157頁。
[37] 1950年1月27日の第1回臨時北部南西諸島政庁民政議会における吉田嘉総務部長の発言。沖縄県議会事務局編『沖縄県議会史　第16巻』2000年、14頁。

しかれることとなり、12月8日、南部琉球列島軍政執行官・チェース中佐が来島、その旨を通達した。翌46年2月1日には、平良に南部琉球列島軍政府が設置される。

現地の行政は、戦前の沖縄県庁宮古支庁が担当することになり、12月11日付で宮古警察署長の島袋慶輔が支庁長に任命された。宮古支庁は1946年1月22日に機構改革され、8課体制になった。10月1日には西原雅一が支庁長に就任する（西原は後、1949年9月に結成された宮古自由党の総裁となり、宮古群島知事に当選する）。機構改革は西原の就任直後から取り沙汰されていたが、翌47年1月になって、ようやく1房8部制に改革された。

それから間もない2月2日、沖縄群島で知念地区警察署長を務めていた具志堅宗精が、軍政府の意向を背景にして支庁長に就任した[38]。行政の長に他群島から人材が「輸入」されたケースは、これを除いてほかにない。そのおよそ1ヵ月後の3月21日、宮古支庁は宮古民政府に、支庁長は知事に改称され、具志堅がそのまま知事に就任した。

1947年7月頃、職員は支庁時代の5～6倍に膨張しており、「悪くいえば失業救済所」であるとすら言われていた[39]。同年2月の時点で、支庁・警察・通信関係の職員が285名、学校教職員が336名の計621名[40]、あるいは同3月時点において支庁予算で給与がまかなわれる職員は733名[41]、という数字がある。一方、人員整理は1949年4月に実施された記録がある[42]。整理されたのは60名ほどであったが、官房長や財務会計部長、財政管理課長など幹部職も含まれており、これは、当時の軍政官が具志堅知事との関係をこじらせ、辞職勧告を行うまでに至ったことに乗じて一部に盛り上がった自身の打倒運動に対する知事の報復か、とも取り沙汰された。

ⅳ）八重山

---

[38] 具志堅の知事としての治績を検討したものとして、黒柳保則「「行政家」「政治家」「事業家」——宮古民政府知事としての具志堅宗精」『沖縄法学』37号、2008年がある。
[39] 「庁員の大巾減員」宮タ47.7.10（平良市史編さん委員会編『平良市史 第5巻』〈以下本章では『平良市史5』〉1976年、758頁）。
[40] 「三ヶ月の人件費 総額五十六万円」みや47.2.5、2。
[41] 「年度末賞与」みや47.3.21、2。
[42] 「宮古の行政整理 六十余名」南西49.4.15、2。

八重山群島では、1945年8月18日、日本の敗戦が住民に伝えられた。マラリアの蔓延、食糧不足、治安の悪化など、社会が混乱の度を増す中、12月15日に有志が結集して、活動を停止していた戦前の沖縄県庁八重山支庁を代替する組織として、八重山自治会を結成した。

　そのおよそ1週間後の23日、先に宮古群島を訪れていたチェース軍政執行官が来島し、先述の布告1-A号を示達した。これにより八重山も宮古と同様、南部琉球列島軍政府の管轄下に置かれることとなったのである[43]。27日、住民による選考会によって宮良長詳自治会長が支庁長に推挙され、28日には軍政府によって正式に任命された。

　明けて46年の1月15日に八重山支庁の開庁式が挙行され、総務・衛生・文化・経済・事業の5部に警察署・郵便局・銀行・登記所・出版局という附属機関を抱えた行政組織がスタートする。10月、軍政官との確執から宮良支庁長が退任すると、21日、衛生部長だった吉野高善が支庁長に任命された。支庁は1947年1月末、軍政府の指示により仮支庁に改称され[44]、機構も8部制に改められる。さらに3月21日には、宮古と同様、民政府に改称され、支庁長は知事と呼ばれるようになった。

　八重山支庁・民政府の職員数は、1946年1月時点で236人、47年1月に253人、48年4月には306人、49年4月に307人、50年4月に304人となっていた[45]。ただし、1946年5月から47年3月までの八重山支庁予算によると、職員数（日給の職員を除く）は360人で、うち教員が159人となっている[46]た

---

43)　ただし、南部琉球列島軍政府は前述の通り宮古の平良に置かれ、八重山には軍政官が駐在したり、不在となったりが繰り返された。この状態は、1950年5月に石垣に八重山軍政官府が設置されるまで続く。

44)　ちなみに、宮古・八重山とも、従前の支庁の英語名称は「Branch Administration」、民政府のそれは「Provisional Government」であった。両群島の当局者は、おそらく沖縄に倣って「民政府」という用語を選んだのだろうが、素直に訳出すれば、「宮古／八重山仮政府」ということになる。八重山で「仮支庁」なる名称が一時的に使われたことは、このprovisionalという用語と関係しているように思われる。なお、宮古・八重山が「民政府」になったのは、「沖縄の民政府とは政治的に系統的な関係はないにもかかわらず、戦前と同じく……支庁の名称を用いることは適当でないので……名称の変更方を軍政府へ申請」したことが受け入れられた結果だった（沖縄市町村三十年史編集委員会編『沖縄市町村三十年史 上巻 通史編』1983年、72頁）とされるが、軍政府がなぜ沖縄民政府と同じ「Civilian Administration」という用語を選択しなかったかは不明である。

45)　照屋栄一『沖縄行政機構変遷史料』1982年、204頁。

46)　『琉球史料6』119-135頁。

め、この数字には教員は含まれていないと推測される。ともあれ、この人員の推移を見ると、八重山では大きな人員整理は行われなかったようである[47]。

2. 群島政府の成立

　以上のように、各群島は戦後それぞれの道を歩んできたが、1950年8月4日の群島組織法（布令22）により、三民政府一政庁に替わって、規格化された四つの群島政府が設置されることになった。この群島組織法は、日本の地方自治法にきわめて類似した構造と内容を有しており、全181条にわたって、群島の住民、執行機関たる知事、議決機関たる議会、政庁とよばれる知事部局、財政・予算、域内の市町村、行政委員会などについて包括的に定めている（ただし、各群島政府に司法権は与えられておらず、各民政府・政庁と同様、三権が整備された政府ではなかった）。この組織法は、地方自治法制定に深く関わったGHQ民政局のティルトン（Cecil G. Tilton）によって作られたとされる[48]。ティルトンは、1950年1月に軍政府の行政法務部長に着任し、7月まで務めて帰米しており[49]、時期的にはぴたりと重なっている。琉日間の制度的連続性が、米国の一占領行政官の異動によってもたらされていたことは興味深い。

　群島組織法は、四群島政府の政庁（＝本庁）職員の定数を、奄美150人、沖縄350人、宮古100人、八重山80人と定めていた。これが、それまでの各民政府・政庁の職員数よりも少なくなっていた各群島では、必然的に人員整理が行われた。沖縄群島政府では11月末までに、本庁で128人、廨庁で156人の合計284人が解雇された（これによって職員は本庁350人、廨庁6,034人となった）[50]。これについて平良辰雄知事は、11月7日の第1回の部長会議において、「整理される人には少くとも3ヶ月分の手当を財政部は絶体〔ママ〕に出すように

---

47) 1949年3月2日の八重山議会において、議員の「此の際行政整理は絶対必要」という問題提起に対し、議長＝総務部長が「事務に支障のない程度に民政府で研究してから御答へし度い」と答弁するというやりとりが見られる。沖縄県立図書館史料編集室編『沖縄県史料 戦後4 八重山群島議会記録』（以下本章では『八重山記録』）1993年、185-186頁。

48) 第2回宮古群島臨時議会（1951年2月5日）における下地敏之議員の発言に基づく。平良市史編さん委員会編『平良市史 第6巻』（以下本章では『平良市史6』）1985年、489頁参照。

49) 「敏腕揃い　ライカムのスタッフ」うる50.1.19、2や、竹前栄治『GHQの人びと』明石書店、2002年、208頁を参照。なお、竹前のインタビューに答えたティルトンは、「GHQの一文官に失脚させられ」て沖縄に行くことになった、と発言している。

50) 第2回沖縄群島議会（1950年12月14日）における平良辰雄知事の政務報告。『琉球史料1』

考えよ」と指示しており[51]、知事自身の回想によれば、これは実行に移されたという[52]。民政府時代の整理時とは違い、今度は軍政府にも承認されたようである。奄美群島政府でも、群島組織法の本庁定数設定により一定数の職員の整理はやむを得ないため、1951年1月頃を目途に実施し、被整理職員には退職金を給与したい旨を、中江実孝知事が議会において答弁している[53]。

第2節　群島諸政府職員の任用

1. 沖縄──群島政府以前

諸政府の職員の任用はどのように行われていたのだろうか。本節では、それを主に採用に絞って見ていくことにしたい。まずは沖縄諮詢会である。社会事業部長を務めた仲宗根源和は、諮詢会発足から間もない頃に、軍政府から「諸君一人ずつでは仕事は出来まい。自分で幾人か適当な事務員をさがしなさい。あまり多く集めてはいけない」と指示されたと回想している[54]。9月5日の諮詢会記録にも、「人物の配置は始めから軍政府で手をつけられない。委員で研究して然るべく配置して欲しい」という軍政府の発言が残されている[55]。

この軍政府側の意向を踏まえ、志喜屋孝信委員長は10月26日の諮詢会協議会において、「各部の書記及事務員採用については各部長に一任したらよいと思ふ」という意見を開陳し、採用にあたっては「各部長は書記及事務員の将来まで責任を見る考へでやられて欲しい」と述べている[56]。諮詢会記録には、各部長がそれぞれの部の職員の採用について、個人名を挙げて承認を求めている例が複数見られる[57]が、否認されたケースは見られず、いちおうの伺い、情報の共有といった程度のものだったのであろう。

275頁に収録。
51)　同上、295頁。
52)　平良辰雄『戦後の政界裏面史』南報社、1963年、216頁。
53)　「政府職員整理来年壹月頃」奄夕50.12.9、2。
54)　仲宗根源和『沖縄から琉球へ』月刊沖縄社、1973年、93頁。
55)　『諮詢会記録』38頁。
56)　同上、130頁。
57)　たとえば、10月11日（同上113頁）、11月23日（173頁）、11月24日（177頁）、1946年1月11日（258頁）。

採用の実態として、たとえば、文教部編集課で教科書の作成にあたった比嘉徳太郎は、1945年9月16日に山城篤男部長の直々の訪問を受け、諮詢会入りを依頼されたと回想している[58]。正式な辞令は1946年1月15日付であったが、比嘉は山城の訪問の翌日からすでに編集課員として勤務を始めていたという。あるいは、総務部には「大宜見〔朝計・公衆衛生〕部長の紹介で」、旧県庁に勤務していた高良悟が配属されている[59]。

板良敷長基は、1945年11月11日に社会事業部で仲宗根部長の側近として勤務していた座安盛徳の訪問を受け、その日に石川へ行き、諮詢会に勤務することになった。板良敷は、「その時分、諮詢会では、生き残りの行政経験者を各地区から集めていたようで、座安・新垣〔正栄〕の両氏や友人の徳田安全君らの計らいでわたしも呼ばれたようです」と語っている[60]。これは、仲宗根が社会事業部の事務員を集める際に、戦争で散り散りになっていた「旧県庁役人」を探した、と自身の著作に記していることと符合する[61]。

また、旧沖縄県庁地方課員・同国頭地方事務所総務課長であった稲嶺成珍は、「或る日、米軍二世が訪ねてきて、「君は元公務員だったので市役所の方で働け」といわれ、古知屋市の庶務課長、社会事業課長などやらされた」が、「又吉総務部長から「君のやるべき仕事がたくさんあるからぜひ石川に出てこい」との連絡がきて」総務部に勤務することになったという[62]。軍政府がかなり早い段階で住民の戦前の職歴を把握していたことがうかがい知れ、興味深い。

以上の回想類からわかるのは、諮詢会専門部員は、「行政経験者」としての旧県庁職員を中心に、基本的に各部長（や先に勤務していた知己）の「一本釣り」で採用されていたということである。ここには、フォーマルな形式での任用制度はまったく存在していなかった。

それでは、諮詢会が民政府となって、何か変化があっただろうか。目に見えるのは、人事を所掌する部署の設置である。すなわち、民政府になって設置された知事官房の人事課が、「職員の任免、進退、賞与手当、職員の考試配置及

---

[58]　沖縄タイムス社編『私の戦後史　第4集』沖縄タイムス社、1981年、220頁。
[59]　仲宗根、前掲、94頁。
[60]　板良敷、前掲、24頁。
[61]　仲宗根、前掲、98頁。
[62]　稲嶺成珍「戦後行政物語3　ニミッツ布告で地方行政発足」『沖縄』1978年6月号、24頁。

び官紀服務の厳正に関する事項に対し責任を負う」こととなったのである。1946年12月20日の部長会議でも、同月1日から施行されていた機構改革に伴って「人事は各部でやることになって居るが、之を現在通り人事課で取扱ったら如何と事務主任会に提出したら賛成をした」という秘書課長の発言が見られ[63]、人事課が人事を「取扱っ」ていたことがうかがえる。

　だが、任用に直接関わるフォーマル制度が整備された形跡はない。1949年11月末の部長会議で、文官任用令を制定して、人材登用の道を開き公正明朗な人事を行うという方針が決定されたことが伝えられる[64]が、残念なことに、同年6月以降の民政府記録は欠落しており、この部長会議における議論や、提出されていたであろう文官任用令案の内容を知ることはできない。それでもその名称からは、これが、先述した民政府官制や官吏服務規律と同じように、戦前の日本の文官任用令を下敷きにしていたであろうと推測できる。民政府の創設から実に3年半が経過した段階で、ようやく任用令の制定を議論し始めたという事実は、民政府幹部たちにとって任用制度の制定がそれほど重要な課題だと認識されていなかったことを示していよう。しかもこの文官任用令は、結局制定に至らなかった。それに関連して、戦前日本の「高等／普通試験令」にあたるものも、民政府では作られていない。

　そこから帰結するのは、諮詢会の時代と同じような採用の光景である。たとえば、後に琉球貿易庁総裁となる宮里辰彦は、1946年9月に沖縄に帰り、「二中時代の恩師である志喜屋知事にお目に掛かったところ、良いところに来たといって早速財政部に配属してもら」い、部長直属の通訳として勤務することになった[65]。宮里は合わせて、「当時、沖縄民政府に集結した人達は、戦前の県庁に勤めていた人が主体」[66]だったと回想しており、民政府にも引き続き元県庁職員が集められていたようである。なお、やや時代が下った1949年11月頃の数字[67]では、民政府本庁職員825人のうちの行政費負担職員510人中、元県庁職員は92人であった。ちなみに、民政府が初職の人は112人でこれを上回

---

63)　『民政府記録1』281頁。
64)　「機構改革を前に"文官任用令"を制定」うる49.11.26、2。
65)　宮里辰彦「戦後行政物語20　通貨の激増で悪性インフレに」『沖縄』1979年12月号、40頁。
66)　同上、41頁。
67)　糸数青重「民政府職員の素質」『月刊タイムス』1巻10号、1949年、11-12頁。

っているが、元教員63人、元他府県職員42人、元郵便局員40人、元警察官30人など、いわゆる官公署に勤務していた職員は相当数にのぼり、元県庁職員と合算すると過半数に達する。戦前との人的な連続性の存在は、マクロの数字からも明らかだと言えよう。

　福岡の国立病院勤務から1947年12月に帰沖した照屋善助は、大宜見公衆衛生部長を訪ね、自ら民政府総合病院の小児科への配属を申し出ている[68]。その数日後に大宜見に呼ばれて民政府に出かけると、いきなり軍政府公衆衛生部に連れて行かれ、軍民連絡会議に出席、しかもそこで大宜見の口から「この人がドクターテルヤで、今日から私の性病係医官です」という紹介を聞いて仰天した。本人の意思も確認されず、部長の一存で人事が決まる様子は、コミカルですらある。

　さらに、農務部に勤務していた平良浩の回想[69]は、採用のことに触れているだけでなく、当時の民政府の雰囲気を伝えるものとしても貴重である。彼によれば、民政府には採用試験も何もなく、彼の就職は父親[70]の口利きで決まった。父親に言われるまま、彼は1946年10月頃に農務部庶務課長の嘉手苅林のところに顔を出したが、その時は「民政府も移転でごたごたしている、年が明けたらこちらから連絡するから」と言われ、帰されてしまう。明けて47年の1月初旬に嘉手苅から連絡が入り、平良は晴れて事務官補として採用された。その時の民政府には、彼と同じような経緯で就職した知人・友人が大勢いたという。この回想からは、（少なくとも農務部においては）人事権が部長の手にはなく、その委任を受けた（と思われる）庶務課長にまで降ろされていたことが見て取れる。そうなると、先述の官房人事課の業務は、形式的なものにとどまっていたということになろう。

　ところで彼の回想のタイトルにあるように、平良の民政府での勤務は、以下のごとくきわめて「悠長な」ものであった。

---

68)　照屋善助「戦後行政物語12　公衆衛生部の思い出」『沖縄』1979年3月号、24頁。
69)　平良浩「悠長な知念民政府時代」那覇市企画部市史編集室編『那覇市史　資料篇第3巻8』1981年、310-314頁。
70)　参考までに、浩の「父親」は、戦前は沖縄県庁の高等官として秘書課長、八重山支庁長などを歴任し、戦後も琉球農林省総裁、沖縄群島知事、立法院議員などを務めた有力者、平良辰雄である。浩にとっては十分すぎる「コネ」であった。

職場では仕事にかかるのが、だいたい十時を過ぎていた。仕事を始めた
　　かと思うとすぐ昼食。その一時間は、事務所前の猫の額ほどの小さな空き
　　地で草野球（ソフトボール）をやった。終った後は、汗が引くまでしばし
　　休けい。ソロバンをちょっとはじいたり、書類に三つ四つ字を書いたかと
　　思うと、もう四時、さあ帰り仕度といった調子で、私の場合はろくに仕事
　　らしい仕事もしないで一日を過ごしたものだった。

　この「悠長」さに対しては、軍政府から、そして民政府内部からも、是正を求める声が上がっていた。たとえば軍政府のワトキンス少佐は、1946年5月の軍民連絡会議の席上で、民政府側が提示していた勤務時間が短すぎることについて、今は復興の時であるから勤務時間を伸ばしてはどうか、とたしなめている[71]。1947年5月の部長会議では、工務部長が「各職員の勤怠につきては各部長責任を以て注意された方がよいと思ふ」と述べ、文化部長はさらに踏み込んで、「勤務振〔が悪く〕、民政府の面目を汚す者〔を整理する〕。此際民政府の気風を刷新したい」と発言している[72]。同じ年の12月には、16時前に庁舎を訪れたところほとんどの職員が帰っていたことに驚いた知事が、わざわざ臨時の部長会議を招集し[73]、部課長は責任を持って勤務せよと叱咤した。だが、その後も軍政府からは、1948年2月末に「一ヶ月前出勤時間厳守すべく注意を発したが二、三日前（水）午前十時過ぎに軍農務部から民農務部に電話をかけたら誰も居なかった」[74]、3月にも「通信部の職員は働いて居ない」、「出勤時になっても人が居ない時がある」[75]といった指摘がなされている。民政府の仕事がこのような調子だったのでは、競争試験で優秀な職員を選抜し、採用する必要性も感じられなかったに違いない。

　ただし、以上のような任用制度の未整備に対する例外も存在した。まず、刑務官[76]や、一部の技能職[77]、専門職[78]については、各部が必要に応じて新聞で

---

71)　『民政府記録1』18-19頁。
72)　同上、339-340頁。
73)　同上、563頁。
74)　同上、622頁。
75)　同上、643頁。

公告するなど広く募集し、一部では筆記試験が行われていた。そして、任用制度が何よりも整備されていたのは、警察官であった。たとえば、1947年1月24日、3月28日、5月30日、7月18日の『うるま新報』には、巡査採用試験の公告が掲載されており、国語・数学・常識・作文の筆記試験による選抜が行われた。さらに、1948年8月6日の同紙には、婦人警官採用試験の実施を紹介する記事が掲載されている。巡査を対象としたもの以外に、巡査部長や警部補の任用試験（1946年訓令甲2号で「警部補任用試験規程」が定められていた）も頻繁に行われていた[79]。

このような試験の度重なる実施の背景には、警察官の不足状況があった。上述8月6日の記事によれば毎月40人程度の退職者があったといい、『うるま新報』の別の記事（1947年10月17日付）もやはり、退職者が多いために「今月も」採用試験を行う、と報じている。また、1948年8月25日の第5回市町村長会において、警察部保安課長は「CP[80]の希望者は少なく警察部としても困って居る」[81]と発言しており、退職者が多いだけでなく、新採者も思うように確保できない状態だったことがうかがえる。だが、このような状態にあっても、警察官の採用を試験で行うという方針は堅持されていた。

採用試験以外に、こちらも警察組織を中心として、フォーマルな任用関係制度が整備されていた。第一に、1946年8月に定められた警視銓衡委員会規程（訓令甲16）である。知事を委員長とし、警察部長・警視・民政府部長・その他の学識経験者を委員として構成されるこの委員会は、その名のとおり、警視クラス[82]の警察職員を選考任用する機関である。同訓令は、警視の被任用資格を、「警部にして警察行政に通暁し適格と認むる者」「高等文官試験に合格した

---

76) うる 47.10.3、2、48.5.14、2 などに試験公告が掲載されている。
77) うる 47.9.19、2 では、工務部が 200 名の自動車修理工等を、うる 48.7.23、2 では、通信部が通信工具を募集している。
78) うる 47.9.5、1 では、工務部が大卒・専門学校卒で 5 年以上の実務経験を持つ 35 歳以上の機械技師・電気技師を募集している。
79) 1946 年 5 月 18 日に実施された警部補任用試験につき、『琉球史料 1』210 頁。同年 6 月 29 日の巡査部長試験につき、同 214 頁など。規程については、『沖縄県警察史　第三巻』316 頁に言及がある。
80) Civilian Police ＝民警察。米軍の憲兵＝ MP: Military Police に対比して使われた、琉球人警察の呼称である。
81) 『琉球史料 4』207 頁。

る者」「其の他委員会に於て適格と認むる者」のいずれかであるとした。高文試験を資格に利用しているのは、戦前的思考の残滓として興味深い（注82を踏まえれば、「高等官」相当とみなされていただろう沖縄民政府の警視が高文資格を要求されることは自然な発想だったに違いない）が、それ以外の要件は、結局のところほとんど具体的なことを示していないとも言える。

第二に、警察官については戦後のかなり早い時期から、養成課程が用意されていた。すなわち、1945年11月24日の指令52号によって警察官養成所の設置が宣言され、12月から、警察官経験者各50人を「再教育」するための2週間の訓練が2回行われたのである。さらに翌年1月からは、未経験者を対象にした1ヵ月間の普通警察官訓練が開始された。

第三に、フォーマル度はやや落ちるが、郵便局に置かれていた郵便局書記長については、局長の代理をする場合もあることから、永年勤続の意志があり、旧制中学卒またはそれと同等以上の学力を有する者から採用するよう、通信部から各郵便局宛に通達されたことがあったようである[83]。

2. 奄美・宮古・八重山——群島政府以前

次に、沖縄以外の三群島を見ていこう。各群島を個別に検討する前に、警察官や刑務官について、沖縄と同じく採用試験や昇任試験が実施されていたことに触れておきたい。たとえば奄美では、1946年7月に警官教習生試験が実施され、その合格者は2ヵ月の教習の後に、巡査として採用された[84]。その他にも、警部補銓衡試験や巡査部長昇任試験、警官経験者採用試験、通常の巡査採用試験などが実施されている[85]。宮古[86]や八重山[87]も同様である。なお、1946

---

82) 先に見たとおり、沖縄民政府の組織・職制は、戦前日本との連続性を色濃く残しており、したがって警察官の階級も、おそらくそれを引継いでいたと考えられる。戦前日本の府県には地方官官制によって地方警視（奏任）、警部（判任）、警部補（判任）が、警視庁には警視庁官制によって警視総監（勅任）、警視（奏任）、警部（判任）、警視属（判任）が置かれていた。したがって、ここでいう「警視」とは、戦前ならば高等官にあたることになる。
83) 沖縄郵政管理事務所編『琉球郵政事業史』1974年、141頁。
84) 「警官教習生募集」奄夕46.7.27、1。
85) 「警部補銓衡考査を施行」奄夕47.5.27、2、「警部補、巡査部長試験合格者決定」奄夕47.12.2、2、「前歴巡査近く採用試験実施」奄夕47.6.18、2、「警察官採用試験 七月五、六日実施」奄夕48.6.3、1など。
86) 「警部補考試問題」みや46.7.7、1。

第1章　各群島の諸政府と職員の任用・給与　33

年6月に宮古で行われた警部考試や1947年11月に八重山で行われた巡査部長昇任試験は、それぞれ、「せん争のため二ヶ年余もその実施を見なかった」、「終戦以来杜絶えていた」と紹介されている[88]。つまり、同試験は戦前の警察組織で実施されていたのである。八重山では、巡査の採用試験は内務省令の「巡査採用規則」と沖縄県令の「巡査志願心得」に基づいて実施されている、と説明されていた[89]。一般の行政職員に比べて、警察官の任用制度が格段に整備されていた理由は、戦前との連続性、つまり、「戦前もやっていたから」という発想に起因するものと見てよい。

　ⅰ）奄美

　臨時北部南西諸島政庁には、任用の制度化・客観化への志向が比較的多く見られる。まず、1947年1月15日には、部長級職員の命免・転補や職員の懲戒・給与について審議する人事委員会を設置する規程が定められた[90]。また、同年6月には、庁内に設けられた法制改定委員会が人事・採用について審議し、情実人事の排除を目指して「採用委員会」を設置することを提案している[91]。ただし、後（1950年）の奄美群島知事選挙における笠井純一候補の公約に「人事委員会を設置し人事の刷新と公平を期する」[92]とあることから、これらの委員会が設置されていたとしても、実働・機能していたかどうかは疑問である。

　採用試験も実施されていた。たとえば政庁の公報には、いくつかの職員採用試験関係の情報を見つけることができる。1947年5月5日の公報には、翻訳官採用試験と技術者採用試験の合格者（翻訳官4名、技術者4名）が掲載されている。技術者試験の方は、電気・分析・鉱山・製図の四つの専門に分かれていた。さらに同年9月5日にも、電気技術者採用試験の合格者13人の名前が

---

87) 南西48.12.18、1、南西49.6.9、2、南西50.1.21、2、海南50.3.17、2などに巡査採用や巡査部長昇任試験の記事または公告が掲載されている。また、南西50.1.27、2には、看守採用試験の公告が掲載されている。
88) 宮古について「警察官の登龍門　警部考試実施」みや46.6.15、2、八重山について「部長任用試験来る二十五日」南西47.11.21、2。
89) 『八重山記録』465-466頁。
90) 「部長、官署長の命免転補　懲戒賞罰等の人事委員会設置」奄夕47.1.21、1。
91) 「法制改定委員会　七月二十日まで休会」奄夕47.6.21、2。
92) 「知事両候補の政策」奄夕50.9.19、2。

掲げられており、「八月二十一日、二十二日両日の採用試験結果に依る」との記載がある。1948年7月15日の公報には、「翻訳官募集」として採用試験の要項が示されている。それによれば、履歴書を政庁の知事官房人事課へ提出すると、人事課から各人へ試験問題が送付され、応募者は解答を返送する。この第1次試験の合格者に対して第2次の面接試験が実施され、採用者が決定されるという段取りになっていた。通訳・翻訳官については1949年6月23日付の『奄美タイムス』にも公告が見られる。その他、司法庁書記補（同47年10月25日付）や刑務官（同48年8月7日付）の筆記試験の公告を見ることができる。

しかし1949年11月、知事は各部署に宛てて、人件費抑制のため当分職員の新規採用を見合わせ、欠員補充を極力配置転換により行うことを指示した[93]。これにより、以後、採用の動きが鈍った可能性が高い。事実、管見のかぎりでは、これ以後、後述する群島政府による1951年9月実施のものまで、採用試験に関する情報は見つからなかった。

ⅱ）八重山

八重山では、政争に職員の人事が大きく左右された。1946年10月に宮良長詳支庁長が退任すると、部長は総辞職し、支庁長や総務部長を慕う職員38名が連袂辞職した[94]。とりわけ総務部はすべての職員が辞職したという。代わって支庁長に就任した吉野高善は、辞職した職員に復職を呼び掛けたが、応じる者はあまりおらず、行政運営に混乱が生じた。そこで軍政官は、辞職者の公職就任権を剥奪する「公職追放令」を出そうと試みたが、これは結局「未遂」に終わった[95]。総務部長だった宮良長義は、辞職後、農業の傍ら港湾荷役労働者として働き、1947年3月15日には八重山沖中仕組合を結成[96]して、八重山民政府への批判勢力となる。その後、メーデーを企図して戦時刑法違反で訴追され、有罪判決を受けた。

1948年1月には、民政府の「与党」として八重山民主党が結成[97]され、吉

---

93) 「予算の削減から事業も最小限　政庁　職員の新規採用は見合せ」奄タ 49.11.11、2。
94) 大田静男『八重山戦後史』ひるぎ社、1985年、110頁。
95) 同上、117頁。
96) 同上、147頁。
97) 同上、161-162頁。

野知事が総裁に就任した（11月18日に総裁職からは退く）。これに対抗し、2月には八重山人民党が結成され、宮良長詳が総裁、宮良長義が幹事長となった。現知事と前支庁長がそれぞれ総裁を務める「二大政党」体制で、3月14日には市町村長・議員選挙が行われる。この際人民党は、「民政府職員は民主党々員として知事以下が選挙にうつつをぬかしている」と批判[98]したが、軍政府は、政府職員が政党員となり、選挙において候補者を支援することに反対しない、という方針を示していた[99]。果たして、市町村長はすべて民主党候補が当選するなど、選挙は民主党勢の圧勝となったのである。

　そして選挙後、猟官の嵐が吹き荒れる。「人民党支持者の官吏には圧力が加えられ」、人民党を推した庶務課長は辞表を提出し、果ては「自重して中立を守っ」ていた衛生課長にまで圧力がかかって出張所へ配置転換された（その後辞職）[100]。また、教員や郵便局員の人事異動も政党色が濃くなった[101]。「ひどい者になると親戚が人民党支持者だったというだけで「首」になったりもし……職場を追われた者は、人民党員だとして民主党の妨害でなかなか就職することができなかった」[102]という。地元紙は、1948年の流行語の一つに「政党人事」を選んだ[103]。このような雰囲気の中では、採用試験をはじめとする客観的任用制度が導入されるはずはなかったであろう。

　iii）宮古

　宮古でも、首長の交代に伴う職員の首のすげ替えや、人事をめぐる紛争が発生していた。1946年1月、機構改革と同時に、島袋慶輔支庁長は「一応職員の総退陣を求め」た上で、総務課長・経済課長を含む17人を馘首、総務課長には財務課長を転任させ、空席になった産業課長（経済課が産業課に改組された）と財務課長に外部からの新規採用者を据える人事を行った[104]。その10ヵ月後には、10月に島袋の後を襲った西原雅一支庁長が、上述の人事で総務課

---

98) 同上、185頁。
99) 「民政府職員の選挙運動　一市民としては可」南西 48.1.27、1。
100) 大田、前掲、196頁。
101) 「声明　人民党」海南 48.5.14、1。
102) 大田、前掲、218頁。
103) 「昨年の新語流行語」海南 49.1.1、5。
104) 「機構刷新の突風！」みや 46.1.23、2。

長に就いた垣花恵祥を辞職させ、平良市長を務めていた与儀達敏を後に据える[105]。与儀は、1947年2月に具志堅宗精が支庁長になると、総務部長に就任し、さらに宮古民政府では副知事となった。

具志堅が着任する1ヵ月ほど前の1月、支庁では人事をめぐる紛争が巻き起こっていた[106]。支庁人事の刷新を叫んできた若手職員グループが、財務・社会・土木・衛生の4課長の更迭を要求し、容れられぬ場合は連袂辞職すると支庁長・総務課長に迫ったのである。支庁長・総務課長はこれに驚き、要求に応じて社会・財務・土木の3課長に辞職を求めたところ、今度はその課長たちから猛反発を浴び、結局機構改革に合わせ、課長たちはみな部長として居座ることになった。

上の記事には書かれていないが、若手グループの不満は、総務課長である与儀の影響力の大きさに向けられていたようである。すなわち、「はた目には彼の人事は「宮中閥」といわれるもの」で、彼が「宮古中学の教師だったこともあって、与儀の周囲は宮古中学出身者が主体となり、昇任も宮中組が多かった」ことが、彼らの怒りを喚起したのだという[107]。

3. 群島政府

民政府・政庁が群島政府に移行し、職員の任用面に何か変化は起こったのだろうか。群島組織法の第5章は、群島政府の行政府たる政庁（地方出先機関にあたる廨庁も含む）について規定する。まず、「政庁の人事、機構及び職掌は、群島の事務が最もよく住民の利益に適合して行われるように、これを組織しなければならない」という一般原則が示される（第78条）。第80条は政庁についての規定で、1項は各群島政府の政庁の定員を示し、2項は各部職員の職種・等級・給与や任命に関する事項を布令に委任する。第81条は廨庁について定めるが、職員の定員まで布令に委任されている以外は、政庁の規定と異なるところはない。

職員の任用については、第25条（「第12条〔知事の権限に属する事務を補助、

---

105) 「「西原人事」刷新の軌道へ」宮タ46.11.30（『平良市史5』79頁）。
106) 「何処へ行く？ 支庁人事」宮古民友新聞47.1.13、2。
107) 当山正喜『沖縄戦後史 政治の舞台裏』沖縄あき書房、1987年、58頁。

またはその一部を執行する市町村職員〕、第 13 条〔群島政府職員〕及び第 17 条〔副知事〕の職員は、知事がこれを任免する」）および第 79 条（「知事は、……政庁の人事及び事務を統轄し、これを監督する」）が知事にその権限を与えているのみで、それ以上の細かい規定は存在しなかった。第 25 条は、1950 年 10 月 25 日の改正によって、正副の会計長および出納長と部長の任免のみを知事の権限とするように書き換えられたので、事実上、第 79 条が知事の人事権を担保する規定になっていたと見てよい。

　組織法の一般的な規定を受けて、各群島政府は、1950 年末〜51 年前半までの期間に、それぞれ、服務規律と懲戒規程を訓令で、職員の定員を議会制定の条例で定めていった。しかし、フォーマルな任用制度が制定された形跡は見られない。そもそも、先に見た群島組織法による定数設定に起因する人員削減や、1 年半という政府の存続期間の短さを考慮すると、各政府とも、職員を新規に採用する機会自体がそれほど多くなかったであろう。

　だがそれでも、いくらかの採用試験が実施されたことは確認できる。奄美群島政府では、1951 年 8 月末の部長会議において、今後の採用を試験制度によることとし、さらに現職員についても「日本の公務員試験制度に準じて」近く能力試験を行うことを決定した[108]。後述する沖縄のみならず、奄美でもこの時期には日本の制度への準拠の追求が始まっていることに注目しよう。現職に対する能力試験というのは、日本のいわゆる S−1 試験[109]のような試験を意味していたのだと思われるが、この種の試験が実際に行われた記録はない。一方の採用試験については 9 月 25 日に実施され、99 人が受験した[110]。うち 36 人が合格となり、税務署、企業免許事務所、刑務所、農務部が採用通知を出し、残数は希望の課に空きが出しだい採用ということになった[111]。もし政府が存続していれば、それ以後も定期的に採用試験が行われていたかもしれない。

　沖縄群島政府でも、税務署や登記所の職員について、散発的に採用試験が行

---

108) 「近く政府職員の能力試験実施」奄タ 51.8.31、2。
109) 1950 年 1 月に行われた、国家公務員法附則第 9 条による上級官職の任用試験の俗称。この試験は、本省庁の課長相当以上と、これに相当する地方支分部局の部長相当以上の 2,621 官職を対象として、現職を臨時的任用されたものとみなし、省庁内外を問わず受験者を受け付ける公開競争試験であった。
110) 「三面鏡」奄タ 51.9.26、2。
111) 「政府職員採用試験合格者発表」奄タ 51.10.12、2。

われていた[112]。試験はいずれも、国語や作文、数学やそろばん、そして常識問題などによって行われたようである。また、「移民官」を試験採用したという記録もある[113]。八重山群島政府でも、1951年5月、2名の欠員に対して20数名の就職希望者（「ほとんど全部が女子」だったという）があったことから、「そろばん　国語　作文　タイプてき正検査」による採用試験を初めて実施した[114]。

加えて、警察については、職員の任用について定めた、より包括的な規則が現れる。沖縄群島政府では、1951年1月に沖縄群島警察基本規程（公安委員会規則1）が制定されたが、その第8章（第58～67条）は警察職員の任用に関する規定である。これによれば、1）巡査は競争試験によって採用、2）警部補・巡査部長は競争試験を実施して作成する昇任候補者名簿の中から任用、3）警視・警部については警視警部選考委員会を設置し、同委員会が先任順・特別の技能・勤務成績・勤務年数を考慮した選考によって任用することとされている。また、階級の昇格には、最低1年の経験年数が必要であるとも定められていた。これとほとんど同じ内容の規定を持った規程は、八重山群島政府でも制定された（1951年7月23日、公安委員会規則2）。

続いて、職員任用の「政治化」現象について見ておこう。群島政府では、行政組織の長＝知事が直接公選によって選出されたため、これまで比較的その度合が低かった群島においても、人事の「政治化」現象が発生することになった。

まず、支庁・民政府時代からすでに激しい人事の政治化が起こっていた八重山である。1950年3月14日、八重山人民党は八重山自由党に改称し、8月7日に安里積千代が総裁に就任した（それまでは空席）。安里は群島知事選に立候補し、当選する。事務引継にあたり、吉野前知事は安里新知事に「現在の民政府職員を失職せしめることのないよう特に考慮してもらいたい」と述べた[115]が、前項に記したような憂き目に遭っていた人民（自由）党の支持者た

---

112) 『戦後沖縄税務行政史』沖縄国税事務所、1982年、209頁、「徴税官吏募集　南部税務署」沖タ 51.1.1、3、「就職戦線も険し」うる 51.4.1、2、「糸満登記所職員採用」うる 51.5.22、2、「登記所職員採用試験」うる 51.6.11、2、「迷答ひねり競争　徴税官の採用試験」うる 51.8.12、2など。
113) 「移民官合格者」うる 51.8.19、2。
114) 「初の試験採用　群島政府がきのう施行」海南 51.5.6、2。
115) 「新政府へ要望す　三」海南 50.11.4、2。

ちは「どの口が」と思ったに違いない。果たして安里知事は、「部長クラスから給仕に至るまで反対勢力を一掃した」[116]。12月5日の『南西新報』には、「旧八重山民政府職員残務整理事務所」なる団体が、旧八重山民政府職員で「余議なく解職〔ママ〕」された／「解職されたと思はれる」／「うやむやのうちに解職の形となっている」職員に連絡を求め、11月分の給料と退職金の支給を群島議会に陳情する、とする広告が掲載されており、相当に手荒な「整理」が行われたことを想像させる。

　宮古では、知事の座をめぐって、元支庁長の西原雅一と、支庁／民政府に結集していた「旧勢力」に対抗する勢力が担いだ前里秀栄の一騎打ちとなった。勝利したのは西原であり、前職の具志堅支庁長／知事は、基本的にいかなる党派にも与しないという姿勢をとっていた[117]（そして、具志堅の前職は西原本人である）ため、少なくとも八重山よりは「政権交代」の色は薄かったであろう。それでも知事の就任にあたって、宮古民政府の各部長は一斉に辞表を提出し[118]、部課長以下、一般職員までに至る「全面的な刷新」と大幅な異動が行われた[119]。官房長となった砂川真美は、知事選挙での功労が認められての就任だったといわれており[120]、言葉の正しい意味での猟官的な人事が行われていたことは間違いがない。また、一般職員までに至る馘首については、群島議会で下地敏之（西原の与党・宮古自由党の反対勢力であり、戦後宮古初の政党であった宮古民主党の中心人物）から追及があり、知事は「私の意思で首を切った人はない。自発的に辞めたのが多い」として派閥人事であることを否定している[121]。しかし、猟官が行われていた以上、その逆に、前里候補を応援した職員に「割りを食わす」人事は、やはり多かれ少なかれ行われていたと考えるのが自然であろう。

　次に沖縄である。知事選では、平良辰雄、松岡政保、瀬長亀次郎が争い、平良が当選した。沖縄では、ここまで首長の交代がなかったため、群島政府の設

---

116) 当山、前掲、50頁。
117) 黒柳、前掲、94頁。
118) 「部長級辞表提出」宮夕 50.10.8（『平良市史5』228頁）。
119) 「西原政府二十一日新発足」宮夕 50.11.23（同上、230頁）。
120) 当山、前掲、74頁。
121) 第3回宮古群島議会（1951年3月23日）における西原知事の答弁。『平良市史6』515頁。

立と新知事の就任は、初めての「政権交代」の経験であった。民政府の部長は新知事の人事構想を妨げないために辞表をまとめ[122]、実際、顔触れはほぼ総入れ替わりとなった。また、当選した平良を支援した而立会という政党結成準備団体が、知事就任直前の10月31日に沖縄社会大衆党（社大党）を結党。社大党には「群島政府上層部および市町村長などの大半が入党し」[123]、而立会の旧メンバーの大半が群島政府の副部長に就任した[124]。さらに、「政治化」は一般職員にまで広がっていたようである。群島政府発足まもなくの11月下旬には、社大党の入党申込書が200枚あまり職員の手に渡り、60人ほどがすでに申し込みを済ませた、という報道がある[125]。また、猟官現象も見られ、たとえば、勝連村職員から沖縄群島政府に採用された松田幸一は、採用は「はっきり言えば、論功行賞」と率直に述べている[126]。松田は、知事選挙で平良辰雄を支持して選挙運動を行っており、勝連村長が落選した松岡政保を支持していたことから、「仕事もやりにくくなって」、「〔当時、社大党の若手メンバーで、後には琉球政府厚生局長を務める〕東江誠忠さんの口添えもあって採用され」たのだという。逆に、落選した松岡政保が部長を務めていた工務部では、多くの職員が自ら辞職した[127]。

　首長の交代が一度しかなく、それも前職の死去による次席職員の持ち上がりであった奄美においても、知事選挙をきっかけに変動が生じつつあった。当選したのは、現職政庁知事の中江実孝であったが、彼は「私の政策に共鳴し協調し共に戦ってくれた人たちの中から人を選ぶことが政治の常道である」と述べ[128]、政庁の部課長が「自発的に」辞表を提出したのみならず、本庁の非役付職員についても、中江自らが辞表の提出を「出したくない人は出さないでも

---

122)　「「皆一応辞表を」　新知事の人事構想妨げず」沖タ50.9.21、2。
123)　比嘉幹郎「政党の結成と性格」宮里政玄編『戦後沖縄の政治と法』東京大学出版会、1975年、238頁。
124)　当山、前掲、133頁。
125)　「公務員と政党活動の問題　ワンサ！　入党願」沖タ50.11.23、2。
126)　『おきなわ自治物語』沖縄県町村会、2004年、193頁。
127)　「首切りその後」『月刊タイムス』23号、1950年、22頁。沖縄県土木建築部技術管理室編『回想　土木建築行政の50年』1996年に掲載された各職員の回想にも、「私達工務部の職員は松岡さんの選挙運動を一生懸命やりましたけれど、負けてしまいましたので、居たたまれなくなって……辞めました」（134頁）といった類の証言が、複数見られる。
128)　「中江知事初の議会で堂々施政方針の大綱を表明」奄タ50.11.30、1。

良い」としながらも、「一応」要望したのである[129]。中江は、選挙中に「事実無根のことを云って自分に反発した者……は絶対許すことが出来ない」とも述べ、群島組織法によって本庁定員が削減されるのに合わせて、これらの職員を原則的に整理対象にすることをほのめかした[130]。1951年3月には、職員の採用にあたり、正副知事と関係部長・人事課長で構成する銓衡委員会を置いて選考することが決定されている[131]。知事自身や、その意を汲む幹部連が行う採用選考の行く先は容易に想像しうる。その3ヵ月後の新聞紙上には、「中江人事に対する非難ゴウゴウたる昨今」との言葉が踊った[132]。

第3節　群島諸政府職員の給与

1. 沖縄

　1945年4月の米軍上陸以来、沖縄島においては貨幣経済が停止されており、住民の生活に必要な物資は軍政府が配給していた。その代わりに軍政府は、各地の収容所に詰め込んだ住民を、使役という「タダ働き」に駆り出していた。このような状況下で、沖縄諮詢会の職員にも、当然に給与は支給されていなかった。

　賃金制を復活させるための諮詢会内の検討は、軍政府が「戦前沖縄住民の賃金俸給実施状況の実際に付諮詢」したことを受けて[133]、記録の限りでは1945年12月に開始されている。すなわち、3日の諮詢会協議で「労務賃金に対する研究会」が開かれ、労務部長が戦前の官公吏の俸給について概要を説明、これに対し工務部長が「賃銀を制定する標準として米国の一日の賃銀と一日の生活費（食料）を調べて其の賃銀と生活費の対比を見たら如何」と、その金額の設定方法につき意見を陳述しているのである[134]。翌46年1月2日に開催された協議会には、労務部が14級建て・最高600円〜最低100円という俸給表

---

129)「人事問題で知事見解表明」奄夕 50.12.14、2。
130)　同上。
131)「職員採用に新な規定を設け 政府に銓衡委員会を設置」奄夕 51.3.1、2。
132)「各界指導者総検診（三）」奄夕 51.6.13、2。
133) 1946年5月21日付沖縄民政府労務部長発総務部長宛文書「各部の中央並地方機構及実情経過報告に関する件」(『琉球史料1』41-42頁)。
134)『諮詢会記録』195-196頁。

案を提出し[135]、7日にこの俸給表に関する議論と若干の修正が行われた[136]。この日には合わせて、職員個人々を各給与等級に格付けるにあたり、「各部からの案を総務に提出し、総務は之を検討して若し疑義の点ある時は其部の部長と相談」することが承認されている。21日には、軍政府側が示した俸給案が協議会に提示され、各部長からの意見を集約して軍政府担当者と折衝を行う方針が決まった[137]。

　その後、若干の曲折を経ながらも、民政府知事の任命と同日の4月24日、軍政府は「沖縄に関する軍政府経済政策の件」と題する通牒を発し、5月1日から貨幣経済を復活させ、賃金制を導入することを宣言した[138]。通牒には、上に述べてきた諮詢会による検討の成果である「沖縄公共並に個人事業雇傭の日給月給等級表」が付されている。そのタイトルから分かるように、この表は、民政府職員をはじめとする「公共」機関の被用者のみならず、「個人事業」＝民間の被用者の賃金額も公定するものであった。後者に関係する日給等級表は一種（非熟練労務）と二種（熟練労務）に分けられ、建築人夫・守衛・建具工・大工・自動車修理工などといった職種ごとに日給額が設定されている。前者に関係する15級建ての月給等級表は、最高1,000円から最低120円となっている。原史料には諸々の混乱が見られるため、そのままの形で紹介することはしないが、こちらも各等級に対応する職種・ポストが多数列挙された表になっている。たとえば知事は最高の15級で、部長は14級。書記は1〜8級俸に散らばり、「被傭者の経験とその地位の重要性に依」って、いずれかの等級に格付けられることとされた。そのほかたとえば警察関係では、巡査が3〜7級、巡査部長が6〜8級、警部補が10級、警視および地方警察署長が11〜13級となっている。

　この制度は、賃金の水準こそ、旧沖縄県庁勤務者の「昭和十九年末の現状の俸給、諸手当、賞与等の年収調をなし」[139]、それを目安に設定されたものであ

---

135) 同上、245頁。
136) 同上、253頁。
137) 同上、264頁。
138) 『琉球史料1』152-157頁。
139) 1946年5月21日付沖縄民政府労務部長発総務部長宛文書「各部の中央並地方機構及実情経過報告に関する件」（同上、41-42頁）。

ったが、制度自体のモデルが日本の制度でないことは明らかである。そもそもこの時期にはまだ、日本の制度の情報を得ることはほとんど不可能であったと思われ、1945年12月ごろから法制局で行われていた給与制度改正の検討[140]過程や、その成果として1946年4月に制定された官吏俸給令（昭21勅192）などに諮詢会職員がアクセスできたとは考えにくい。念のため付言すれば、官吏俸給令が定めているのは、職務・職責と一切関連づけのない通し30号俸の俸給表であって、通牒に置かれた等級表とは似ても似つかない。さらに、上は知事から下は事務員までが一所に押し込まれたこの表は、官吏と非官吏を明確に差別し、両者にまったく異なる給与制度を適用していた戦前日本のしくみ（日本ではこれが1948年に新給与実施法が施行されるまで継続する）とも決定的に異なっている。多くの具体的職種を掲げるこの表はむしろ、後述するごとき、米国的な給与制度の要素をすでに胚胎させていたと言える。

　こうしてスタートした民政府職員の給与制度であったが、直後から問題が噴出した。まず、5月10日の部長会議[141]で、知事が経済部長に「各部の課長級の俸給がまちまちの話だが如何なって居るか」と糺しているように、部ごとの待遇の差が問題視されている。この差は、部長ごとの方針の違い（とそれが許容されるような制度設計）によるものであったと思われる。5月17日の部長会議[142]で、知事が「俸給額決定の時は戦前の待遇も参考に考慮する様に」と発言したのに対し、公衆衛生部長は「私は其人の働きによって人事はやって居る。寧ろ戦前を参考にしない方がよい」と反論しており、会議中にこれらの意見のどちらかに方針が決定された形跡は見られない。

　また、6月21日の部長会議における知事の言[143]によれば、民政府の俸給が高すぎるという「農民の不平」や、「市町村吏員と民政府職員との俸給の開きにつきての不平」など、民政府職員が優遇されている、という怨嗟の声も聞かれていた。とりわけ前者について知事は苦慮していたようで、同日の会議で民政府職員の減俸を提案し、了承を得ている。そして、それによって浮いた予算と軍政府の補助で、「農民のために市町村に復旧事業を興」すことを軍政府に

---

140)　川手摂『戦後日本の公務員制度史』岩波書店、2005年、83頁。
141)　『民政府記録1』33頁。
142)　同上、52頁。
143)　同上、95頁。

要請したのである[144]。知事はこの時のことを、雑誌の対談において、「部長会議にかけたら、或る部長が真向から反対してね。……たった三ヶ月でいいから〔と〕押し通し、合計五十万円寄付したいと軍に申し出た。そしたらワトキン〔ス〕さんは……同情してくれた。……〔この話が〕誘い水になって頼みもしないが軍が一千五百万円と云う金を農業復興費に出してくれた。嬉しかったねあの時は」[145]と回想している。

　さらに、制度こそ整備されたものの、給与は遅配になっていた。4月24日通牒の31項には、民政府職員の給与は軍政府が支給する旨が規定されている。これは当然の話で、経済活動がほとんどなく、半ば人工的に貨幣経済を復活させた以上、民政府には税収がなく、自前の財源はなかったのである。実際、民政府財務部の月報には、軍政府から毎月予算が支払われ、それによって給与を支給していた様子がうかがえる。だが、早くも8月分の予算の交付が遅延して給与を支払えない状態となり、「軍政府に対し種々交渉」した挙句にようやく一部の支払いを受けて、支給につなげるという事態に陥っていた[146]。

　その後、給与制度は、1946年12月1日付指令20号「沖縄民政府の機構、機能、給与、会計規則及び会計手続」によって改正される。この指令は、沖縄民政府の機構や各部の所掌を規定するとともに、「公認職業及び当該給与限度表」なる俸給表を設定した。ここには月給制、日給制、船員の3表が規定されているが、いずれの表も、軍政府が職業として公認した職種を列挙し、その職種が何級俸を受けるかを示したもので（月給制は通し14級、船員は通し10級。日給制は2種に分かれ、それぞれ3、5の級を持つ）、「沖縄民政府、その廳庁及び独立機関に雇用されている者全部に適用される」ものとされた。職種はかなり細かく、具体的に設定されており、その数は月給制の表に限っても253、船員・日給制の表まで加えると、557にのぼる。なお、この指令に職務運営上必要な職種の定めがない場合は、知事は職員の採用に先立ち当該職を設けるための職種追加を書面により軍政府労働部長に申請しなければならず、その申請書には給与額に関する勧告も添えるものとされていた。

---

144) 同上、101頁。
145) 「対談　知事のイス」『月刊タイムス』20号、1959年、43頁。
146) 『琉球史料1』219頁。

示された557の職種の中には、「肉屋」「便利屋」「洋服屋」など、常識的にはおおよそ政府職員と捉え難い職種が紛れ込んでいる。また、当時の琉球には大学が存在していなかった（琉球大学が軍政府によって創立されたのは1950年5月、琉球政府立になったのは1966年）にもかかわらず、「大学教授」をはじめ、「天文学者」「社会学者」などの研究職種が挙げられていたり、「医師」という職種がありながら、「外科医」「眼科医」という職種も存在しているなど、実態に即していない点や不備が多い。

　政府職員とみなし難い職種の列挙については、この指令を補足するために発出された指令21号（1946年12月20日）の第2条が、「現在操業中であり、若しくは、今後設立されるあらゆる個人企業に対しても、同一の有効性をもって適用される」と規定していることを踏まえれば、理解可能なものとなる。そもそもこの俸給表は、4月24日通牒に付されていたものと同じように、行政職員のみを対象として作られたものではなかったのである。軍政府も、「例えば運転手は運転手としての給料を支払ふ。軍政府、民政府、市町村が雇ふても同じ率でやる」[147]と説明している。

　職種規定の不可解さについては、何らかの形で米国において使われていた制度をそのまま持ち込んだことに起因するのではないかと思われる。20号は俸給表の他にも、各職種の職務内容をかなり詳細に規定し、職種によっては求められる資格要件まで記載した職種表を置いている。職種分類の細かさと、職務内容の明示規定といった20号給与制度の特徴からは、米国式の職務分類制のにおいを嗅ぎ取ることができる。実際20号は、「米国文官〔の制度〕によって作れとの指令に基いて」[148]、「リース中佐（〔軍政府〕財政部隊長）が数ヶ月も研究した」[149]結果作られたのである。

　その後20号は、複数回にわたる改正を受けた[150]。1947年4月8日の指令10号による改正では、勤務時間や休暇などに関する規定の追加、職種の削

---

147) 『民政府記録1』270頁。
148) 同上、280頁。
149) 同上、270頁。
150) 以下では、増俸に関わるもののみを示した。それ以外に、1947年8月11日の改正第3号は、治安裁判所判事・同書記長・同書記、学校管理人の各職種を、12月20日の指令54号は、中央食糧倉庫と国際郵便交換局に置かれる職種をそれぞれ新設し、その給与額を定めた。

除・追加、既存職種の増俸などが行われている。この指令に伴う軍政府からのメッセージ[151]には、「貴官〔＝沖縄民政府知事〕発増額申請書を多数受領してゐる」が、この指令により「相当価値の報酬を受くべきものと思料さるる者に対する給料の増額」を行ったので、「其他の貴官発増額申請は凡て之を却下する」とあり、民政府から軍政府への増俸申請が繰り返されていたことがうかがえる。

7月17日の改正第2号は、教員と校長の給与を改定（対応級を変更）し、さらに校長の給与を「勤続報酬及び扶養家族給付金」に相当するものとして昇給させることを許可した。また、1948年1月14日の指令5号による改正は知事の、2月26日の指令12号による改正は看守・看守長の、4月20日の指令21号による改正は中学校の教員と校長の増俸をそれぞれ定めている。

さらに、該当する指令の原文は見当たらないものの、4月30日の軍民連絡会議では、軍政府側から「警察官の俸給改正指令」が手交された[152]。これが5月14日の部長会議で取り上げられ、官房長が「之と同様各部も増俸せよとのことであるが……無理には出来ない」という軍政府側の見解を示したのに対して、公衆衛生部長が「職員が警察官同様にいか〔＝増俸され〕なければ秩序を乱すことになる。統制の取れる様願ひます」と発言し、文教部長・財政部長もこれを後押ししている[153]。特定の職種に限られた増俸の決定が、民政府内に亀裂を生む可能性が危惧されていた。

職員全体を対象にした増俸は、前47年の11月頃から軍政府に要求されていた。11月14日の軍民連絡会議で知事が、「物価が騰って行く……に従って俸給賃銀をあげねばならないが、それに関しての具体的な措置に対する示唆を仰ぎたい」と要請しているのである[154]。このような増俸要請に対し、軍政府は独自の生活実態調査を行う[155]とともに、増俸の根拠とするために生活費の算

---

151) 『民政府記録2』363頁。
152) 『民政府記録1』691頁。なお、この警官の増俸を要求する材料にしたと思われる、警察官の家計状況をまとめた文書「警察官の生活窮状について申報」が琉政文書「軍指令及一般文書1947年 5-3 沖縄民政府当時の文書」（R00000481B）に収録されている。それによれば、たとえば4人家族で支出1,020円に対し手取り給与が250円、5人家族で支出809円54銭に対し手取り給与が295円40銭などといった状況であった。
153) 『民政府記録1』699頁。
154) 同上、514頁。
155) 「俸給賃金の増額を考慮」うる47.12.12、1。

出と提出を民政府に求めており[156]、1948年1月末に民政府はこれを提出した[157]が、そのおよそ半月後の2月18日に知事が増俸の件を問いただすと、軍政府の担当官は「物価が落付いて後でなければならない」として、これを先送りにしてしまった[158]。

それから半年過ぎた8月6日、ようやく指令27号「沖縄民政府給与率」によって20号の俸給表が改訂され、ベースアップが行われた。当時の新聞は、「うなぎ上りにじりじりする物価難に民政府職員を初め各種職域ではひとしく生活苦にあえぎ退庁後の副職などでかろうじて収支のつじつまを合しており民政府では先に臨時に昇給を規定したが軍政府では八月六日全面的に俸給表を左の通り改訂。嬉しくも四月一日にさかのぼって支給することになった」[159]と伝えている。この記事からは、民政府が軍政府からの正式な指令を待たずに「臨時に昇給を規定」していたらしいことが読み取れよう。確かに、5月21日付の『うるま新報』には、民政府職員の4月分からの2割5分増俸が報じられており、それに先立って、4月16日の軍民連絡会議では、志喜屋知事が「俸給の件につき軍政府の許可を得なければならないか」と問うたのに対して、軍政府側(ラブリー総務部長)が「私としては軍政府の許可を得る必要はないと思ふ」と述べている[160]。

27号による俸給表は、号俸制を撤廃し、各職種について最低額と最高額を提示するというしくみに改められた。なお、職種は依然として月給制職員に限っても162を数えるが、先の指令20号に比べれば幾分か整理され、民政府官制が規定する職との接近が見て取れる。さらに、俸給表が一般職員・警察職員・裁判所職員・検事局職員・刑務所職員・学校職員・時給制と分けられ、雑然さは幾分か緩和されている。この俸給表の原案と思われるものが5月21日付の民政府文書[161]として残されており、先の20号とは違い、策定が民政府の手によるものだったことがわかる。指令自体には等級を持った俸給表は定めら

---

156) 『民政府記録1』549-550、586-587頁。
157) 同上、599頁。
158) 同上、613頁。
159) 「官吏の増俸 軍が指示」うる 48.8.20、1。
160) 『民政府記録1』677頁。
161) 同上、418-419頁に収録された、官房長発各部長宛「改正職種賃金表に就いて」(知第89号、1948年5月21日)。

れていなかったが、民政府は42の級を持つ俸給表を別に定め、これを運用したようである[162]。

　かくして制度は変わったが、その後の展開は相変わらずのものであった。すなわち、増俸の要請が直ちに始まるのである。9月3日の軍民連絡会議で、ラブリー総務部長は、「俸給賃金の件財政部と二時間に亘り交渉したが、納得させる材料がないので仕方がなかった。民財政部と軍財政部の各係で交渉させられたい」[163]と述べている。注目すべきは、軍政府内でも、民政府の意向を受けて増俸を企図する部署（総務部）と、それにストップをかける部署（財政部）が存在していたということであろう。一口に軍政府と言っても、その内実は一枚岩ではなかったことがわかる。

　続く給与制度の変更は、1949年1月27日の指令5号による。同指令は「琉球に於ける各民政府の職員に対する最高賃銀についてのすべての法的制限を茲に撤廃する」として、先の46年指令20号や48年指令27号を失効させたのである（なお、民間賃金についてはすでに、これより3ヵ月ほど前の48年11月1日から、軍政府特別布告33号によって、自由に設定できるようになっていた）。1月24日付の軍政府文書「食糧並に賃金引上について」は、「沖縄民政府被雇傭者の現在の俸給賃銀は民間における普通の賃銀より相当低廉」なので、この制限撤廃措置によって「必要に応じて貴民政府職員の俸給を調整して沖縄に於ける普通水準線に引上げる様にすることを許可するものである」[164]と、その意図を説明している。

　なお、指令が定める賃金が経済の実情に即していないとして、その適用を排し、実態に合った給与額を定められるようにしたいという民政府側の要請は、前述した賃上げの要求とともに、1947年11月にはすでに現われていた。だが、軍政府から知事に宛てられた1948年3月29日付の文書[165]は、知事から47年11月30日付で提出されていた20号の廃止に関する申請を却下し、俸給制限

---

162)　琉政文書「給与関係質疑応答集　1962年1月～1965年11月」（R00155993B）に収録された、内務局人事課「琉球政府職員の給与について」（1965年5月）を参照。
163)　『民政府記録2』46頁。
164)　『琉球史料5』241-242頁。なお、この文書は1949年1月31日付の沖縄民政府公報に「軍政本部指令」として登載されているが、通し番号が割り振られた正規の指令ではない。
165)　『琉球史料1』72頁。

に従うことを指示している。制限の撤廃までには、そこから10ヵ月を要したことになる。

　指令5号が発出された翌日の1月28日から、部長会議ではさっそく俸給案が審議された[166]。そのやりとりを見ると、多くの部長が、本俸と家族手当あるいは物価手当の2本建ての給与体系にし、前者の増額率をある程度抑制しながら、後者で総体としての増給額を調整するという案を支持している。議論の結果、民政府は本俸を3倍にする増俸案を出したが、家族手当については軍政府財政部長からストップがかかり[167]、結局認められなかった。増俸案は、通し40級（190円～1,500円）の俸給表の額を500円～6,000円に引き上げるものとなった[168]（指令27号の制定に伴って作られた42級の俸給表から、級が二つ減っているが、その詳細については不明である）。なお、上記のように増額が決定されたものの、やはり「先立つもの」の不足状況は変わらず、少なくとも4・5月分については、「やりくり算段でやっと二倍額を支給」するという状態であった[169]。

　その後、民政府職員の給与規定は、1950年4月12日の布令7号「琉球人雇傭規程並びにその職種及び俸給賃金表」によって復活する（6月16日に改正）。軍政府・民政府・軍関係機関に勤務する琉球人に適用されるものとされたこの布令は、RG／RWBという二つの俸給表と、職種表を置き、後者が定める職種と前者の等級を結び付けるしくみになっていた。これは、軍職員の給与制度に倣った[170]ものであり、まごうことなき米国式の制度であった。この制度で、等級内に五つの号俸（ステップ）が設定され、1～2号までは3ヵ月、3～5号までは半年の期間を経過すれば、軍政府の認可を得ずに昇給させることが可能となった[171]ことは注目に値する。しかし、財政状況を考えれば、民政府において昇給が実際に行われていたとは考えにくい。

---

166)　『民政府記録2』142-143頁。
167)　同上、153頁。
168)　同上、168頁。
169)　「月給は大丈夫」うる49.6.13、2。
170)　USCAR文書「Labor Relations Program Files, 1952: MG Ordinance No. 7」（USCAR26666）に収録された、1952年1月4日付文書「Chg #5, Ordinance No. 7, U.S. Civil Administration of the Ryukyu Islands, 29 Nov. 51」。
171)　沖縄県人事委員会編『職員給与制度等の変遷――戦後50年のあゆみ』1995年、1頁。

布令の公布を受け、4月28日の部長会議で官房長は、「軍府令第七号に準じ〔ママ〕て……職員給料を決定し四月十二日以降実施する。……各部長は職種、俸給表を個人別に二通作成四月廿九日迄に完了せよ、MG〔＝軍政府〕……の職員が検査する」と示達した[172]が、布令7号の給与水準は、民政府の予算の実情に適合するものではなかった。5月22日に行われた四民政府知事・軍政官合同会談では、「現在四民政府とも財政難で指令第七号〔ママ〕に準じて職員の給料を増俸することは不可能であるので新財源の獲得や税制の確立ができるまでは必要なだけの資金を軍政府から借〔ママ〕してもらいたい。これが不可能であれば各民政府の財力に応じて増俸計画を樹立するからこれを認めてもらいたい」という陳情が軍政府に行われている[173]。さらに言えば、民政府ではこの時においても、増俸が不可能であるどころか、現額の給与にさえ遅配が生じている状況であった[174]。

　それでも民政府は、職員の最低生活費を算出した上で、予算状況とにらみ合わせ、平均額で110％＝2.1倍の増俸（2,289円ベース）を企図し、6月下旬、歳入不足分についての補助の要請とともに追加予算を軍政府に提出した[175]。軍政府からの回答は8月19日付で寄せられた[176]が、その内容は、予算が不足するのならば、布令7号に沿った給与改定を行う必要はないというもので、実際これに沿って、沖縄民政府に同布令の規定を下回る給与額の設定を認める布令7号の改正1号が8月8日に公布された。19日付文書は、1951年4月1日まで暫定的に有効とする（RGという名称は付されているものの、布令7号のそれとは異なる）12級建ての給与等級表を付し、民政府に対して各職員の職種名のリストとこの等級への格付案を提出するよう求めていた。

　これに応えて民政府は、格付案とその実施に必要な追加予算を9月11日付で再び軍政府に提出[177]、この案に対し軍政府は、21日付文書[178]で職種と等級を仮設定した。文書は各部に固有の職種、各部に共通の職種、技能・労務関係

---

172) 『琉球史料1』100頁。
173) 同上、108頁。
174) 「社説　俸給不払いと官吏生活」うる50.6.7、1。
175) 「民政府新給与　ベース二二八九円」うる50.6.24、1。
176) 往復文書（YD-71, REEL 0-4）に収録された、知事宛文書「Payment of Wages」。
177) 「民政府増俸　軍に申請」うる50.9.14、2。

の職種をそれぞれ列挙し、各職種を布令 7 号の RG ／ RWB の等級に対応付けている（結局、8 月 19 日付文書中の給与表は使われなかったようである）。また、合わせて、11 日付で提出された仮格付の不正確・不的確さが指摘されている。なお、知事と副知事のみが固定額の月俸制であり、部長以下の職員は、RG12 級を頂点（RG 俸給表自体の最高級は 15 級）とした時給制になっていたが、1ヵ月 173 時間勤務で換算した月給表も付されていた。民政府はこれに沿った給与を、さしあたり 8 月から民政府が解消される 10 月いっぱいまでの暫定的なものとして決定した[179]。その後、制度は運用の局面へ入り、新しい職種の設定や、既存職種の等級変更を決定・通知する軍政府文書がいくつか見られる[180]。これらはいずれも、民政府側から申請を行い、軍政府がこれを承認したもののようである。

　民政府が群島政府になってからも、この給与システムは存続した。群島政府は 12 月から、1ヵ月あたりの換算勤務時間を 173 時間から 192 時間に底上げすることによって賃上げを実施した[181]。これは、群島政府予算の一般行政費負担の職員についての措置であったため、群島政府は、USCAR 予算の復興費負担職員についても同様の賃上げを求める文書を 1951 年 1 月 25 日付で USCAR に送付した[182]。ところが、この要請文書に対する 2 月 5 日付の回答[183]には、群島政府職員の給与を月給制にすることを認可したことはない、普段から予算が足りないと嘆いている群島政府が賃上げを行っているのは辻褄が合わない、生計費が高いというのならばきちんとした証拠をデータで示すべきであ

---

178) 往復文書（YD-71, REEL 0-4）に収録された、知事宛文書「Revised Normal Governmental Operations Budget Fiscal Year 1951」（同リールにはその和訳版「1951 年会計年度の更正通常行政費予算」も収録されている）。
179)「民政府増俸決定」うる 50.9.27、2。
180) 往復文書（YD-71, REEL 0-4）に収録された、1950 年 10 月 16 日付軍政府文書「Revised Grades」、24 日付「Revision of Job Classification」や、往復文書（YD-71, REEL 0-5）に収録された、11 月 1 日付「Classifications and Grades for Personnel of Public Services Department, OCA」。また、群島政府設立後だが、USCAR 文書「Miscellaneous Files」（USCAR10212）に収録された、1951 年 2 月 5 日付文書「Additional Classification and Grades for OGG Employees」。
181) 同上 USCAR 文書に収録された、知事発沖縄民政官府宛文書「Increasing Salaries of Okinawa Gunto Government Employees」（Memorandum No.40, 25 January 1951）を参照。
182) 同上。
183) 同上 USCAR 文書に収録された、2 月 5 日付文書「Additional Classifications and Grades for OGG Employees」。なお、本文書は上記注 181 の文書に対する返答であり、タイトルは「Increasing Salaries of Okinawa Gunto Government Employees」の誤りと思われる。

る、という叱責が並んだ。ただし、元通りにせよという指示は飛んでおらず、192時間換算はその後も続いたものと思われる[184]。

賃上げへの動きはその後も止むことがなく、8月8日の部長会議では、平均給を2,800円から3,600円にする増俸が決定され、人事課から各部へ、所属職員の増俸内申の提出が求められた[185]。これを元に、10日付文書でUSCARに要請が行われたが認められず、立ち消えとなりかけた[186]。しかし10月に入り、民政官が群島政府職員や群島議会議員の要請行動に関心を持ったことで、事態は動き始める[187]。12日付のUSCAR文書[188]では、先の8月10日付の群島政府からの増俸案を斥けつつも、USCARと群島政府が共同して包括的な職務調査を行い、給与等級の再格付を実施することを提案している。また、群島議会の同意を経て、各職員の現給の最高100時間分にあたる額のボーナスを支給することを承認している。しかし、以上の措置についてはすべて群島政府が自身の財源において行うものとされ、USCARからの補助金は一切支出されない旨が明記されていた。

結果、11月3日に民政副長官発の文書[189]で「改訂新職種等級表」が設定され、新しい給与水準が10月1日に遡及して実施された。給与水準は、先の布令7号の俸給時給額に、1ヵ月の基準労働時間である204時間を乗じ、その値の十の位以下を切り捨てて求められたもので、平均12.3％の増俸となった[190]。この新制度に対しては、早くも11月13日に群島政府側から、具体的な職名を指摘して、格付の引き上げを求める要請が送られている[191]。これに対し

---

184) USCAR文書「Okinawa Gunto Government/Governor」（USCAR07605）に収録された、1951年10月16日に群島政府からUSCARに宛てられた部長級職員の賃上げを要請する文書「Salaries of Department Directors, OGG」（Memorandum No. 629）中に、「RG-12（月額5200ドル）」という記載がある。実際の給料表においてRG-12の1号俸は27ドルで、これに192時間を掛けると5,184ドルと、ほぼ近似する。

185) 「増俸本決り」うる51.8.9、2。

186) 「救済費補助打切り」うる51.9.7、2。

187) 前掲USCAR文書（USCAR10212）に収録された、1951年10月3日付文書「Wages of OGG Personnel」を参照。

188) 往復文書（YD-71、REEL0-7）に収録された、「Change of Wage Rates by Classification, Based on MG Ordinance No.7」。

189) 往復文書（YD-71、REEL0-7）に収録された、「Revised Classification of OGG Personnel」。

190) 「増俸！ 十月に遡って 12.3％許可さる」沖タ51.11.4、3。

191) 往復文書（YD-71、REEL0-6）に収録された、知事発民政副長官宛文書「Revised Classification and Wage Rates — OGG」（Memorandum No. 692）。

USCARは30日付で返答[192]を送り、工務部副部長・高校校長・税務署長・統計課長など、一部についてのみ格付の変更を認めた。

最後に、例外的になっていた警察部関係職員の給与について見ておきたい。沖縄民政府の末期、警察職員は定員が1,500人で、その給与は軍政府が3分の2、民政府が3分の1を負担することとなっていた[193]。ところが、群島政府が発足して間もない1950年11月10日、1日付で定員を1,100人とし、負担率も2分の1に引き下げる旨が突如示達された[194]。給料額は、布令7号の俸給表にしたがって支給するものとされ（警察官については階級とRGグレードが対応付けられ、事務職員については布令ですでに設定されている職種が適用された）、警察官については208時間制、事務職員について173時間制として月給で支払うとされた。また、軍政府の補助がなくなった場合でも政府の財源のみで人員を賄えるよう、部課の縮小・職員の整理を実施しておくべきである（ただし人員は、軍政長官の認可を得ることなく900人を下回らせてはならない）との指示も、合わせて出された。

2. 奄美・宮古・八重山

ⅰ）奄美

戦後直後の大島支庁における職員の給与の実態は、資料的に明らかでない。1946年1月末にプライス少将が来島し、日本からの分離を予告した折、支庁職員の「俸給、給料は軍政部から支給する」旨を伝えたとされる[195]が、その後、少なくとも臨時北部南西諸島政庁においては独自の予算が編成されており（ただし決定権は軍政府が握っていたようである[196]）、この時には政庁が職員の給与を支払っていたと推測される。

管見の限り、給与関係の最初期の情報は、1947年4月、政庁が軍政府の承

---

192) 往復文書（YD-71、REEL0-7）に収録された、知事宛文書「Revised Classification and Wage Rates — OGG」。
193) 第2回沖縄群島議会（1950年12月14日）における平良知事の政務報告。『琉球史料1』280頁。
194) 沖縄県議会事務局編『沖縄県議会史 第13巻』1995年、61頁に収録された、沖縄軍政官府文書「沖縄群島政府警察部について」（1950年11月10日）。
195) 沖縄市町村三十年史編集委員会編、前掲、83頁。
196) 村山、前掲、85頁。

認を得て、本俸に家族手当の半額を加算した額の170％を年度末賞与として職員に支給した、という報道である[197]。続いて同年の6月には、インフレ克服のための軍政府の低物価政策に連動し、指令によって賃金限度額・俸給表が設定された[198]。これを踏まえて政庁は、従来あった賞与、家族手当などの諸手当を一切廃し、職名ごとに一定の幅を設定する新俸給令を7月28日に発令[199]、これにより職員の給与額は予算ベースで平均315円となった[200]。この給与水準について、知事は「官吏の最低生活の保障にも足りない」と声明を出したが、ここから1年ほど給与額は改定されなかったようで、1948年6月末の新聞は、「三百十五円ベースの給料では喰へぬ」と、官吏の退職者が相次いでいることを報じている[201]。

　7月には、政庁や名瀬市の職員を中心に名瀬市官公署職員組合が結成され、14日に知事に対し俸給平均額3倍値上げと家族手当の支給を要求し[202]、さらに8月にも臨時手当を要求した[203]。この要求を受けてか、7月ごろには、月給額の150％の特別手当が勤続6ヵ月以上の職員に支給された[204]という記録がある。さらに12月には、630円ベースに2倍増額が検討されているという報道[205]もなされたが、これはおそらく実現をみていない。

　1949年2月1日、軍政府によって1947年6月以来定められていた賃金額制限が撤廃された[206]。その年の8月には、2割5分の増俸が軍政府から指示され、政庁は678円ベースの給与案を作成した[207]が、直後、政庁の徴税成績が悪いということで、増俸の一時見合わせが口頭指示された[208]。しかし、その後12

---

197)　「年度末賞与十七割程度」奄タ47.4.6、2。
198)　「軍政府命令第八号により俸給、賃金を限定」奄タ47.6.25、2。
199)　村山、前掲、117頁。
200)　「一九四八年度政庁予算」奄タ47.7.27、2。
201)　「三百十五円では喰ってゆけぬ　官公吏ぞくぞく辞職」奄タ48.6.29、2。
202)　「名瀬市官公署職員組合代表軍政府、知事え俸給値上げ陳情」奄タ48.7.15、2。
203)　「臨時手当支給を折衝」奄タ48.8.7、2。
204)　沖縄県文化振興会公文書管理部史料編集室編『沖縄県史 資料編9 Military Government Activities Reports』2000年に収録された、「SUMMATION No.12 US ARMY MILITARY GOVERNMENT ACTIVITIES IN THE RYUKYU ISLANDS（FROM THE MONTHS OF JULY-AUGUST 1948）」（690頁）を参照。
205)　「不遇に悩む官公吏に大巾増俸か」奄タ48.12.24、1。
206)　「給与限度撤廃さる」奄タ49.3.25、1。
207)　「官公吏待遇改善　笠井副知事談」奄タ49.9.30、1。
208)　「官吏の増俸中止　軍政府より指示」奄タ49.9.2、2。

月に800円ベースが実現し、さらに10割の賞与が支給されることになった[209]。だがこの給与水準について、政庁幹部は次のように述べている[210]。

> 現在の経済情勢、社会状況から見ましてこの八百円ベースではとても生活は出来ないので御座います。それぞれ出勤前或いは退庁後鍬を取り或いは休日に山に行くとかその他家庭で晩に内職をし奥さんが内職をすると云うようなことをやりまして、それでも尚おっつかないで現在はそれぞれ自分の持物おば[ママ]片端から処分し尚それでも行けず現在は相当の借金をしております。

1950年6月には、一律2割増俸が軍政府に認可された[211]。一方、9月には賞与支給案が却下され、その代わり、税収の確保と人員整理に努めることで俸給を月ごとに徐々に引き上げて、1951年4月1日までに布令7号が定める最低限度額に到達させるようにせよ、との指示がなされた[212]。

1951年2月、群島議会で官吏の増俸に関する緊急動議があり、増税か人員削減かという議論が展開されたが、決着はつかず、結局軍政府に増俸資金の融通を陳情することになった[213]。その後、6月中旬に奄美群島官庁職員組合が3,000円ベースの即時実施を政府に要望[214]。その水準を不可能とする政府側は2,000円ベースを打ち出し、8月、中江知事は群島議会において、これを実現するための人件費を積んだ予算編成方針を説明している[215]。11月には、主要な官公労組が協調して年末手当支給に関する陳情を群島議会に提出したが、議会は年末手当の支給は不可能だとして、代わりに2割増俸を決定し、その支給方法については政府に一任した[216]。

---

209)「政庁職員へ臨時給与十割」奄夕 49.12.15、2。
210) 第1回臨時北部南西諸島政庁民政議会（1950年1月27日）における吉田総務部長の発言。沖縄県議会事務局編、前掲（2000）、14頁。
211)「政庁職員六月から二割増俸実施」奄夕 50.6.8、1。
212)「ボーナスの支給は却下さる」奄夕 50.9.23、2。
213)「官吏の給与引き上げ緊急動議」奄夕 51.2.3、2。
214)「三千円ベースの即時実施を要望」奄夕 51.6.13、2。
215)「人件費が大半占む　予算編成方針」奄夕 51.8.2、2。
216)「官公吏に朗報　今月から二割増俸」奄夕 51.11.18、2。

以上が、諸資料より判明する限りにおいての、奄美における政府職員の給与の変遷であった。これ以外に、奄美群島政府において給与に関する条例（奄美群島政府職員給与条例、1951 年条 39）が制定されていたことは特記すべきであろう。この条例によって、職員の職務は 13 級に分類され、一般俸給表と、判検事・警察刑務職員・税務職員・学校職員の四つの特別俸給表が置かれた。この条例のモデルが日本の「政府職員の新給与実施に関する法律」（新給与実施法、昭 23 法 46）であったことは、以下の条文比較によって容易に推測できる。

新給与実施法第 2 条「この法律の完全な実施を確保し、その目的を達成するため、内閣総理大臣の所轄の下に、臨時に、新給与実施本部……を置く」
条例第 3 条「この条例の完全な実施を確保し、その目的を達成するため給与委員会を置く」

新給与実施法第 13 条「各職員の受ける俸給は、その職務の複雑、困難及び責任の度、勤労の強度、勤務時間、勤労環境その他の勤労に関する条件に基いたものでなければならない」
条例第 6 条「各職員の受ける俸給は、その職務の複雑困難及び責任の度に基き、且つ勤労の強度、勤務時間、勤労環境、その他の勤務条件を考慮したものでなければならない」

ⅱ）宮古

　宮古支庁は、軍政施行を通達された 1945 年 12 月当時、現金は一文もなく、米軍から 16 万円を借用して、支庁および各官庁職員の俸給手当の支払をしたという[217]。1946 年 2 月の第 1 回宮古郡会[218]の審議によれば、当時の俸給は、戦前の額を基準にした本俸と、本俸の 3 倍の物価手当、戦前と同様の家族手当が支給され、俸給の 3 ～ 4 割程度の年末賞与が出されていたようだが、これで

---

217) 沖縄市町村三十年史編集委員会編、前掲、61 頁。
218) 宮古と八重山における、諮問／議決機関の変遷については、新崎盛暉「解題」沖縄県議会事務局編『沖縄県議会史　第 15 巻』1999 年、135-149 頁を参照。

は生活に足るものではなく、議員からは家族手当の増額や、職員に内職を認めるか農園を2反程度与えるといった待遇改善案が提議されている[219]。

　12月20日、南部琉球列島軍政府の作戦命令20号によって、職名ごとに定額あるいは一定の幅を持たせた額を定める俸給表が設定され[220]、これに沿って翌47年1月末付で、物価手当を廃止する代わりに、本俸を従来の4倍とする一斉増俸が行われた[221]。さらに5月20日付で上述の作戦命令は廃止され、軍政府は、それに取って代わる改定俸給案を提出するよう民政府に求めた[222]。俸給規程は、軍政府の承認を得た上で議会にかけられ、6月末から実施された。俸給表は15の級を持ち、職名ごとに一定の幅をもってあてはめられていた（たとえば事務官は4級から9級）。この新俸給表による増俸率は、知事1.1割、総務部長2.5割、他の部長・官房長2.7割、課長3割、事務官3.2割、事務官補4.7割などとなった[223]。

　1948年2月の第7回宮古議会では、八重山民政府職員の俸給水準が宮古のそれと比べて1割5分ほど高く、しかも近々増俸の計画を持っているとし、2割の賃上げが決議された[224]。実際、3月末をもって、部長級は一律に2割増、それ以外の職員は、総額で2割増とし、一律1.8割増に加えて0.2割を勤務成績や勤務年数によって按配することとなった。さらに、同年8月末には、現給額に対応した一斉増俸（たとえば550円以下なら6割増、591〜600円なら5.5割増など）が行われている。

　1950年4月の布令7号は、当然に宮古にも適用されることとなったが、民政府では、6月に財政の許す範囲において、布令に示された額の6割のベースアップを見込んだ給与案が作成され[225]、6月30日付で、事務官では2.5倍、知事では1.25倍程度の増俸が実施された[226]。その後、民政府が群島政府とな

---

219)　「俸給生活者の待遇を改善せよ」みや 46.2.25、1。
220)　「琉球軍政府本部命れい〔ママ〕」みや 47.1.17、1。
221)　琉政文書「終戦後の俸給表」（R00000483B）に収録された、「物価手当廃止に伴う俸給改正に関する件」（昭和22年1月30日）。なお、以下の記述においても、特に断りなく同文書を参照している。
222)　「改正俸給令廃止」みや 47.6.1、2。
223)　「俸給規程の改正案成る」宮タ 47.6.28（『平良市史5』339頁）。
224)　「口を揃えて官吏優遇唱う」宮タ 48.2.17（同上、763頁）。
225)　「新賃金ベース査定　変更を重ねる民政府給与案」みや 50.6.13、2。
226)　「増給案本決り」宮タ 50.6.12（『平良市史5』216頁）。

り、1951年3月の群島議会で増俸案が議決され、予算も組まれた。しかし、群島議員の下地敏之は、この増俸が実施されていないことを5月、8月の議会で追及している[227]。増俸が最終的に実施されたか否かは不明である。

ⅲ）八重山

八重山支庁では、開庁時から職員に俸給が支払われていたが、その額は朝令暮改といった様相で改正されていった。1946年中だけでも5月1日、6月1日・30日、7月31日、9月30日、12月31日、翌47年になっても、1月、2月、3月31日、5月31日に俸給表の改定が行われた記録がある[228]。このように頻繁にうつろった俸給は、7月28日の八重山議会[229]で議員から「予算を見て思ふが……職員の俸給はこれで生活出来るか」という問題提起がなされ、これに対して総務部長（議長）が「財源がないので困ってゐます。勿論現在の俸給で生活が出来るといふのではありません」と回答する程の水準であった。同じ議員はこの時、賞与の制度が存在しないことも取り上げている。その後、「財源がない」のをどのように克服したのかは不明だが、3割増俸と現給の10割の賞与が、8月31日付で発令された[230]。だが、その2ヵ月後には、運輸課の運転手が連名で、辞職を賭して賃上げを要求している[231]。

その後、1948年に入って3月末には再び増俸があったものの、このような薄給（とその原因たる予算不足）の状態は改善されず、9月の新聞社説[232]は、公務員が生活維持のために「借銭と朝晩日曜日等の余暇（?）に多少の耕作薪とりをなすことによってかろうじて生きている」とし、待遇の改善を主張している。また、9月25日の議会[233]には、民政府職員の5割増俸が提案されているが、総務部長は、仮に「十割の増俸しても生活は苦しい」が、「財源が許さ

---

227) 第4回宮古群島議会（1951年5月17日）、第6回宮古群島議会（1951年8月15日）における下地敏之議員の質問。『平良市史6』534, 562頁。
228) 前掲琉政文書（R00000483B）に収録された記録を参照。なお、以下の記述においても、特に断りなく同文書を参照している。
229) 『八重山記録』38-39頁。
230) 「三割増俸に十割の賞与」南西 47.9.30、2。
231) 「運転手総辞職か　待遇改善でもむ」南西 47.10.27、2。
232) 「社説　綱紀の粛正と公務員の優遇」南西 48.9.18、1。
233) 『八重山記録』93頁。

ないので、これで我慢する積りであ」ると述べている。この増俸は軍政府の承認も得て、8月31日付に遡及して実施された[234]。

俸給改定は、さらに1949年6月、50年2月、5月に行われ、群島政府設立後にも、51年1月、6月、12月に行われた。なお、民政府から群島政府への移行時、引き続き勤務することになった職員については、特に発令がない限り、従前の給料が支払われたようである。

第4節　本章のまとめ——任用における戦前との連続性、給与における米国との連続性

以上、琉球政府設立までの群島諸政府の組織・任用・給与について、沖縄以外の各群島にも極力目配りしながら論じてきた。最後に、本章の内容をまとめ、さらに「連続性」の観点から、若干の考察を付け加えておきたい。

各群島とも、戦後の行政機構の形成は、旧沖縄／鹿児島県庁（の地方機関）の立て直しという様相を呈した。戦前の行政機構の名称を引継いだ奄美・宮古・八重山の各支庁はもちろん、沖縄でも軍政府の承認のもと、戦前の日本の官制を参照した機構の再建が行われ、職員には県庁経験者が集められた。そうなれば、法規の形式や業務の遂行方法なども、戦前のそれを引継いだものとなるのは必然であった。

職員の任用について、この時期の群島諸政府に共通していたのは、資格基準や選考手続などを定める客観的任用制度の不在という事実であった。そのため、職員が人的ネットワークを介して採用される傾向が強くなっており、それがもっとも極端な形で発露したのが、各群島で展開された任用の「政治化」だったと言える。これにより、特に幹部職員を中心として、（そして一部の群島では一般の職員まで含めて）一定の人的な断絶がもたらされた。だが、職員が総入れ替えになるような事態は、各群島の政府とも、職員数が徐々に増加して大組織の体を整えていくにつれ、容易にできなくなっていったに違いない。

ところで、確かに客観的任用制度は不在であったが、戦前のそれを意識したものと思われる「文官任用令」の導入が、少なくとも沖縄においては模索され

---

234) 「五割一斉増俸発令　民政府職員え[ママ]朗報」南西48.11.21、2。

ていた。それが現実化するに至らなかったのは、やや逆説的に聞こえるかもしれないが、やはり戦前との連続性のゆえであったと考えられる。すなわち、旧県庁に、定期的に実施される試験によって職員を採用するようなしくみがなかった[235]ことが、戦後この時期における任用制度の不形成に大きく影響したと考えられるのである。事実、戦前から採用・昇任試験制度が整備されていた警察組織については、戦後のかなり早い時期にそれが復活を遂げていた。なお、全体を律する一般制度は不在であったものの、客観的な能力実証を志向する試験制度は各群島で散発的に実施され、一定程度の実績を重ねていた。だが、それが定着を見る前に、群島政府は消滅する。本格的な採用試験の展開は、公務員制度体系の構築とともに、琉球政府の創設を待たねばならない。

　給与については、財源不足に起因する給与水準の低さや遅配・未配、そしてそれによる行政職員の生活苦というのが、すべての群島に共通する実態であった。また、上述のごとく、組織や任用の面においては戦前日本との連続性が強く認められるのに対し、この時期の（とりわけ沖縄の）給与制度を特徴づけていたのは、制度それ自体の準拠や、その運用過程の隅々にまでわたる軍政府の積極的容喙に起因する、米国との連続性であった。任用や組織へのそれに比して圧倒的に大きいように見える給与制度への軍政府の関心は、①それが単なる公務員の処遇という行政内の問題を超え、経済・物価という統治全体の有効性に関わる大きな問題系の中で重要な位置を占めていたことや、②諸政府の財政に軍政府からの資金注入が不可欠だったがゆえ、自身の財政の健全性保持のために諸政府の歳出の膨張を抑制するインセンティヴが働いたことによるものであったと考えられる。

---

235) 判任官の資格試験である文官普通試験は、各府県において実施されていた。しかしその頻度は、『普通文官裁判所書記独学受験法』（大明堂書店、1924年）によれば、「毎年何れかの県で一二回は必ず行はれ」(140頁)、「よく行ふ府県庁では大抵三四年毎に施行してゐる」(13頁)程度であった。同書の1937年発行版にも「最近では昭和十年滋賀県、昭和十一年には岡山県、昭和十二年……八月には神奈川県、同九月には北海道に施行を見た」(12頁)とあり、「毎年何れかの県で一二回は必ず行はれ」るというペースは変わっていない。沖縄県が普通試験を施行したことが確認できたのは、管見のかぎり1915年3月のみである（試験問題が日原信利『小学校卒業者判任官になる近道』日本青少年教育普及社、1922年に掲載）。なお、戦前の府県には、国の官吏のほかに（自治体としての府県の）吏員が勤務していた。沖縄県で吏員の採用試験が実施されていたかどうかは不明だが、その数は1934年の105人をピークに、1938年には48人、1939年には35人と急速に減少しており、少なくともこの頃に吏員の採用試験が定期的・積極的に実施されていたとは考えにくいだろう。

第 2 章　全琉統一政府の設立と「公務員法」の形成

　本章では、1952年4月1日の琉球政府の設立に連なる、全琉球を管轄区域として置かれた行政機関・政府機構の系譜を概観し、前章と同じ要領で、その組織・人員、任用制度、給与制度を明らかにする。さらには、琉球政府の公務員制度の基盤となった「公務員法」の前史と形成過程についても詳述する。

第1節　全琉統一政府への胎動

1. 全琉統一行政機関の設立

　四群島の分立状況を解消し、統一的な行政機構を設置しようという動きは、早くも1946年の初頭に沖縄・宮古で現れ、同年後半には、各群島が行政統合案や要望事項をまとめるまでに至っていた[1]。しかし結局統合は実現せず、全琉統一の政府機構は1951年4月まで設置されることはなかった。だが、特定の政策領域を対象とする全琉統一の行政機関は、それよりも早く設置をみている。琉球貿易庁、琉球郵政庁、琉球農林省がそれである。

　琉球貿易庁は、1946年10月25日の指令14号により、琉球列島における「合法的貿易を復興し以て食糧貿易品及び其の他の生産物のより一層の公正なる配分及び経済安定の確立を図る」（第3項）ために設置された琉球列島貿易庁を前身とし、琉日間・琉球列島間の貿易を管理した。琉球列島貿易庁は、北部琉球・沖縄・南部琉球の計3人の代表で構成され、設立間もない頃は庶務・業務・運送保管・会計の4課と各群島に支部を置くのみの小所帯の組織であった。沖縄民政府財務部から沖縄代表委員に就任し、1949年に総裁に就任した宮里

---

[1]　これについて論じたものに、黒柳保則「1946年の米軍政下旧沖縄県地域における行政統合問題」『沖縄法政研究』8号、2005年がある。

辰彦によれば、「貿易庁は全琉機構とはいっても、最初は委員5名[2]の他、男子職員2人、女子タイピスト1人のこぢんまりしたもので」、機構的には軍政府の直轄だったものの、「知念半島高台上の民政府構内にあった商務部の一隅に間借りし」ており、「那覇の県庁跡に移転するまで、沖縄民政府の部長会議にも出席」したという[3]。各代表の給与は各群島の民政府が支払い、支部の事務所や職員についても、各群島の民政府が体制を整備することとされた（第6項）。1949年9月1日、琉球貿易庁に改称されると、機構改革によってトップに総裁が置かれ、組織は総務・財務・企画貿易・業務の4局（12課）と大島・宮古・八重山各支部で構成されるようになった。職員は、1951年4月頃の数字で130人ほどだったようである[4]。最終的には、琉球臨時中央政府商工局の一部となった。

　琉球郵政庁は、それまで各群島で別々に行われていた郵便業務を統合するため、1950年3月4日の布令3号により4月1日に設立された。同日の琉球郵政庁官制によって、庁長・次長のもとに秘書・管理の2課、経理・郵務・電務の3部（8課）、琉球気象台、那覇・名瀬・宮古・八重山の各中央郵便局、那覇中央無線電信局、那覇・名瀬の各電気通信工事局が置かれた。本庁職員は、各群島の「勢力比」に応じて割り振られ、奄美・宮古・八重山から相当数の職員が那覇に出てくることになったという[5]。定員は1950年度が1,194名、1951年度が1,203名であったが、予算を建設費に重点配分したい軍政府の意向により、1951年度・52年度と2次にわたる人員整理が実施された[6]。第1次の整理人員は不明だが、第2次については、当初310名という指示があったのに対し、再三の交渉によってこれを84名にまで抑えたという。被整理者には、退職金制度がなかったため、全職員からの拠金をもとにして一時金が支給さ

---

[2] 上述のごとく、発足当初の委員数は3名であり、これが5名（南部琉球代表が宮古代表と八重山代表に分離、さらに全琉代表たる委員長が加わった）となったのは1947年7月9日の指令14号改定によってであった。したがって、ここで宮里が言う「最初」がいつの時点のことだったのかは、必ずしもはっきりしない。
[3] 宮里辰彦「戦後行政物語21　戦後の「沖縄経済」構築に役割」『沖縄』1980年1月号、24頁。
[4] 琉球臨時中央政府立法院（1951年4月18日）における比嘉秀平行政主席の発言より。沖縄県議会事務局編『沖縄県議会史　第16巻』（以下本章では『県議会史16』）2000年、159頁。
[5] 沖縄郵政管理事務所編『琉球郵政事業史』1974年、44頁。
[6] 同上、168頁。

れた。1951年11月13日、郵政庁は横滑りで琉球臨時中央政府郵政局となった。

　琉球農林省は、①1946年12月に沖縄米穀生産土地開拓部として設置され、1947年2月に改称された、主に土地改良事業を推進するための組織である琉球列島米穀生産土地開拓庁、②配給物資の保管と分配を担うため、1947年1月に沖縄民政府用度補給部として設置され、1948年4月に一旦軍政府直轄の琉球用度補給庁となった後、1949年9月に再び沖縄民政府の所轄に復帰していた補給部、③沖縄民政府資源部を統合して、1950年4月1日に発足した（当初は琉球食糧農業機構、次いで琉球食糧農業庁という名称が示されていたが、最終的に琉球農林省に落ち着いた）。発足時の組織は、林野庁・食糧局・農政局・農事改良局・農地局・水産局・生産報告局・総裁書記室で、奄美・宮古・八重山の各群島それぞれに支部が置かれた。設置当初は分散執務となり、林野庁、食糧局、生産報告局は沖縄民政府に、農政局、農事改良局、農地局、水産局、総裁書記室は元開拓庁にオフィスが置かれたという。人員数は、1951年1月時点で本庁に294人、その他出先機関まで含めて995人となっていた[7]。農政局組合課長を務めた久場川敬によれば、軍政府は米国から農業専門家を招待して技術導入の便宜を図るとともに、日本への研修・資料収集のための人員派遣にも協力的であったため、農林省は沖縄民政府よりもいち早く「本土化」していったのだという[8]。農林省は、最終的には琉球臨時中央政府資源局となった。

　以上三つの全琉機関の沿革を見ると、（とりわけ沖縄の）群島諸政府との組織的・制度的な連続性が色濃かったことが分かる。特に郵政庁については、郵便局をはじめとする郵政関係機関が戦前から存在していたことを考えれば、連続性の糸は戦前期からつながっていたと考えられる。また、すぐ上で見たとおり、農林省のように、同時代日本との連続性を早々に得ていた機関もあった。

　各機関の任用関係制度は管見のかぎり見つからないが、採用試験や公募が行われていた跡は見出すことができる。まず貿易庁であるが、1947年7月4日の『うるま新報』に、英語・経済・会計・簿記・タイプの実務経験者の募集公

---

[7]　「琉球農林省　資源の高度開発へ機構整備し頑張る」うる51.1.4、1。
[8]　久場川敬「戦後行政物語4　農業復興の扉開く琉球農林省」『沖縄』1978年7月号、15頁。

告が掲載されている。また、1949年5月には、採用のための筆記試験が行われ、182名の応募者から14名を採用している[9]。1950年9月にも、(A) 英語を主としたもの、(B) 簿記を主としたもの、(AB) 両方にわたるものの3区分で試験が実施され、10名の募集枠に「高校出たてから大学専門学校中退者、果ては明治43〔1910〕年生まれの教職勤続20年まで92名が受験」したという[10]。農林省では、1951年3月に集計製表事務職員（勤務7ヵ月間の臨時職員）の募集があり、珠算・国語などの試験が行われている[11]。試験は17日に実施され、採用人員65人に対して104人が受験した[12]。また、農林省林野庁は、林業技術員養成所を設け、入所者を試験により選抜していた[13]。さらに農林省は公募による採用も行っており、設立間もない1950年4月4日付の『沖縄タイムス』に通訳・翻訳の募集が、1951年10月25日付の『琉球新報』にも翻訳・通訳官を「高給にて採用」する旨の調査局名の募集公告が、それぞれ掲載されている。郵政庁については、任用はすべて銓衡によって行われ、係長級以上の職員の任免についてのみ、軍政府通信部のチェックを受けるものとされていたようである[14]。

　職員の給与はどうなっていたのだろうか。郵政庁は、設立時点では、当時の沖縄民政府職員に適用されていた俸給表（1949年3月31日改正のもの）を適用したため、沖縄以外の各群島の職員については、給与額が引き上げられる結果となった[15]。設立から10日あまりの4月12日に布令7号が公布され、郵政庁ではこれに沿った給与が7月31日から実施、2倍以上の増俸となった。その後も11月30日、翌51年9月30日と一律増俸が実施される。さらに、1951年度には昇給制度が設けられ、等級に応じて3ヵ月・6ヵ月で定期昇給が行われることになった（ただし、制度導入から組織消滅までの期間が短いため、実際にどれほど適用されたかは不明）。

　前章ですでに述べたとおり、布令7号が広く琉球人被用者に適用されること

---

9)　「就職難いよいよ到来」うる49.5.16、1。
10)　「貿易庁の魅力　10名の職員募集にどっと押寄せた90名」沖タ50.9.14、2。
11)　うる51.3.14、1。
12)　「集計事務員応募者殺到」うる51.3.20、2。
13)　南西50.8.6、1や、海南51.3.16、2に公告が掲載されている。
14)　沖縄郵政管理事務所編、前掲、144頁。
15)　以下の経緯も含めて、同上、193-196頁。

になっていたにもかかわらず、群島諸政府にはその規定する額に従った給与を支払う財政力が欠如していたことを考えると、郵政庁の給与事情は恵まれていたと言えるだろう。他の全琉機関や軍政府職員についても、布令に沿った水準の給与増額が実施されていたようである[16]。1951年7月の八重山の新聞は、「確実な筋」から得た情報として、行政機関別の平均給与額を紹介しているが、それによれば、八重山群島政府の1,836円に対し、林野庁はその倍以上の3,800円、貿易庁では3,173円、郵政庁は2,540円とされている[17]。適用俸給表は同じはずであるから、全琉機関間の平均額の差は、職員の職種や年齢の構成の差を反映したものであろうが、ともあれ、群島政府より（かなりの）高水準になっていたことは間違いがない。

だが、民政府や群島政府と同じように、全琉機関でも、給与の支払に不安定感があったことは付記しておこう。農林省では、農業改良局に認められた1950年度の予算が当初計画の3分の1となったあおりを受け、同局の出先機関である農業指導所のうちでもとりわけ大所帯だった与儀農業指導所の職員の給与が、農林省発足時から8月まで支払われていなかった、という報道が見られる[18]。同じ時期、郵政庁も軍政府からの予算認可が下りず、職員の人件費を民政府が立替払いしていた[19]。

2. 臨時琉球諮詢委員会

1950年1月3日、布令1号により、四群島に関係する問題について軍政府の諮問を受けて研究討議する機関として、臨時琉球諮詢委員会の設置が決まった。各群島から選出された委員（沖縄6、奄美3、宮古1、八重山1）は、4月15日に初の顔合わせを行い[20]、実質的な審議は6月15日から開始された。

委員会には、6月13日の指令5号によって事務局が置かれ、事務局には委員長が任命する事務局長、主事、書記、通訳、翻訳者、速記者、タイピスト各

---

16) 奄美群島議会における中江実孝知事の答弁。彼はここで、7号水準がこれらの全琉機関では実施されているが、奄美群島政府ではその実施は約3倍の増俸となり、財政的に到底不可能であると述べている。「政府と市町村吏員を含む人件費新な角度から検証」奄夕50.12.7、2。
17) 「どこが月給少い？ サラリーマン職域別平均給」海南51.7.7、2。
18) 「四月以来の給料　不渡り解消」うる50.8.22、2。
19) 「郵政庁予算　早急認可を軍に申請」うる50.8.1、2。
20) 「琉球諮詢委員　初の顔合せ」うる50.4.16、2。

1名の職員が勤務し、増員にあたっては軍政官の認可が必要とされた。実際には、事務局長、事務員、タイピスト、翻訳者の4名が勤務したようである[21]。同指令によれば、委員の給与および運営予算は「軍政府琉球円予算の当該費目から支出する」こととなっていた。給与については、おそらく布令7号が適用されたであろう。

　群島組織法が公布されて間もない8月10日付で、「今後九ヶ月乃至十二ヶ月以内に設立されるべき」[22]中央政府に関する詳細な計画について軍政府から諮問を受けた委員会は、1951年1月17日、各群島政府を存続させたまま、恒久的な中央政府設立のための準備機構として、行政院（主席1名を含む5人の参議で構成され、政府の職員・機構・予算を統括し、全琉的な事項について政令を制定する権能を持つ機関）、琉球行政協議会（群島知事、群島議会議員、行政院主席・参議で構成され、各群島間にわたる事項について協議する組織）・簡素な行政機構、上訴裁判所を備えた暫定的な中央政府を設立する旨の答申を提出した[23]。そこには、「中央政府各機構、職員の任用に関しては、資格、等級、給与、人事の制度を法制化して、成績主義により、これを行うべきである」（第5項c）との主張も見られる[24]。委員の一人だった嘉陽安春は、1950年9月に新聞紙上で「試験制度、登用制度を確立し且つ給与の合理化を図り……定員制と彼此相俟って公務員の養成と安定とを期しなければならない」と主張しており[25]、これが反映されたものと見てよいだろう。

---

21) USCAR文書「Interim Ryukyu Advisory Council」（USCAR07595）に収録された、1950年8月30日付臨時琉球諮詢委員会委員長発琉球軍政官府宛文書「Appointment of the members of the Secretariat, Interim Ryukyus Advisory Council」。事務局長は「Hiroshi Kinjo」で、これは、その後琉球臨時中央政府行政主席事務局長、琉球政府行政主席官房人事課長、人事委員会委員などを歴任する金城寛のことである。
22) 琉球政府文教局編『琉球史料　第一集』那覇出版社、1988年、310頁。
23) この答申は非公開であったが、嘉陽安春『沖縄民政府』久米書房、1986年、358-364頁に抄録が掲載されている。また、316-322頁では答申の内容に関する解説がなされている。
24) 同上、364頁。
25) 嘉陽安春「群島組織法の根本問題（四）」うる50.9.16、4。

第2節　琉球臨時中央政府の設立

1. 機構・組織

　1951年4月1日、布告3号によって、群島政府を存続させたまま、琉球臨時中央政府が設立された。政府機構は諮詢委員会の答申どおりの形とはならず、行政主席・行政副主席（以下、単に主席・副主席とする。琉球政府の両職制についても同じ）と立法院[26]が置かれた。主席（比嘉秀平）および副主席（泉有平）は諮詢委員会のメンバーから選出され、残りの委員も全員が立法院参議に任命されている。

　行政機構は、設立と同時に完備されたのではなく、立法院が各局の設置法（一部、USCARが布令）を制定し、局長（一部、正式な局の設置に先立って「仮局長」）や課長級の職員が任命されることで、徐々に整備されていった。必ずしも、【（仮局長の任命→）設置法の制定→施行＝設置→局長・課長の任命】という順番通りに進んだわけではなく、経緯は局によってさまざまである。以下、詳しく見ていこう。

　4月30日、行政主席事務局の局長・庶務課長・秘書課長と、財政局の局長・庶務課長、主計課長・理財課長が任命されたのが、臨時中央政府の行政機構整備の端緒である。だが、この時はまだ両局とも設置法を持っておらず、それが公布されたのは6月12日のことであった。同法は4月1日に遡及して施行され、事実上置かれていた両局を法的に根拠づけた。その後、主席事務局は1952年1月22日に主席官房に改組（設置法が同日に公布・施行）され、2月1日に庶務課長と人事課長、7日に官房長が任命されている。財政局では、6月30日に主税歳入課長と出納課長、52年3月1日に管財課長が任命された。

　次に置かれたのは統計局であるが、これはUSCARの布令（44号、5月22日、即日施行）による設置であった。それからちょうど1ヵ月後の6月22日に、仮局長が任命されている。その後、立法院によって設置法が制定され、12

26）「立法院」という名称については、命名者である嘉陽安春が、植木枝盛の憲法草案にあったものを使ったと回想している。「戦後行政物語5　琉球政府の創設」『沖縄』1978年8月号、14頁を参照。

月29日に公布・施行されると、同日に局長が任命された。だが、課長の任命は、琉球政府設立の52年4月1日まで待たなければならない。

6月7日、琉球郵政庁長が仮郵政局長に任命される。8月13日には郵政局設置法が公布され、局長以下、庶務・郵務・電務・資材・監察の各課長と気象台長が任命されるが、布令53号によって郵政局に権限が与えられ、設置法が施行されたのは11月13日のことであった。

同じ6月の19日には、仮文教局長が任命されている。そのちょうど4ヵ月後の10月19日に文教局設置法が公布・施行され、同日に局長と庶務課長が、27日に学校教育課長が、11月1日に社会教育課長が任命された。

9月1日には、琉球農林省総裁が仮資源局長に任命された。資源局設置法は52年1月22日に公布されたが、施行は留保され、同日に局長は任命されたものの、課長が任命されたのは琉球政府設立の4月1日であった。したがって資源局は、琉球政府設立までは事実上、農林省の枠組みで活動していたものと思われる。

11月20日、琉球貿易庁総裁が仮商工局長に任命される。商工局設置法は52年1月14日に公布となり、一部が施行、合わせて局長も任命された。資源局（農林省）とは異なり、2月1日には庶務課長、輸出課長兼輸入課長、臨時業務部長、同部業務課長、同会計課長が任命されている。

11月23日、USCARは指令15号を発し、12月31日までに総務局・法務局・厚生局・工務局・保安局を設置するよう指示した。これを受け、29日には仮法務局長・仮保安局長が、12月5日には仮厚生局長が任命される。指令15号は12月19日に改正され、運輸局の設置が追加指示された。仮運輸局長は同日に任命されている。

その後の各局の動きはばらばらである。総務局は52年1月23日に設置法が公布され、2月15日に局長が、3月1日に庶務・行政・労務の各課長が任命される。設置法は21日に施行された。法務局は、1月3日に局長と民事課長が任命された後、22日に設置法が公布、一部が施行された。厚生局も22日に設置法が公布されたが、施行は留保されたまま、2月8日に局長が、3月1日に民生課長が任命された。工務局は、1月19日にまず庶務課長が任命され、それから23日に設置法の公布と局長の任命、3月7日に工務課長の任命を経て、

15日に設置法の施行となっている。保安局は、2月28日の布令67号で警察局として設置され、3月31日付で局長が任命された。運輸局は、1月19日に設置法が公布され、一部が即日施行、局長も任命された。なお、この時局長に任命されたのは、51年7月19日に任命されていた仮海事局長と同一人物である。その後、2月18日に港湾課長、3月1日に海運課長、16日に陸運課長が任命され、設置法は21日に施行された。

まとめると、臨時中央政府が設立されたとは言っても、行政組織としての体裁を整えて活動していたのは、1951年中では主席事務局・財政局・郵政局・文教局くらいであった。それ以外の局の設置・体制整備が進められたのは1952年に入ってからのことで、この頃になると、次節で論じる琉球政府への移行がすでに視野に入っていた。以上のことから、臨時中央政府はまさに「臨時」のものであったと言うことができるだろう。

2. 任用

臨時中央政府の任用制度はどうなっていたのだろうか。布告3号の第4条によれば、主席が「民政副長官の認可により各局職員を任命する」こととされており、統治者を関与させるという限定付きながら、任命権者は主席となっている。行政組織の長が職員の任命権をフォーマル制度上有する仕組みは、群島政府や民政府と共通したものであり、特に新味はない。

しかし臨時中央政府は、戦後琉球の任用制度上に一つのエポックを形成した。それは、立法院によって制定され、1951年6月12日に公布・施行された「琉球臨時中央政府行政職員任用法」（立法3）である。この立法は、その名のとおり行政職員の任用に関する原則を定めたもので、戦後琉球に初めてもたらされた、客観的任用基準を定めるフォーマル制度であった。

任用法は、行政職員を特別職と一般職に分類し[27]、さらに一般職を甲・乙・丙号職という三つのクラスに分類する。その上で、各号職ごとの任用資格（学歴あるいは経験年数）を規定した[28]。また、官房長・課長は甲号職の職員から主席が任命することとされた。この立法は、特別職と一般職を分かつという日

---

[27] 特別職は、主席、副主席、局長、各種委員会の委員及びこれに準ずる職、とされた。
[28] たとえば第12条は、甲号職の任用資格について「大学（旧制専門学校を含む）を卒業し、二

本の公務員法の発想を受け継ぎながら、行政職員を三つのクラスに分けてそれぞれの資格要件を規定するという構成においては、戦前日本の文官任用令との連続性を見出すこともできる。

　この立法の源流になったのは、まだ沖縄民政府時代の 1950 年 1 月末に作られていた「民政府職制定員給与規程試案」だと思われる[29]。すなわち、この規程は、「副知事、官房長、部長、判事、検事、医師、学校長を除き甲号職、乙号職、丙号職に区分し定員を決める」ことや「人事委員会の構成、任用資格試験及び採用試験の方法は別にこれを定める」ことといった内容を含んでいたのである。さらにその源流を遡れば、第 1 章で紹介した、1949 年 11 月に部長会議が検討していたという「文官任用令」にたどり着くだろう。ともあれ結局この時には制定に至らなかったようで、これが 1 年数ヵ月の時を経て、臨時中央政府で陽の目を見たのである。ちなみに、この規程案を作ったのは知事官房と法制審議会だったと報じられているが、後者に、立法院参議の嘉陽安春が常任委員として参加していた[30]ことを付言しておこう。

　任用法第 14 条 1 項は、「丙号職員は、試験により当該局長が選出し、その内申に基き行政主席がこれを任用する」と定めていた。「募集方法、試験方法、受験資格等統一的な試験制度は確立されていなかった」[31]が、この規定に基づいてか、1951 年 9 月末には統計局の女子職員採用試験が行われ、26 人が応募、14 人が採用されている[32]。それより遡って 5 月には、書記・速記補助者・タイピスト・会計士・翻訳官を採用するための立法院職員採用試験が行われ（立法院の職員については、7 月 18 日に立法 6 号で事務局職員任用法が公布・施行されるが、それに先立っていたことになる）、200 人以上が応募した[33]。これ自体は行政府の職員の採用試験ではなかったものの、試験を終えた立法院事務局は、「採用に洩れた中で成績優秀なるものは他の官庁に紹介する」[34]という

　　年以上の実務の経験ある者又は学歴にかかわらず三年を超える期間を継続して乙号職にある者及び当分の間、行政主席の認定により、これと同等の学識経験を有する者の中から、当該局長の内申に基き行政主席がこれを任用する」と定めている。
29)　「民政府内部強化へ乗り出す　職制改革試案なる」沖タ 50.1.29、1。
30)　嘉陽、前掲、263 頁。
31)　沖縄県人事委員会編『人事委員会史―― 20 年のあゆみ』1973 年、14 頁。
32)　「アプレ娘迷答集　講和会議は那覇劇場」新報 51.10.2。
33)　「十二名の職員募集に二百余名が殺到　立法院」沖タ 51.5.13、2。

方針を発表しており、この経路でも行政府職員が採用された可能性がある。また、同じ5月には、財政局が旧制専門学校（商科／経済科）・旧制高等商業学校・旧制商業学校卒業者で「金融財政に経験もしくは熟練を有する者」の採用を新聞で公告している[35]。選考は試験ではなく履歴書と面接で行われたようである。

　臨時中央政府には、具体的に、どのような人材が任用されていたのだろうか。まず局長クラスを見ると、立法院参議・諮詢委員会事務局長からの就任が4人、群島政府からの就任が5人（うち1人は課長級。残りは部長級。4人が沖縄、1人が奄美）、全琉機関からの就任が5人（2人は局長級、3人は総裁・庁長）で、残り1人は野に在った元沖縄民政府課長である。

　課長級職員ではどうだったのだろうか。ここでは、次節で詳述する人事選考委員会が設置される1951年12月17日以前について見ておきたい。当該期間中に公報で任命の辞令が確認できる課長級職員は17名いるが、そのうち前歴が不明な2名を除くと、沖縄群島政府の課長職からの就任が4名（うち3名が財政局主計・主税歳入・理財課長、1名が文教局学校教育課長）、奄美群島政府の課長職からの就任が1名（文教局庶務課長）、宮古群島政府の高校長からの就任が1名（文教局社会教育課長）、琉球郵政庁の次長・部長・課長・気象台長からの就任が6名（いずれも郵政局）、諮詢委員会事務局長からの就任が1名（主席事務局秘書課長）の計13名と、群島政府・全琉機関からの任用が圧倒的多数を占めている（ちなみに、公報に辞令が見当たらず、実際に任用されたか否かは不明だが、臨時中央政府から奄美群島知事宛てに統計局庶務課長を推薦してほしい旨の電報が送られた、という新聞記事が存在する[36]）。残り2名のうち1名は、直前の職は不明だが、戦前に県知事の秘書官を務めていた（主席事務局庶務課長）。もう1名は、戦前に満州国・台湾総督府で勤務、戦後帰沖し、琉球銀行・沖縄商工会議所に勤務していた渡久山寛三で、比嘉主席から直接乞われて財政局主計課長に就任している[37]。

　課長級以下の職員については手掛かりに乏しいが、上述の渡久山は、少なく

---

34)「常識試問に珍答続出」うる 51.5.15、2。
35)「職員採用」うる 51.5.23、2。
36)「中央政府の課長　政府で推せん」奄タ 51.10.7、2。
37) 沖縄タイムス社編『私の戦後史　第7集』沖縄タイムス社、1983年、178-180頁。

とも主計課については、各群島政府から優秀な若手――大多数は20代――を引き抜いて集めたと回想している。この証言と、課長級職員の傾向を照らし合わせると、先の統計局の事務員採用試験のようなものは別として、多くの職員は群島政府（それもほとんどは沖縄）や全琉機関からリクルートされていたと推測される[38]。

なお、中央政府の拠点が沖縄に置かれたため、組織としては中央政府に送り込みたいと考えても、当人が、「これ迄も郵政庁その他の部門の官吏が、沖縄の本庁へ出掛けたが、彼地で愛想をつかして逆戻りしている」事実を前に、沖縄行きを嫌うという状況も現れていたという[39]。

3. 給与

任用法の第8、9、10条の2項は、たとえば乙号職なら「軍布令第七号によって定められている等級のRG六級以上RG十級までの給与を受けるものとする」（第9条2項）というような形で、各号職と布令7号の俸給表の等級を結びつけていた。同じ頃、群島政府では7号準拠の給与を支給することが予算の制約でかなわなかったのに対して、臨時中央政府でそれが可能だったのは、同政府の予算が「全面的に米国民政府資金に依存してい」[40]たためであった。確かに、立法院が予算を審議した形跡はなく、1952年1月7日の立法院において、松田賀哲参議は「我々は現在予算を握っていない関係上定員を云々することは出来ない」と発言している[41]。

ところで、もはや「恒例」の感すらある給料の未・遅配であるが、臨時中央政府にも存在していた。すなわち、法務局に移管された奄美群島政府法務部の職員に、移管から2ヵ月弱が過ぎても給料が支払われていない、という新聞記事が見つかる[42]。同記事によれば、沖縄でも同様の問題が起こっていたようで、

---

38) これ以外に、USCARからの職員移管もあったようである。「民政官府の琉球従業員　中央政府に移管」沖夕51.7.27、2は、USCARが7月25日付で琉球民政官府の琉球人職員59名を臨時中央政府に移管する旨を通達してきたこと、今後、各民政官府の200名程度も漸次中央政府に移管する意向を持っていることを報じている。
39) 「社説　中央政府と人事問題」奄夕51.12.2、1。
40) 今村元義・高良倉成「琉球政府設立以前の沖縄行財政の状況」『琉球大学教育学部紀要　第一部』23集、1979年、219頁。
41) 『県議会史16』358頁。

USCARと臨時中央政府、群島政府が協議した結果、中央政府から支払うことになったため、3月15日頃には送金されてくるだろう、と財政部長が談じたことが伝えられている。

第3節　琉球政府の設立と身分引継問題

　1952年2月29日の布告13号に基づいて、4月1日、全琉球列島を包括し、立法・行政・司法の三権を具備する恒久的な政府である琉球政府が設立された。布告と同日には、政府の基本法的な機能を持つ布令68号「琉球政府章典」が併せて制定されている。臨時中央政府時代には存続していた群島政府は、琉球政府の設立と同時に、「群島政府職能の終止」と題された布令69号（3月15日）の効力によってその機構・職務を琉球政府に全面移管され、6月30日をもって完全に廃止された。

　USCARが、群島政府を解消して[43]新しい中央政府機構を組織する方針を明確に示したのは、1951年11月5日付の沖縄群島知事宛民政副長官書簡[44]によってであった。この書簡には、「各群島政府は職員のすべてを新政府機構に吸収出来ない事実に鑑み職員を解消するために計画をたてることが必要であろう」、「従って群島政府の仕事をするに当って新に職員を採用しないようにする事が緊要と思われる」と記されている。ここに、後に第7章で詳細に見る職員の身分引継問題が、ひと足早く現出することになったのである。ちなみに、10月末時点で、四群島政府と臨時中央政府に勤務する職員はおよそ15,000人（事業費支弁の臨時職員や傭人を抜いても14,000人）にのぼっていた[45]。

　これを受け沖縄群島知事は13日、民政副長官に対し、「臨時中央政府の職員

---

42)　「法務関係職員の俸給近く出る」奄タ 52.3.6、2。
43)　群島政府廃止論は、当の群島政府からも出されていた。たとえば、「琉球の行政機構　統合政府を支持　部長会で意見一致」沖タ 51.6.21、1 は、6月20日の沖縄群島政府部長会議で、知事が26日の四群島知事会議で連邦制ではなく統合政府の設立を提案したいと述べ、各部長もこれを支持した、と報じる。また、「四知事会談」沖タ 51.6.29、2 は、その26日の会議において、八重山群島知事が「狭い地域に政府を四つも五つも置くのは政治のママゴトみたいだ」、奄美群島知事も政府機構は「一本がよい」と述べた、と報じている（宮古群島知事は「何とも言えない」と態度表明を留保）。
44)　琉球政府文教局編、前掲、302頁。
45)　「解説　中央政府の定員問題」奄タ 52.2.21、1。

のみが優先的に採用されたりその反対に群島政府の職員のみが優先的に採用されたりしては不公平を生ずる、統合政府の機構整備に際しての人事は試験制度とかせん考制度とか、或いは公務員法とかによって公平に採用」すべきである、という意見書を送った[46]。USCAR 側に、この意見を拒む理由はなかったであろう。26 日に開かれた主席・四群島知事会談では、この流れに沿って、新中央政府への職員の採用に公平を期すため、主席の諮問機関として選考委員会を置くことが申し合わされた[47]。これに基づき 12 月 17 日、訓令 5 号によって、臨時中央政府に人事選考委員会が設置される。金城寛（行政主席事務局長）を委員長、比嘉幸安（沖縄群島政府人事課長）、屋田甚助（奄美群島政府知事事務局長）、真喜屋恵義（宮古群島政府経済部長）、当銘正友（八重山群島政府副知事）の 4 名を委員とするこの委員会は、各群島政府から採用候補者を決定して主席に提出した。具体的な手続きは、ある新聞記事[48]によれば、①主席が各局長からの採用申込を受け、これを案件として委員会に提示し、②各群島政府が委員を通してそれぞれ数名を推薦、③委員会で採用 1 名に対して若干名の候補者を選出し、採用申込を出した局長に提示、④局長がその中から 1 名を決定し主席に内申、それをもとに主席が任命する、という流れになっていたようである。

　さっそく、奄美群島政府では 12 月 21 日までに職員の就職退職希望調査を行い、その結果をもって人事課長が渡沖した[49]が、選考は上位ポストから先に行われていった。翌 52 年の 1 月末になっても、課長級の選考が行われていたようで、宮古選出の委員が「沖縄よりいろいろ勝手な注文があるので手古ずって〔ママ〕いる」上、「脅迫状」まで送りつけられるような始末になっている、と漏らしている[50]。「勝手な注文」や「脅迫」の内容は知る由もないが、課長ポストをめぐっては、さまざまな政治的対立・かけひきが展開されていたものと想像される。一例だけだが、資源局畜産課長の椅子をめぐる学閥争いが人事選考委員

---

46)「琉球政府の基本法　平良知事の進言内容」新報 51.11.13、2。
47)「主席四知事会談初日」沖夕 51.11.27、2。
48)「解説　中央政府の発足と人事」新報 52.2.6、2。
49)「「琉球列島政府」発足の過程」奄夕 51.12.22、2。
50)「人事委員難色」宮古経済新報 52.1.29（平良市史編さん委員会編『平良市史　第 5 巻』1976 年、274 頁）。

を悩ませている、との記事がある[51]。これは、そのポストに人を送り込みたい沖縄群島政府経済部と琉球農林省の争いで、それはとりもなおさず、それぞれの組織に多かった高等農林系と獣医学校系の争いであったという。上述した手続のとおりなら、選考委員会は二人の候補を資源局長に提示すればよいだけだし、そうなれば、資源局長は前農林省総裁であったから、押し切ろうとすれば押し切れたはずである（実際、最終的には農林省畜産課長が椅子を獲得している）。だが、琉球政府発足を見届けて帰奄した奄美群島副知事は、実際は中央政府の局長と群島政府の部課長の間の協議で職員の採用が決定されていたと話しており[52]、選考委員会が、上述の手続きどおりには（とりわけ③の部分が）動いていなかった可能性もある。

　このような事例が他にどれだけあったかは不明であるが、委員会が課長級の選考を終えて、次の主事・係長級の選考に入ったのは、ようやく2月後半になってからのことだったようである[53]。課長級の顔触れは、ある記事[54]もまとめているように、大部分は沖縄群島政府や、局によっては全琉機関（貿易庁→商工局、農林省→資源局、郵政庁→郵政局）の職員で、いくらかの奄美・宮古群島政府[55]職員がおり、八重山群島政府や部外からの任用はわずかであった。

　最後の課題となった多数の一般職員の引継ぎにあたっては、引継先の定員規模が重大な問題となる。2月21日、USCARから臨時中央政府に、新中央政府の定員を3月15日までに決定せよという指示が出され、財政局が予算の面を考慮して人員数を検討し、それを基礎として各局長との折衝を行う段取りとなった[56]。主席は3月9日から連日USCARと折衝を重ね、各局からの要求を積み上げた14,000人程度という数字を12,000人程度まで削って提示したが、14日に、10,000人程度が妥当との指摘を受ける[57]。結局17日、USCARが折れる

---

51)「政界往来　畜産課長と学閥」沖タ 52.2.24、2。
52)「支庁設置は確実　法務局で立案中」奄タ 52.4.18、2。
53)「商工局大島支局陣容」「定員、軍が指示？　見通しつかない中府人事」奄タ 52.2.27、2。
54)「課長、主事級の選考終え　人事ほぼ成る」沖タ 52.2.8、2。
55) ちなみに、沖縄や奄美からは課長級が課長となっているのに対し、宮古から課長となった職員は、いずれも部長級である。中央からの周辺へのまなざしを象徴しているようで興味深い。これを踏まえて人事選考委員の肩書を見ると、沖縄：課長、奄美・宮古：部長級、八重山：副知事となっており、ここでも「格」の差の意識の存在をうかがわせる。
56)「中央政府の定員　三月15日迄に決定」新報 52.2.23、2。
57)「定員一万名が妥当　軍の指示に政府難航」新報 52.3.15、2。

第2章　全琉統一政府の設立と「公務員法」の形成　77

形で、琉球政府の定員は行政費負担職員が 12,315 人、軍負担職員（多くが警察局と厚生局の職員）が 1,900 人と決定された[58]。

定員の決定を受けて、各群島政府から琉球政府に引継がれる職員数が最終的に発表されたのは、琉球政府発足のわずか 1 週間前の 3 月 25 日で、沖縄から 7,412 人、奄美から 2,386 人、宮古から 726 人、八重山から 528 人となっていた[59]。これに、すでに臨時中央政府に採用されており、布告 13 号の第 8 条（「臨時中央政府の行政機関及び司法機関の官職に対して行われた任命は、琉球政府の当該官職に対して効力を持続するものとする」）によって、その身分が保障されていた 1,324 人を加えると、12,376 人となる。17 日に決定されたという数字とは 60 名ほどの差があるが、最終段階で微修正が加わったのであろう。

琉球政府に身分を引継がれる職員の確定は、3 月末のぎりぎりのタイミングとなった。奄美群島政府では、沖縄から帰任した人事選考委員の屋田知事事務局長が部長会議において、27 日までに引継候補とする職員を確定させると述べている[60]。奄美では、中央政府からの具体的な個々人の採用確定の連絡は、3 月 31 日になってようやくもたらされた[61]。このような短期間で職員一人一人を選考することなど不可能であろうから、一般職員については、各群島が提示したリストを、選考委員会が一括して承認するような形になったのではないかと推測される。

以上の引継を終え、整理解雇された職員の数は、沖縄群島政府で 512 人[62]、奄美群島政府で 306 人（これよりもさらに増える可能性があるとされていた）[63]で、宮古群島政府においては退職人員を 115 名と予想した退職金予算が計上された[64]。ちなみに退職金については、各群島政府側が USCAR に給料 8

---

58) 「政府定員本決り」新報 52.3.19、2。
59) 「群府から中央政府へ　各局採用人員決る」新報 52.3.26、2。なお、各群島政府の職員はほとんどが各地方庁に移管されたようで、「職員定期異動や機構改革　行政府局長会議で検討」新報 57.1.11、2 は、琉球政府創設から 5 年近くが経った時点でも、職員が異動させられることなく残留しており、「地元の利益代表の観を呈している」ことが局長会議で問題にされたことを伝えている。
60) 「屋田事務局長帰任談」奄夕 52.3.25、2。
61) 「各支局職員順次決定」奄夕 52.4.1、2。
62) 前掲奄夕 52.4.18。
63) 「退職者三〇六名」奄夕 52.4.3、2。
64) 「退職予想人員一一五人」宮古時事新報 52.3.30（平良市史編さん委員会編、前掲、796 頁）。

ヵ月分を負担してほしい旨を要望した[65]（奄美群島政府は、奄美群島官庁職員組合の代表とともに給料10ヵ月分の支給を要請した[66]）が、1951年12月19日付の書簡により、給料の3ヵ月分以内で全額を群島政府予算から支給せよという指示が出された[67]。また、事後処理の方策として、3月6日の沖縄群島政府部長会議は、「就職斡旋委員会」を各正副部長、人事課長らをメンバーとして6月まで設置し、失職する職員の就職斡旋を行うことを決めた[68]。なお、農林省と貿易庁についても、すべての職員が琉球政府には引継がれず、整理された職員には3ヵ月分の退職金が支払われたようである[69]。

第4節　琉球政府「公務員法」の形成

以上、琉球政府設立時点までの全琉機関職員の給与・任用について論じてきた。そして次章からは、琉球政府の人事行政・公務員制度について詳細に検討していくこととなる。それに先立つ本章のこの節では、公務員制度の基本法たる「公務員法」について取り上げることとしたい。

1. 二つの「公務員法」とその内容

琉球政府において、初めて行政職員に「公務員」という名称が公的に与えられ、公務員制度について包括的な規定を盛り込んだ基本法が制定された。設立の4月1日に施行された（公布＝公報掲載は4月19日付）、琉球公務員法（以下、琉公令）である。これは、「法」の名前を持っているものの、「琉球列島米国民政府布令第76号」であり、少なくとも形式的には、統治者から「与えられた」ものであった。しかし、その中身を見てみると、その基本的骨格は、立法院議員の安里積千代が明言するように「主として日本の国家公務員法に準じ

---

65) 「軍より回答　退職金は各群島で支払へ」南西 51.12.22、1。
66) 「人員整理、3月中で終了」奄タ 52.3.5、2。なお同組合は、1月下旬の中央委員会で、「中央政府樹立に伴う人員整理絶対反対」「沖縄中心主義的人事行政絶対反対」を掲げる決議を行っていた。「群島政府の解消に首切り反対決議　大島の職員組合」沖タ 52.2.7、2を参照。
67) 往復文書（YD-71、REEL 0-7）に収録された、民政官発沖縄群島知事宛文書「Severance Pay」。
68) 「群府に就職斡旋委員会」沖タ 52.3.7、2。
69) 「農林、貿易庁　整理職員に三ヶ月分を支給」新報 52.2.8、2。

て」[70]組み立てられていることがわかる。具体的には、1947年10月の第一次国公法と、48年12月の改正国公法双方を参考にして作られたと思われる。細部を比較検討すればきりがないが、たとえば琉公令第1条は以下のとおりである。

　　この法律は、公務の根本基準並に琉球政府（以下「政府」と称す）の公務員たる職員の福祉及び利益を増進するための適切な方策を確立し、職員が公務の遂行に当り、最大の能率を発揮し得るように、民主的な方法で、選択され、且つ、指導さるべきことを定め、以て琉球住民に対し、公務の民主的且つ能率的な運営を保障することを目的とする。

これを、以下の改正国公法第1条と比較すれば、類似性は明らかであろう。

　　この法律は、国家公務員たる職員について適用すべき各般の根本基準（職員の福祉及び利益を保護するための適切な措置を含む。）を確立し、職員がその職務の遂行に当り、最大の能率を発揮し得るように、民主的な方法で、選択され、且つ、指導さるべきことを定め、以て国民に対し、公務の民主的且つ能率的な運営を保障することを目的とする。

しかし、琉公令第1条は上記の1項しか持っておらず、この点においては、5項まで条文を持つ改正国公法ではなく、1項しか持たない第一次国公法に準拠していると考えられる[71]。

琉公令の条文を眺め渡して気付くのは、用語法や構成上の不備が相当数散見されることである。たとえば、すでに紹介した第1条を初めとして頻用されている「この法律」、あるいは第49条「職員の給与は、法律により定められる給与準則に基いてなされる」などに見られる「法律」という用語である。前者について言えば、琉公令は「法律」ではなく「琉球列島米国民政府布令」であり

---

70) 第1回立法院本会議（1952年5月23日、会議録24号）における琉球政府公務員法案の趣旨説明中の発言。
71) ただし、第一次国公法の第1条には、改正国公法にあり、琉公令が踏襲して盛り込んだと思われる「職員の福祉及び利益を保護するための適切な措置を含む」という但し書がない。

（第87・90条だけは「本布令」という用語を使用している）、後者については、琉球政府の議会制定法は「立法」である。それ以外にも、第10条は人事委員会の経費を「臨時中央政府」の予算に計上する旨が規定され、第58条に至っては、能率増進計画の樹立及び実施に関して、「人事院」がその総合的企画に当たるとされている。また、構成についても、採用・昇任試験（第5章）と任用（第6章）が別の章立てになっていたり、第56条が能率の根本基準を規定すると謳いながら昇任基準の規定となっているなど、整理されていない。後述のとおり、琉公令がどのような過程を経て作成されたのかは必ずしも明らかではないが、以上のような不備は、「間に合わせ」で相当焦って作られたという印象を与えるに十分である。

そのような琉公令は、「立法院において民意に即した公務員法の制定ある迄の暫定措置として」制定されたものであり、さらには「施行運用される中に種々不備疑問の点があった」ため[72]、いずれ立法院がこれに代わる立法を制定することは確実だった。琉公令の公布からおよそ9ヵ月後の1953年1月26日、布令101号により琉公令が廃止され、それに代わって、琉球政府公務員法が立法4号として公布された。戦後琉球において初めて、公選の議員からなる議会＝立法院で定められた、公務員制度の包括的な制定法の登場である。

琉公法は「地方公務員法に準じて制定され、それに国家公務員法の趣旨を織込ん」[73]だものであった。琉公令では国公法だった（主たる）準拠法が、地公法に代わったわけである。立法の構成は、地公法では第三章「職員に適用される基準」に節として含まれている項目（任用、職階制、給与・勤務時間その他の勤務条件、分限及び懲戒、服務、研修及び勤務成績の評定、福祉及び利益の保護、職員団体）が、琉公法ではそれぞれ単独の章として扱われているものの、ほぼ同一である。条文についても、いちいち検討はしないが、地公法のそれをそのまま利用し、用語のみを適当なものに入れ替えている例が非常に多い[74]。

一方、いくつかの条項については、国公法の影響が強く見られるものや、国公法の条文を利用していると思われるものも存在している。第一に、第2条3

---

72) 金城寛『琉球政府公務員法解説』琉球政府行政主席情報局、1953年、1頁。
73) 第1回立法院本会議（1952年5月23日、会議録24号）における、安里積千代の琉球政府公務員法案の趣旨説明中の発言。
74) 琉政文書「立法要請参考資料 1952年10月 琉球政府公務員法改正案」（R00155428B）に、

表 2-1 琉公法・国公法・地公法の特別職の比較（いずれも制定時の規定による）

琉公法	改正国公法（抄）	地公法（抄）
・行政主席 ・行政副主席 ・行政主席官房長 ・局長 ・地方庁長 ・行政主席専属秘書 ・立法院議長専属秘書 ・就任について選挙によることを必要とし、あるいは立法院の議決又は同意によることを必要とする職員	・内閣総理大臣 ・国務大臣 ・内閣官房長官 ・政務次官 ・内閣総理大臣秘書官及びその他の秘書官 ・就任について選挙によることを必要とし、あるいは国会の両院又は一院の議決又は同意によることを必要とする職員 ・大使及び公使	・就任について公選又は地方公共団体の議会の選挙、議決若しくは同意によることを必要とする職 ・臨時又は非常勤の顧問、参与及びこれらの者に準ずる者の職 ・地方公共団体の長、議会の議長その他地方公共団体の機関の長の秘書の職で条例で指定するもの ・非常勤の消防団員及び水防団員の職

（出典）筆者作成

項の特別職と一般職の区分である。地公法も特別職を限定列挙し、それ以外を一般職とする点に変わりはないが、表2-1を見れば明らかなように、琉公法が掲げている特別職は、地公法よりも国公法のそれとの類似性が強い。これは、主席や副主席が「公選」ではなかったため、地公法の規定ぶりをそのまま利用することができなかったこと（地公法の公選規定を「軍政府によって任命される」に置き換えることは、立法論上はできたかもしれないが、感情論的には不可能であっただろう）や、第1章で見たとおり、群島諸政府では、行政の長が交代すると少なくとも部長級が入れ替わるという人事慣行が一般化していたため、部／局長級職員は政治職≒特別職であるという観念が通用していたことなどによるのではないかと推察される。

第二に、人事委員会（以下、特に断りなく人事委員会という場合には、琉球政府人事委員会を指す）について定めた第2章には、国公法の規定からの準用が多く見られる。「この立法の完全な実施を確保し、その目的を達成するため人事委員会を設け、この立法実施の責に任ぜしめる」（第4条1項。国公法第3条）という地公法にはない使命規定や、「人事委員は、局長と同じ基礎に基く給与を受けるものと」する（第6条5項。改正国公法第10条。国公法において「局長」は

琉公法の各条文がそれぞれ国公法・地公法のどの条文を参照したものかを記した表が含まれている。

「国務大臣」）規定、人事委員の弾劾を上訴裁判所に担当させる（第9条1項。国公法第9条。国公法において「上訴裁判所」は「最高裁判所」）旨の規定、さらには人事主任と人事主任会議の設置（第14、15条。国公法第25、26条）などがそれである。これらは、全琉唯一の人事委員会の「中央」性を強調する意識が現れた結果であろう。その他国公法からの準用規定としては、採用試験の告知を公告によるものとする第24条（国公法第47条）、任用候補者名簿の関係者への閲覧義務づけと失効権限を定める第25条5、6項（国公法第53、54条）、「職員は、公選による公職の候補者となることができない」とする第44条5項（改正国公法第102条）などが挙げられる。

また、日本法によらない、琉公法独自の規定もある。特に目を引くのは、第2条7項の「〔政府が公務員以外の職員を置いて給与を支払うことを禁止する〕前項の規定は、政府又はその機関と外国人の間に、個人的基礎においてなされる勤務の契約には適用されない」という規定である。具体的にどのようなケースを想定していたのかは明らかではないが、この規定は後に、奄美群島の「復帰」後において在琉奄美籍の公務員は個別の雇用契約を結ばない限り、琉球政府に在職することはできない、というUSCARの主張の根拠となる（第7章で詳述）。なお、この条項による初めての「契約」は、1965年1月、「日本人」医師の金城幸善が結び、金城は琉球政府立名護病院の医師に就任した[75]。ただし金城は、那覇高校を卒業して弘前大学へ進学し、さらに札幌医科大学医学部で学んで1958年に卒業しており[76]、なんらかの事情で籍が日本にあったために「日本人」となってしまい、このような手続になったのだと推測される。

第12章「補則」に、年次休暇・病気休暇の具体的規定（第66、67条）と、休日の設定を立法に委任する規定（第68条）があるのも琉公法独自である。日本では国公法に休暇・休日に関する規定がないために、1985年まで休暇に関する実定法が存在せず、戦前の官吏制度下の法令を適用し続けてきたということを考えれば、この規定は先駆的であった[77]。

---

75)「本土の医師招く　公務員法で初の契約」沖タ65.1.21夕、3。この記事では「名護保健所」医師とされているが、金城本人は「名護病院」と述べている（「平良賀計先生沖縄県功労章受章　金城幸善先生日本医師会最高優功賞受賞　安次嶺良先生瑞宝小綬章受章　祝賀会」『沖縄県医師会報』47巻2号、2011年、55頁）。

76) 下地武義「"おめでとう" 幸善先生」『沖縄県医師会報』41巻3号、2005年、34頁。

さらに、琉公法が成立した時点の沖縄では、労働三法が未制定だったため、その除外規定（地公法第58条）は存在しなかった。これについては、1953年に三法が成立（立法42、43、44）したことを受けて、54年9月の改正法（立法36）によって附則第8項に除外規定が盛り込まれた。

2.「公務員法」の形成と成立の過程

ここまでは、二つの「公務員法」の中身を制度論的に検討してきた。本項からは、視点を変えて、戦後琉球において「公務員法」がかたちをとり始め、実際に成立するまでを追う過程論的考察を展開したい。

まずは、政治の主体であった政党が、公務員についてどのような態度を見せていたかを、各党の政策綱領を眺めることで明らかにしてみよう[78]。戦後沖縄に初めて結成された政党は沖縄民主同盟であった（1947年6月）が、この政党は明文化された綱領を掲げておらず、政党というよりは、「啓蒙的な政治結社」と言うべき存在であった[79]。他党の綱領にあたる「政策表」には、官吏・公務員に関係するものは含まれていない。

続いて7月に結成された沖縄人民党は、綱領に「官公吏の民主的監察制度の確立」を掲げる。また、1948年1月、八重山民政府の「与党」として結成された八重山民主党の綱領には、「公務員制度の確立」や「任用試験制度の樹立」が掲げられている[80]。国公法の制定が1947年10月であることを考えれば、その3ヵ月後の八重山にすでに「公務員制度」という言葉がもたらされている事実には驚かされる。

1947年9月に結成された社会党の綱領は、当初は官吏・公務員に関する政策を掲げていなかったが、49年に変更された新しい綱領（現在一般的に参照され、これが結党時のものとみなされていることが多い）は、人民党と同じく

---

77) 地公法では第24条6項（「職員の給与、勤務時間その他の勤務条件は、条例で定める」）が休暇・休日に関する定めを条例に委任する規定とされており、琉公法もこれを「条例」を「立法」に替えて準用している（第30条5項）が、琉球政府では休暇・休日の規定自体をダイレクトに公務員法に盛り込んだのである。

78) 以下の各政党の綱領は、別に表記のない限り、琉球政府文教局編『琉球史料 第二集』那覇出版社、1988年、208-219頁による。

79) 我部政男「占領初期の沖縄における政軍関係」『年報政治学』40号、1989年、65頁。

80)「民主党政策」南西48.1.27、2。

「監察制度を設けて行政の刷新を期す」ことを宣言するとともに、そこからさらに一歩進んで「人事を刷新し広く全琉球に亘る人材の登用を期す」こと、「公務員の待遇を改善する」ことを謳っている。

1950年10月に結成された共和党の綱領は、「官紀粛正と人事の刷新」と「封建的官僚政治の打破」を掲げているが、これといった目新しさはない。むしろ注目すべきは、同じ月に結成された社大党の政策綱領で、そこには明確に「公務員法の制定を促進する」ことが掲げられていたのである。ここに来てついに、戦後琉球の政治主体が掲げ続けてきた官吏・公務員をめぐる漠然とした政策が、公務員法という具体的な目標にたどり着いたのである。

社大党の綱領に先立つ7月、「復帰」後に沖縄県知事となる西銘順治(当時、沖縄ヘラルド社長)は、「知事の更迭がある毎に、政党その他の政治勢力によって、官公吏の存在が脅威を受けるようでは、落付いて事務をとり、まじめに復興の企画立案をするものは少なくなる」と危機感を表明し、「公務員法制度の法制化の促進を、当局に望みたい」と主張している[81]。ここでの彼の眼目は、官公吏の身分保障の確立にあったと言える。さらに彼は9月にも、「沖縄にとって必要な官僚は、単なる事務官僚ではなく、政策を樹立し得る官僚である」という認識のもとに、「従来の情実的人事を廃して、試験制度を採用して、広く人材を集めることが肝要である」と強調している[82]。なお、彼は社大党の中心メンバーとなり、11月に沖縄群島政府の工務部副部長に就任する。

社大党の平良幸市は、結党から2ヵ月後の沖縄群島議会(第2回、1950年12月19日)において、前述の綱領を具現化するべく、公務員法の制定を沖縄群島政府に要求した[83]。平良自身が整理して発言しているわけではないが、彼にとって公務員法の必要性は、①職員の身分保障、②情実任用の打破、③役得収入など汚職の防止という3点から導き出されるものであったように見える。

この頃には、沖縄群島政府内でも、すでに公務員法制定の気運は上がっていた。1951年初頭のものと思われる政府発行の公報誌『沖縄週報』は、「かねてから平良知事は公務員法の制定を考慮していたが」、そのためには「福利施設

---

81) 西銘順治『沖縄と私』月刊沖縄社、1968年、132頁。
82) 同上、64頁。
83) 沖縄県議会事務局編『沖縄県議会史 第13巻』(以下本章では『県議会史13』)1995年、118頁。

や保護施設等の完備が要るので、総務部行政課では暫定的に官吏服務規律を立案、去る一日の部長会〔議〕で審議、知事の決裁を得て、二月一日から施行することになった」と報じている[84]。

この時期における政府の公務員法制定の意志は、意外なところにも表出されていた。1951 年 1 月 25 日の「沖縄群島警察基本規程」(沖縄群島公安委員会規則甲 1 号)がそれである。すなわち、この規則の第 59 条 2 項は、「警察官以外の警察職員の任用は、公務員法(仮称)によりこれを行うものとする」と定めるのである。まだ制定されていない法律への委任規定というのが立法技術上妥当であるかどうかはともかく、これが政府の制定意志の現れだとは言えるだろう。1952 年 2 月 28 日の布令 67 号「警察局の設置」も、第 4 章の 8 で、「公務員法が公布される迄は、職員の任用又は進級の試験及資格並に職員の罷免手続に就ては局長が定める」としている。

平良幸市以外に、群島議会において公務員法制定に関心を寄せていた議員として、祖根宗春がいる。彼は第 6 回(1951 年 3 月 26 日)と第 7 回(4 月 28 日)の 2 回にわたって、平良辰雄知事に公務員法制定の意志とその時期、および公務員の政治・政党活動の可否の見通しについて質問をぶつけている[85]。これに対して、第 6 回議会で知事は、なるべく早い時期に「日本の公務員法を日本に行ってよく視察し研究して大体日本の公務員法に則って行きたいという風に考えております」[86]と述べている。この答弁からは、政府が公務員法制定の明確な意志を持ち続けていたこと、そして、その公務員法を日本の制度に準拠したものにしようとしていたことが明らかである。さらに、第 7 回における知事答弁は、もう一歩の進展を見せた[87]。すなわち、日本の公務員法の研究のために、「最近軍の了解を得て行政課長が東京に行くように大体なって」いること、そして、公務員法の制定は「中央政府の仕事になるかも知れないが、……中央政府の性格がはっきりして、仕事、権限問題が分らない中は吾々として考えるべき」であることが明言されたのである。

---

84) 「職員は住民の奉仕者　群島職員服務規律制定」『沖縄週報』12・13 合併号。発刊は、記事の内容や前後号の刊行日から、1951 年 1 月末か 2 月頭と思われる。
85) 『県議会史 13』408 頁。
86) 同上、412 頁。
87) 同上、548 頁。

この頃の群島政府の公務員法制定への意志は、以下のような USCAR とのやり取りによっても補強されていたと考えられる。すなわち 4 月 16 日、群島政府は USCAR に、職員の職種・賃金を群島条例で定められるようにしてほしい旨要請したが、これに対し USCAR はいわば論点をずらし、職員の採用方法や身分保障を詳細に規定する「所謂日本の公務員法」の制定を求めてきたのである[88]。USCAR 文書[89]に、題名・日付不明の沖縄群島政府宛文書のドラフトがあるが、これがその回答であろう。そこでは、群島政府の人事の現状が「スポイルズ・システム」であるとして、布令 7 号の給与制限撤廃を要請する前に、公開競争試験によって採用・昇任を行い、さらに職務分類制の導入や明確な給与額の設定を実施すること、これらのために人事委員会を設立することが要求されている。

　群島議会における知事の答弁のとおり、行政課長の稲嶺成珍を日本へ派遣し、国公法・地公法を含む行政制度全般を視察研究させるための手続は、3 月 20 日付で起案され、27 日に USCAR に送付された文書[90]によって開始されていた。戦前には沖縄県庁の国頭地方事務所総務課長を務め、「一日も早く戦後の日本の地方制度がどのようになっているか知るチャンスだけをねらっていた」[91]という稲嶺は、その役に適任とみなされたのであろう。群島政府はその後、沖縄出身で日本の外務省管理局総務課沖縄班長のポストにいた吉田嗣延に協力を依頼し、吉田は地方自治庁に連絡するよう取り次いでいる。4 月 26 日には USCAR から事実上の了承が得られ、以後、吉田や地方自治庁との打合せも進んだ。6 月 28 日には、吉田から稲嶺宛に「本日〔GHQ〕琉球局マークス氏に会い入国許可打合せ済み 50 日日本滞在の筈」との電報が届いている。稲嶺は 9 月上旬から 11 月上旬まで日本に滞在した[92]。

　以上のように沖縄群島政府が日本のそれに準拠した公務員法の制定を目指した背景には、平良知事の与党として結成された社大党の「復帰」志向があった

---

[88]　「公務員法立案急ぐ」うる 51.6.22、2。
[89]　USCAR 文書「Miscellaneous Files」（USCAR10211）。
[90]　以下の一連のやりとりは、琉政文書「沖縄群島政府当時の書類綴」（R00000452B）に収められた文書による。
[91]　稲嶺成珍「戦後行政物語 3　ニミッツ布告で地方行政発足」『沖縄』1978 年 6 月号、25 頁。
[92]　稲嶺成珍「日本の行政視察より帰って」『沖縄週報』29 号、1951 年、1 頁。

と考えられる。1950年9月の沖縄群島知事選挙では、どの候補者も選挙公約に「復帰」を掲げてはいなかったものの、演説会や懇談会などにおいて平良辰雄と瀬長亀次郎が日本帰属論の立場を公然と表明した[93]。さらに、11月になって対日講和七原則が公表されると、沖縄の帰属問題がクローズアップされ、1951年初頭からは、当時沖縄に存在した4政党の間で帰属論議が盛大に繰り広げられる。平良を委員長とする社大党と、瀬長を書記長とする人民党は日本「復帰」を掲げ、共和党は独立を、社会党は国連による信託統治を唱えた。社大党が多数を占める沖縄群島議会では、1951年3月に日本復帰請願が採択され、沖縄群島政府の部長会議は10月13日、15項目からなる日本復帰要望を決定した。その中には、「日本の法規を最大限に採用する」[94]とある。ここに明文化された日本法準拠の志向は、「復帰」志向と一体のものであり、群島政府設立当初から社大党関係者（むろん知事を含む）に分かち持たれていたものだったのではないかと推察される。

平良知事が群島議会で「中央政府の仕事になるかも知れない」と語っていた1951年4月には、その臨時中央政府でも、「公務員法」制定が政治日程にのせられていた。すなわち、10日の立法院において比嘉主席が公務員法制定の意思を示し、その意義を、①試験とその成績に基づく任用制度を確立すること、②公務員の生活と身分を保障してその能力を公務に十分に生かすことであると説明しているのである[95]。また6月の立法院では、冨名腰尚武参議が、行政職員任用法について「将来公務員法をつくる……ということを頭において考えたからこそ一般職、特別職に分けた」[96]のだと述べている。

ただし、中央政府が当初から積極的に制定の主体となろうとしていたかどうかはやや疑問である。1951年4月9日に開催された軍民連絡会議において、主席は、USCARのアーレン大佐とモリソン企画部長に「公務員法」と「公務員任用令」の立案を要請しているのである[97]。これに対してUSCAR側は、これについて長いことたずさわっている専門家がおり、立案を考慮中であると回

---

93) 大城将保『琉球政府』ひるぎ社、1992年、74頁。
94) 琉球政府文教局編、前掲（第一集）、297頁。
95) 1951年4月10日の臨時中央政府立法院における主席の報告。『県議会史16』157頁。
96) 琉球臨時中央政府立法院（1951年6月12日）における発言。同上、167頁参照。
97) 同上、157頁。

答した。政府が提出した琉球臨時中央政府行政職員任用法案に対するコメントを述べる6月8日付の民政官発主席宛文書[98]にも、「臨時中央政府にメリットシステムを創設するための手引としうる公務員法（Civil Service legislation）を現在準備中である」との文言が見られる。この文書の中で USCAR（具体的には行政法務局）は、「任用法案について異議はない」としながらも、法案は各クラスの官職に任用されるための資格基準の規定を欠き、競争試験によらない任用を前提とする点でスポイルズ・システムに基づいており、好ましくないと指摘している。この文書からは、USCAR の主たる関心がメリトクラシーの確立にあったことがうかがえる。

しかし、10月5日の立法院では、行政主席事務局長の金城寛が「後一、二ヶ月後に何とか公務員法をでっちあげようと思っております」と述べている[99]。この頃になると、中央政府も公務員法の制定を自らで引き受ける意志を固め、その作業を群島政府から引き取ったとものとみられる。先述のごとく11月上旬に日本視察から帰任した稲嶺成珍は、52年3月1日付で臨時中央政府総務局の行政課長に発令されており[100]、上記の金城が口にしたスケジュールが現実とならなかったことを合わせて考えると、制定作業は彼を中心として進められたのではなかろうか。なお、USCAR 行政法務局は11月23日付で、「近々成立する予定の全琉的公務員制度」の実施のために選考基準・任用試験・給与表・職務分類などについて研究する諮問委員会の設立を主席に提案することを目論み、民政官の承認を求めている[101]が、このような委員会が実際に作られた形跡は認められない。

1951年から52年4月に至る状況はおおむね以上のとおりであるが、結局のところ、琉公令がどこでどのような過程を経て作られたかは、明らかではない。先に紹介したとおり、その中身が日本法に準拠したものであったことを考えれば、臨時中央政府側が原案を提示し、それを USCAR が布令として公布したも

---

98) USCAR 文書「PCG Acts, 1951」（USCAR07611）に収録。
99) 『県議会史16』549頁。
100) 1952年3月31日付の琉球臨時中央政府公報に辞令が掲載されている。
101) USCAR 文書「Legislature Plans, 1951: PCG」（USCAR07614）に収録された、1951年11月23日付行政法務局長発民政官宛文書「Advisory Committee for Civil Service」。

のと見るのが自然かもしれない。しかし、同じように日本法にかなりの部分準拠した琉球教育法（1952年布令66号）は、その制定前にUSCARが臨時中央政府立法院参議、市町村長、教育長、校長の各代表を集めて意見聴取を行い、さまざまな意見が出されたにもかかわらず、ほとんど反映されることもなく「一方的に押し切られ」て公布された、とされる[102]。すなわちここでは、日本法を参考にした布令案を作成したのは、USCARだったのである。したがって琉公令についても、内容が日本法に準拠しているからといって、USCARが作ったものではないと判断するのは性急である。先述のとおり、USCAR自身が文書で「公務員法を準備中」と述べていたし、実際、ある文献は、琉公令は「軍政府係官によって、英文を原案として制定されたものであるため、用語の適切を欠」いていた、と明言している[103]。管見のかぎり、琉公令を作成したのがUSCARであると明言する文献はこれ以外に見出せないが、先述した条文上の数多くの不備を考えると、日本法に馴染みの薄い主体が作成したと見るのは、決して無理な推測ではない。なお、4月6日付の『奄美タイムス』は、琉公令が「すでに条文も成り軍と政府の間で最後的検討が行われているようだ」と伝えており[104]、琉球教育法とは異なり、USCARと琉球政府がある程度調整をした上で公布されたことがうかがえる（既述のとおり、琉公令の公布はそれからおよそ2週間後の19日となった）。

ともあれ、琉公令が暫定的なものであるという認識は広く共有されており、琉球政府章典の第15条も「琉球政府は、公務員法を定めて公務員の任命、昇進及び退職に関する責任を規制しなければならない」と定めていた。そこで琉球政府は、設立間もない時期から、琉公令に代わる「公務員法」を立法によって制定する準備を始めていたようである（というより、制定作業が臨時中央政府から連続していたと考えるべきだろう）。1952年4月22日の立法院本会議で、瀬長亀次郎は、行政府に問い合わせたところ「〔公務員〕法案を現在官房が主となって作っており」、「〔4月〕三十日までに……出す考えで」、「急いでやれということであれば二十五、六日頃でも出来」るということだったと述べてい

---

102) 沖縄県教育委員会編『沖縄の戦後教育史』1977年、106-107頁。
103) 沖縄郵政管理事務所編、前掲、145頁。
104) 「公務員法近く公布か」奄夕52.4.6、2。

る[105]。後に詳述するように、結局行政府から立法院に立法参考案が送付されてきたのは、その1ヵ月後の5月22日であったが、4月後半の段階で、法案はすでにその大枠を完成させていたと見てよいだろう[106]。

立法院において「公務員法」に関する議論の口火を切ったのは、瀬長亀次郎が発議した「公務員法について」（1952年4月18日）なる決議案であった。この決議案は、第一に公務員法案の早期策定を行政府に要請し、第二に、公務員賃金の研究のため立法院に特別委員会を設けることを提案するものであった。後者の眼目は、当時の琉球政府職員の給与を規定していた指令7号「俸給率」が、沖縄群島の公務員に対して、他の群島の25%増の俸給額を設定した「第2号俸給表」を適用していることを批判し、全公務員に一律で第2号俸給表を適用することを求める点にあった。この「優遇措置」について、行政府側は「物価手当」であると説明していたが、瀬長はこれを科学的根拠に欠けるとして一蹴している。

この待遇格差は大きな問題になっていたようで、21日には、宮古・奄美・八重山の公務員代表から、それぞれ「差別待遇」の撤回を求める電報が送付されている[107]。瀬長の決議案は、結局特別委員会を設置してそこへ付託されることとなり、4回にわたって関係者からのヒアリングや討議が行われた。その結果、委員会は5月5日の本会議に、全公務員に一律で第2号俸給表を適用することが妥当である旨の報告を行う。決議案は7日に正式に可決された。

---

105) 第1回立法院本会議（1952年4月22日、会議録11号）。
106) 琉球政府の立法プロセスは以下のとおり。琉球政府では、行政府に立法案の提出権はない。したがって、行政府がある立法の必要性を認めた場合には、まずUSCARとの意見調整が行われ、その了解を得ると、立法院に対し立法勧告（この用語は、1954年9月施行の改正立法院法により明文化された。それ以前は、「琉球政府の設立」第4条と琉球政府章典第11条に基づく行政主席のメッセージによって「立法要請」が行われていた）を行う。勧告を受けた立法院が立法の必要を認めると、議員によって立法案として発議されることとなる。立法案の審議は三読会制をとっており、まず本会議の第一読会が行われ、適当な委員会へ付託。そこでの審査の後、再び本会議において第二読会、そして第三読会で採決というのが通常の流れとなっていた。可決されると立法案は主席へ送付される（この際、主席は拒否権を発動して立法案を差し戻すことができるが、立法院がこれを再び3分の2以上の賛成によって可決した場合は、民政副長官／高等弁務官の裁決に委ねられる）。ここで行政府は再びUSCARと、可決された立法案が被った修正点を中心に意見調整を行い、最終的に了解を得ると、立法案に主席が署名し、発効することとなる。なお、立法院法は、本会議における議事の検討を「審議」、委員会におけるそれを「審査」と呼び分けているが、繁雑さを避けるため、以下では「審議」に統一する。
107) 第1回立法院本会議（1952年4月21日、会議録10号）。

それからおよそ2週間後の23日、本会議に立法案第10号として、琉球政府公務員法案が提出され（発議者、安里積千代[108]）、第一読会となる。これは、行政府から行政法務委員会（以下、行法委）に送られた立法要請メッセージに付されていた参考案をそのまま提案したものであった。行法委の委員長として、いわば便宜上の発議者となった安里と、主に質問に立った兼次佐一や瀬長亀次郎らがいずれも主席野党（社大党、人民党）の所属だったこともあって、議論はここでは先鋭的な対立を見せない。

　取り上げられた論点の中で、主要なものは二つであった。第一に、争議行為の禁止についてで、兼次の「勤労大衆が自己の人権、生活を擁護する唯一の武器」たるスト権を公務員のみ取り上げられるのは「人権を無視するものである」という意見に代表される反対意見が挙がった。第二に、政治活動の自由の制約についてである。発議者の安里自身、「今琉球が民主的な進歩の途上にあり、大きく政治啓蒙の時代である〔ため〕……、果して全面的に公務員の政治活動を禁止することが適当かどうかは、いさゝか疑問をもつ」という意見を開陳した。瀬長も、特別職の職員が政治活動を制限されないことを「矛盾撞着」と批判し、また、立法案の第43条が、住民運動の企画・主催を禁止していることについて、「日本復帰運動を予想して」、これを牽制する含意があるのではないかと質した。一方、民生クラブ[109]の上原永盛は、団体交渉権や政治活動の自由の制約、争議行為の禁止を支持し、「むしろ政治活動の末端まで制限を加え」るべきであると論じた。

　第一読会を終えた立法案は、行法委へ付託される。行法委では、6月6日・10日・11日・17日・18日と、主に参考人（沖縄教職員会、中央教育委員会、学校長、市長、人事委員など）を招致しての意見聴取が行われた[110]。また10

---

108) ちなみに安里は、八重山群島知事時代の1951年3月には、群島議会において「現在日本に施行されている新法規をそのまゝ施行すというと琉球に対して非常に不都合になります。この陳情が入れられ八重山が日本的に改められると現在では混乱を来すと思います」と述べていた（沖縄県立図書館史料編集室編『沖縄県史料 戦後4　八重山群島議会記録』1993年、403頁）。この答弁にある「陳情」＝「日本新法規を琉球に施行の件」を提案したのは、当時群島議員で、後に第2回立法院選で当選し立法院議員（民主党）となる星克であった。

109) 民生クラブは、1952年3月に比嘉秀平とともに社大党を離脱した議員が中心となり、奄美・宮古選出の無所属議員を含めて結成された院内会派であり、同年8月に結成される主席与党・琉球民主党の母体となった。

日には、各局長を集めた非公式公聴会も開かれている。

　行法委の修正案が第二読会に付されたのは、それから4ヵ月後の10月22日であった。読会ではまず、行法委が上述の第一読会後審議において学校関係者や政府各局、市町村長・議会議長などから聴取した、①公務員の市町村会議員との兼職、②争議行為の禁止、③非公務員の職員団体役職員への選任、④政治的行為の制限についての意見が披瀝された。続いて同日から24日、27日と3回にわたって第二読会の審議が行われる。第一読会と同様、議論の焦点は争議行為の禁止と政治的行為の制限に集中したが、今回は説明者が与党・琉球民主党の与儀達敏であったことや、民主党議員が積極的に発言したことから、白熱した議論となった。争議行為をめぐっては、兼次が、現在の主席は直接公選ではないため、第45条の「政府の機関が代表する使用者としての住民に対して」争議行為を行ってはならないという条項は機能しないのではないかという鋭い指摘を行ったのに対し、与儀は、争議行為は住民の福祉に適わないのだから禁止できるとかわした。政治的行為の制限については、「民主々義的な精神訓練を受ける事によってよりよく琉球の政治を民主化する」ために、公務員にも政治活動の自由を認めるべきだという野党側の意見（中村安太郎）に対し、与党側は、過去に公務員の間に政治性が浸透したことによって引き起こされた弊害を指摘しながら、議員によっては、むしろ「この制限は生ぬるい」と主張する者（前里秀栄）もいた。

　また、人民党議員から、序章でも紹介した「復帰」志向と絡み合う論点が提示されたことに注目しておきたい。すなわち、特別職の構成が「行政主席は総理大臣であるかの如く、それから行政主席官房長以下各局長を各大臣であるかの如」く扱う琉公法案は、「琉球が独立政府であるかの如き幻想を与える」ものであり（瀬長[111]）、「住民の希望している所の日本復帰というような……方向でなく琉球を独立国家的に法律の上で作り上げていく」危険性を持つ（中村[112]）という批判である。復帰論者（の少なくとも一部）にとっては、立法

---

110)　1957年（第11回）以前の立法院の各委員会の全文記録は存在しないが、要点筆記録が存在し、沖縄県議会史編さん室に保管されている。
111)　第1回立法院本会議（1952年10月22日、会議録69号）。
112)　第1回立法院本会議（1952年10月24日、会議録70号）。

の形式や内容が大問題に直結するものと受け止められていたのである。しかし与党側は、主席や「政務次官事務次官的な性格を持っている」局長は、政策を決定する「政治」であるから特別職であり、一方科学的・技術的「行政」を担当する公務員は政変によって身分を左右されることがないように保護する趣旨から一般職と区別しているという説明を繰り返し、議論は嚙み合わなかった。

　27日には、二つの修正案が提出される。一つは兼次による、禁止される政治的行為のメニューから「公の選挙又は投票において投票をするように又はしないように勧誘運動をすること」を削除するもので、もう一つは瀬長・中村による、特別職の構成を「地方公共団体的な性格を持つもの」に大幅に変更し、人事委員の欠格条項に政党役員・顧問等を追加、政治的行為・争議行為禁止条項を全面的に削除するものである。これらの案をめぐって前２回と同じような議論が展開されたが、論点はすでに出し尽くされた感があった。

　こうして琉公法案は、与野党間の議論が平行線をたどったまま、11月13日の第三読会において採決に持ち込まれる。その結果招来されたのは、以下の事態であった[113]。

　　○川井順英君「……本案は二読会を経て長い間すぎ、しかもその間相当研
　　　　究されてその結果がやはり妥協出来なかったのであります。よ
　　　　って私は立法案十号の採決をお願い致します」
　　（「異議なし」と呼ぶ者あり）
　　（「全公務員のために名誉の退場をする」と呼ぶ者あり）
　　（議場騒然）
　　（午後五時十五分、二番、十番、十三番、十四番、二十五番、二十六番、
　　三十番、三十一番、退場）
　　○議長（御得久朝章君）「定足数を欠いたので延会を宣言します」

　退場した８人中、６人（平良幸市・兼次佐一・玉城泰一・幸地新蔵・桃原亀郎・佐久本嗣矩）が社大党の議員で、残り２人は、人民党の瀬長亀次郎と無所

---

113) 第１回立法院本会議（1952年11月13日、会議録79号）。

属の平川国高である。しかし、彼らの「抵抗」は長くは続かなかった。翌14日、27人の出席によって再び採決が行われ、瀬長・中村が提出した修正案1票、兼次が提出した修正案9票、委員会修正案16票となり（瀬長は棄権）、上程からおよそ5ヵ月にして、琉公法はついに立法院を通過したのである。

かくして立法院で可決された琉公法は、ただちに行政主席の署名→発効というプロセスには乗らず、施行は翌53年1月26日になった。この間、何が起こっていたのだろうか。1月19日付のUSCAR内部文書[114]（行政法務局発民政官および渉外局宛）によれば、USCARが琉公法を受領したのは1月14日とされている。また同文書には、「主席の署名期限が20日に迫っているため、〔行政法務局〕労働課が早急に立法案を研究した」とあり、これを琉球政府章典第13条の「行政主席が立法案受領後日曜日及び休日を除き、十五日以内にこれを返送しない時は署名したものと見なし、立法となる」という規定と照らし合わせると、主席が立法院から琉公法を受領したのは1月3日[115]（3回の日曜日を含む）であろう。公務員法が大晦日ギリギリで主席に送付されたと伝える新聞報道[116]も、この推測をほぼ裏付けている。立法院を通過した琉公法は、主席に送付されるまで実に49日間も放置され、そこからUSCARに送付されるまでにさらに11日置かれたことになる。第1回立法院の会期末となった1952年11月15日の直前には、きわめて多数の立法が可決されており、その年末に立法院事務局長は、初めての議会のため不慣れな部分がある上、速記者やタイピストの人手不足があるため、事務が遅延していると述べている[117]。琉公法の手続の遅れはこのことに起因していたのであろう。

ともあれ、前述のUSCAR文書は、「労働課の研究の結果、立法案第10号〔琉公法〕は布令76号〔琉公令〕をほとんど改変なしに踏襲したものであることが判明した」とし、主席の署名を認める旨を伝える文書を送付するよう、渉外局に伝えている。これを受け、1月20日付で主席宛に「主席の法案への署名

---

114) 後述の1月20日付主席宛文書も含めて、USCAR文書「Legislative Acts, 1953: Act Nos.1-10」（USCAR08697）に収録。
115) 琉球政府職員の休日に関する立法（1952年立法2）によれば、琉球政府の年始休暇は1日と2日のみであった。
116) 「可決送付までに一ヶ月半　公務員、立法院両法案」新報53.1.4、2。
117) 「重要法律が道草　可決された法律はどうなっているか？」奄夕52.12.25、2。

に異議はない」という文書が送付された。主席はこの日に署名を行い、琉公法は1月26日に公布・施行されたのである。

以上述べてきたことから、戦後琉球における「公務員法」の制定は、1950年後半から具体的な政治課題として取り上げられてきたこと、「公務員法」の制定に対するUSCARの関与は薄く（琉公令の制定に関わっていたとしても、米国法に則った制度を導入しようという考えはまったくなく）、結果として、米軍統治下にもかかわらず、日本法がほとんど形を変えずに採用されていたことが明らかとなった。

第5節　本章のまとめ——「公務員法」による日本との連続性の獲得

以上、群島諸政府の時代における特定政策領域での全琉機関の設立に始まり、臨時琉球諮詢委員会、琉球臨時中央政府を経て、琉球政府が設立されるまでの流れを追い、（次章以降で詳述する琉球政府を除く）各政府・機関の任用・給与の実態および制度について明らかにしてきた。

給与制度の面では、この時期にも依然米国式の制度が存続しており、むしろ群島諸政府よりも全琉政府・機関の方が、その適用が貫徹されていたと言える。任用面では、各政府・機関において、いくらかの採用試験（や公募による選考採用）が実施されており、制度化の努力はそれなりに持続していた。また、群島政府や全琉機関と臨時中央政府・琉球政府の間には、職員の人的連続性がかなりの程度見られるということも明らかにした。

公務員制度の基本法たる「公務員法」については、臨時中央政府においてはじめて行政職員任用法が成立を見た。これは、戦前の文官任用令をベースとしながらも、戦後の国家公務員法の発想も取り込んでおり、戦前・戦後の日本との連続性が取り交ぜられた、過渡期の法であったと言うことができる。そして、琉球政府の設立とともにまず、国公法に範を取った琉公令が、続いて地公法により大きく準拠した琉公法が制定されたことによって、戦前との通時的連続性は、戦後日本との共時的連続性に転形を遂げていく。すなわち、基本法である公務員法が日本のそれに倣って制定されたことで、琉球政府ではこの後、戦後日本との共時的連続性を帯びた任用・給与制度、そして職階制が制定されてゆ

くだろう。次章以降では、琉球政府に焦点を当てて議論を進めていくことになる。

第3章　琉球政府公務員の任用
　　　　——制度と実態

　「組織は人なり」とは、聞き慣れた格言である。あらゆる組織は人なしでは機能せず、したがって、いかなる「人」を組織に迎え入れ（＝採用）、その後、彼／彼女にいかなる職務を与えるかを決していく（＝異動、昇・降任）ことは、その組織のパフォーマンスに直結する重大事である。行政組織についても、むろんそれは例外ではない。行政組織で働く人＝公務員を採用し、異動または昇／降任させる行為を「任用」と言い、そのルールを定めた実定的な法規の体系を、一般に「任用制度」と呼ぶ。

　琉球政府の政策形成・執行のパフォーマンスがいかほどのものだったのか、というのは興味深いテーマである。本章ではさしあたり、そのパフォーマンスの決定要因の一つと言える任用および任用制度に焦点を当てることにしたい。すなわち、琉球政府公務員の任用を、制度・実態の両面から解明するのが本章の目的である。

第1節　琉球政府公務員の任用制度

1. 法規の構造

　前章で論じたとおり、琉球政府において、当初、公務員の任用について定めていたのは、設立と同日の1952年4月1日に施行された琉公令であった。琉公令で任用制度にかかる部分は、第5章「採用及び昇任試験」（第25〜36条）と第6章「任用」（第37〜47条）である。第25条は、任用の大原則として、「すべて職員の任用又は昇任は……その者の受験成績、勤務成績又はその他の能力の実証に基いて、これを行う」という能力実証主義を掲げる。その上で、試験、採用／昇任候補者名簿、任命権者、条件附任用期間、臨時的任用な

表 3-1 琉公令下の任用関係規則（1952年7月～9月）

公布月日	規則番号	規則名
7月 3日	4	試験の施行
4日	5	任用候補者名簿
	6	任用候補者名簿の提示
5日	7	任用の辞退
	8	職員の意に反する降任及び免職
29日	9	職員の任用
	10	臨時的任用
31日	11	非常勤職員の任用
	12	条件附任用期間
8月 4日	13	職員の兼職
9月12日	14	条件附任用

（出典）筆者作成。

どについての諸規定を設けている。

これらの任用関係規定を具体化するため、人事委員会は7～9月にかけて、任用に関わる規則を立て続けに公布・施行した（表3-1）。

これらの人事委員会規則のほとんどは、日本の人事院規則（以下、人規）に準拠したものであった。規則5～8号は、それぞれ人規8-3、8-4、8-5、11-0を、規則11号は人規8-7をほぼそのままの形で利用したものである。また、規則9号と10号は、人規8-12の一部分を抜き出したもの（ただし、規定ぶりは必ずしも完全一致していない）であり、12号と14号は人規8-9の内容を分離したような形になっている。規則13号は人規8-2の内容に、同人規を元に作られた細則の内容を合体させたものと思われる。一方で、規則4号は、人規7-0、7-1の規定を一部利用しながらも、試験の実施を、人事委員会が任命する委員で構成する試験委員会が行うとしている点において、人規の規定とは異なっていた。

琉公令は、前章で見たとおり、1953年1月に琉公法に取って代わられた。琉公法における任用制度は、第4章「任用」（第18～27条）に規定されている。内容は琉公令のそれとほとんど同じだが、「職員の採用及び昇任は、競争試験によるものとする」（第20条2項）として、任用における競争試験主義を掲げている点は、琉公令にはない特徴である。

琉公法に基づき、任用制度の詳細を定めるために制定されたのが、12月19

日の規則5号「職員の任免」（以下、53年任規）である。これは、同名の人規8-12をモデルとし、1952年中に制定されていた任用関係の諸規則（8号を除く4～14号規則）を統合した、76条からなる大きな規則であった。この規則は、総則／任命権者／任用／試験／選考／任用候補者／休職、復職及び離職／任免の手続という8章から構成され、そのうち、第3章「任用」は旧規則9～14号を、第6章「任用候補者」は旧規則5～7号をほとんどそのまま組み込んだものである。第4章「試験」については、旧規則4号を取り入れながら、新しい規定も合わせて盛り込んでいる。以下、特に言及しておくべきと思われる点を二つだけ挙げる。

　第一に、第5条の昇任、転任、降任の定義において、「等級」なる概念が登場するのだが、当時の琉球政府の公務員制度上には、等級なるものは（少なくともフォーマル制度上は）存在していなかった。日本の制度体系では、職階制に基づく新任用制度である人規8-12に、任用等級を設け、詳細を人事院指令に委任する条文が盛り込まれていたが、53年任規にはこのような規定がなく、ただ位置づけのあいまいな「等級」という言葉だけが浮かんでいたのである。第二に、試験は、給与制度上の職務の級に対応して行うものとされていた（第35条）。これは、この規則が職階制実施前に制定されたことに起因するものだが、1954年7月に職階制が実施された後も、この規定は変更を受けなかった（ただし実際の試験は、後に見るように、職階制によって分類された職級に対応するものとなっていた）。

　53年任規は、1960年5月16日に規則2号（以下、60年任規）で全部改正される。「全部改正」とはいえ、全体の骨格が大幅に組み替えられたというわけではなく、個別の条文を見ても、ほとんど変更を被っていないものが多い。だがその中で60年任規は、上述した2点に対応して、条文を変更した。まず、定義がなかった等級の問題であるが、これは、「初任給、昇給、異動等の基準」（1955年規則2）の第1条1項が定義する等級、すなわち給料表上の「職務の級の巾」を等級とみなすことで解決された。実はそれまでも、16級の給与等級が五つに分割されて、事実上の任用等級として扱われており、この規則改正は、その実態に平仄を合わせたものにすぎなかった。その後、1961年の給与制度改定に関連して、61年規則10号により、給料表の職務の等級がその

まま等級とみなされるようになったが、給与等級が任用等級としての機能を担わされていたことに変わりはなかった。第二の点についても、職階制実施後6年にしてようやく、試験は「職級に応じて行う」(31条)と改定され、実態に法規の規定が追いついた。

　全部改正された60年任規はその後、合計8回の一部改正を受けている。その中でも、1963年3月15日の規則2号によるもの（以下、63年任規）は大幅である。主要な改定は、職階制に基づく任用制度であるところの人規8-12が採用していた、職階制適用官職＝分類官職と、それ以外＝非分類官職の区別に基づく規定を取り入れたことである（裏を返せば、ここまで琉球政府は、職階制を実施していたにもかかわらず、職階制に基づく任用制度の規定を取り入れていなかったのである）。具体的には、たとえば昇任の定義が以下のように変更された（第5条2号、下線筆者）。

　　職階法の規定により分類される職〔＝分類職〕……に任用されている職員を〔,〕その職の属する職級と職種を同じくし、かつ、それより上位の職級に属する分類職に任命すること、……〔または〕その職の等級（……分類職は、六等級に区分するものとし、<u>各職の等級については、指令で定める。</u>）より上位の等級の職に任命すること……。

　上記下線部の委任条項に基づいて制定されたのが、1963年3月15日の人事委員会指令2号「人事委員会規則第二号（職員の任免）第九条及び第十条の規定に基づく職の指定並びに同規則第五条の規定に基づく分類職の等級の決定」である。この指令が置く任用等級表（本章表3-3参照）によって初めて、給与等級に依存しない、六つの級を持つ任用等級が確立された。この任用等級はすべての職種に共通するもので、したがって、すべての職級がそれぞれの任用等級にはめられることになった。

　以上のように、琉球政府では、日本の人事院規則にほぼ準拠した（ただし日本では職階制が未実施だったために実際には起動しなかった）任用制度が導入されていたと言ってよい。これは、上位法たる琉公法が日本の国家公務員法・地方公務員法に準拠したものとなっていたことからして、いわば当然の帰結で

あったと言えるだろう。

2. 採用・昇任試験の制度と手続

　第1章および第2章で、前身組織における若干の採用試験の実例について言及したが、多くの職種におよぶ一般的な試験制度が確立したのが琉球政府においてであったことは間違いない。琉球政府で、人事委員会規則（1952年規則4号「試験の施行」）に基づいて、人事委員会の計画のもとに実施された最初の試験は、1952年7月11日の看守採用試験である。だが、おそらくは群島政府時代からの継続性のもとに、それ以前から独自の任用試験を行っていた機関も存在した。たとえば法務局は、5月15日に看守採用試験を独自に行っており、その試験問題を後日、人事委員会に送付している[1]。同局は6月にも事務職員の採用試験を新聞で公告し、15名の採用枠に185名が応募したという[2]。また、厚生局の結核療養所では、6月18日に口頭試問形式での看護婦の採用試験を予定し、試験官として人事委員を派遣するよう人事委員会に要請している[3]。

　一方、人事委員会は、規則4号の制定後、その存在を改めて任命権者（主席・立法院議長・琉球上訴裁判所首席判事）に周知するための通知を発している。すなわち、試験を人事委員会が統一的に行うという認識が、各部局にしばらくの間は浸透しなかったのである。そのため、7月以降にも、相変わらず独自試験を実施しようとする機関が存在した。たとえば法務局は、9月1日に看守部長を対象とした副看守長への「昇任候補者銓衡試験」を計画し、その旨を人事委員会に通知している（この試験が実際に実施されたのか否かは不明。少なくとも人事委員会の記録には残されていない）[4]。

　このような、いわば非定型の試験を度外視すると、1952年7月から53年2月までが、琉球政府の試験制度の第1期である。この間の試験は、職種ごとに散発的に行われ、採用時の給与等級（当時の給与準則であった1952年指令7

---

1) 琉政文書「試験関係書類 1952年 雑書」（R00154830B）に収録された、法務局長発人事委員長宛「看守採用試験問題送付について」（1952年7月9日、法刑第759号）。
2) 「世はまさに就職難！　15名採用に一八五名殺到」琉球新聞 52.6.18、3。
3) 前掲琉政文書（R00154830B）に収録された、厚生局長発人事委員長宛「結核療養所勤務看護婦任用試験について」（1952年6月14日、厚庶第205号）。
4) 同上文書に収録された、法務局長発人事委員長宛「副看守長昇任候補者銓衡試験実施について」（1952年8月14日、法刑第1045号）。

号の俸給表の級）は相当幅広く規定されていた。たとえば、1952年9月28日実施の採用試験は、主事（9〜13級）・主事補（6〜9級）・翻訳官（6〜12級）・統計官（8〜12級）・統計補佐官（6〜9級）・財務関係調査官（8〜12級）・徴税官（4〜12級）・関税官（4〜12級）・法律書記（4〜12級）・一般書記（1〜6級）について行われている。学歴対応は一括して旧制中学／新制高校卒業程度とされていたが、9級以上については旧制専門学校卒業以上の学力が求められた[5]。その他、「旧制大学・専門学校経済科若しくは商科又は旧制高等商業学校卒業にして簿記・会計を理解し、又は同等程度の者若しくは銀行等金融業務に相当の経験を有する者」（1952年8月1日実施の財務関係調査官試験）といったように、相当の高学歴や実務経験を要求する試験もあった。昇任試験は、確認される限りで2回、刑務所の看守と一般事務を行う主事について実施されている。

1953年5月に「一般職の職員の給与に関する立法」（立法22、一般職給与法）が施行されると、名称に給与等級を冠した試験が行われるようになった。これが試験制度の第2期である。採用試験は、「職階制で分類されることが予想される職種」ごとに[6]、給与法が定める俸給表の3・4・6・9級への試験として行われた。若干の例外はあるが、3・4級への採用試験は18歳以上で高校卒業程度、6級への採用試験は21歳以上で短大・旧高専卒／新制高・旧制中卒後3年（4年制中学の場合は4年）、9級への採用試験は25歳以上で大卒／新制高・旧制中卒後8年（4年制中学の場合は9年）という受験資格が設定されていた。昇任試験は確認される範囲ではそれぞれ1回ずつのみ、金融管理・貿易管理・出入管理・庶務管理・税関業務・徴税業務・法務・郵務管理の8職種について実施されている。出入管理については6級と9級へ、その他の職種では9級への昇任試験であった。

以上からわかるように、琉球政府の職員採用試験は、職階制が実施される前から職種ごとに実施されていた。これは、「6級職試験」「5級職試験」などという給与等級型の試験種別内に職種区分を包含する形式を採用していた当時の日本の試験制度とは発想が異なっている。その背景には、第1章・第2章で見

---

5) 『〔琉球政府〕公報』1952年9月1日、4頁。
6) 沖縄県人事委員会編『人事委員会史―― 20年のあゆみ』1973年、17頁。

たごとく、軍政府・USCARが米国式の職務分類制を基本とした給与制度を制定し、これを琉球人政府機構の職員にも適用していたことがあると考えられる。すなわち、この米国式給与制度においては、高度に細分化されたきわめて多数の職種が、その職務の内容とともに規定されており、これが採用試験のあり方にも影響を与えていたのである。

　試験制度の第3期を画したのは、1954年7月の職階制の実施である。これにより、第2期のような給与等級型の試験は廃され、8月22日実施のものからは、職階制の分類単位である職級ごとの試験となった。とは言え、試験の構成・内容がそれほど変容したわけではない。各職種の下から2番目の職級への採用試験については短大・旧高専卒／新制高卒後3年、各職種の一番下の職級への採用試験については高校卒業程度という学歴資格が設けられており、これらは第2期とほぼ同じ規定ぶりである。異なるのは、大卒対応の試験が姿を消したことであったが、1960年6月実施の採用試験からは、受験資格が「短期大学及び大学卒業者」と改められ、大卒者をカバーしようという試みが始められた。

　なお、1958年1月に実施されたものを皮切りに、短大卒対応試験の一部は、一次試験が日本でも実施されるようになった（多くの場合は東京。これ以外に大阪・福岡で実施されたこともある）。ただし、これは日本に留学している琉球人を対象とした試験であり、日本人には受験資格がなかった。そもそも人事委員会は、1953年11月16日付のUSCAR文書が、「他の地域から労働力を輸入せず、琉球人を最高度に利用する」という民政副長官の政策に沿って、「琉球政府の管轄外の住民は琉球政府公務員になり得ない」旨を示して以来、この見解を受け入れ、琉球政府章典第3条5項の「琉球政府に対する琉球住民の権利は……公職に志願すること……である」という条文を「国籍条項」と解釈して、日本人には琉球政府公務員としての「就官能力」がない、という立場を採り続けていたのである。この方針が、「復帰」の方針を示した1969年11月の日米共同声明をきっかけに転換され、日本人の琉球政府公務員への就官が認められるようになったのは、1970年8月27日のことであった[7]。

　さて、以上の3期に、さらに1965年を第4の画期として加えてもよいだろう。すなわちこの年に実施された試験からは、各職級への試験という位置づけ

に変更はないものの、それぞれの試験に「上級試験」「初級試験」の名称が冠されるようになったのである。上級試験は大卒対応、初級試験は高卒対応とされた。人事委員会はこの制度改定を、「行政事務の量的増加、複雑化、専門化に伴って……採用試験における受験者の知識、能力等の評価においてもより専門的な知識、能力を評価する方法が要求された」[8]ためであると説明しているが、すでに1960年から始まっていた大卒対応化を、制度的に完成させたのが上級試験の導入であったと言える。またこの変更は、名称からして、日本の地方公務員の採用試験制度との「一体化」を意識していたとも考えられる。それは、名称のみならず、試験問題にまで及んでいたようで、たとえば人事委員会文書の中に、試験問題の貸与を受ける際の注意事項が記された1963年2月21日付の各都道府県人事委員長宛人事院文書がファイリングされている[9]。さらにより直接的には、人事委員会が立法院の予算審議における答弁のために作成したと思われる想定問答[10]の中に、「従来、上級試験〔を〕実施する場合、教養問題と2級一般事務職の専門問題は、日本政府人事院に特に依頼して作成してもらい、問題の浄書、送付まで人事院職員の手を煩わしておりますが……人事委員会から出張して転写するか又は東京事務所等の職員に依頼するか何れかの方法をとるよう申入れがあり……、本年度から特に折衝して〔試験問題調整および転写旅費を〕予算化した」と述べられている。

　最後に、試験制度それ自体の記述から離れて、試験の合格者が任用に至るまでの手続を見ておきたい。採用試験・昇任試験の合格者は、施行された試験単位で作成される採用／昇任候補者名簿に登載される。登載された際には、人事委員会から「あなたは、〇〇年〇月〇日付で〇級〇〇職採用候補者名簿に記載（記載順位〇人中〇番）されていますから通知します」といった文面で、その旨が各個人宛に通知された[11]。なお、名簿は確定日から1年後に失効すること

---

7) 琉政文書「任用関係通達書類 1958年〜1970年」（R00155357B）に収録された、人事委員会委員長発通知「日本本土籍を有する者の就官能力について」（1970年9月17日、人委第1057号）を参照。
8) 沖縄県人事委員会編、前掲、21頁。
9) 琉政文書「採用及び昇任に関する書類 1964年以降」（R00154776B）に収録。
10) 琉政文書「議会対策資料 1967年〜1968年」（R00155453B）に収録。
11) たとえば、琉政文書「任用候補者名簿関係 1961年」（R00155060B）に収録された、人事委員会文書「任用候補者名簿記載通知について」（1961年2月6日人委第170号）を参照。

とされていたが、その場合、任用に至らなかった残員に対しては、名簿が失効した旨の通知がなされた。

なお、53年任規の第51条2項は、「人事委員会は、適当と認めるときは、地域別の名簿を作成し、その名簿に〔、〕その地域に住所若しくは居所を有する任用候補者又は〔、〕勤務地に関する志望に基いて、人事委員会が適当と認める任用候補者に限り記載することができる」（60年任規にも第48条2項に同様の規定あり）と定めており、これに基づき、実際に沖縄・八重山・宮古という地域別の名簿が作成されていた。琉政文書には、宮古の名簿に登載されている候補者が、沖縄の名簿への移動を依頼し、人事委員会がそのように処理をした形跡も見られる[12]。

各局（ただし、公式には任命権者、したがって行政府ならば主席）は、競争試験によって任用しなければならない職位の欠員の補充を希望する際には、人事委員会へ任用候補者の提示を請求する。請求を受けた人事委員会は、任用候補者名簿に登載された者に、着任予定職位を知らせた上で任用を希望するか否かをあらかじめ聴取し[13]、これを踏まえて任用候補者を各局に提示した。この際、希望者が多ければ、試験の高点順に任用予定人数＋4人（すなわち、1職位の欠員を補充するための候補者の提示が請求された場合、5人）の候補者が提示されることとなる。提示を受けた各局は候補者にアプローチし、たとえば面接などによって最終的な任用者を決定した[14]。

3. 採用・昇任試験の実施状況

以上が、琉球政府の職員任用のための試験の、主に制度的側面から見た姿であった。続いて本項では、具体的に試験がいかに実施され、いかなる結果にな

---

12) 同上文書に収録された、人事委員会決裁文書「任用候補者の追加について」（1961年2月15日）および、同文書に別紙として添付された三級法務職採用候補者からの1961年1月10日付書簡。
13) たとえば、同上文書に収録された、人事委員会事務局長発文書「任用候補者の提示について（照会）」には、「社会局愛楽園（屋我地村）から三級一般事務職の提示請求があった場合あなたも任用候補者の一人として提示したいと思いますが、提示を希望するかどうか二月三日までに、当委員会事務局あて回答していただきたい」とある。
14) 琉政文書「任免関係 1958年01 1月～4月」（R00052691B）に収録された、経済局長発文書「面接考査通知について」（1958年3月7日、経庶親第77号）など。

っていたのかという、いわば実態的側面から、再び琉球政府の任用試験を活写してみたい。

1954年7月の職階制実施以降、採用試験の対象となった職種は36、昇任試験の対象となった職種は22である。この数字は、琉球政府に存在した職種総数125の28.8％、17.6％にすぎない。試験対象とされていなかった職種については、試験以外、すなわち選考による任用が行われていたということになる。さらに、試験対象となっていた職種に対しても、必ずしも選考による任用が排除されていたわけではない。選考任用については後述する。

ⅰ）採用試験

採用試験は1952年から72年までに795回（職級ごとに1回とカウント）実施された。このうち、1972年3月に行われた七級警察職試験については琉球政府時代に採用者がなかったため除外すると、受験者の延べ人数は59,331人である。そのうち合格者は9,596人、採用者は7,513人で、合格率は16.2％、合格者に対する採用率は78.3％となっている。すなわち、試験に合格すれば、おおむね4人中3人は採用されたことになる。

年別に見てみると（表3-2）、合格率は7.0％（1971年）から24.5％（1967年）までの幅がある。1971年は、「復帰」による職員の身分引継を見越し、人員の膨張を抑制するため、大幅に合格者数を絞ったのではないかと推測できる。10.6％と2番目に合格率が低い1970年も同じ配慮が働いていたのだとすれば（先述のとおり、「復帰」の方針が正式に決まったのは1969年11月である）、「復帰」の影響が及んでいない合格率最少値は1960、1961年の11.6％ということになる。採用率は、沖縄県移行後の採用がデータに含まれていないために低い数値を示していると思われる1971年分（47.7％）を除外すると、66.8％（1959年）から89.3％（1967年）と、これもまたかなりの幅がある。

続いて、職種・職級別に見てみると、圧倒的な受験者を集めたのは、三級一般事務職であった。受験者数は20,301人で、受験者数全体の実に34.2％がこの試験に占められている。次に多いのは二級一般事務職の5,969人であるが、職級構成が変更されたために名称が異なるだけで、同じ巡査採用試験であった六級・七級の警察職試験の受験者を合算すると8,534人となり、これを大きく

表 3-2　実施年別採用試験受験者・合格者・採用者数

年	受験者数(A)	合格者数(B)	採用者数(C)	合格率(B/A)	採用率(C/B)
1952	1,292人	228人	170人	17.6%	74.6%
1953	1,119	264	195	23.6	73.9
1954	3,930	778	586	19.8	75.3
1955	4,333	653	568	15.1	87.0
1956	3,438	527	428	15.3	81.2
1957	2,781	455	403	16.4	88.6
1958	3,876	775	631	20.0	81.4
1959	4,330	714	477	16.5	66.8
1960	4,621	537	405	11.6	75.4
1961	2,727	315	258	11.6	81.9
1962	3,162	691	499	21.9	72.2
1963	2,596	441	300	17.0	68.0
1964	2,493	400	286	16.0	71.5
1965	1,998	308	240	15.4	77.9
1966	2,515	424	378	16.9	89.2
1967	2,713	666	595	24.5	89.3
1968	3,123	507	393	16.2	77.5
1969	3,276	463	396	14.1	85.5
1970	2,780	295	231	10.6	78.3
1971	2,228	155	74	7.0	47.7
計	59,331人	9,596人	7,513人	16.2%	78.3%

（出典）沖縄県人事委員会編『人事委員会史——20年のあゆみ』をもとに筆者作成。

上回る。その他、受験者総数が多かったのは、五級・六級きょう正職（これも名称が違うだけで同じ看守採用試験）の1,828人、四級主税業務職の1,452人、四級農務職の950人、三級農務職の935人などであった。

ところで注目しておきたいのは、同じ一般事務職の採用試験である、短大卒（1965年以降は大卒）対応の二級一般事務職試験と高卒対応の三級一般事務職試験に、採用率の差が見られることである。すなわち、前者は1,039人の合格者中826人が採用され、採用率は79.5%であるのに対し、後者は、1,665人の合格者中、採用者は1,079人で採用率は64.8%と、二級一般事務職のそれを14.7ポイント下回っているのである。一般事務職以外に、短大／大卒対応と高卒対応の2種の試験を行っている職種は14あるが、電気通信現業業務職と土木職を除く12職種で、短大／大卒対応試験の採用率が高卒対応試験のそれを（職種によっては40ポイント以上もの大きな差をつけて）上回っている。

ⅱ) 昇任試験

　昇任試験は 1952 年から 71 年までに 154 回実施され、4,439 人が受験した（受験者数不明の 1952 年の 3 試験を除く）。そのうちの 38 回では合格者が出ていないが、合格者が出た 116 回の試験中、昇任しない合格者があった試験は 14 回にすぎない（うち、昇任者がゼロだったケースは 3 回）。つまり、それ以外の 102 回の試験では、合格して昇任候補者名簿に登載されれば、確実に昇任につながっている。したがって、合格者 845 人に対して昇任者は 807 人、昇任率は 95.5％という高い数値を示す。

　先に述べたとおり、昇任試験は 22 の職種で実施されたが、1961 年以降は警察職ときょう正職以外ではまったく行われなかった。そこで、上の数字から両職を除いた数字を算出すると、受験者 346 人、合格者 109 人、昇任者 97 人（昇任率 89.0％）であり、絶対数から見て、警察官と刑務官以外の昇任において競争試験が占める位置はきわめて小さかったことが明らかとなる。

　昇任試験がいかなる職級に対して行われていたのか、もう少し詳しく分析しよう。まず、警察職ときょう正職であるが、前者では四・五（後に五・六）級、階級でいえば警部補・巡査部長への、後者では三・四（後に四・五）級、階級でいえば副看守長・看守部長への昇任試験となっていた。その他の職種では、たとえば一般事務職なら二級への、農務職・林務職・土木職なら三級への、気象職なら四級への昇任試験が実施されていた。

　ここで注目すべきは、昇任試験が実施される職級と採用試験が実施される職級との関係である。すなわち、警察職・きょう正職では、採用試験の対象となっているのは、いずれも昇任試験の対象となっている職級よりも下位の六（後に七）級・五（後に六）級であるのに対し、それ以外の職種では、昇任試験の対象となっている職級には、短大／大卒対応の採用試験も同時に行われているのである。これは、そもそも制度設計からして、警察職ときょう正職以外の職種については、「試験採用後、試験によって昇任していく」という発想になっていなかったことを意味している。警察職・きょう正職では、最下位の階級で採用され、以後試験によって階級を上げていくという 1 本のルートのみが確立していた[15]のに対し、それ以外の職種では、中位職級への試験採用→上位職級

表3-3 任用等級表（抄、1967年1月現在）

	第一等級	第二等級	第三等級	第四等級	第五等級	第六等級
一般行政管理職	甲　一級	甲　二級				
一般事務職			甲　一級	二級	三級	
農務職			甲　一級	甲　二級	三級	四級
輸送管理職			甲　一級	甲　二級	乙　三級	
測量職	甲　一級	甲　二級	甲　三級	甲丙　四級	甲　五級	
金属加工職				甲丙　一級	甲丙　二級	甲　三級

への選考昇任というルートと、下位職級への試験あるいは選考採用→中位職級への試験昇任というルート（ただし後者は1960年まで、それもきわめて細々とした道ではあったが）の2本が存在していたと考えられるのである。

4. 琉球政府の選考任用

すでに何度か言及してきたように、琉球政府職員の任用には、試験以外にもう一つの主要な方法があった。それは、選考である。任用における競争試験主義を定めた琉公法の第20条2項は、但し書きで、「人事委員会の定める職について人事委員会の承認があった場合は選考によることを妨げない」と、選考による任用を認めている。

ただ、この条文の規定ぶりからも読み取れるように、競争試験主義が原則として掲げられていた以上、選考任用はあくまで例外であり、無制限に認められていたわけではなかった。選考任用が可能な範囲を定めていたのは、63年任規と、それに基づく1963年人事委員会指令2号による任用等級表（表3-3）である[16]。具体的には、63年任規が第10条1号で3等級以上の職位に包括的に選考昇任を認め、さらに、第9条1号および第10条2号の委任規定に基づいて定められた指令による等級表が、それ以外に選考昇任と選考採用が認められ

---

15) ただし、1959年1月に幹部警察官採用試験というのが一度だけ実施されている。この試験による採用者は、通常試験より一つ上の六級警察職（巡査部長）に採用され、日本の警察大学校で6ヵ月研修、のち1年の実務後に五級警察職（警部補）に昇任することが約束されていた。ちなみに、5名が受験し、2名が合格・採用となっている。

16) それ以前の、52年規則9号（第6、7条）、53年任規（第9、10条）、60年任規（同左）においても、選考採用と選考昇任が認められる職が列挙されており、後二者には、「指令で指定する職」という規定も見られる。しかし管見のかぎり、両者に基づく人事委員会指令は見つからない（制定の有無も不明）ため、以下では63年任規による制度を紹介する。

る職級を示す、という構造になっていた（なお、その他の各号には、「競争試験を行っても十分な競争者が得られないことが予想される職……であると人事委員会が認めるもの」などの規定がある）。

　等級表は、職種別に職級と等級の対応関係を示しており、たとえば一級一般行政管理職は１等級、二級一般行政管理職は２等級ということになる。級表示の前に見える甲・乙・丙の文字はそれぞれ、甲が選考採用の可能な職級、乙が人事委員会の承認を経れば選考採用の可能な職級、丙が選考昇任の可能な職級であることを意味する。

　それでは、上記によって設定された選考任用に対する「制限」は、いかほどの強度を持ったものだったのだろうか。1967年１月時点を例にとってみると、当時の総職級数276のうち、選考採用が認められていた職級は実に231（うち人事委員会の承認が必要な職級が5）あり、83.7％にも上る。一方、選考昇任が認められていた職級は185（67.0％）で、比率はやや少ないように映じるが、制度上そこへの昇任があり得ない６等級に属する５職級と、実質上ほとんどなかったであろう５等級に属する（６等級に属する職級を持つ職種中の５等級に属する職級を除く）46職級を分母＝総職級数から減じて再算出すると、82.2％となる。以上から、選考任用が認められる制度的余地はきわめて大きかったことがわかる。

　続いて、選考任用の実態を数値的に見てみよう。表3-4は、試験／選考任用数を経年で対照させたものである。

　昇任の方は、一見して選考の優位性が明らかである。試験昇任者数［D］は、最も多い1959年でも、選考昇任者数［E］の0.68倍であり、その他の年は大体0.1〜0.2倍、1966年に至っては、わずか0.06倍にすぎない。すでにふれたように、1961年以降、昇任試験は警察職ときょう正職でしか実施されていなかったのであるから、これは当然の数字であると言えよう。

　対して、採用に目を移してみると、傾向は反転し、おしなべて試験が優位に立つ。1964年に選考採用数が1,112と激増しているのは、この年に、大規模な非常勤職員の定員化が選考採用によって実施されたためであると思われる。また、1966年にも、64年ほどの規模ではないが、第２次の定員化が実施された。したがって両年は除外すると、試験採用者数［A］は、1969年を除いて軒並

表3-4 琉球政府における試験任用と選考任用の数

年	採用（人）			昇任（人）		A/B	A/C	D/E
	試験[A]	選考[B]	内試験対象[C]	試験[D]	選考[E]			
1952-57	2,518	1,734	ND	ND	ND	1.45	ND	ND
1958	491	173	ND	49	208	2.84	ND	0.24
1959	917	154	35	116	170	5.95	26.20	0.68
1960	367	114	22	43	208	3.22	16.68	0.21
1961	330	107	12	39	364	3.08	27.50	0.11
1962	464	144	35	22	232	3.22	13.26	0.09
1963	305	125	28	42	214	2.44	10.89	0.20
1964	280	1,112	931	18	156	0.25	0.30	0.12
1965	333	280	163	43	408	1.19	2.04	0.11
1966	190	393	234	20	345	0.48	0.81	0.06
1967	484	376	139	45	418	1.29	3.48	0.11
1968	548	239	89	49	367	2.29	6.16	0.13
1969	212	214	90	39	368	0.99	2.36	0.11
1970	406	310	130	72	359	1.31	3.12	0.20

（出典）各年度人事委員会業務報告書をもとに筆者作成。
注1）：1952-57年の数字は、1958年業務報告書に記載されているもの。年度ごとの内訳は不明である。
注2）：1958年の数字は、1957年7月から1958年6月のもの。

み選考採用総数［B］を上回っており、最高では1959年に選考採用者数の5.95倍となっている。ただ、65、67、70年度は1倍台、69年度は選考がわずかに上回るなど、試験採用の数的優位は必ずしも明白ではない。1960年5月25日の人事委員会主催の事務連絡会議（53年任規の全部改正に伴う質疑）では、原課から「試験採用を先ず優先、次に部内昇進、最後に部外から採用する考えは〔あるか〕」と問われた人事委員会側が「人事管理上デリケートな問題である」とこれをかわすというやりとりが見られる[17]など、試験採用の少なさは部内でも問題視されていたようである。ただし、試験の対象となっている職級への選考採用者数［C］と対照させてみると、1961年の27.5倍を頂点に、最低でも65年の2.04倍と、高い数値を示す（ここでも1964・66年は除外）。すなわち、試験対象となっている職級へは、試験によって採用が行われるケースが多かったと言ってよい。しかしそれも、60年代後半からは低落気味である。

表3-4では年ごとの詳細なデータが示せなかった1957年以前であるが、実

17）琉政文書「人事担当者会議録1960年」（R00154786B）。

態をうかがう手掛かりはいくらかある。採用試験がほとんど行われなかった前身組織の事情を引きずって、縁故採用が存在したようである。すなわち、当時の職員による回想からは、臨時中央政府時代の人脈を通じて採用されたケースや、親族の有力者から紹介を受けて採用されたケースなどが散見されるのである[18]。また、1952年に採用され、後に総務局行政部長まで昇進する嶺井政治は、「当時はコネがあれば就職できる時代」だったと回想している（ちなみに彼自身は、屋我地村収入役を辞して琉球政府入りを目指したものの、「田舎者」であてにする人がいなかったため、正面から主事試験を突破して採用されたのだという）[19]。また、1958年9月の新聞投書には、軍作業員の「余りにも試験を受けないで政府公務員になる人が多い」という批判も掲載されている[20]。

1953年9月の新聞記事[21]によれば、1952年7月から53年3月に試験に合格した306人中、153人しか採用されていないにもかかわらず、同じ期間に、そのおよそ3倍の数の「臨時任用・選考任用」があったという。表3-2の元データでこの期間の採用試験の合格者を計算すると270人（36人の誤差がいかに生じたのかは不明）、そのうち採用されたのは205人であり、この記事が書かれた後にも候補者名簿から採用が行われたために、採用率は上がっている。しかし、より重要なのは、153人のおよそ3倍、つまり450人前後と報じられている試験採用以外の臨時任用・選考任用の多さであろう。記事中、官房人事課長はこの事態を、「試験に合格して任用候補者名簿に載っている者でも各局で要求する職種でなかったり勤務地の関係もあって思うようにいかぬ場合が多い、これらが一致した時でも試験だけで候補に挙がった者は、いざ面接となった場合性格の面で公務員として不適格な点が発見され不採用になることが多い」と説明している。

『沖縄タイムス』の1955年2月8日の記事[22]でも、試験採用の少なさが取り

---

18) たとえば、沖縄官公労運動史編集委員会編『沖縄官公労運動裏面史（上）』1990年、36, 143頁。
19) 『おきなわ自治物語』沖縄県町村会、2004年、347頁。
20) 「政府公務員の採用　無試験のコネを排せよ」新報58.9.1夕、2。
21) 琉政文書「スクラップブック　行政関係 1952年～1965年」（R00155464B）に収録された、「採用率は低い　任用試験の合格者」。史料中には「琉球新報 1953年9月6日」と表記されているが、原紙に同記事は掲載されていない。同日の他紙（沖縄タイムス、琉球新聞、沖縄朝日新聞）にも、同記事を見つけることはできなかった。

上げられているが、とりわけ試験による採用が4級程度の一般事務職に集中しており、6〜9級の中堅職については、選考による臨時採用が横行している、という指摘がなされている。これについて人事委員長は、「臨時採用は原則的に認めないようにしている」が、「技術職に臨時採用が多く、一般からの受験者が少な」いと弁明している。また、郵政部局では、郵政職員の給与が一般行政職のそれよりも低かったなどの理由により、試験合格者の確保に苦慮し、臨時的任用を行っていた[23]。このように、競争試験で埋め切れない部分を補完するために、「臨時採用」が使われていた実態が浮き彫りになるのである。

　上で「臨時任用」「臨時採用」と言われているものと思われる「臨時的任用」は、琉公法第27条および「職員の任免」（53年任規では第16〜18条、60年任規では第14〜17条）に規定され、緊急事態によって欠員を生じた職や、1年以内に廃止されることが予想される臨時的な職、適当な任用候補者がいない職に、人事委員会の承認を経て、6ヵ月を期限に（1回のみ更新可）職員を任用することができる制度である。これは、「臨時的」とは言え、琉公法に正式に定められた任用行為で、したがって、任用された職員は定員内の一般職という位置づけとなり、琉公法も全面的に適用される（第27条5項）。琉公法が適用される以上、臨時的任用についても競争試験主義が原則となっていたはずだが、先に見たとおり、実際にはそうはなっていなかった。表3-5に年ごとの臨時的任用の数を示しているが、この数字を表3-4の選考採用の数字に足せば、試験採用の数的優位はさらにぐらつくであろう。

　先の人事委員長の言にもあったように、人事当局は臨時的任用を「野放し」にするのは問題だと認識していた。たとえば1953年11月20日には、工務交通局長発通達「臨時的任用について」（工庶第691号）で臨時的任用を極力抑制する方針が示された[24]が、実際にはその後も続けられていた（それは表3-5の数字を見れば明らかである）。ただ、臨時的任用の任期中に採用試験を受験させたり、機会を見て選考することにより正規任用に切り替えていく措置は随時とられていたようである[25]。

---

22) 「公務員試験　合格者の六割は"採用"」沖タ 55.2.8、2。
23) 沖縄郵政管理事務所編『琉球郵政事業史』1974年、147頁。
24) 同上。

表 3-5　臨時的任用数の推移

単位：人

年	承認	更新	計
1954	163	32	195
1955	62	28	90
1956	79	50	129
1957	92	14	106
1958	145	39	184
1959	25	24	49
1960	8	8	16
1961	10	7	17
1962	25	9	34
1963	20	14	34
1964	4	2	6
1965	5	1	6
1966	38	2	40
1967	61	31	92
1968	27	17	44
1969	13	11	24
1970	83	18	101
1971	36	24	60

（出典）沖縄県人事委員会編『人事委員会史──20年のあゆみ』より筆者作成。

　なお、同時期の日本の中央政府について、人事院の年次報告書をもとに試験採用と選考採用の数を比べてみると、圧倒的に選考が試験を凌駕しており、試験採用が数的に上回った年度はない。最も少ない時（1957年度）では、試験採用は選考採用数の0.18倍にすぎず、最も多い時（1966年度）でも0.73倍である。ただし、試験対象官職への選考採用数と比較してみると（データは1963年度から67年度までのものしかないが）、試験採用数が2.45〜8.16倍と上回っている。いずれにせよ、これらの数字と比べれば、琉球政府の試験採用者の比率は、相対的に見て決して少なくはなかったと言えそうである。

---

25)　同上。なお、沖縄県土木建築部技術管理室編『回想 土木建築行政の50年』1996年を見ると、「〔沖縄工業高校を〕1954年の3月20日に卒業しまして翌日に非常勤で採用され、後に公務員試験に合格したので本採用となりました」(190頁)、「昭和39〔1964〕年4月に当時の文教局施設課に常動的非常勤ということで採用されました。……課長に「君が、ずっと公務員を続けるのであれば……試験をきちんと受けて出直して来い」と……言われまして、試験を受けたところ運良く受かりましたので、三級建築職で本採用されました」(191頁)などの証言があり、同じようなことが、非常勤採用を使っても行われていたことがうかがえる。

第 2 節　琉球政府公務員の任用の実態

　本節の課題は、琉球政府公務員の任用の実態について、主に昇進の側面に着目して論じることである。その際、容易に入手・加工できるような網羅的な人事データは存在しない。そこで筆者は、琉球政府行政府の本局（ただし、任命権者が異なるためか、公報上に辞令がほとんど掲載されていない文教局と警察局は除外）および地方庁において課長級・次／部長[26]級ポストに就いたことのある職員[27]を、5 冊の職員録（1953 年、58 年、64 年、68 年、72 年。刊行された琉球政府職員録は、この 5 冊がすべてである）からピックアップし、公報に掲載された辞令[28]や紳士録／人名録[29]、新聞[30]、書籍[31]、ウェブサイトなどの情報を可能な限り利用して、彼／彼女（管見の限り、課長級以上のポストに就いた女性はわずか 3 人であるが）たちの生年・学歴・職歴・政府内でのキャリアパスを記したデータベース（総数 511 人）を作成した。資料の制約はきわめて多く、網羅的かつ完全な人事データからは程遠いものであるが、以下では、このデータベースを、それ以外の可能な限りさまざまなデータと併せて利用しながら、主題にアプローチしていくこととしたい。

---

[26]　次長制は 1953 年に、部長制はそれに取って代わる形で 1965 年に導入された。なお、特別職である局長については、対象としていない。局長の任用については、川手摂「琉球政府の特別職公務員——その任用と「政治性」の検証」『都市問題』103 巻 7 号、2012 年を参照のこと。
[27]　これは、データベース収録対象者の選別にあたっての基準である。したがって、一度でもこの基準に沿うポストに就任したことのある職員については、これに該当しない（附属機関や、立法院・裁判所・検察庁、文教局・警察局、行政委員会事務局の）課長級以上ポストへの就任も可能なかぎりピックアップしている。なお、1970 年以降に計 14 人派遣された日本政府職員は除いた（そのリストは、照屋栄一『沖縄行政機構変遷史』1984 年、310-311 頁に掲載されている）。
[28]　ただし、1954 年、1962 年後半〜1970 年、1972 年は、公報に辞令が掲載されていない。また、1953 年上半期までは、基本的に課長級以上の職員の辞令しか掲載されていない。
[29]　利用したのは、沖縄市町村会編『地方自治七周年記念誌』1955 年、『琉球人名商社団体要覧』琉球名刺交換会、1958 年、『琉球紳士録　1962 年・1965 年』沖縄興信所、1962 年・1965 年、『現代沖縄人物三千人』沖縄タイムス社、1966 年、『沖縄県人名年鑑　1975 年版』人名年鑑出版社、1975 年、『沖縄人物一万人　1・2』オキナワ・アド・タイムス、1976 年・1977 年である。
[30]　新聞が報じるのは基本的には規模の大きな一斉異動にかぎられているようで、その意味では、新聞報道による異動の把握には不完全な部分が多い。それ以外に、人物紹介欄にも時折幹部職員が取り上げられることがあり、経歴情報を得られた場合もある。
[31]　とりわけ参考にしたのは、照屋、前掲に掲載されている課長級以上職員のデータである。

1. 琉球政府と前身組織の職員の連続性

　琉球政府内の職員の任用実態を明らかにしていく前に、琉球政府とそれ以前の政府機構の職員に、どれくらいの連続性があったのかを検討しておこう。これについて 1955 年 8 月の新聞記事は、「現在の政府職員はかれこれ七八年も同一職種で勤続していることになり、ほとんどの職員が仕事の面で惰性がつき積極的な研究意欲に欠ける傾向にあるとして行政府ではさき頃から大幅な人事交流を考慮している矢先、民主党では去る十日の総務会で局長、次長を手始めに各課長などを含む行政府の人事異動を行うよう与儀副主席に申し入れた」と報じている[32]。また、1957 年 5 月 31 日の立法院予算委員会では、平良幸市が、「政府人事は志喜屋知事時代のだ性が残り、ときに感情的人事が行われている」と発言している[33]。ここには、「政治」＝与党・民主党による行政府人事への容喙や、情実人事の横行の可能性という別の興味深い論点[34]も見られるが、さしあたりここでの関心からは、多くの職員が、民政府時代の 1947 〜 48 年ごろから同一の職場で勤務し続けていたということを読み取れればよい。

　もう少し定量的なデータを見てみよう。人事委員会が 1959 年 11 月 30 日現在でまとめた『公務員の実態』という資料[35]には、当時現職の公務員の級別在職年数別人員分布表が掲載されている。それを再構成したのが表 3-6 である。

　ここでは、当時の給料表の職務の級ごとに、当該級に在職している職員が琉球政府設立後に採用されたか、それ以前に採用されたかをそれぞれ数字で示した。当時の給料表は 16 の級を持っており、16 級は一級警察職（警察本部長）のみに適用される。以下、15 級が一級一般行政管理職など次長級、13・14 級が二級一般行政管理職など課長級、10 〜 12 級が一級一般事務職など主事（係

---

32)　「十月に大巾移動　人事刷新与党が検討」沖朝 55.8.22、2。
33)　「社会保障など追及　予算委、社会局歳出案審議」新報 57.6.1、2。
34)　このことに関しては、1953 年の人員整理時に、特に民主党の「某群島の一部議員」から社大党系と目される職員を馘首したり左遷しようとする圧力がかけられていることが報じられた（「野党的色彩の職員を整理か　政党政派悪へいの芽生？」沖タ 53.4.15、2、「首切り旋風と政党人の人事介入　政党への反発たかまる」沖タ 53.4.16、2)。この「某群島の一部議員」は与儀達敏ではないかと思われる。宮古出身で副主席を務めていた彼の縁故者が政府内で高待遇を受けているという「与儀人事」や、与党・民主党に多かった宮古・八重山出身議員の口利きで職員の任用が左右されているという「先島人事」という言葉は、たとえば 1955 年 6 月の立法院全員協議会で取り上げられている（「社説　「先島人事」の意味するもの」新報 55.6.13、1)。
35)　琉政文書「庶務に関する書類　雑書 1960 年」（R00154733B）に収録。

表 3-6　採用時期・職制段階別人員数（1959 年 11 月末時点）

	労務				書記			主事補				
	1	2	3		4	5		6	7	8	9	
琉政後	61	62	83	206	858	1,047	1,905	1,093	1,268	508	188	3,057
琉政前	0	1	3	4	8	211	219	102	604	444	333	1,483

	主事				課長			次長以上			計
	10	11	12		13	14		15	16		
琉政後	211	136	45	392	95	23	118	22	0	22	5,700
琉政前	172	254	142	568	68	50	118	19	1	20	2,412

単位：人

（出典）『公務員の実態』より筆者作成。
注：「琉政後」の数値には、1951 年 12 月 1 日から 1952 年 3 月 31 日の 4 ヵ月間に琉球臨時中央政府や各群島政府で採用された職員が含まれている可能性がある。

長）級、6 ～ 9 級が二級一般事務職など主事補級、4 ～ 5 級が三級一般事務職など書記級、1 ～ 3 級は一般作業職などの単純労務職員の級であった。そこで表では、その職制段階別の合計数も合わせて示した。

　一見して明らかなように、職制段階が低いほど、琉球政府設立後に採用されている職員が多いことが分かる。琉球政府設立前に採用され、1959 年 11 月末時点で引き続き勤務していた単純労務職員はわずか 4 人にすぎず、書記級職員も設立後採用職員のおよそ 9 分の 1 の 219 人にとどまっている。主事補級になると、まだ圧倒的に設立後採用職員の方が多いものの、比率は 2：1 ほどに縮まる。そして主事級では、設立前採用職員の方が多くなっているのである。

　課長級、次長級以上では数値が拮抗しているように見えるが、設立後採用の数値の方に、初任級が 13 ～ 15 級であった公務員医師が相当数含まれている可能性が高い。元データによれば、経験年数 1 年以内の 13 級職員は 18 人いるが、公報の辞令で確認できるかぎりで、1958 年 12 月 1 日から 59 年 11 月 30 日までに発令された 13 級医師の新規採用は 13。一方、データベースによれば、この期間に新規採用された課長は 3 人である。この期間にかぎらずとも、公報には、医師の新規採用の辞令を比較的頻繁に見つけることができる。したがって、一般の課長級職にかぎれば、天秤はおそらく琉政前採用組に大きく傾くであろう。以上、表 3-6 が示す数字は、琉球政府とその前身組織を貫く形で内部昇進原則が確立していたことを暗示している。これは、前章第 2・3 節で示唆しておいた人的連続性の存在とも符合するだろう。

この点についてデータベースでは、人事録その他の経歴欄に前身組織での勤務経験が記載されている場合には、その旨を入力してある。ただし、ソースの性質上、データは網羅的ではない。それでもそれなりの目安とはなるであろう。データベースに掲載された 511 人中、各群島の民政府（およびその前身組織）での勤務経験を有するのは 184 人、全琉機関での勤務経験を有するのは 53 人である。なお、民政府の後継組織である各群島政府や臨時中央政府の経験者となると、数字はそれぞれ 104 人、64 人に減少し、民政府経験者のうち、群島政府・臨時中央政府・全琉機関経験の記載がない人は 79 人にのぼる。だが、表 3-6 をもとに既述したことを踏まえれば、両政府時代に一旦退職し、再び琉球政府入りするというキャリアパスは、皆無とは言い切れない（真っ先に想起されるのは、第 1 章で言及した、群島知事選における自身のボス・松岡政保の落選による沖縄民政府工務部職員の辞職であろう）が、無視できないほど多かったとは考えにくい。したがって、この数字は、多くの人が自らの経歴の記述にあたって、政府機構の変遷を意識しなかったことによるものと思われる。なお、前身組織の一つにでも勤務した経験を持つ人の数は、過半数の 257 人となる。

　さらに時代を遡っておこう。すなわち、旧沖縄県庁での勤務経験についてである（これについても、上述の前身組織経験と同じ網羅性の問題を抱えていることは言うまでもない）。死者・行方不明者 20 万人（そのうち 18 万人が「日本側」の被害者）という凄惨をきわめた地上戦により焦土と化した沖縄島では、行政組織もゼロからの再出発を余儀なくされたが、その際、行政経験のある旧県庁勤務者が求められていたことは第 1 章でも述べた。データベース中、県庁経験者は 125 人で、課長級以上到達者の最低でも 4 分の 1 弱は、県庁に勤務していたことになる。また、県庁以外の官公庁における勤務経験を持つ人も 89 人（県庁との重複者を含む）に上っており、県庁か他官公庁か、どちらか一方でも経験したことのある人は 189 人である。なお、他官公庁で多いのは、台湾や朝鮮など外地での勤務経験である。

2. データベースによる任用実態の分析

　本項ではいよいよ、琉球政府公務員の任用の実態について、データベースを

もとにして明らかにしていきたい。

ⅰ）人事異動の背景と内部昇進原則

人事異動は随時行われていたようだが、筆者が把握できたかぎりで、1953年4月、55年10月、56年10月、58年11月、61年8月、63年2月・10月、65年2月・8月、66年9月・10月、69年1月・12月に、規模の大きな一斉異動が行われている。これらの異動のうち、61年8月と65年8月のものは大幅な組織改定に付随するものであり、69年1月のものは、屋良朝苗が主席に就任した1ヵ月後に行われたものである。だが、その他のものについては、そういった制度的・政治的な背景とはただちに関連づけられそうにはない（ちなみに、初代・比嘉秀平と屋良朝苗以外の主席の就任は、当間重剛が56年11月、大田政作が59年11月、松岡政保が64年10月で、いずれも上の一斉異動期とはズレがある）。少なくとも、主席が変わることで、その直後に一般職公務員の大幅な更迭人事が行われるというような、露骨な「政治的人事」の大展開は見られない。

ここからも、そしてすでに前項で述べたことからも、琉球政府では内部昇進が基本となっていたと言えるだろう。さらに、上記の一斉異動期の新聞報道を見れば、課長級や係長級への部外からの新規採用＝中途採用がきわめて少ないことは明らかであり、内部昇進原則の存在は決定的となる。1955年10月の異動では、課長級の新規採用は5（異動数37）、係長級の新規採用は0、1958年11月の異動では、課長級・係長級合わせて140人の異動中、新規採用は3人（うち1人は医師）である。1961年8月、63年10月、65年2月の異動では、課長級・係長級とも新規採用は1人もいない。1965年8月の異動は、課長級の新規採用はなく、係長級では119人中3人。1966年9月の異動では、課長級に新規採用が2人いるが、うち1人は前職が特別職の行政主席専属秘書だったために新規採用扱いになっているだけで、秘書就任前は一般職職員であった。さらに、1966年10月に行われた係長級527人という大異動の中でも、新規採用は4人にすぎない。後に、データベースから若干の課長級新規採用の例を見ていくが、それとて絶対数から言えば微々たるものにすぎない。

表 3-7　職制段階・経験局数別人員数

単位：人

経験局数	1	2	3	4	5	6	7	8	計
係長級以下	248	97	31	1	0	0	0	0	377
	65.8%	25.7%	8.2%	0.3%	0.0%	0.0%	0.0%	0.0%	100.0%
課長級	329	117	38	7	6	0	1	0	498
	66.1%	23.5%	7.6%	1.4%	1.2%	0.0%	0.2%	0.0%	100.0%
部長級	82	27	15	5	2	0	0	0	131
	62.6%	20.6%	11.5%	3.8%	1.5%	0.0%	0.0%	0.0%	100.0%
全キャリア	229	122	92	40	20	5	2	1	511
	44.8%	23.9%	18.0%	7.8%	3.9%	1.0%	0.4%	0.2%	100.0%

(出典)　筆者作成。
注1)：局数の算出にあたっては、機構改定を考慮している。すなわち、所属局の名称が異なっていても、それが機構改定によるものである場合には、1局と数えている。
注2)：地方庁、外局、検察庁、裁判所、立法院、各種行政委員会事務局も1局と数えている。

ⅱ）経験局数

1953年8月の新聞社説は、局課を越えて適材適所の人員配置を行うことが従来「各局課間のセクショナリズム」のために行われてこなかったと指摘している[36]。これを乗り越えようとする意識はそれなりに存在していたようで、1961年8月の人事異動に際して内務局長は、今次の異動の特徴の一つは「局内人事にとどめず、各局間にまたがって大幅な人事交流を行」ったことである、との談話を発表している[37]。だが、それから5年後の1966年11月の一般職員の異動案でも、対象者896人のうち、局間異動は8分の1程度の112人にとどまっている[38]。

以上のような事実からは、琉球政府の人事異動は基本的に局を単位として、その内部で行われることが多かったことが推測される。その実態がいかなるものだったのかを知るため、データベースを元にして、各職制段階における経験局数別の人員数を割り出した結果を、表3-7に示した。

いずれの職制段階においても、1局しか経験していない職員が6割を超えている。これに2局経験者を加えると、係長級以下・課長級では9割（弱）に、部長級でも8割に届く。全キャリアを通してみると、さすがに経験局数1とい

---

36)　「社説　行政府の人員整理」新報 53.8.9、1。
37)　「行政府の第二次人事異動」新報 61.8.13、1。
38)　琉政文書「局長会議録 1966年」(R00100450B) に収録された、1966年11月4日の局長会議録を参照。

う職員の比率は4割台にまで低下するが、これも経験局数2の員数と足せば、68.7％と7割に近づく。したがって、琉球政府では基本的に局単位で人事異動が行われ／完結しており、人事当局の「大幅な人事交流」の努力も、ほとんどの場合、採用局＋1局という範囲にとどまっていたと言えるであろう。

　ⅲ）到達年齢と在職年数
　琉球政府以前から政府組織に在職している職員の比率が、職制段階が上がるほどに多くなることは表3-6で示した。しかし、琉球政府以前の政府組織の辞令は、見られる範囲内の公報には掲載されておらず、したがって、これらの政府組織で採用された職員の採用時点は、はっきりしないケースが多い。また、琉球政府でも、公報に掲載された辞令の書式が統一されておらず、新規採用なのかどうか判断できないケースが多い。以上より、職員の勤続年数を割り出して分析することは非常に難しい。
　そこで代わりに、各職制段階への到達年齢を見ていくことにしよう[39]。部・次長級は平均44歳2ヵ月（データ数127）で、最年少は29歳、最年長は60歳5ヵ月である。最年少到達者は、1956年7月に社会局次長となった原実であるが、彼は医師であり、例外として扱った方がよい。医師を除外すると、1961年8月に計画局参事官に就任した久手堅憲次が最年少で、到達時に29歳6ヵ月であった。最年長は、1965年8月に総務局財務部長に就任した新里芳雄である。
　課長級への平均到達年齢は41歳11ヵ月（データ数403）で、最年少は25歳6ヵ月、最年長は60歳11ヵ月である。最年少到達者は1953年6月に宮古南静園長になった真壁仁であるが、彼も医師である[40]。部長級と同じように医師を除外すると、琉球政府設立時に警察局出入国管理課長であった並里亀蔵が、当時25歳8ヵ月である。これに、既出の久手堅憲次（1958年4月に法務局矯正保護課長）が26歳2ヵ月で続いている。最年長は琉球政府設立時に資源局

---

[39] 生年月や就任時に関して、年のみが判明していて、月が明らかでないデータについては、機械的に当該年の12月とした。これに該当するデータ数は、生年月が22、就任時が15である。
[40] 医師については、前述したとおり初任給がすでに課長級の13級であるため、給与面から考えれば、採用時にすでに課長級に到達している、と見ることもできる。しかしデータベースでは便宜上、本局の課長ポストか、附属機関の長に就任した時点を課長級到達とみなした。

表 3-8　職制段階別到達年代別人員数

単位：人

	20代	30代	40代	50代	60代	計
部・次長級	4	38	57	27	1	127
	3.1%	29.9%	44.9%	21.3%	0.8%	100.0%
課長級	16	152	185	49	1	403
	4.0%	37.7%	45.9%	12.2%	0.2%	100.0%
係長級	31	80	23	2	0	136
	22.8%	58.8%	16.9%	1.5%	0.0%	100.0%
係長級（みなし）	44	124	50	3	0	221
	19.9%	56.1%	22.6%	1.4%	0.0%	100.0%

（出典）筆者作成。

林務課長であった仲宗根嘉三郎で、次に年長だったのは、1969年12月に文教局調査計画課長に就任した松田州弘（59歳6ヵ月）であった。

係長級到達年齢は平均34歳6ヵ月（データ数136）で、最年少は23歳6ヵ月、最年長は54歳5ヵ月であるが、1953年5月現在の職員録において主事／技師[41]であった職員を、その時点で係長級に到達したものとみなし、係長級到達者に含み込んで計算しなおすと、平均35歳5ヵ月（データ数221）となる。

なお、これらの到達年齢の計算は、あくまで琉球政府におけるキャリアのみを対象として行っているため、前身組織で各職制段階にすでに到達していたケースを考慮していない。仮にこれを考慮すれば、到達年齢の平均値は（幅の大小は言明できないが）下がるはずである。表3-8では、到達年代別の人員数を、職制段階ごとに整理しておいた。

さらに、課長級到達職員の係長級での、および部・次長級到達職員の課長級での在職年数をそれぞれ計算してみると、係長級在職年数の平均は6年6ヵ月（データ数164）、「みなし」係長級データで割り出しても6年10ヵ月（データ数253）である。一方、課長級在職の平均年数は5年6ヵ月（データ数118）であった。

係長級在職の最短は5ヵ月であるが、これは、1962年3月の昇任時には係長級だった金融検査部検査官のポストが、昇進から5ヵ月後に課長級ポストに

---

41) 琉球政府に係長という職制が正式に導入されたのは、1956年11月の行政府処務規程（訓令33）によってであった。それ以前は、「主事」（技術職では「技師」）という肩書が係長級に相当している。また、係長制導入後も、係長ポストに就いていない主事・技師が存在しており、データベースではこれも係長級として扱っている。

変更され、そこに留任する形になったという特殊なケースである。さらに、琉球政府設立時にすでに係長級ポストにあり、そこから1952年10・11月にそれぞれ課長に昇任した、在職6・7ヵ月という二つのケースも特殊な事例として括弧に入れると、最短は7ヵ月（仲本昌達、1956年8月に労働局労働基準監督課主事、1957年3月に労働局労政課長）である。一方の最長は15年3ヵ月（1956年11月に係長級で採用され、「復帰」直前の1972年2月に労働局失業保険課長に昇任した喜納信雄）であった。課長級在職の最短は、同じ月に課長級に昇進し、さらに部長級に昇進している（すなわち在職0ヵ月）という特異な1ケースを除外すると、11ヵ月（当銘由憲、1955年11月に経済局農務課長、1956年10月に経済局次長）である。最長は、16年1ヵ月（高良初喜、1953年10月に琉球気象台業務課長、1969年11月に気象庁長）であった。

ⅳ）大卒者優遇の実態

琉球政府公務員の任用実態に関して、ぜひとも検証しておきたいのは、琉球政府には「大学卒の割合が多く、しかも採用後三年程度で係長に昇任するなど一部には本土側よりかなり早い昇格もおこなわれている実状にある」[42]という、学歴による人事上の特権グループの存在を示唆する指摘についてである。

まずは、琉球政府職員に占める大卒者の割合がいかほどだったのかを見ておきたい。表3-9に、1959年11月末時点における琉球政府職員の勤続年数・学歴別の人員数を示した。

合計数で見れば、新高卒の比率が63.8％と圧倒的で、新大卒は2割弱にとどまっている。しかし、勤続年数ごとのデータを見てみれば、大卒の職員数が、年を追うごとに増加していっているのが明らかであろう。勤続年数4〜5年（すなわち、1954〜55年採用）→3〜4年（55〜56年採用）→2〜3年（56〜57年採用）とコンスタントに倍以上の急伸を見せている。シェアの面でも、勤続年数2〜3年の職員に占める大卒者は25.8％と、4人に1人を超え、勤続年数1年未満（58〜59年採用）では、ほぼ3割に達しているのである。これ以降のデータは管見のかぎり見つからないが、人事委員会によれば、1965年

42）『沖縄官公労』99号、1972年2月21日、6頁。

表 3-9 勤続年数・学歴別人員数（1959 年 11 月末時点）

単位：人

年	~1	1~2	2~3	3~4	4~5	5~6	6~7	7~8	8~9	9~10	10~11	11~12	12~13	13~	計
新中卒	37	38	59	33	13	34	12	16	14	10	2	2	1	2	273
	5.1%	5.8%	9.9%	6.7%	4.0%	8.0%	8.2%	8.2%	9.3%	14.3%	4.3%	10.0%	8.3%	16.7%	7.0%
新高卒	370	386	319	339	258	316	96	151	120	56	40	14	9	5	2,479
	51.0%	58.6%	53.3%	68.5%	79.1%	74.0%	65.3%	77.8%	80.0%	80.0%	85.1%	70.0%	75.0%	41.7%	63.8%
短大卒	103	61	66	47	22	49	27	18	9	3	5	2	0	0	412
	14.2%	9.3%	11.0%	9.5%	6.7%	11.5%	18.4%	9.3%	6.0%	4.3%	10.6%	10.0%	0.0%	0.0%	10.6%
新大卒	216	174	154	76	33	28	12	9	7	1	0	2	2	5	719
	29.8%	26.4%	25.8%	15.4%	10.1%	6.6%	8.2%	4.6%	4.7%	1.4%	0.0%	10.0%	16.7%	41.7%	18.5%

（出典）『公務員の実態』より筆者作成。
注1）：旧制大卒は「新大卒」に、旧制高校・高専卒は「短大卒」に、旧中卒は「新高卒」に、それ以下は「新中卒」に算入されているものと推測される。
注2）：各下の割合は勤続年数に対する値。

までの短期大学卒業程度の採用試験における合格者の学歴別構成は、大卒者が80％、短大卒者が3〜5％、高卒者・その他が15〜20％程度だったとされている[43]。さらに同年からは大卒対応の上級試験が開始されたのであるから、職員に占める大卒者の数・割合は、1959年時点と比べて、増えこそすれ、少なくなるということはなかったであろう。

続いて、データベース掲載者の最終学歴を示したのが表3-10である。データベースに掲載された職員中でも、（表3-9では新高卒にあたると思われる）甲中卒は174人（そのうち旧制中学校卒が167人）で、学歴が判明している総数407人の42.8％を占めている。だが表3-9、すなわち1959年11月末時点の職員全体ではそれぞれ10.6％、18.5％であった短大卒（表3-10では高専卒）、新大卒（同大卒）が、データベース中では27.5％、26.3％とかなり大きい数値を取っている（逆に、職員全体では63.8％だった新高卒＝旧中卒が、データベース中では41.0％となっている）。もとよりこれだけで、学歴と昇進に相関、ましてや因果の関係を見出すのは乱暴だが、少なくとも、高学歴職員の構成比が職員全体においてよりも、幹部クラスに到達した職員において高いという事実があったことは確認しておこう。また、単純に新制大学卒業者と新制高校卒業者の絶対数を比べれば、戦後に教育を受けた／終わらせた層の幹部には大卒

---

43) 沖縄県人事委員会編、前掲、21 頁。

表3-10　データベース掲載者の学歴別人員数

単位：人

大卒				高専卒				甲中卒			乙中以下卒			総計	不明
大院	旧大	新大	計	旧専	準専	短大	計	旧中	新高	計	乙中	高小	計		
14	22	71	107	79	27	6	112	167	7	174	4	10	14	407	104
3.4%	5.4%	17.4%	26.3%	19.4%	6.6%	1.5%	27.5%	41.0%	1.7%	42.8%	1.0%	2.5%	3.4%	100.0%	

(出典)　筆者作成。
注1)：学歴区分は、1953年人事委員会規則2号「初任給、昇格、昇給等の基準」の別表1「学歴免許資格区分表」に従った。
注2)：琉球大学（12人）は「新大」に、沖縄外国語学校（4人）は「準専」に含めた。

者が圧倒的に多かったことが読み取れる。

　それでは、大卒者のキャリア形成の実態はどのようなものであったのだろうか。まず、「採用後3年で係長」という説を検証しておこう。これに関して、給与制度上の職務の級7級から10級に昇格するためには、「任用資格基準表」（次章の表4-5）によって6年の在職が必要とされているにもかかわらず、「貴庁事務取扱いの実際としては新大卒のものについては特にその任用資格基準表によらず公務員に採用（その初任給は7級1号給で採用）されてから3年後には10級職に任用されている模様であるがそのように承知してよいか」と照会する、1959年の巡回裁判所発人事委員会宛文書[44]がある。この照会に対し人事委員会は、「新大卒後の昇任については、任用の資格基準表の備考（1）〔上記の基準により難いときは、特に人事委員会の決議により職務の経験の期間を短縮することができる〕を適用している」と答え、大卒者を特別にスピード昇格させる慣行が存在することを認めているのである[45]。3年で10級職に任用という運用は、「採用後三年程度で係長に昇任する」と符合する。また、データベースでは、すでに述べたように採用時点が不明確なデータが多いため、その実態をはっきりと浮かび上がらせることはできないが、それでも、その種の異動の例を見つけることはできる。以下、いくつかの具体例を示そう。

---

44)　琉政文書「任用に関する書類 1957年～1959年 雑書」（R00155049B）に収録された、巡回裁判所上席判事発人事委員会委員長宛「選考による職員の昇任について（照会）」（1959年1月31日、巡裁第51号）。

45)　同上琉政文書に収録された、人事委員会委員長発巡回裁判所上席判事宛「選考による職員の昇任について（回答）」（1959年2月25日、人委第141号）を参照。

> 大城進一
> 琉球大学卒。1959年7月に法務局に採用され、1962年7月、同局人権擁護調査官(係長級)。その後、1969年11月に総務局公務員制度審査官(課長級)、同局職員厚生課長。
> 新垣雄久
> 法政大学卒。正式採用は1958年3月だが、1月に臨時的任用を解く辞令が発せられており、逆算すれば1957年7月に臨時採用と考えられる。1960年11月、内政局主計課主計第一係長。その後、1965年8月に企画局司計課長に昇任し、予算課長、計画官、総務局渉外官を歴任。
> 米村幸政
> 中央大学卒。1957年に立法院に採用され、同年12月に労働局へ異動、1961年4月、労働局労政課労働教育係長。その後、1966年3月に総務局行政監察課長に昇任し、同局行政管理課長、福岡事務所長、通産局通商課長などを歴任。

これに加えて、3年よりも短い期間で係長級に到達しているケースもある。

> 池村賢次
> 米国の大学院修了。1957年9月に企画統計局に採用され、1959年3月、同局主事。その後、1965年8月に労働局労働調査課長に昇任、さらに企画局調整官、同計画官、通産局通商課長を歴任。
> 玉城栄徳
> 日本大学卒。1955年11月、中央巡回裁判所に臨時採用。56年11月に職を解かれ、1957年5月、中央選挙管理委員会事務局に主事として採用。その後、1964年11月に行政主席専属秘書、1966年9月に総務局渉外課長に採用、法務局訟務官を歴任。

　だが、データベースで見るかぎりでも、採用後係長級到達までに3年以上を要している大卒の職員は多数存在する。それだけでも、これが大卒ならば必ず通る定型的なルートだったというわけではなかったと言えよう。したがって、大卒者のキャリアを見るにあたって、採用後3年で係長に昇進しているかどうかというのは、それほど重要な問題ではないのである。

　大卒者の中でのばらつきは、採用後3年後のキャリアにかぎられたことではない。図3-1から視覚的に明らかなように、課長級到達年齢は、同じ大卒者のうちでもかなりのばらつきがある。したがって、一斉採用・横並び昇進という、日本の「キャリア」に対するような、(インフォーマルとはいえ)確固とした人事慣行が、琉球政府において確立していたとは考えにくい。

　しかし、大卒者の昇進スピードが一般的に速かったことは間違いがなさそうである。その中には、「特急」的に昇進を果たしていった例が少なくない。たとえば、1952年に法務局に採用された伊地秩雄(1925年生まれ、九州大学

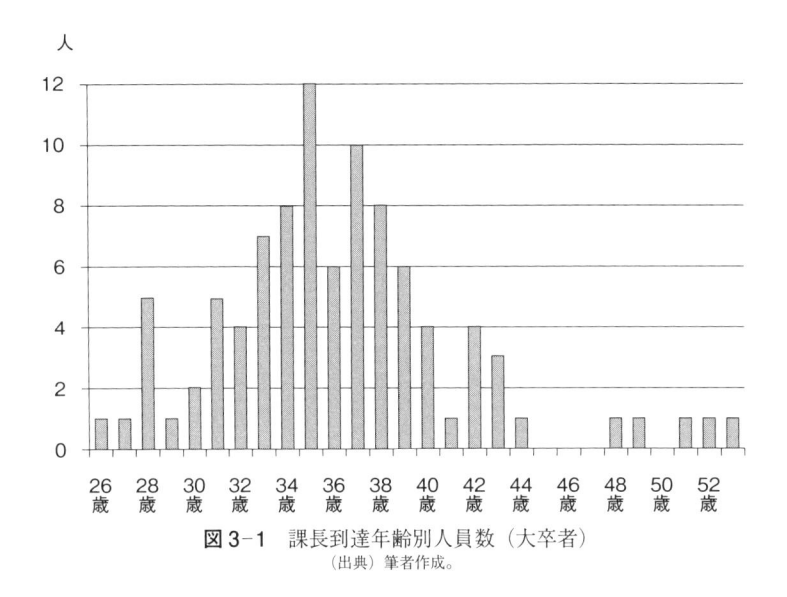

図 3-1　課長到達年齢別人員数（大卒者）
（出典）筆者作成。

卒）は、弱冠 28 歳 2 ヵ月（1953 年 7 月）で同局財産管理課長となり、59 年 7 月には 34 歳 2 ヵ月で主席官房次長に昇任、その後法務局・計画局の次長、総務局行政部長、厚生局民生部長を歴任している。1954 年に法務局に採用された久手堅憲次（1932 年生まれ、東京大学卒・後にスタンフォード大大学院修了）は、25 歳 2 ヵ月（57 年 4 月）で法務局検務課検務係長となり、26 歳 2 ヵ月（58 年 4 月）で法務局矯正保護課長に昇任、61 年 8 月には 29 歳 6 ヵ月にして部長級の計画局参事官となった（その後、経済局次長を務めた後、経済局長・企画局長・通商産業局長を歴任）。また、1957 年に工務交通局に採用された玉城盛幸（1933 年生まれ、明治大学卒）は、28 歳 1 ヵ月（62 年 1 月）で建設運輸局公営事業課管理係長に昇任後、31 歳 8 ヵ月（65 年 8 月）で通商産業局公益事業課長となった（のち、69 年 1 月に日米琉諮問委員会主任調査官）。

　大卒者の昇進の速さをもう少し定量的に見るために、学歴別に課長級到達年齢を割り出してみると、高専卒 42 歳 2 ヵ月（データ数 107）、甲中卒 44 歳 4 ヵ月（同 165）、乙中以下卒 46 歳 3 ヵ月（同 13）に対して、大卒は 36 歳 5 ヵ月（同 99）と飛びぬけて低い。この傾向は部長級到達年齢でも変わらず、高専卒 46 歳 6 ヵ月（同 39）、甲中卒 46 歳 10 ヵ月（同 45）に対し、大卒は 38 歳

4ヵ月（同37）である。

　しかし注意すべきは、データベースが琉球政府時代のみを対象としているために、「復帰」前に若くして昇進した職員だけがカバーされており、新県庁になってから（そのようにスピード昇進した職員よりも上の年齢で）課長級に到達した職員が含まれていない点である。そのようなデータのバイアスが、大卒者の平均値を押し下げている可能性がある。そこで、同じようにバイアスがかかっている（ために、比較対象にしうる）と考えられる新学制の大卒（新制の大学院・大学、琉球大学卒の合計）とそれ以外（短大、沖縄外国語学校、新制高校卒の合計）のみで課長到達年齢の平均値を比較すると、前者が35歳6ヵ月（同77）に対して、後者は38歳10ヵ月（同15）となる。ここからやはり、大卒者の課長級到達年齢は低く、したがってやはり一般的に昇進スピードが速かったと考えられるのである。

　ⅴ）課長級到達職員の到達時期別分析
　次に、琉球政府時代を通して、課長級に昇進する職員のバックグラウンドやプロフィールに変化が見られるのか、見られるとすればその変化はいつ頃起こっているのかを知るために、琉球政府設立から「復帰」までの21年間を5期に区分し、その期間に課長に到達した職員のデータを分析する。時期区分であるが、第1期は政府設立時の1952年4月、第2期は設立後初めての大規模な異動が実施された1955年10月、第3期は局単位の再編・名称変更を含む大きな組織改定が行われた1961年8月、第4期は再び大きな組織改定が行われた1965年8月、そして第5期は、屋良朝苗が主席に任命されてから初めての人事異動が行われた1969年1月をそれぞれ起点とする。なお、それぞれの時期に課長級に到達した職員の数は、第1期が118人、第2期が113人、第3期が62人、第4期が108人、第5期は86人である。

　まずは、この時期区分ごとに課長級到達者の平均到達年齢を割り出してみると、第1期が40歳10ヵ月（データ数97）、第2期が42歳（同105）、第3期が41歳5ヵ月（同61）、第4期が42歳5ヵ月（同84）、そして第5期は43歳2ヵ月（同56）である。各期間に決定的な差が見られるわけではないが、時代の変遷ごとに到達年齢が若干遅くなっていく傾向が読み取れるだろう。

表3-11 時期区分別に見た課長級到達者の学歴

	第1期		第2期		第3期		第4期		第5期	
大学卒	20人	21.5%	14人	13.7%	18人	31.6%	27人	33.3%	20人	36.4%
高専卒	29人	31.2%	39人	38.2%	15人	26.3%	17人	21.0%	8人	14.5%
甲中卒	40人	43.0%	43人	42.2%	23人	40.4%	36人	44.4%	26人	47.3%
乙中以下卒	4人	4.3%	6人	5.9%	1人	1.8%	1人	1.2%	1人	1.8%
計	93人	100.0%	102人	100.0%	57人	100.0%	81人	100.0%	55人	100.0%
不明	25		11		5		27		31	

(出典) 筆者作成。

　続いて、課長級到達者の学歴を時期区分別にまとめたのが表3-11である。大卒者の比率は第2期に一旦13.7％まで下げたあと、第3期には3割を超え、第5期では36.4％になっている。顕著な減少傾向を見せているのは高専卒で、第1期・第2期には3割台であったのが、第5期には15％を割り込んでいる。これは、「高専卒」に含まれている職員の多くが旧制高専（相当の学校）や師範学校卒であり、そのような職員が時とともに引退していくのに対し、新学制下でここに含まれる短大や高専の卒業者の絶対数が伸びなかったことに起因するものだろう。注目すべきは、甲中卒、すなわち旧制中学校および新制高校卒の比率が低下するどころかむしろ伸び、第5期には最高の47.3％になっていることである。しかも、表には記載していないが、このうち、新制高校卒は7人にすぎず、旧制中学出身者が19名と、同期の大卒者とほぼ同数になっているのである。これは、（前掲の表3-9や3-10からもわかるように）琉球政府職員に旧制中学（相当の学校）卒業者の絶対数が多く、しかもその傾向が結局「復帰」時まで続いていたことによるものと見てよいだろう。なお、特に第5期について学歴不明者が多いことが、データの質の面で若干気になるが、既述のごとく、琉球政府職員に占める大卒者の割合は上昇を続けていったと推測されるため、「不明」の31人の内訳は、高専・甲中・乙中以下卒者よりも大卒者の方が多いのではないかと考えられる。

　第三に、課長級到達者の前歴を時期区分ごとに見ていきたい。それを示したのが表3-12である（繰り返しになるが、「前歴」把握の網羅性には限界があり、以下の数字はあくまで「少なくとも」の数であることに注意されたい）。
　戦前における県庁・その他官公庁での勤務経験を有する人の比率は、第1

表3-12 時期区分別に見た課長級到達者の前歴

単位：人

		第1期		第2期		第3期		第4期		第5期	
戦前	県庁	43	36.4%	42	37.2%	18	29.0%	14	13.0%	3	3.5%
	他官公庁	35	29.7%	28	24.8%	9	14.5%	11	10.2%	4	4.7%
	一つでも	66	55.9%	63	55.8%	25	40.3%	22	20.4%	8	9.3%
戦後	民政府	61	51.7%	56	49.6%	24	38.7%	29	26.9%	9	10.5%
	群島政府	37	31.4%	35	31.0%	11	17.7%	14	13.0%	5	5.8%
	臨時中央	40	33.9%	11	9.7%	6	9.7%	5	4.6%	1	1.2%
	全琉機関	30	25.4%	11	9.7%	6	9.7%	6	5.6%	0	0.0%
	一つでも	90	76.3%	68	60.2%	30	48.4%	40	37.0%	14	16.3%
	当該期総数	118	100.0%	113	100.0%	62	100.0%	108	100.0%	86	100.0%

(出典) 筆者作成。
注：「民政府」には沖縄諮詢会、臨時北部南西諸島政庁を含む。「臨時中央」は琉球臨時中央政府。

期・第2期では半数以上、第3期も4割台であるが、第4期になって突如ほぼ2割となり、第5期にはわずか9.3％にまで低下している。ここから、戦前の官公庁勤務経験者の多くが、1965年頃に課長級ポストを退き始め、この頃から「戦前派」と「戦後派」の入れ替わり現象が起こり始めたのだと推察される。

戦後、琉球政府の前身組織での勤務経験を有する人の比率は、実に76.3％に達していた第1期から段階的に低下しているが、「戦前派」が減少した第4期においても、依然3割台後半を保っている。これが第5期になると、一気に16.3％となるのである。「戦後派」のうちでも「琉政派」の課長ポストへの進出が決定的になるのは、60年代も後半になってからのことだったとみられる。

なお、革新系諸団体の支持を受けた公選主席・屋良朝苗の時代である第5期に特有の（だが、その絶対数はそれほど多いわけではない）事情として、労働組合関係者の登用の具体的ケースをいくつか掲げておきたい。ただし、組合で活動していたこと（のみ）が昇進の理由になっていたと明確に判断づけることはもちろんできない。

まず、1969年4月に教員から総務局渉外広報部長に就いた大島修である。彼は1949年から八重山で教員をしており、1960年8月に（屋良が主席就任まで会長を務めていた）沖縄教職員会教文副部長に就任して以来、8年間にわたって同会幹部を務め、その間、1965年の第7回立法院選に社大党公認で立候補し、落選している。

次に、赤嶺武次である。赤嶺は1957～60年に労働局職労の委員長、1958

年に結成された沖縄官公庁労働組合協議会（官公労。1962年10月に単組化）の初代議長、1960年4月に結成された沖縄県祖国復帰協議会の初代会長などを務め、1962年4月には、政府創立十周年記念式典に反対する「葬送デモ」を主導したとして、1ヵ月の懲戒停職処分を受けている。彼は1969年1月に総務局行政監察課長に昇進し、さらに2年9ヵ月後の71年10月には通産局運輸部長に昇進した。

　同じように課長級から部長級へ短期に登用されているのが、労働局職労副委員長・委員長、官公労調査部長・中央執行委員を務めた金城慎徳である。金城は、第4期の1968年9月にはすでに企画局計画官（課長級）に昇進しているのだが、第5期の始期となる1969年1月に総務局人事課長に転任し、課長級昇進から3年2ヵ月後になる1971年11月には、同局行政部長に昇進している。

　組合との関わりは官公労の会計監査役を1959年に務めたことしか見出されないが、仲宗根哲のキャリアパスは興味深い。すなわち彼は、1953年5月時点で名護税務署の主事補級の徴税官であり、それから12年後の1965年8月にようやく係長級のコザ税務署直税課長に昇進したのであるが、それから3年4ヵ月で主税局総務課長に昇進（1969年1月）しているのである。データベースからは、人事が自己完結的で比較的定型化しているようにうかがえる主税局（およびその前身組織）にあって、このスピード昇進は目を引く。

　その他、①行政委員会職労書記長（1960～61年）を務めた折田米造が1969年11月に労働局労働基準課長に、②官公労中央執行委員（1962～65年）を務めた友利玄位が1971年8月に宮古支庁総務課長に、③沖縄全逓委員長（1956～60年）・官公労組織部長（1958年）・中央執行委員（1959年）を務めた西平賀親が1969年10月に郵政庁総務課長に、それぞれ昇進している。

ⅵ）課長級以上職員への中途採用

　すでに論じたように、琉球政府には内部昇進原則が存在し、幹部ポストは基本的に部内から補充されていたと考えられるが、課長・部長級への中途採用も（その数は全体から見ればきわめてかぎられた範囲にとどまるものの）見られないことはない。以下、いくつかの具体例を挙げ、その背景を示しておこう。

　まずは、市役所（ほとんどが那覇市）の幹部から、琉球政府の課長に採用さ

れるケースである。その代表例である伊良波長幸は、以下のように回想している。「石川市長を満了してから、生地の那覇へ帰った。……いつまでも遊んでいるわけにもいかない。比嘉秀平主席や富原守保（元琉銀総裁）、崎浜秀主（元琉球農林中央金庫理事長）諸氏の世話で、琉球政府入りとなった。一九五四年八月のこと。官房総務課長に就き、比嘉主席や比嘉秀伝官房長のお供をして歩くのが仕事となった。私が市長から一つの管理職のポストに収まったので、私を知る人はあ然とした」[46]。ちなみに伊良波はその後、内政局用度課長、治安裁判所事務局長を歴任し、60年から立法院議員を務めている。この種の職員には、①平良市の総務課長・市議会議員・助役を経て、1960年4月に宮古地方庁経済課長に就任した下地邦利や、②那覇市税務課長・社会課長を経て1957年11月に内政局主計課長に採用、その後同局の理財・管財課長を経験した城田清才、③那覇市助役・教育委員長および琉球商工会議所事務局長を経て1955年10月に主席官房総務課長に採用され、その後2年足らずで企画統計局次長に昇任（ただし1年3ヵ月後に経済局商務課長に降任）した又吉嘉栄などがいる。さらに、那覇市総務課長から、1956年11月に特別職の行政主席専属秘書となり、58年4月まで勤務、その後59年10月に主席官房情報課長に採用された安次嶺栄一のようなケースもある。

　第二に、渉外・広報担当部局の長への中途採用の事例である。総務局広報課長のポストは、1966年9月の金城作一、1968年9月の富川盛秀と、2代連続で沖縄タイムス社の記者が就任している。富川はそのまま「復帰」時まで同ポストを務めたが、金城は68年9月に部長級の企画局参事官に昇任し、さらに労働局労働基準部長・通産局商工部長を歴任した。また、1965年8月に総務局渉外広報部長に採用された宮良用英は、USCAR渉外報道局情報専門官や米国領事館顧問を務めた、まさに「経験者」であった。

　「経験」を学識にまで広げれば、渉外・広報部局ではないが、当時琉球大学助教授で公認会計士資格も持っていた外間完和が、1963年1月に金融検査部長に任命されたというケースもある。ちなみに、同じ琉大助教授からは、1953年4月に豊覚が主席官房文書課長に採用されており、逆に、中今信は1952年

---

46) 沖縄タイムス社編『私の戦後史　第6集』沖縄タイムス社、1982年、93頁。

4月に官房文書課長に就任後、翻訳課長、官房次長を歴任して1954年3月に辞職し、琉大助教授に転身している。

　第三に、「政治任用」の事例を挙げておきたい。ここまで紹介してきたケースにおいても、多かれ少なかれ「政治的」な背景が存在していた可能性はある（とりわけ宮良用英は、『琉球政府の時代――松岡施政を中心に』という、松岡政保の業績を激賞する本を出版しており、松岡との関係が深かったことが推察される）が、以下のケースは、それが比較的はっきりと表れているものである。まず、松岡政保が主席を務めた時代、1965年8月に東京事務所長（部長級）に採用された小橋川朝蔵と、1964年12月に経済局観光課長に採用された小波津達雄である。小橋川は、1954年に当時民主党顧問であった松岡の「口ばし」によって立法院議長専属秘書に就任しており[47]、それ以後も松岡の側近的存在であった。小波津は、戦前から一貫して民間企業に勤めていた人であるが、採用の直前には、1954年に松岡が設立した松岡配電株式会社に勤務している。もちろんいずれも状況証拠にすぎないが、政治性はかなり濃厚と言えそうである。

　さらに、松岡については、中途採用ではないが、1964年12月の人事異動で課長に就任した2人について、以下のような抜擢の「エピソード」が残っている。まず、「"忠誠"を誓う人をもってくるのが常道」の内務局秘書課長になった新里義雄は、沖縄民政府工務部時代の1949年から当時部長だった松岡との結びつきがあり、彼が松岡を「おやじ」と呼び慕っていることが報じられている[48]。また、通商産業局公益事業課長に就任した玉城盛幸は、工務交通局電力課の係長として、配電会社社長だった松岡と毎年の会社の会計、業務監査、電気料金改定などで接する機会が多く、その時から松岡が玉城の頭のキレの良さに引かれ、「あんな部下を使ってみたい」と言って、度々引き抜こうとしていたという[49]。その松岡が主席となり、真っ先に自分の部下として課長のイスを与えたのであった。

　また、屋良朝苗主席の時代に、労組関係者の登用が見られたことはすでに述

---

47) 当山正喜『沖縄戦後史　政治の舞台裏』沖縄あき書房、1987年、180頁。
48) 「人物地帯」沖タ64.12.6、3。
49) 「人」新報64.12.7、3。

べたが、この時期は、課長級・部長級への中途採用も比較的多い。まず、明らかな「政治任用」と言えそうなのが、1969年1月に厚生局民生部長に採用された平安常実である。平安は、沖縄群島社会福祉協議会総務課長、同事務局長、沖縄民間社会事業職員共済会会長という社会福祉関係団体で長く勤務していたが、1968年5月から、主席選挙の候補者となった屋良の後援会、「屋良さんを励ます会」の事務局長を務めている。彼はその後、1971年9月に厚生局長になった。また、屋良の支持基盤となった組織の幹部からも、①沖縄全逓国際部長の粟国安喜が総務局渉外課長に（1969年11月）、②1956年から65年まで八重山教職員組合事務局長を務め、直前には八重山連合教育区教育委員であった宮良信興が八重山地方庁総務課長に採用されている（同1月。宮良はその後、総務局総合対策調整官と八重山支庁商工運輸課長を歴任）。その他、具体的背景は不明であるが、伊波圭子（労働局婦人少年課長。沖縄タイムス社、琉球放送の記者を務め、就任直前には那覇市母子福祉会会長であった。発令は以下いずれも1969年11月）、国吉政良（郵政庁郵政調整官）、黒島安典（八重山地方庁主計課長）、崎山憲一（農林局漁政課長）、比屋根隆和（労働局労政課長）が屋良時代に中途採用されている。

vii）任用実態に関するその他の論点

最後に、これまで中心的に述べてきた「昇進」という論点とは関連しないが、琉球政府公務員の任用について、補足的に三つの論点について言及しておきたい。

第一点は、雇用の流動性の高さについてである。具体例を挙げることはしないが、たとえば注29に挙げた『琉球人名商社団体要覧』の人名録を眺めていくと、琉球政府以前の政府組織においては、雇用の流動性が比較的高く、民間転出が稀ではなかったことが分かる。だが、同じことは琉球政府についてもある程度言えそうなのである。まず表3-13で、1958年12月から1959年11月までに退職した職員の年代別人員数を示した。

これを見れば明らかなように、20代～30代という若年層の退職者が圧倒的に多い（ちなみに、「20代以下」の179人中、22～26歳が116人にのぼる）。これよりおよそ4年後、1964年1月1日現在で内務局人事課がまとめた「公

表 3-13　年代別退職者数（1958 年 12 月 1 日～ 1959 年 11 月 30 日）

単位：人

	～ 20 代	30 代	40 代	50 代	60 代～	不明
人数	179	77	38	13	17	2

(出典)『公務員の実態』より筆者作成。

務員実態調査」[50]でも、1963 年 1 月 1 日から 12 月 1 日までの退職者について調査を行っており、男女とも就職から 5 年まで／ 22 歳から 27 歳の若年齢層に退職者が多く、それより在職年数が延び／年齢が高くなると、退職者数は漸減傾向を示すことが明らかにされている。内部昇進原則は確実に存在しており、幹部職員の多くは公務内でキャリアを重ねていた。しかし一方で、比較的若くして公務を離脱し、（表からは転出先まではわからないが）民間や市町村役所、あるいは米軍関係の仕事などに転出する道を選ぶ人も相当数存在していたことが推測されるのである[51]。

このことは、別のデータによっても示唆されている。表 3-14 は、適用給料表別の職員の平均年齢・勤続年数を琉日で比較したものである。

すべての給料表について、琉球政府職員の方が平均年齢が低く、勤続年数が短いことが分かるであろう。平均年齢が低ければ勤続年数の値も小さくなるのは必然であるが、全体的に見て、平均年齢の開きよりも勤続年数の開きの方が大きい。ここから、琉球政府の平均勤続年数の低さが、職員の中途退職が多いことに起因していることが推測されよう。

第二点は、政府間人事交流、すなわち琉球政府と日本政府および琉球市町村の間で実施された人事派遣についてである。「復帰事務を円滑に行ない、かつ復帰体制を確立する」ため、「本土政府と琉球政府との間の人事交流がぜひ必要であり」、「幸い、……本土政府と琉球政府の間で話し合いが進み、人事交流計画もまとまる段階にある」[52]ことから、1970 年 8 月に「琉球政府及び本土政

---

50)　琉政文書「1966 年度日本政府対琉球技術援助計画　公務員実態調査 1964 年度以降」（R00156347B）に収録。
51)　ただし、民間に比べれば公務員の雇用の流動性は低かったようで、1966 年時点で、公務員の平均勤続年数が 8.3 年であるのに対し、民間のそれは 4.8 年というデータが存在する。琉政文書「調査要項・依頼書及び議会対策資料 1967 年」（R00155935B）に収録された、「民間給と公務員給の比較について」を参照。
52)　第 42 回立法院本会議（1970 年 7 月 28 日、会議録 26 号）における大城真順行政法務委員長

表3-14　給料表別平均年齢・勤続年数の琉日比較数

琉球政府			日本政府		
	年齢	勤続年数		年齢	勤続年数
行政職（一）	35.8歳	9.0年	行政職（一）	37.0歳	16.8年
行政職（二）	34.3	9.2			
税務職	33.8	10.2	税務職	37.6	17.8
公安職（一）	34.9	11.4	公安職（一）	42.2	17.8
公安職（二）	36.0	9.8	公安職（二）	39.6	19.2
教育職（一）	32.6	7.6	教育職（二）	39.5	16.6
教育職（二）	39.4	14.0	教育職（三）	37.7	15.5
医療職	33.2	8.5	医療職（二）	37.0	14.0
			医療職（三）	32.9	11.6
技能労務職	43.4	7.8	行政職（二）	44.8	22.4
研究職	35.7	9.9	研究職	37.7	15.6
全表	35.8	9.1	全表	38.5	17.5

（出典）沖縄官公労『復帰に伴う給与の移行（国家公務員）に関する問題点』より抄録。
注：琉球政府は1969年11月、日本政府は同年4月現在。

府等が派遣する職員の処遇に関する立法」（立法112）が制定され、琉球政府・日本政府間の相互職員派遣が行われた[53]。日本から琉球政府へは14人（うち課長級4人、課長補佐／係長級10人）が派遣され、課長級職員はいずれも部長級の参事官として総務・企画・農林・建設の各局に、補佐／係長級職員は課長級職員（ほとんどが〇〇指導官という職名を与えられた）として法務・通産・建設・厚生・労働の各局と警察本部に配置された。一方、琉球政府からは12人（ただしうち1人は課長・次長を経て局長まで経験した当時の琉球電力公社副総裁。その他11人中、課長級2人、係長級9人）が日本の中央政府に派遣された。

　琉球政府・市町村間に関しても、「本土復帰を来年に控え、市町村等の行財政面においても復帰体制の整備が急がれている」中、人事交流によって「職員の資質を高め、事務処理の……合理化をはかる」ため[54]、1971年7月に「琉球政府及び市町村等が派遣する職員の処遇に関する立法」（立法71）が制定さ

　　の趣旨説明。
53)　派遣者のリストは、照屋、前掲、310-311頁に掲載されている。
54)　第44回立法院本会議（1971年7月9日、会議録21号）における大城真順行政法務委員長の趣旨説明。

れた。市町村から琉球政府への派遣は、公報上で確認できる限りで16人である。内訳は1971年8月1日発令で総務局地方課へ6名、農林局林務課へ1名、通産局中小企業課へ1名、建設局都市計画課へ2名、1971年9月3日発令で、総務局地方課へ3名、総務局総合対策室へ2名、農林局耕地課へ1名となっており、いずれも任期は2ヵ月半から3ヵ月と比較的短期であった。琉球政府から市町村への派遣については、管見のかぎり資料が見つからず、どの程度の規模・期間で行われたのかは分からない。

　第三点は、人事に対するUSCARの介入についてである。社会局のとりわけ医療行政面において、人事の具体的人選にまでUSCAR公衆衛生部の案が示されるという状況が見られたという[55]。他局に比べてUSCAR補助金が多かったことがその一因とされ、他の新聞記事も、英語が話せるという理由で、行政手腕や人間性を度外視して重要部署に配置するような例が「いくらでもあった」と報じている[56]。これはいずれも1959年の報道だが、史料的にも、沖縄群島政府時代の1952年に、USCARが政府病院の職員配置について事細かに指示した文書群が存在しており[57]、それなりの「歴史」があったことが推察される。1960年代以降、この種の介入がどのような展開を見せたかは、管見のかぎりでは不明である。

第3節　本章のまとめ——制度における日本との連続性、人材における戦前との連続性

　以上、琉球政府公務員の任用制度と任用の実態について明らかにしてきた。任用制度については、日本の中央政府の制度に範をとった本格的な体系の構築を見、琉公法が掲げる競争試験主義に基づいて、採用・昇任のための競争試験が実施されていた。だが、とりわけ昇任試験はかぎられた職種についてしか行われず、また制度上、選考任用が幅広く認められていたこともあり、選考による任用（とりわけ昇任）が広範に行われていた。制度面における日本との共時

---

55) 「ありがたメイワク社会局　補助金も多いが　民政府が人事にもクチバシ」新報59.3.14、5。
　　具体的に、保健所長、病院長、那覇病院婦長の人選にまでUSCARが案を示してきたとされる。
56) 「乱脈の医療行政　政府医師集団辞任の背景」沖タ59.9.13、1。
57) 琉政文書「軍ヨリ受領セル文書　厚生部」（R00001115B）に収録された、沖縄群島政府知事宛文書「宜野座病院の職員の編成について」（1952年2月19日）をはじめとする諸文書を参照。

的連続性の存在は明白である。

　任用の実態についてはさまざまな論点を挙げたが、①琉球政府では内部昇進原則が前身の政府組織から連続する形で存在していたこと、②人事異動は多くの場合、局を単位として行われていたこと、③大卒者は一般的に昇進スピードが速かったが、確固とした人事上の特別グループを形成していたとまでは言えないこと、④戦後から行政でのキャリアを開始した職員や琉球政府から公務員になった職員の課長級への進出が決定的になるのは60年代後半以降であること、⑤内部昇進原則は存在したものの、若年層の退職者も多く、その意味で雇用に流動性があることなどを明らかにした。①の「前身の政府組織」の中には旧沖縄県庁が含まれており、この点と④を併せ捉えれば、琉球政府は、人的な面においては、戦前との連続性を設立後かなりの間保持し続けたと見ることができるだろう。

第4章　琉球政府の職階制と給与制度

　日本では、根拠法をはじめとする骨格部分が完成しながらついぞ実施に至らず、50 年以上も吹き曝された後、2009 年に廃止された「不遇の公務員制度」、職階制。琉球政府では、それが実施されていた。しかも、その制度内容は、実施に至らなかった日本の職階制にほぼ全面的に準拠したものであった。したがって、日本のそれとの比較において琉球政府の公務員制度を考える時、職階制は最も興味深いテーマの一つとなる。

　本章は、まず第 1 節で琉球政府の職階制の立案過程を描き、制度論的視角から琉球政府の職階制を分析し、さらに、日本では挫折した職階制が琉球政府においては実施され得た要因を考察する。第 2 節では、琉球政府の給与制度の歴史を、職階制との関係にも留意しながら追う。そして第 3 節では、琉球政府の職階制がいかに運用されていたのかという実態を仔細に検討する。その過程で、任用制度および給与制度との関係から職階制という制度そのものの本質に迫り、また、琉球政府およびそのモデルとなった日本の双方に通底する公務員制度の特質を浮き彫りにすることができるだろう。

第 1 節　琉球政府の職階制の立案過程と制度

1. 立案過程

　琉球政府における職階制的な職務分類の枠組みの構築は、琉公法もまだ制定されていなかった 1952 年 7 月の時点ですでに模索されていた。すなわち、人事委員会が各官職を職級に格付するための資料にするため、各局に対し、職務の内容、責任の度合、監督的・管理的・行政的職務、受けている監督、他職員への監督などの項目を持つ職務調査の実施を依頼したと 27 日付の新聞が報じ

ているのである[1]。だが、この調査のその後の進展は明らかではない。

　次に職務分類制度の構築の動きが表面化したのは、1953年3月後半であった。これは同年5月に予定されていた立法による（すでに何度か触れ、次節でも見るように、それまではUSCARの指令で定められていた）給与制度の導入に合わせたもので、人事委員会が3月22日の人事主任会議[2]において、116の職種を設定し、15の給与等級に一定の幅で対応づけられた七つの等級（たとえば1等級は15級1号俸から5号俸、2等級は12級1号俸から14級5号俸など）にそれらを配置する「職種格付」の原案を示したのである[3]。

　制度の内容は新聞報道でしか知ることができず、その全容は不明確ではあるが、「職種」には「一級行政管理員」「二級農務員」「二級一般事務員」などがあり、各「等級」には、大まかな分類基準が示されている。たとえば4等級では「業務の目的と内容を理解すると共に関係法規及び手続等に習熟していることを必要とし又は専門技術的な分野を十分理解していることを必要とするやや複雑な業務を行う職務」および「複雑でかつ精密な機械の組立、調整、操作、自動車の運転等高度の熟練を必要とする技能作業に従事する職務」など、2等級では「課の長」「規模の大きい附属機関及び支分部局の長」「専門技術的な分野において責任ある事項を処理する職務」などである。

　これらの限定的な情報からも、この制度が日本政府で策定されていた職階制に強く影響を受けていることが分かる。とりわけ「職種」（日本の制度で言えば「職級」にあたる。新聞が誤って報じたのかもしれない）の名称が「○○員」となっているのは、1954年3月の職種の整理統合（統合後には、「○○職」という用語に変更された）以前の日本制度からの影響を匂わせる。

　この時点で、人事委員会が日本の制度にぴったり寄りそった制度を作ることができたのは、すでに日本政府から資料・文献の提供を受けていたためである。人事委員会は、たとえば1952年11月17日付で地方自治庁に対し、職階制や

---

1) 「政府職員の事務調査　人事委が乗り出す」沖タ 52.7.27、2。
2) 　人事主任は、琉公法第14条および1954年人事委員会規則3号に基づいて行政府・立法院・上訴裁判所に置かれる、人事に関する事務をつかさどり、人事委員会との連絡を担当する職員である。この人事主任と人事委員会事務局職員によって定例的に開かれることとされていたのが人事主任会議である。これは琉公法第15条と上記の規則を根拠にしていた（この時点では規則は未制定であるため、琉公法のみを根拠にしていた）。
3) 「新俸給実施に備え　「職種格付」人事委が原案作成」新報 53.3.25、2。

それに基づく新任用制度に関する参考資料の提供を要請し、12月18日付で提供を受けている[4]。また、12月6日には人事院にも人事行政関係資料の送付を依頼し、こちらも1953年1月8日付で受領している[5]。両者が提供した資料の中には、国家公務員・地方公務員双方の職階制に関する文献がふくまれていた。また人事院からは、『人事院月報』を今後発行のたびに送付する旨が伝えられている。

　上記の人事委員会原案は4月に至って若干修正され、職種は123、それを束ねた職群が27、そして等級は6となり、18日に各局に配布された[6]。ところが、20日に主席官房から出された「格付基準案」は、人事委員会の格付基準に基づいて作られたと謳いながら、部長、課長、主事、一般書記、統計官、通信士、タイピストといった職名をダイレクトに15の給与等級に結びつけるもの（たとえば部長は15級、課長は12から14級、タイピストは2から7級など）で、人事委員会が構想した「○級」という職級構造や、各職級に横串を刺す等級構造といったしくみを排除していたのである[7]。かくして、職階制の導入は先送りになった。

　次に来たのは、職階法の制定である。琉公法は、第5章に職階制に関する規定を置き、「政府は、職階制を採用し、立法でこれを定める」（第28条1項）とした。職階制を所掌する人事委員会は、「職階制に関する計画を立案し、職員の職を職務の種類及び複雑と責任の度に応じて分類整理しなければならない」（同2項）。この規定に基づき、職階制の基本法として定められたのが「琉球政府公務員の職階制に関する立法」（以下、職階法）であった。

　職階法は、琉公法施行からおよそ半年後となる1953年7月14日付の行政主席メッセージによって立法院に立法要請が行われ、17日の本会議で行法委に付託された。行法委では、7月28日、8月6日、8月11日の3回にわたって審議が行われている[8]。委員会には人事委員3名と人事委員会給与課長が出席

---

4) 琉政文書「試験関係書類 1953年 雑書」（R00154829B）に収録された、1952年12月18日付地方自治庁発人事委員会宛文書「参考資料の送付について」（自乙発第520号）を参照。
5) 同上琉政文書に収録された、1953年1月8日付人事院発人事委員会宛文書（人事院事務総局65-10）を参照。
6) 「新職種格付基準　五月中旬には実施」新報53.4.19、2。
7) 「政府職員給与段階はこれで　職務格付基準官房案成る」新報53.4.20、2。
8) 第2回立法院行政法務委員会会議録（223-231, 238-243, 251-254頁）を参照。委員会会議

し、法案の基本的説明が行われた後、審議が進められた。委員のうち、新垣金造（民主）、桃原亀郎（社大）、中村安太郎（人民）は時期尚早を訴え、与儀達敏（民主）と中江実孝（社大）、特に与儀は導入に前向きの姿勢を示したが、最終的には行政府案のまま第一読会の審議に付することが決定された。

立法案は8月31日に本会議に上程され、第一読会となる。まず行法委委員長で発議者となった新垣金造が、給与制度を合理化するための職階制という側面をもっぱら強調した趣旨説明を行った。これに対して前里秀栄（民主）が質問に立つが、「職階」を警察の「階級」と同一視して、琉球政府においては階級（あるいは職制段階）を簡素にせよという、「職階制」とは直接関わりのない議論を展開している。行法委で人事委員会からの説明を受けていた議員はともかく、前里をはじめとする多くの議員にとって「職階制」とは、聞き慣れない、未知の制度だったのであろう。だが、行法委で説明を受けていたはずの新垣の回答も、お世辞にも要領を得ているとは言い難かった。見かねた与儀が間に入り、職種と職務の責任度や複雑性によって碁盤の目のような縦と横の段階を作り、その段階によって同等な給与・地位を与えようという考え方が職階制であると、的確な補足説明を加えている。

さらに吉岡為良（民主）は、①職階制において個人の能力はどのように扱われるのか、すなわち、同じ職級の個人間に能力差があるにもかかわらず待遇が同じでは不満が生じるのではないか、②職階制において生活給的な考慮はどのように加えられるのか、という質問を投げかけた。これらは、回答に立った与儀が言うごとく、「職階制の本質上非常に重大な問題」であり、吉岡は職階制に関する基本的な知識を持っていたと言える。与儀はこれに対し、①その人の現に持つ能力とその人が属する職級に求められる能力の間の差は、昇任試験を通した能力の実証によって解消され、それに伴って待遇も改善される、②職階制では生活給は考慮できず、他の給与法や「社会立法」によってこれを保障する方法が考えられる、という「模範的」な回答を示した。第一読会はこの日のみで切り上げられ、法案は行法委に付託された。

行法委では、9月26日に審議が行われる[9]。冒頭で、第一読会前の審議では

　　録については第2章の注110を参照。
9）　第2回立法院行政法務委員会会議録（323-325頁）。

反対の姿勢を示していた新垣が、「奄美大島の日本復帰……前に早くこれを立法化してあまた琉球政府の奄美出身の公務員が復帰したときに困らない様に」と賛成に転じ、与儀や、以前の審議では（発言が記録されていなかったために）態度が分からなかった勝美代治（民主）は、職員の採用を合理化できるとして職階制導入を擁護した。一方、桃原は態度を変えず、「〔日本の〕各府県では未だ完全には実施され〔てい〕ないときいている。日本でも相当問題になっているそうです。琉球の現段階においては……時機尚早である」として反対論を展開し、中村もこれに続いたが、結局反対論は「少数」として、法案は第二読会に送られることになった。29日の第二読会で新垣は、「〔行法委の〕多数の御意見は、日本の……職階制に関する法律と同一の内容を持つものであるが故に、何等これが適用については時期を失するものでなく、従って時期尚早ではない」[10]というものであったと報告している。第二読会では結局、質疑がまったく上がらず、その場で第三読会の省略が議決され、職階法案は全会一致であっけなく可決された。そして10月26日、職階法は主席の署名により立法67号として公布・施行されたのである。なお、成立した立法が年ごと・立法番号順に整理され、それに関して琉球政府との間で行われたやりとりが合わせてファイルされているUSCAR行政法務局文書「Legislative Acts」において、職階法は英語版の条文が掲載されているのみで、法案に対してUSCARが何らかのコメントを加えたような文書は付されていない[11]。

職階法の制定を受け、人事委員会内で検討が再開されたのは、12月に入ってからである。総務課長の池宮城秀俊と主事の大城保幸が、17日から26日までの日程で人事院と東京都人事委員会に派遣されて研修を受け[12]、これと並行して行政事務部局組織法（1953年立法9）[13]やそれに基づいて制定された各局の組織規則、米国および日本の職階制に関する資料・専門書・文献などが収集された。

---

10) 第3回立法院本会議（1953年9月29日、会議録49号）。
11) USCAR文書「Legislative Acts, 1953: Act Nos.66-78」（USCAR08712）。
12) この日本派遣については、人事委員会委員長発琉球政府駐日代表事務所長宛文書（1953年12月4日）および、人事委員会委員長発人事院事務総長宛文書「職員の派遣について」（1953年12月12日）に記されている。いずれの文書も、前掲琉政文書（R00154829B）に収録。
13) 1953年4月1日にこの立法が施行されるまでのちょうど1年間、琉球政府の各局の設置根拠は、臨時中央政府時代に立法として制定された各局ごとの設置法に置かれていた。

表 4-1　琉球政府の職階制立案作業の推移（1954 年）

3 月 26 日	組織に関する資料提供について各局宛依頼
	組織図／機能図／職員図
	事業費支弁職員／非常勤職員／交替制勤務職員の職名別人員表
4 月 20 日	組織に関する資料の提出期限
4 月 28 日	職級明細書の審議開始
4 月 29 日	人事委員会規則・細則・指令・要綱案の審議
4 月 30 日	人事委員会規則・細則・指令・要綱案の決定
5 月 1 日	人事委員会規則・細則などの公報掲載手続
5 月 2 日	資料による仮格付案の作成
5 月 4 日	人事委員会規則（4・5 号）および細則（2・3 号）制定
5 月 7 日	混合職位の指定
	人事主任会議（給与に関する一般的説明及び質疑応答、規則・細則の説明）
5 月 8 日	人事主任会議（混合職位の指定についての説明、規則・細則の説明）
5 月 10 日	人事主任会議（格付業務実施要項の説明、懇談・質疑応答）
5 月 12 日	職務記述書収集者の指名（各局総務課長宛）
5 月 28 日	職務記述書（本庁分）提出期限
6 月 5 日	職務記述書（地方庁分）提出期限
6 月 8 日	職務記述書（廳庁分）提出期限
6 月 19 日	職級明細書　最終決定
6 月 22 日	人事委員会規則（6 号）制定
6 月 23 日	職員名簿の提出を依頼（警察・文教・法務各局長宛）
6 月 25 日	職級明細書公示
6 月 26 日	職階制実施に関する人事委員会発表
	格付作業開始
7 月 1 日	職階制実施
8 月 21 日	全職位の格付完了
9 月 15 日	任命権者宛の格付通知完了（格付の効力は 7 月 1 日に遡及）

（出典）琉球政府人事委員会事務局給与課編『職階制度の変遷』をもとに筆者作成。

　具体的な立案作業は、池宮城と大城の帰琉後に本格化する。琉政文書には、1954 年 1 月と表示された、人事委員会給与課の「職種設定参考資料」[14]があり、この段階で、日本の中央政府や都道府県の職階制を参考にして、職種を設定する作業が行われていたことになる。ちなみに、1 月 30 日付の「本土各県案との職種対比表」[15]では、琉球政府の職種は 40 となっていた。

　これ以降の作業の進展については、表 4-1 を見ながら概観していこう。

　3 月 26 日、人事委員会は各局に対して、組織・機構に関する文書の提出を依頼した。具体的には、①局内の組織図、②組織図に各課・係などの所掌事務

---

14)　琉政文書「職階制制定基準表 1954 年 5 月 1 日」（R00162166B）に収録。
15)　同上。

を記入した機能図、③組織図に職員の職名と氏名を記入した職員図、④非常勤職員・⑤事業費支弁職員・⑥交替制勤務職員の名簿という六つの文書の提供が求められた。

　これ以降、職階制立案作業は一気に加速する。上記の諸文書の提出期限は 4 月 20 日であったが、そのおよそ 1 週間後の 28 日から、職級明細書の審議が開始される。これは、当日から職級の設定や明細書の作成が開始された、という意味ではないだろう。わずか 4 日後の 5 月 2 日には、「職級明細書の不備」や「格付について、不適当な点はないか」をチェックするため[16]に、各部局が提出した資料に基づいて試験的な仮格付が行われており、この時点で職級とそれぞれの明細書がある程度の形をなしていたと考えるのが自然だからである。おそらく、1 月段階での職種設定作業の後、2～3 月中に作業が行われていたのだろう。

　4 月 29 日には、人事委員会規則・細則（以下本章では、単に規則・細則という）などの審議が開始された。これらは日本の人事院規則などをほぼそのまま利用したものであるため、実質的な手間はほとんどかからなかったはずである。実際、翌 30 日には委員会内で決定がなされ、5 月 4 日には制定に至った（同日付で公報に掲載）。

　続いて、5 月 7 日・8 日・10 日の 3 日間にわたり、人事主任会議（各局人事担当者も出席）が開催された。この場では、給与に関する一般的説明、職階法や関連規則・細則などの説明、格付業務の実施方法についての説明などが行われたが、先の仮格付の結果も提示され、各局との事前調整がなされた模様である。12 日には、各局総務課長を職務記述書の記入指導・収集を行う責任者に指名し、職務記述書の回収期限を本庁は 28 日、地方庁は 6 月 5 日、廨庁[17]は 6 月 8 日と定める文書が人事委員会から発せられた。この際、各局次長・警察官・刑務官・教育職員については、職名や階級によって格付が行えるとの判断から職務記述書の提出が免除され、その代わり、6 月 23 日付で警察局・法務局・文教局に対して職員名簿の提出が求められた。

---

16)　琉球政府人事委員会事務局給与課編『職階制度の変遷』（以下本章では『変遷』）1969 年、12 頁。
17)　ここで言う「廨庁」とは、行政事務部局組織法によって設置された各局の附属機関と支分部局のことを指していると見られる。

職級明細書は、6月19日に最終決定され、22日に制定された規則6号が定める手続きにしたがって、6月25日に公示された。この明細書は「実施をいそぐあまり、充分検討がなされず……不備な点があった」[18]というが、ともあれこれを受けて、翌日から正式に格付作業が開始される。およそ2ヵ月後の8月21日に全機関・全職位の格付が完了し、9月15日には任命権者宛の格付通知も完了した。

　上記のように格付作業は9月中旬まで継続されていたが、職階制は7月1日をもって「実施」とされた。これは、格付の発効が7月1日に遡及されたことによる。この「7月からの実施」をめぐり、5月の初旬から下旬にかけて、人事委員会と行政府の間に一悶着あったことを付言しておきたい。その端緒は、職階制の格付により、現給を下回ることになってしまう職員が過半数に上るのではないかとの見通しが示されたことであった。そもそも人事委員会は、このことを見通した上で、職階制の実施と俸給表の増額改定を同時に実施する給与勧告を行っていたのだが、予算の都合で、増額の幅が勧告よりも小さくなってしまったのである[19]。そこで行政府では、次の臨時議会で勧告に沿った増額を行うまで、職階制の実施を保留しようという案が台頭、これが5月6日の局長会議で決定されるまでに至った[20]。これに対し人事委員会は7月実施の姿勢を崩さず、結局行政府は、勧告よりは低く、当初案よりは高い増額改定を行うことにして、7月実施を受け入れたのである[21]。なお、後日談であるが、職階制実施による格付後、やはり約800人が減俸になる見通しとなり、これを「いろいろの技術的操作」で現給にとどめる努力が行われた結果、減俸者は行政府では73人（減俸者が出なかったのは会計検査委員会と宮古地方庁のみ）[22]、政府全体では約200人となった[23]。

　以上が、職階制の立案から実施に至る過程であった。なお、人事委員会によれば、「職階制は、米国において発展した制度でもあるので、民政府〔＝US-

---

18) 『変遷』11頁。
19) 「七月実施の既定方針変えぬ　職階制で人事委態度表明」新報 54.5.8、2。
20) 「職階制実施 "待った"」新報 54.5.7夕、1。
21) 「政府増俸問題結論へ　七月実施の方針で立法準備」新報 54.5.24、2。
22) 「悲喜交々の職階制実施　七百円の減給も出る」沖タ 54.11.5、2。
23) 「新給与発令　減俸組200名も」沖タ 54.10.28、2。

CAR〕の係官の指導を受け」た[24]という。しかし、職階制の内容が徹頭徹尾日本的なものであった（詳細は次項で紹介）ことを考えると、USCAR がこの制度の導入に指導的な役割を果たしたとは到底考えにくい。また、人事委員会は USCAR から職階制の早期導入に対する強い要求を受けており[25]、「速やかに実施しないと布令で制定する外はない旨告げられ」たことが職階法制定のきっかけとなった[26]という証言もあるが、USCAR は少なくとも職階制の具体的な制度設計については、それほど強い関心を持っていなかったとは言えるであろう。

2. 職階制の内容

琉球政府の職階制はどのような制度になっていたのだろうか。手がかりとして、まず職階法の中身を見てみると、その構成から条文の細部に至るまで、日本の「国家公務員の職階制に関する法律」（昭25法180：以下、日本職階法）にほぼ完全に準拠したものであることがわかる。明らかに異なっているのは、日本職階法が「官職」という用語を使うのに対して、職階法では「職位」という用語を採用している（第3条1号）こと、職種の決定を立法院（日本で言えば国会）に提出する義務が定められていないこと、日本職階法では第15条にある罰則規定が存在しないことくらいである。さらに、職階法に基づいて1954年に定められた三つの規則（規則4号「格付の権限及び手続」、規則5号「職務調査」、規則6号「職種及び職級の決定及び公表」）と二つの細則（細則2号「格付の手続に関する細則」、細則3号「職務記述書の様式及び記入要領に関する細則」）も、同名の人事院規則および細則にほぼ準拠している。

基本法が日本のそれに準拠しているため当然のことであるが、琉球政府の職階制も、日本の職階制とまったく同様に、職務をその種類によって「職種」に分類し、さらにそれを複雑性・責任の度合いによって横に分割して、職務分類の最小単位たる「職級」とし、そこに個々の「職位」を格付するというしくみになっている。1954年6月に職級明細書が最初に公示された時点では、職種

---

24) 『変遷』3頁。
25) 同上、2頁。
26) 沖縄県人事委員会事務局編『人事委員会史（40周年記念史）』1992年、9-10頁。

職種数　　　　　　　　　　　　　　　　　　　　　　　　　職級数

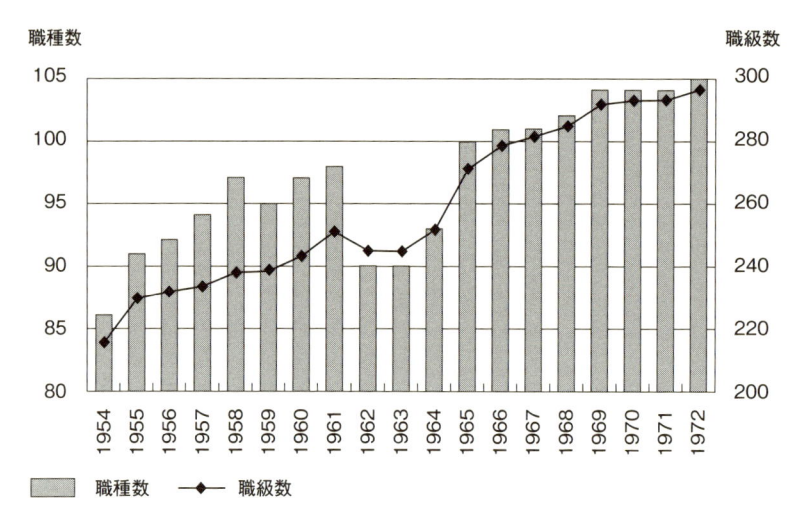

図4-1　職種・職級数の変遷
(出典) 琉球政府人事委員会事務局給与課作成の「職種職級数の変遷一覧表」(琉政文書「職階制の概況及び格付関係件数調 1954年以降」(R00155890B) に収録) および『変遷』をもとに、筆者作成。

は85、職級は212であったが、52回におよぶ改定(うち職種・職級数の変動を伴わないもの15回)の結果、「復帰」時点では職種105、職級297にまで増加していた。図4-1に、各年末における職種・職級数の変動を示した。

1962年の職種数の急激な減少は、1961年8月に施行された「郵政事業に勤務する職員の給与等に関する特例法」(立法105)の第7条によって、郵政事業に従事する一般職の職員が職階制の適用除外となり、郵政関係の職種が一斉に廃止されたことに起因する。一方、1965年の職種・職級数の目立った増加は、試験研究機関に勤務する研究職員について、農業・林業・水産・畜産・工業・衛生の各研究職と、研究補助職が新設されたことによる。これらの大きな増減を除けば、職階制実施から「復帰」に至るまで、職種・職級ともに漸増傾向にあったことが読み取れる。これは、一度設定された職種が、「整理」という名のもとに削減されていった日本の中央政府や青森県弘前市[27]とは対照的であり、琉球政府の職階制が、少なくとも見捨てられずに運用され続けていたことを示唆するものと言えるだろう。

---

27) 弘前市の職階制については、川手摂「自治体職階制の誕生と消滅——弘前市を中心に」『都市問題』97巻10号、2006年を参照。

参考に、日本の国家公務員および地方公務員の職階制における職種・職級構成を見ておく。まず、国家公務員の職階制では、公示された職種の最大数は449（1952年1月現在）にものぼり、二次にわたる大規模な職種の統合整理が行われた後の同年5月においても、依然271を数えていた。しかし、1953年の3月末時点では172、1954年3月末には128と、段階的に大幅な削減が行われ、最終的には1954年6月30日に126となった。

　自治体ではどうだろうか。東京都[28]は、1951年8月に職員への面接による職務調査を行い、職種数255の職階制案を作成している。これは、国家公務員の職階制に匹敵するような多職種型である。しかし、以後調査が進められるごとに職種数は減少し、4年後の1955年11月に作成された「職階制に関する計画」では、58にまで減少している。だが、これでも都道府県のものとしては職種数の多い方で、地方自治庁が全国の都道府県のモデルとするべく、茨城県と共同で作成した1952年6月の職階制試案では、職種はわずかに22である。前項でも紹介した人事委員会作成の「本土各県案との職種対比表」[29]によれば、この表に挙げられている県の中で、職種が最も多いのは福岡の31、次に長崎の29であり、最少は鹿児島・宮崎の22となっている。また、広域自治体ではないが、弘前市が1952年から全国に先駆けて実施した職階制では、制定時において職種20、職級64となっていた。

　以上と比較してみると、琉球政府の職階制の職種構成は、日本の都道府県で構想されていたものほど簡素なものではなく、中央政府の当初のものほど多職種でもない。琉球政府の職種は、制定過程においては府県のものを参考にした様子もあったが（前述の1954年1月時点における40職種案）、最終的には、その職種構成や職級明細書の規定ぶり（後述）などから推察するに、日本の中央政府の第四次統合（1954年3月31日公示）時点の128職種を参考にし、不要な職種を取り除いて決定されたと見ることができる。

---

28)　東京都の職階制立案作業については、琉政文書「職階に関する書類 1953年～1958年 02」（R00155921B）に収録された文書「職階制について（昭和34年1月10日）」を参照。
29)　前掲琉政文書（R00162166B）に収録。

3. 職階制実施の要因

　続いて、日本では挫折した職階制が、なぜ琉球政府では実施にこぎつけられたのかについて考えてみたい。そのためにはまず、これまで特に説明せずに使ってきた〈職階制の「実施」〉という言葉が何を意味するのかを明確に定義しておく必要がある。その際に手がかりになるのは、日本において、職階制立案の名のもとに何がどこまで行われたのか、そして、何が行われなかったことをもって、実施に至らなかったとみなされているのかを考えてみることだろう。

　日本で「職階制」と訳出された元の英語は、position classification である。したがって、その本質とはまず、position＝仕事上の位置を classification＝分類するための「単位」と「基準」の作成であると言えよう。日本の中央政府においては、職種と職級の設定が行われ、職級明細書が公示されているのであるから、分類単位・基準の作成は行われたのだと言ってよい。したがって、日本で職階制が「未実施」というのであれば、この段階のみをもって職階制の「実施」とは言わない、と考えなければならない。

　分類単位・基準が完成した後に行われるのは、格付、すなわち、現に組織を構成している職位の職務内容を分類基準と照らし合わせ、当該職位がどの分類単位に属するのかを決定する作業である。日本の中央政府では、格付権限の大部分が各省に委任され、なし崩し的に行われないまま放置されるに至った。ここで、分類単位・基準の作成から格付までを含めて「職務分類」と呼ぶことにすれば、日本では職務分類が完了しなかったのに対し、琉球政府では、全職位の格付まで含めて職務分類が完了したということになる。さしあたり本項では、このレベルにおいて、琉球政府では職階制が実施に至（り、日本では実施に至らなか）った、と考えて議論を進めることとしたい。

　琉球政府において職階制が実施されるに至った第一の要因として考え得るのは、組織規模の小ささであろう。職階制が立案・実施された1954年時点における琉球政府の管轄圏域は、(1953年12月に奄美群島が日本に「復帰」していたため）戦前の沖縄県と一致する。そのため、日本の中央政府で格付対象になる官職はおよそ80万と言われていた[30]のに対し、琉球政府で制度開始時に

---

30) 人事院編『人事行政二十年の歩み』1968年、74頁。

格付された職位の総数は6,379であった[31]。したがって琉球政府では、職階制を立案・実施するための事務量が圧倒的に少なかったことが容易に想像できる。このことが職階制の実施を円滑にする方向に働いた可能性は高い。

　しかし、この説明だけに頼るのは甚だ心許ない。職階制実施の成否の要因をもっぱら組織規模（に連動する技術的困難や手間暇の度合い）に求めるのならば、日本の自治体において職階制がほとんど実施されなかったという事実が説明できないからである。そこで第二に、過程論的な要因を考えてみよう。日本においては、戦前世代の高文官吏という「抵抗勢力」が存在し、これが舶来の職階制と人事院に敵意を燃やしていた。彼らは、職階制の導入によって、自分たちが綿々と行ってきた、入口の試験で選別された幹部候補を横並びで自動的に昇進させるような人事管理ができなくなることを嫌った。そこで、職階制の立案作業に頑強に抵抗しながら、給与制度によって職階制を代替する巧妙な仕掛けを生み出し、職階制を無力化することに成功したのである。これに対して琉球政府には、戦前からの人事管理のしくみを保守しようとする「抵抗勢力」は存在しなかった。戦前の沖縄県の高等官の大部分は「本土」出身者であり、戦中・戦後には多くが「本土」へと引き揚げていったためである。確かにこれも一つの要因ではあり得よう。しかし、これだけに頼れば、やはり日本の自治体における未実施を説明できない。

　琉日の連続性の観点からの説明も可能である。琉球政府の公務員制度は、前章までで見たとおり、その基本法である琉公法が日本の国家／地方公務員法をベースにしているなど、日本化の志向が明らかであった。したがって、日本で導入されていた（そして、「日本的」な琉公法が法制上当然に要請していた）職階制と同じものを琉球政府にも導入するという発想は、自然なものであったと言える。そのような発想が実際に展開されていたことは、立法院における職階法の審議過程を見た箇所で、すでに紹介した。これに加え、日本化の要請から派生する、日本の制度の全面的な採用という方針は、職階制の実施に至るまでの作業をきわめて容易にしたと言える。

　だが、この説明にも疑問は残る。すでに述べたように、職階制立案作業の開

---

31)　『変遷』52頁。

始に先立って、人事委員会の職員2名が日本へ視察に訪れたのは1953年12月下旬であった。この頃すでに、人事院では職階制関連の業務はほとんど行われていなかった[32]。職階制に基づく新任用制度（1952年5月制定の人事院規則8-12）と給与準則（1953年7月に人事院勧告とともに国会と内閣に提出）は店晒しにされ、各省庁に委任された格付業務は完全に停滞するなど、職階制の「挫折」は明らかであった。また、自治体に関しても、きわめてわずかな例外を除き、導入は完全に棚上げという状態にあった。二人が訪れた東京都もその例外ではない。つまり二人は、日本の職階制の「現実」を見ていたと考えるのが自然であろう。それならば、いくら制度の日本化が志向されていたからといって、いや、むしろされていたからこそ、職階制を琉球政府にも導入するというインセンティヴは働かなかったはずである。現に、日本の自治体で職階制が実施に至らなかったのは、自治庁が国家公務員の職階制の評判の悪さを気にして導入に消極的となった上に、自治体の側にも積極的になる理由が存しなかったためであると言われる[33]。とすれば、同じように日本の中央政府の制度動向を強く意識していた琉球政府が、職階制の導入に二の足を踏んでも、なんら不思議ではなかったと言える。

　以上すべてを踏まえると、やはり導入を求めるUSCARからの圧力の影響を大きく評価する必要があるように思われる。すでに述べたように、USCARは琉球政府に職階制を導入するよう指示をしており、琉球人自らの手で立案をしないのならば布令によって実施する、とまで言って圧力をかけたとされる。そのような状況に至り、米国式の職務分類制、あるいは琉公令のごとく、日本式ではあるが不備の多い——よって運用上の労苦が大いに予想される——職階制を強制的に導入されてしまうよりは、自分たちの手で日本のものに準拠した職階制を導入したほうがよいという判断がなされたのではないか。一方USCARの側では、職階制それ自体というよりは、次節で言及するように、職務給原則の確立を重視していた。そのため、職務給原則を担保できるのであれば、日本の制度に準拠した職階制が導入されたとしても意に介するところではなかったし、むしろ、米国式の制度を「押しつける」ことで発生する混乱や反発を避け

---

32) 人事院給与局職階課『職階制業務史』1954年、118-122頁。
33) 三宅太郎『行政学と行政管理』酒井書店、1974年、169頁。

られるという意味で、統治政策上も都合がよいと判断された。以上の結果として、日本の制度に完全に準拠した職階制が受け入れられたのだと考えられるのである。

かくして、琉球政府の職階制は実施に至った。しかし、さらに言えば、実施に至った後に、それを形骸化させることも可能だったはずである。この点について考えるためには、琉球政府の職階制が、実際にはどのように運用されていたのかを精査する必要があるだろう。それについては第3節で取り組むことにして、次節では琉球政府の給与制度について、職階制との関係を意識しながら論じていくことにしたい。

第2節　琉球政府の給与制度と職階制

前節でみたような経緯をたどって実施に至った琉球政府の職階制は、給与制度の形にも影響を与えた。そこで本節では、琉球政府の給与制度のしくみと変遷を、職階制との関係にも目を配りながら論じる。

琉球政府の給与制度の歴史は、公務員の給与について定めた制定法が不在のまま幕を開けた。琉公令第87条は、職階制及び給与準則が設定されるまで、USCAR の指令によって給与を定めることとしており、これに基づいて、暫定措置たる「俸給率」（指令7号、52年4月1日）が発出されたのである。この指令による俸給表は、基本的に改正布令7号を踏襲したもので、第1号表（基本表で、第2号表を適用される以外の職員に適用）・第2号表（沖縄群島に勤務する職員に適用）と二つに分けられ、それぞれの表が「庶務、財政、会計書記、専門職業家、半専門職業家及人民の生命財産を保護する」（第6項1）職員に適用される月給制と、「機械工、煉瓦工、大工及其の他之に類似の職業」や「特殊の技術と智識を要する職業」（同項2）に従事する職員に適用される時給制の二つに分類されていた。この俸給表に対し、「格付表」[34]によって職制・職名と給与の級が対応づけられ、運用されていたようである。実際、新聞では、

---

34) 1953年4月の機構改革に備えて執筆されたと思われる（次長制導入による格付の変化などについて記されている）、格付表について解説した文章が、琉政文書「職階制定作業関係調査簿」（R00155891B）に収録されている。ただし、ここには格付表本体が付されておらず、それは琉政文書「給与関係 1950年～1957年」（R00156060B）に収録されている。

1952年4月14日の局長会議において、職階制が実施されるまでの暫定措置として、15の給与等級に職員を職名ごとに幅をもたせてあてはめる「俸給格付表」が決定され[35]、5月頭からの人事課の休日返上での作業により、全職員の格付が行われ、7日から発令された[36]ことが報じられている。この時の「俸給格付表」は、おそらく、先述した1953年4月行政府作成の「格付基準案」の成案に取って代わられたであろう。

　立法院による制定法として、「一般職の職員の給与に関する立法」が公布されたのは、琉球政府設立から1年1ヵ月が経過した、1953年5月5日のことである（5月1日に遡及して施行）[37]。給与法は、15級建て（1957年7月の改正により16級建てに変更）の一般職俸給表と、検事俸給表という二つの俸給表を設定した（1954年10月に、検事については独立の「検察官の給与等に関する立法」が制定された）。給与法の制定を受け、5月11日には、給与制度を運用するための「初任給、昇格、昇給等の基準」（規則2、以下本節においては53年規則）と、「初任給、昇格、昇給等の実施細則」（細則1、以下本節においては53年細則）が制定される。これらは、日本の15級制下の制度（具体的には、1951年に制定された同名の人事院規則9-8および人事院細則9-8-2）を全面的に参考にしたもので、筆者の概念を使えば「給与法体制」の特徴を示すものであった[38]。

　給与法体制とは、端的に言えば、給与制度が「公務員給与の決定と支給」という本来の役割を逸脱し、職階制に代わって職務分類を行い、任用制度の運営上の基準を提供するようになった状態を示している。具体的には、①職階制が職務分析に基づく科学的で厳格な職務分類を行うのに対して、俸給表（の種類および等級）と職名による雑駁な職務分類が行われ、この給与制度上の分類が力を持つために、②「昇格」（俸給表上で上位の級に移動すること）という給与上の概念が、「昇任」（より責任の度が大きい職位に任用されること、基本的

---

35) 「政府職員の俸給格付表決る」沖タ52.4.16、2。
36) 「俸給査定おわる」沖タ52.5.7、2。
37) なお、同日に立法23号として「特別職の職員の給与に関する立法」も制定されている。琉球政府では、主席以下、副主席、官房長、局長までが特別職とされていた（琉公法第2条3項）。しかし、日本と同じように、一般給与法に比べて条文もしくみも単純だった特別職給与法には、俸給額の変動以外に論点はないと言ってよい。
38) 川手摂『戦後日本の公務員制度史』岩波書店、2005年、33-34頁。

表 4-2　事務職員級別資格基準表（1953 年細則別表第三）

	1級	2級	3級	4級	5級	6級	7級	8級	9級	10級	11級	12級	13級	14級
大卒								2	3	3	3	4	4	4
							0-2	2-5	5-8	8-11	11-15	15-19	19-23	23-
高専卒						2	2	2	3	3	3	4	4	4
					0-2	2-4	4-6	6-9	9-12	12-15	15-19	19-23	23-27	27-
甲中卒				2	2	2	2	2	3	3	3	4	4	4
			0-2	2-4	4-6	6-8	8-10	10-13	13-16	16-19	19-23	23-27	27-31	31-
乙中卒			2	2	2	2	2	2	3	3	3	4	4	4
		0-2	2-4	4-6	6-8	8-10	10-12	12-15	15-18	18-21	21-25	25-29	29-33	33-
高小卒		1	2	2	2	2	2	2	3	3	3	4	4	4
	0-1	1-3	3-5	5-7	7-9	9-11	11-13	13-16	16-19	19-22	22-26	26-30	30-34	34-

注：上段は昇格に必要な在級年数、下段は経験年数（1-3 は「1 年以上 3 年未満」を表す）。

には職級の上昇を意味する）という任用上の概念や、「昇進」（上位のポストに登用されること）という人事処遇上の概念を取り込み、それによって、③「昇任」・「昇進」の基準が、職位の職務を遂行するために必要な能力の有無から、「昇格」に必要な学歴／採用試験区分と経験年数／在級年数へとすり替えられるのである。

　1953 年時点の琉球政府においては、先に述べたように、職務の級と職制・職名を対応づける「格付表」が作成・運用されていた。これは、名称こそ違うものの、日本の「級別標準職務表」と類似の装置である。俸給表は 2 本しかなかったため、縦の分類は弱かったものの、給与等級による雑駁な横の分類枠と分類基準は存在していたことになる。また、53 年規則は第 4 条 1 ～ 3 項で、昇格に必要な在級年数を大まかに示しており、これをさらに詳細にしたものとして、53 年細則は職種別に細分化された 17 の級別資格基準表（表 4-2 はそのうちの「事務職員級別資格基準表」）を設定している。級別資格基準表は、昇格に必要な資格要件を学歴と在級年数／経験年数で示す、給与法体制の基本装置である。琉球政府は、この日本製の装置を「輸入」していたのである。

　さらに 53 年細則で興味深いのは、五つの初任給基準表を掲げる中に、「正規の試験採用職員初任給基準表」なるものと、「普通採用職員初任給基準表」なるものが存在していることである。ここでは、「正規の試験採用」でない採用が「普通採用」とみなされているのであり、すでに前章で論じたが、この時期の琉球政府において、試験採用がどのような位置づけを与えられていたかが暗

表4-3 給料表適用職級表（1954年規則別表第一、抄）

	一般行政管理職	一般事務職	翻訳職	土木職	自動車運転職	溶接職	警察職	郵政現業業務職
15級	1						1	
14級	2			1			2	
13級								
12級								
11級		1	1	2			3	
10級								
9級							4	
8級		2	2	3				1
7級							5	
6級					1	1		
5級		3		4			6	
4級								2
3級								
2級						2		
1級								

注：表中の数字は職級の級数を表す。

示されていると言えよう。

　前述のとおり、1953年10月には職階法が施行されたが、人事委員会による立案作業を経て、職階制が実施されたのは1954年7月となった。したがって、給与制度が職階制の影響を受けて変更されたのもやや遅く、1954年10月26日の「初任給、昇給、異動等の基準」（規則8、以下本節においては54年規則）と「昇給に関する実施細則」（細則4、以下本節においては54年細則）によってである。まずは、その名称に注目したい。53年規則の「昇格」が、54年規則では「異動」と改められ、53年細則の名称にあった「昇格」も、54年規則では取り除かれている。すなわち、職階制の実施に伴い、給与制度上の概念である「昇格」が消え、任用制度上の概念としての「異動」（昇任と降任を含む）が採用されたのである。給与制度上の昇格概念が任用制度上の昇任概念を取り込むというのが、給与法体制の特徴の一つであるから、これは、少なくともフォーマル制度上における、給与法体制からの脱却を意味していた。

　また、54年規則では、表4-3のような「給料表適用職級表」（以下、職級表）という日本の制度にはない（というよりは、職階制の未実施によって必要とさ

表 4-4　級別資格基準表（1954 年細則別表第一）

	1級	2級	3級	4級	5級	6級	7級	8級	9級	10級	11級	12級	13級	14級
在級年数	−	1	2	2	2	2	2.6	2.6	2.6	1	3	3.9	4	4

注：いずれの数字も、当該級に昇格するために必要な、一つ下の級における在級年数。なお、小数点以下は月数を表す。

れなかったために陽の目を見なかった）新しい装置が導入されるという変化も見られた。

　職級表は、職級と給与等級を結び付けるための装置である。たとえば一般事務職ならば、一級一般事務職は給料表（1954 年 10 月の給与法改正によって、それまでの俸給表という名称が給料表に改められた）の 10 〜 12 級に、二級一般事務職は 6 〜 9 級に、三級一般事務職は 4 〜 5 級に当てはめられるということになる。職級を示すひとつひとつのマス目を、規則では「職務の級の巾」と呼んでいる。なお、1955 年 11 月 10 日に改正された規則（規則 2）では、それまで 1 表しかなかった職級表が、類似の職種をまとめて 6 表に分割された（これは、後述する、USCAR に拒否された給与法改正案の俸給表の種類に対応している）。この職級表によって給与等級の決定の基準が明示されたため、それまでその基準を職名によって示していた「格付表」は、理屈の上では不要のものとなった。

　ただ、級別資格基準表は、昇格の概念とともに 54 年細則に残された。職階制実施下でもこれが存続したのは、上に述べたように、給与等級が職級に対し、一対一ではなく、一定の幅をもって対応させられていたことに起因する。すなわち、職階制実施下における給与制度上の「昇格」とは、職級に対応づけられた「職務の級の巾」の中における上位級への移動を意味することになったのである。こうして、昇格と昇任は概念上分離した。そして、昇格という概念が残っている以上、昇格の基準年限を定める級別資格基準表も併せて生き残ったが、その中身は、表 4-4 のようにきわめて簡素なものとなったのである。

　1961 年 7 月 26 日には、一般職給与法が改正され、琉球政府における最初で最後とも言える給与制度の大改革が行われた。すなわち、これまで 1 表しかなかった給料表が、行政職関係（一）（二）[39]、税務職関係、公安職関係（一）（二）、教育職関係（一）（二）、医療職関係、技能労務職関係、現業企業職関係という、7 種 10 表の給料表に改められたのである。

この大改革にあわせ、給与法公布と同日には、「初任給、昇給、昇任等の基準」（規則9）と「初任給、昇給、昇任等の実施細則」（細則1）という新しい規則が導入された。給与等級が従前の16から、たとえば行政職関係給料表（一）では5へと大幅に削減され、新しい職級表において、給与等級と職級は一対一対応するに至った。というよりは、適用が想定される職種の職級構成にあわせて、各給料表の給与等級数を決定したのであろう（たとえば行政職（一）なら、一般行政管理職2職級、一般事務職3職級に対応して、5給与等級）。かくして同一職級内での給与等級の移動がなくなったことにより、昇格概念は消滅し、細則に置かれていた級別資格基準表も廃止となった。ここにおいて、給与法体制の特徴を示す装置は、昇格が昇任を取り込むという事態ともども、琉球政府の公務員制度上から姿を消し、この規則は、給与額決定の原則を定める機能のみを持つ、純粋な給与制度となったのである（ただし、話がこれで終わりではなかったことは、次節で詳述する）。

　ところで、このような複数の給料表を立てる給与制度を導入する試みは、実に1954年の職階制立案時から始まっていた。琉政文書には、1954年5月1日という日付の人事委員会作成資料「職階制制定基準表」がある。ここでは、行政職・技能労務職・医療職・公安職・教育職・現業企業職の六つの給料表（行政職5等級）が想定され、給料表の等級と各職種の職級を対照させた「給料表別職種別等級別職級表」が作成されていた。この表では、給与等級と職級は完全に一対一対応となっている。すなわち、1961年に成立した給与制度の原型は、すでにこの時に完成していたのである。

　しかし、これをもとに作成されたと思われる一般職給与法案の提出を受けたUSCARは、6月25日付の主席宛文書[40]で、「数本建てにすることにより給料表を不必要に複雑化」することは望ましくなく、「給料表は二本建て（事務職及び非事務職）以下」にするべきだとして、この案を斥けている。そのため職

---

39) 行政職関係給料表（二）は、1961年当初は速記、裁判所書記のみに適用されるものであったが、その後、順次適用範囲が拡大し、1972年時点では、法制職・気象職・行政監察職・農業土木職・船舶検査職など、雑多な24の職種に適用されるものとなっていた。したがって、日本の中央政府で言えば、1985年に導入された専門行政俸給表に近いものであり、日本の行政職俸給表（二）に近いのは技能労務職関係給料表ということになる。
40) 前掲琉政文書（R00156060B）に収録。

階制実施後も、一般職給料表 1 本の給与制度が存続することとなった。「事務職及び非事務職」の 2 本建ての給料表というのは、第 1 章で見た米国式の給与制度を連想させるもので、USCAR が自分たちに馴染みのある制度を念頭に置いていた様がうかがえる。

琉球政府は 1957 年にも、給料表 1 本の給与制度を改めようと立法案を作成している。立法院における一般職給与法改正法案の第一読会（7 月 12 日）で法案の趣旨説明を行った星克は、人事委員会の当初案では給料表を 6 本建てにする予定であったが、「昨年から再三再四、民政府〔USCAR〕との調整に力を入れたけれども、……一本建にせよといって突っぱってしょうがな」かったのだと述べている[41]。

この間の経緯については、琉政文書から明らかになる。1957 年 4 月 8 日付「一般職の職員の給与に関する立法の一部改正に関する立法参考案」（官人第 378 号）[42]によれば、人事委員会が企図した改定案は、1954 年時と同じく行政職関係、技能・労務職関係、医療職関係、公安職関係、教育職関係、現業職関係の 6 本建てに変更し、さらに、第 4 条に「給料表に定める等級は、職階制に適合して定められた給料の区分であ」るという文言を挿入するものであった。

給料表の複数化は、「職階制によって定められた職種を職務の関連性を基とし、勤務条件の類似性をも考慮に入れて、数個の集団に分類整理し、ついで、それぞれの集団において職務の複雑と責任の度合のほぼ等しい職級をもって等級を設定」[43]することによって行われた。これは、日本の職階制立案過程において、等級設定作業の産物として複数の等級表が生まれ、それがそのまま俸給表になっていったという経緯をなぞっている。

以上のような改正の必要性について人事委員会が示した理由は、15 級 1 本の給料表が「職階制による職務と責任に応じた職位の区分に適合しない点が多々あり、また職務の特性に十分応じえないこともあるので、職務と責任に応じた職位の区分に適合するように」したい、というものであった。つまり、職階制による職位の区分＝職級の数に照らして 15 という級数が多すぎる点を是

---

41) 第 10 回立法院本会議（1957 年 7 月 12 日、会議録 25 号）。
42) 琉政文書「給与に関する書類 雑書 1956/5/4～1957/12/19」（R00002248B）に収録。
43) 第 10 回立法院本会議（1957 年 7 月 12 日、会議録 25 号）における平良幸市の発言中にある、「人事委員会からの勧告書の説明書き」の読み上げより。

正すること、給料表の複数化によって、職種の特性に応じた給与のきめ細かい設定を可能にすることが目的だったのである。また、改正理由には、「この設定により現行給料表による異常な頭打ちは、ほぼ解消され各等級の給料の幅を合理化することができる」とも記されており、従前の給料表の号俸数の少なさ（4～8級は7号俸、それ以外の級は5号俸）を是正する狙いもあったようである。

　だが、星が述べているとおり、給料表の複数化はまたしてもUSCARに拒否される。4月28日付の主席宛文書[44]でUSCARは、琉球政府案が「一本立給料表を廃して、いたずらに複雑化」しようとしていることに疑問を呈し、「職務別に給料表を分けると、給与率が各職務別の部局の政策及び圧力によって害なわれるおそれがあ」る点に懸念を表明した。さらに興味深いのは、この改正案では「職員の個人的学歴、経験その他の資格によって職務の級及び号俸の格付をすることになる」ため、「公務員法及び職階制に関する立法……の規定に反する」と指摘している点である。これと類似の論点は1954年の拒否時にもすでに示されていた。ここからは、USCARが琉公法第30条（「職員の給与は、その職務と責任に応ずるものでなければならない」）に規定されていた職務給原則にこだわっていた様子を見て取ることができる。これを踏まえると、USCARが職階制の導入を琉球政府側に強く求めていたのは、職務給原則の担保のためだったのではないかと推測できる。これが、琉球政府で職階制が実施された理由と考えられることは、前節ですでに述べた。

　ところで、琉球政府の改正案に対するUSCAR側の異議には、制度論的な疑問がある。すでに述べたように、当時の給与制度では給与等級が15と縦に長かったために、職級表により、給与等級が職級に対して幅をもって対応させられていた。そのため、その幅の中で、経験年数による昇格が行われたり、後述するように、学歴によって初任給に格差がつけられたりしていたのである。つまり、USCARの主張にしたがえば、攻撃すべきは職級表であり、縦に長い給与等級の構成であったはずなのである。そして琉球政府案は、職級と給与等級を一対一対応させるものであり、この意味ではむしろ職階制に基づいた給与制

---

44) 琉政文書「給与に関する立法案 1957年～1959年」（R00155969B）に収録された「琉球政府職員の給与に関する三法案について」。

度であると評価されてしかるべきであった。

　だが、統治者の頑強な拒絶に直面してしまった以上、琉球政府側はこの時も給料表の複数化を断念せざるを得なかった。結局、16級1本の給料表による給与制度を5月9日付でUSCARへ再送、5月11日付USCAR文書「政府公務員給与三法案について」でこれが承認され、立法院に立法案として送付されたのである。お蔵入りとなった琉球政府案が実現するまでには、それからさらに4年の歳月が必要であった。以上の一連の出来事からは、琉球政府の時代になっても、USCARが依然として給与制度には積極的に容喙する姿勢を持ち続けていたことがわかるだろう。

第3節　琉球政府の職階制の実際──運用過程と制度的限界

　本節では再び職階制に戻り、その運用過程と制度的限界という、いわば実際面について詳述していく。この際、前節で論じた給与制度や、前章で論じた任用制度と、議論は密接に絡み合っていくだろう。

1. 職階制はいかに運用されていたか

　第1節3では、職務分類の完了という事実をもって「実施」と「未実施」の境界線を引いておいた。だが、一般的に「実施」という概念は、動態的・進行的なイメージを含み込んでいよう。とするならば、職務分類の完了時をもってではなく、その後の運用が行われていることまでをもって、「職階制が実施されている」と考えるべきだとも言える。本節では「実施」をこの意味においてとらえ、琉球政府の職階制の職務分類がいかに運用されていたかを解明する。

　職務分類の運用は、具体的には二つの側面に分けられる。第一に、分類単位・基準の見直しである。先に見たように、琉球政府の職種・職級は「復帰」時まで見直しが繰り返されていた。また、職級明細書についても細部の修正が繰り返し行われている。したがって、この面での運用が行われていたことは疑いがない。第二の側面は、職位の運用（すなわち職位の新設・廃止）と、格付の日常的な実施である。これについても、琉球政府では確立されたシステムのもとに行われていたと言ってよい。そこで以下、職位運用と格付業務の実態に

ついて述べていくことにする。

　職位の新設と廃止は、定員の増減と連動していた。琉球政府では、行政機関職員定員法（立法院が定める立法）によって各行政委員会を含む行政事務部局の総定員が決定され、その定員が行政事務部局職員定数規則（行政主席が定める規則）によって各局に、さらに各局の定数規程（各局長が定める訓令）によって内部分課・附属機関・支分部局・外局といった組織ごとに割り振られていた[45]。これらの法規によって定数に変動が生じると、各組織はその増減数に対応した職位の新設／廃止を行う。

　新設の場合は、当然に格付の必要性が生じる。そのため、1954年規則4号「格付の権限及び手続」（以下、規則4）の第2条（「職位の新設又は職位の職務と責任の変更により、格付又は格付の変更の必要があると認められる場合には、その職位の任命権者は、……その旨を人事委員会に通知しなければならない」）に基づき、人事委員会への通知が要求される。廃止の場合は（格付を伴わないため）法規上に特に定めはないが、これも人事委員会に通知することになっていた。

　そこで各組織は、職位新設／廃止に関する通知文書を、所属局の総務担当セクション（名称は庶務課・総務課であることが多い）に提出する。総務担当セクションは局内の申請をとりまとめて、行政管理セクション（機構改革により、主席官房人事課［〜1961年7月］、内務局行政監察課［1961年8月〜1965年7月］、総務局行政管理課［1965年8月〜］と推移した）に提出し、その査定を受ける。それを通過すると、通知が主席名で人事委員会に提出されるという手続になっていた。主席名になっているのは、行政事務部局の職員の任命権者が主席であるためで、各行政委員会（任命権者は各委員長）、立法院（同立法院議長）や裁判所（同上訴裁判所首席判事）の事務局など、任命権者が異なる機関は、それぞれの機関内で上記と類似のプロセスをふみ、最終的に任命権者名で人事委員会に通知していた。

　格付の変更、すなわち、ある職位を現在格付されている職級から別の職級に

---

45) これらの法規は、「職員」の定員を設定している。すなわち、定員法の制度体系においては、組織は人（員）の集合であると観念されていたことになる。これは、組織を職位＝職務の集合と考える職階制の制度思想と真っ向からぶつかるものであり、法体系内に根本的な不整合が存したということになる。

格付し直す場合にも、規則4の第2条に基づいて、上記と同じ手順が踏まれた。この場合は、原局において、変更理由の説明書や関連資料、そして現在当該職位に充てられている職員の職務記述書が準備され[46]、これらが、まず行管セクションの査定を受ける。この段階で不適当として原局に差し戻されたり、修正を受けるケースもあった。査定を通過すると、職位新設通知と同様、人事委員会に格付変更通知として提出される。格付変更は通常、同一職種内の職級の変更（多くの場合上位の職級への「格上げ」）であることが多かったが、中には職種自体を変更する場合もあった。これは、特定の業務が増加するなどの事態に対し、定員増によって対処するまでの暫定措置として、あるいはそもそも定員増が見込めない場合の措置として、定員内での融通を図るケースなどにおいて見られた。

　規則4の第2条を読めば明らかなように、各任命権者からの通知（職位廃止に係るものを除く）は、格付の必要性が生じたという事実を人事委員会に通知するものであり、正確に言えば格付の「申請」ではない。つまり、制度上、任命権者側はかくかくの職位をしかじかの職級に格付してほしい、と求めることはできないのである。しかし実際には、格付の原案、すなわち、当該職位がどの職級に格付されるべきかを、原局側があらかじめ提示している場合がほとんどであり、事実上、通知というよりは申請になっていた。だがもちろん、原局が提示した格付案がそのまま認められるとは限らず、行管セクションによる査定の段階、人事委員会による格付の段階の双方で、修正が行われる場合もあった。規則4の第1条により、あくまで格付の権限は人事委員会に留保されていたのである。

　では、各任命権者からの通知を受けた人事委員会は、いかなる手続でこれを処理していたのだろうか。まず、職位廃止の通知の場合は、格付表（後述）から当該職位を削除し、その旨を各任命権者に通知するという簡単な手続となっていた。これに対して、格付を伴う、職位新設と格付変更の通知の場合は、規則4の第3条にしたがって、まず「職務調査」が実施された。職務調査は、

---

46) 職位の新設の場合にも、格付が行われるのであるから、同じように職務記述書が提出される。しかし、その職位に割り当てられている職員は当然いないため、その職位において期待される職務内容を、その職位の直近の監督を行う職位に現在就いている職員が代理記入するのが通常となっていた。

「職員に対し職位の職務と責任について職務記述書による報告を求め、又は職員と面談を行い、あるいは実地に職員の職務を観察し、又は関係機関に対しその機関の組織および機能に関する資料その他その職位の職務と責任に関係があると認められる資料の提出を求める」ことによって行われる（1954年規則5号「職務調査」、第3条）。先に述べたように、人事委員会が求めなくても、原局は職務記述書や関連資料を通知に添付するのが通例となっていたので、職務調査は、提出されたそれらの吟味が中心となった。また、格付に関する琉政文書からは、実地調査もかなり頻繁に実施されていた様子がうかがえる。だが、人事委員会の人的リソース面での制約[47]もあり、すべての通知に対して、緻密な調査が行われたわけではなく、受理から10日～2週間ほどで格付通知が出ているケースも多かった。中には、原局からの「至急」という要請に応えて、受理から1日で格付通知を出している場合もある[48]。しかし、格付に関する琉政文書に一通り目を通したかぎりでは、人事委員会は各任命権者からの通知をおしなべて慎重に検討し、格付を決定していたと言える。

　職務調査の結果を踏まえて格付が決定されると、格付表が作成される（規則4、第4条）。そして、人事委員会から任命権者に対し、格付表の写しを送付して格付の通知を行う（同、第7条1項・2項）。任命権者に通知された格付は、申請がたどってきたルートを逆流して、各部局に周知された。なお、格付の変更の場合、任命権者からの通知にもかかわらず、従前の格付が妥当であるとして、決定が行われない場合もある。その場合は、その旨のみが任命権者に通知された。

　格付が確定すると、各局はそれぞれで管理していた「職位台帳」を改定する。この台帳によって、職位は課・附属機関等ごとに、たとえば「法民2」といった職位番号（例は法務局民事課2番を意味している）で管理されていた。台帳には、それぞれの職位が、いつからいつまで、どの職級に格付され、誰が充てられ、何級何号給を受けていたかなどが記される。この台帳の存在は、琉球政府において、職位とそれに充てられる人が（少なくとも人事委員会の職員や各

---

47) 人事委員会事務局の定員は1953年時点で14名、1970年時点でも33名にすぎなかった。
48) 琉政文書「職位の新設・廃棄・変更申請書 1965年下半期」（R00155517B）に収録された文書によれば、1965年6月30日付の内人第533号による格付変更通知に対し、7月1日付の人委第623号によって格付通知が出されている。

局の人事行政担当者のレベルにおいては）明確に分けて考えられていたことの証左となろう。

2. 琉球政府の職階制の限界・1 ——職位・格付運用の諸問題

以上のように、職位と格付は、確立したシステムによって管理され、運用されていた。しかし、そこにはいくつかの問題点が存在した。それは、琉球政府の職階制の限界を示しているものと言ってもよい。以下順を追って説明していく。

ⅰ）格付における推定主義

はじめに、格付において、職務調査・分析による厳格な「実証主義」を採る職階制の理念に反して、「推定主義」的な運用がなされていたことについて言及したい。まずは、「職名主義」の問題がある。職名主義とは、大蔵省給与局長を務めた今井一男が1940年代後半に主張したもので、職階制が理念としているような厳密な職務内容の調査・分析によらずとも、部長・課長・係長などといった職名を手がかりに職務内容を判断できる、という考えのもとに、①役付職員については職名（ポスト）による職務内容の推定によって、②職名による推定が不可能なヒラ職員については、学歴・資格・勤続年数による推定によって、それぞれの給与等級を決定することで、職務給原則を実現しようという発想である[49]。日本では、この職名主義を体現した給与制度（今井はこれを「インチキ職階制」と自称している）の構築によって給与法体制が形成され、職階制の実施を阻んだ。

琉球政府においても、職名主義はすでに職階制立案の時から顕現していた。第1節で紹介した1954年5月の人事委員会作成資料「職階制制定基準表」には、「給料表別職種別主要職位格付表」なる表があり、この表によって、職種別に具体的な職名と職級（先述したとおり、この人事委員会案において、職級は給料表の等級と一対一で対応）が結びつけられているのである。行政職給料表を適用される職種については、各局の次長は1等級（一級一般行政管理職）、

49）今井一男『今日の給与問題』雇用問題研究会、1949年、227頁。

本庁の課長が2等級（二級一般行政管理職）、本庁係長と出先機関の課長が3等級（一級一般事務職）、係員が4〜5等級（二〜三級一般事務職）に、一律に格付されていた。先述のとおり、この資料をもとに作られたと思われる給与制度案はUSCARの拒否に遭い、頓挫した。しかし、職名による推定に基づく職級への格付は、給与制度の形には関係なく、人事委員会の当初の企図どおりに実施されたのである。

このような、初期段階での職名主義による格付は、各方面からの不満を惹起した。たとえば、1954年6月17日の内政局長発人事委員会委員長宛文書[50]は、「主税課の上級係員はその殆んどが税務署の課長の経験者か又は課長と同等の者であり然も他職員より優秀な者を配置して各税務署を指導監督させている状況にある。然し税務署各課長が三等級で主税課係員が四等級であるとは職務の内容からしても不合理である。又税務署課長から主税課に配置換した場合主税課係長にならない限り必然的に一等級降等しなければならない結果ともなる。それで主税課上級係員は是非税務署課長と同等に三等級にする必要がある」と述べる。また、1954年7月22日の宮古地方庁長・八重山地方庁長発人事委員会委員長宛文書[51]は、地方庁が出先機関とみなされた結果、職員の格付が本庁の同じ職名のそれと比べて機械的に一等級下に置かれていることを指摘し、「他の部局でも指摘される欠点が多々あると思われるのにそれを知悉しながら実施しようとすることは将来に悔いを必ず残すものである」と強い口調で批判した。だが、これらは格付の結果に対する不満を述べたものであり、職名主義そのものへの異議申し立てではなかった。

職名主義は、職階制立案時のみにはびこったのではない。その発想は、職階制が運用の局面に入っても生き続け、浸透していった。たとえば、1960年7月の上訴裁首席判事発人事委員会委員長宛文書[52]は、その様子を推察させるに

---

50) 琉政文書「職位の新設・廃棄・変更申請書 1954年度」（R00155547B）に収録された、内政局長発人事委員会委員長宛「職階制制定基準表の改正御依頼について」（1954年6月17日、内庶親第28号）。

51) 同上琉政文書に収録された、宮古地方庁長・八重山地方庁長発人事委員会委員長宛「職階制の実施についてのお願〔ママ〕」（1954年7月22日、官総第179号）。

52) 琉政文書「職位の新設・廃棄・変更申請書 1960年6月〜8月」（R00155530B）に収録された、琉球上訴裁判所首席判事発人事委員長宛「下級裁判所訟廷課長の職位の格付について」（1960年7月20日、琉裁庶第475号）。

十分である。ここでは、「下級裁判所組織規則の改正に伴い各裁判所に課長が置かるることになり、これらのすべての課長を一級法務職に格付することは最も望ましいことではあるが、国頭、宮古、八重山各地区の裁判所の課長に対しその措置をとらなかったことは」(圏点筆者)、「これに充てる適当な人材を一時に得ることは容易でな」いためであるから、「事情御斟酌の上特段のご配慮相煩わしたくお願い致します」と述べられている。本来、機構改革によって職名が変化しようと、職位の職務内容が変わらないのであれば、格付を変更する必要はない。ところが、上訴裁の人事担当者は、課長という職名がついているならば一律に同じ職級に格付しなければならないという固定観念にとらわれ、わざわざ人事委員会に文書で「言い訳」しているのである。

このように、職階制の理念たる実証主義を否定する発想が蔓延していることは、人事委員会内部でも問題視されていた。給与課作成の「職階制度の問題に関する討議事項」と題された文書[53]に、それをうかがうことができる。文書によれば、「格付にあたっては比較分析・機械的な組織平等主義が先行している」という。比較分析とは、「すでに分類された職種職級(いわゆる既存の格付)と比較して職位を分析すること」、組織平等主義は「主に監督的職位における格付に利用されており、部長、課長、係長の職位が設定されれば、そのとおり組織に沿って格付され、階級制度があれば段階的に階級別に格付」することをそれぞれ意味する。ここで言う「組織平等主義」とすでに述べてきた職名主義は、同じ現象を示していると見てよいだろう。

「比較分析」についても、確かに、琉政文書にはそれが常態的に行われていた痕跡が残されている。人事委員会の格付検討資料の中には、格付を行うべき職位が属する組織の人員と職級構成、そして当該職位が組織上のどこに位置付けられるのかが記された図が多数見られる。これは、組織のバランスを見て、格付の妥当性を判断するために使われたものだろう。また、組織内のみでなく、類似の別組織とのバランスも、格付に影響力を持っていた。たとえば、1972年2月5日の人事委員会文書[54]は、琉球大学病院総婦長を二級一般行政管理職

---

53) 琉政文書「職階制の県移行に関する関係資料」(R00155892B)に収録。本資料には作成年月日が明示されていないが、「討議事項」の1には「1971年3月作成」と記されている。
54) 琉政文書「職位の新設・廃棄・変更申請書 1972年」(R00155483B)に収録。

に格付するにあたって、「那覇病院の婦長は一級看護職」であるが、琉球大学病院は「規模・組織の面で既設病院より大であり、また 1971 年 12 月 25 日付で病棟婦長を一級看護職で格付してありますので、その比較の上から」認められる、とする。前段は別組織とのバランスを、後段は組織内のバランスを考慮していると言えよう。

また、序章で紹介した「税関庁」外局昇格構想[55]であるが、当事者はその着想の起源を、213 名の職員、5 支署 1 出張所を統括する税関長が、わずか 18 名の職員を統括する宮古税務署長と同じ二級税務職に格付けられていることへの疑問であったとしている。それならば、税関長の職務を適正に評価して格付を変更せよとするのが、本来の職階制の趣旨にかなった主張であるが、実際には、琉球税関という組織が主税庁と同格となれば、必然的にその長の職位の格付も同格となるという「比較分析」論的な発想から、税関庁設置案が作成されたのである。

「比較分析」は、人事委員会による格付の段階においてのみならず、行管セクションによる査定の段階においても行われていた。たとえば、1971 年 7 月 23 日付で総務局長に送られた、八重山気象台技術課（八気技 17）と与那国島測候所（与測 9）の二級無線通信職の 2 職位をいずれも一級無線通信職に変更する申請[56]は、行管セクションの査定を通過できなかった。その理由は、「八重山気象台技術課の八気技 17 号は当技術課に一級無線通信職が 1 職位あるので新たに一級無線通信職を増す必要はな」く、「与那国島測候所の与測 9 号は、他の久米島、西表島測候所に一級無線通信職がなく、それらとの均衡上一級無線通信職に変更することは適当でない」というものであった[57]。

以上のような推定主義的な格付が横行する背景には、先の「討議事項」が正確に指摘するように、「職位を職級に格付するには、職務の種類及び複雑と責任の度を表す要素、いわゆる格付要素……を記述した職級明細書」が必要であ

---

55) 呉屋喜一郎『我が歩みし「琉球税関」』那覇出版社、2007 年、202-215 頁。
56) 琉政文書「職位の格付申請書 総務局・企画局・通産局・労働局・建設局・農林局・厚生局・法務局 1972 年上半期」(R00001824B) に収録された、労働局長（通産局長臨時職務代理）発総務局長宛「格付の変更について」(1971 年 7 月 23 日、通総第 675 号) を参照。
57) 同上文書に収録された、総務局長発通商産業局長宛「職位の格付変更について」(1971 年 10 月 21 日、総人第 712 号) を参照。

るにもかかわらず、「琉球政府人事委員会の〔職級明細書〕は、「具体的職務内容の例示」の項がな」いために、「職級明細書の中に評価要素を充分に織り込むことができず、他の職級との限界を明確にすることができない」という問題があった。そこで例として、一級一般事務職と二級土木職の職級明細書を見てみよう（以下、圏点筆者）。

一級一般事務職
　職級の特質
　　この職級は、一般的指示のもとに、中央機関の係の長として、所管業務に関する一般的知識に基づいて、一群の下級一般事務職を監督し、もしくは自ら重要困難な書記的業務を行い、または廨庁の課の長として、一群の下級一般事務職を監督することを職務とするすべての職位を含む。
　　この職級に含まれる一級一般事務職は、行政的な重要事項について指示を受けるが、通常業務についてはほとんど指示を受けない。結果は報告し、検閲を受ける。

二級土木職
　職級の特質
　　この職級は、一般的指示のもとに、各種土木工事に関する計画・設計・検査および施行、土木工事請負人の資格認定等の専門技術的な業務を行う中央機関において、係の長として、一群の下級土木職を監督し、もしくは自ら困難な土木業務を行い、または建設事務所の課の長として所管業務の全般を監督することを職務とするすべての職位を含む。
　　この職級に含まれる二級土木職は、行政的、技術的な重要事項等について指示を受けるが、通常業務の技術面についてはほとんど指示を受けない。結果は報告し、検閲を受ける。

確かに記述は抽象的・簡素で、当該職級に含まれる職位が具体的にどのような職務を行うのかは明確でない。また、技術的業務を行う職種の明細書についても、一般事務職の記述をベースに、若干の所掌事務に関する記述を書き足した程度のものになっている。さらに、記述が職名に頼ったものとなっている、

すなわち職名主義に浸食されていることもわかるだろう。これは、上の二つの職級に限らず、多くの職級の明細書に共通する特徴となっていた。

　日本の国家公務員の職級明細書には、当初、どのような指示・監督の下で、どのような職務を行うのかがきわめて具体的かつ詳細に記されていた。それゆえ、たとえば1級一般行政員の「職級の特質」の記述には、およそ4,500字を費やしている。ところが、1954年3月末の第4次職種整理の際、職種数の減少と合わせ、職級明細書の記述がきわめて簡略化された上、それぞれの職級の「代表的官職」が、職名によって明示されるようになった（たとえば1級国税業務職の代表的官職は、「国税庁監督官室長、国税庁協議団本部長、東京国税局神田税務署長」となっている）。琉球政府は、このバージョンのものを参考にして、職級明細書を作成したのであろう。このような職級明細書の規定ぶりから、琉球政府の職階制が推定主義的に運用されることは当然の帰結であった。

　ⅱ）職位と人の密着

　職階制の特徴は、仕事と人を厳格に分離し、もっぱら前者のみに着目する点にある。しかし、実際の運用において、かならずしもこの原則を守りきれない局面が現れていた。以下、二つのケースについて触れておきたい。

　第一に、職位に現に人が充てられているために格付が制約される事態である[58]。ここで挙げるケースは、厚生局石川保健所において、保健所支所の10職位を廃し、本所に10職位を新設しようとしたもので、その意図は、局の定数規程の改正によって支所の定員が削減され、支所における診療業務が不可能となったため、支所に置かれていた二級一般事務職の職位を、そのまま本所に移し替えることにあった。

　これに対して人事委員会は、支所にあった職位の職務内容を本所に移した場合、その職務内容が変更されるので、現状のまま格付することは困難であるとして、本所に新設されるすべての職位を一律に二級一般事務職とすることは不可能であるという見解を示した。原局は、支所の職位に人が就いているので、そのままの格付で認めてもらいたいと主張し、両者は折り合わなかったが、た

---

58) 琉政文書「職位の新設・廃棄・変更申請書 1966年」（R00155512B）に収録された、人事委員会決裁文書「職位の廃止、新設について」（1966年12月2日）を参照。

またま、当時行われた人事異動で金武支所の職員1名が昇任して職位が一つ欠員となったため、この空き職位を本所に移して三級一般事務職に格付できることとなり、原局もそれを了承したのであった。

職階法が示す原則によれば、「格付に当っては、職位の職務と責任に関係のない要素を考慮してはなら」ず、「いかなる場合においても格付の際にその職員の受ける給与を考慮してはならない」（第8条3項）。したがって、格付の際に、現在その職位に就いている者の待遇の変動を考慮するのは、この規定に明らかに反する。だが現実には、当該職位に就いている職員に、「あなたの職位は一つ下の職級に格付変更されたので、給与等級も降格になります」と伝えても、理解は得難かったであろう[59]。そのため、原局はもとより、人事委員会もこれを考慮せざるを得なかったのである。

第二に、それに充てられた「人」の能力によって、職位の職務内容が変動し、格付が変更されるという事態が起こっていた。先に紹介した「討議事項」によれば、「管理者は能力ある職員に対しては、より範囲の広い困難な複雑な職務内容を割り当て、無能力な場合には単純な職務内容を割り当てるようになる。あるいは又同一の職位に永年勤務することによって職員の能率は向上し、それによって管理者は……職務記述書の内容を変更し、格付の変更手続きを取る場合が多い。このような場合において格付変更を認め直近上位の職級に格付したとしても、その職位を占める職員が他に配置替えされた場合には、又もとの職位の職務内容にもどることが数々見られる」というのである。

職階制は、組織を人の集合ではなく、仕事の集合とみなし、それを分類する制度である。そこで仕事＝職位は、一度格付されれば、その格付が変更されないかぎり、同一の職務内容・責任のみを割り当てられなければならない。その職位に充てられた職員がたまたま有能だったからといって、当該職位が格付された職級の明細書が示す以外の職務や、それ以上の責任を与えることは想定されていないし、その職員の能力に合わせて職位の格付を変更することもあり得

---

[59]　ただし、降格＝給与額減とはかぎらないことに注意。1961年の改正直後の一般職給与法を例にすると、仮に3等級6号給にいた職員（給料月額72.20ドル）が降格した場合、当該職員の新しい号給は、「初任給・昇給・昇任等の基準」（1961年規則9）の第7条1号（「降任直前に受けていた給料月額と同じ額の号給が、降任した職務の等級における号給のうちにあるときは、その額の号給とする」）にしたがい、同額の4等級23号給となる。

ない。たとえると、ある俳優が「役不足」であるならば、その俳優にはより重要な役を与えなければならないのであって、現在の役のままで台本にない台詞を与えたり、台本を書き換えて台詞を増やしたりしてはならないのである。だが、このように職位の職務を固定的にとらえるのは、実務上は容易ではなかった。

「討議事項」は、職階制の理念に沿い、「職務調査にあたって、……〔充てられた職員の能力という〕要素による職位の変更であることが判明するならば、格付の変更を認めるべきでないと思う」と述べている。しかし、「任命権者が提出する職務記述書の内容のみに執着して、職位の職務内容の変化の原因を究明せずに格付の変更を行なった」ために、「3級一般事務職が最近いちぢるしく減少している」のが現状であった。すなわち、「人ありき」という考え方で格付を行っていったがために、その結果に全体的な上方バイアスがかかっていたのである。

3. 琉球政府の職階制の限界・2 ── 「琉公法理念体系」の動揺

前項のような限界を抱えつつも、職階制は「実施」されていた。しかし、職階制と任用制度・給与制度の関係性を追究していくと、琉球政府の職階制のもう一つの限界が見えてくる。すなわち、琉球政府では、職階制が実施されていたにもかかわらず、琉公法が掲げるような任用制度・給与制度の理念は必ずしも実現していなかったのである。この議論を展開するには、前提として、職階制と任用制度・給与制度を厳密に分離した上で、その関係を明らかにし、そこに「琉公法理念体系」の存在を浮かび上がらせておく必要がある。

ⅰ）「琉公法理念体系」とは

職階制の領域は、すでに第1節3および本節1でも触れたように、職務分類を行うこと、すなわち、分類単位と分類基準を設定し、後者にしたがって、職位を前者に格付することと、それらを運用していくことまでである。その先、職位に人を充てるのは任用制度の領域であり、充てられた人に支払われる報酬額を決定するのは給与制度の領域になる。

このように職階制とは切り離された任用制度と給与制度について、琉公法はそれぞれに関する原則を規定する。任用制度については、第18条（「職員の任

用は、……受験成績、勤務成績、その他能力の実証に基いて行われなければならない」）に示された「能力実証主義」と、第20条（「職員の採用及び昇任は、競争試験によるものとする」）に示された「競争試験主義」の二つ、給与制度については、第30条（「職員の給与は、その職務と責任に応ずるものでなければならない」）による「職務給原則」がそれである。

ところで、職階制と任用制度・給与制度は、別の制度であるとは言っても、まったく無関係に並立しているわけではない。職階法第2条2項は、「職階制は、……給与に関する立法の規定の統一的且つ公正な基礎を定め、且つ、……任用……における人事行政の運営に資することを主要な目的とする」とし、〈職階制が任用制度・給与制度の基礎となる〉という関係を措定する。また、琉公法第28条（「職階制においては、同一の内容の雇用条件を有する同一の職級に属する職については、同一の資格要件を必要とすると共に、当該職についている者に対しては、同一の幅の給料が支給されるように、職員の職の分類整理がなされなければならない」）も、職階制と任用制度・給与制度を結びつける規定と見ることができる。さらに、給与制度については、琉公法第31条3項（「人事委員会は、……職階制に適合する給料表に関する計画を立案し……なければならない」）および4項（「給料表には、職階制において定められた職級ごとに明確な給料額の幅を定めなければならない」）が、職階制に基づく給与制度を明確に要求している。このようにして、「任用制度・給与制度それぞれの原則が、職階制の職務分類を基礎にして実現する」という筋書きの、「琉公法理念体系」が構築されているのである。そこで以下では、任用制度・給与制度の原則がどれだけ実現していたのか、そこに職階制がいかに寄与した／できなかったのかを中心に、職階制と両制度の関係を見ていくこととしたい。それによって、職階制のもう一つの限界が明らかになるだろう。

ⅱ）任用制度と職階制

まず、任用制度と職階制の関係について論じる。第一に、競争試験主義は実現していたのだろうか。すでに前章で検討したとおり、採用試験については、琉球政府創設後まもなく開始され、1950年代後半からは定期化し、制度安定期に入っていった。一方の昇任試験は、1960年までは多岐にわたる職種で行

われていた(たとえば、1958年度には、15職種17職級を対象とした昇任試験が実施されている)が、1961年以降は警察職ときょう正職のみにしか行われていない。そして制度的に、相当広範に選考任用が是認されていたことも見た。かくして、任用にあたって競争試験を基本とするという原則は堅持されていたとは言えず、実際においても選考任用は多数行われており、とりわけ昇任については試験による昇任を数的に圧倒していた。このように選考任用が可能な範囲を広く設定することは、職階制の実施いかんとは直接関係しない、純粋に任用制度／政策の次元の問題である。言い方を変えれば、そこに職階制は「介入」することができないのである。

　第二に、任用制度のもう一つの原則である能力実証主義と職階制の関係について見ていこう。1960年3月25日に開催された人事担当者事務連絡会議[60]において文教局から出された、「現在の人事委員会の選考制度の範囲において、情実主義は考えられないか。要は選考採用について、科学的に分析した基準を定めれば、情実主義は消えると考えるがどうか」という問題提起に対し、人事委員会の担当者は、「直ちに、科学的に分析した選考の基準を定めれば、実際問題として、人事担当者が非常に困る現状である」と答えている。このやりとりは、少なくとも会議の場で問題として提起されるほどの情実任用が行われていたこと、そして、人事委員会自身が、「科学的に分析した選考の基準」が存在しないと認めていたことを示している。人事委員会の担当者はさらに、「軍職員の任用については、科学的分析による基準が定められているが、それは職階制がほぼ完全に行われているためである。琉球政府の職階制とは相当の差異がある」とも述べ、琉球政府の職階制が、任用の基準を提供するという面において「完全」でないという認識を明らかにしている。ここで言う職階制の不完全性とは、任用の基準・目安を提供する職級明細書の不完全性にほかならない。すなわち職階制は、任用にあたって要求される「能力」がそもそも何かを十分に示せなかったため、能力実証主義の原則の実現に寄与できなかったのである[61]。格付の局面におけると同様、ここにも職級明細書の問題が影を落としていた。

---

60) 琉政文書「人事担当者会議録 1960年」(R00154786B)。
61) むろん、選考にまったく能力実証の要素がないというわけではない。選考にあたっては、普

ここで、選考昇任と関連して、職階制が実施されていたからこそ発生する、「留職」なる人事運用について触れておきたい。人事委員会職員が執筆したと思われる「職階制と給与制度」という文章[62]に、「待遇改善のためのみに格付改定をするケースが増えた」という一文がある。これを敷衍すると、ある職位の格付を今より上位の職級に変更することで、その職位に充てられている職員を留め置いたまま、当該職員が昇任したのと同じ効力を発生させる事例が増えた、ということである。このような行為を、任用制度上の用語で「留職」と呼んでいた。比喩的に説明すれば、ある人が今乗っている高さ 1 メートルの台から、高さ 1 メートル 50 センチの別の台に飛び移るのが昇任であるのに対し、高さ 1 メートルの台が、その人を乗せたまま 1 メートル 50 センチの高さまでエレベーターのごとく上昇するのが留職である。自力で飛び移った場合（＝昇任）でも、自動で台が上昇した場合（＝留職）でも、乗っている台の高さは、結果的に同じになるのである。

　ただし、1953 年規則 5 号「職員の任免」の第 14 条（60 年規則 2 号による全部改正の後は第 13 条）は、留職が昇任と同じ効力を生む場合には、選考を行わなければならないと規定している。その意味で、少なくとも制度上はまったくの野放しとなっているわけではなく、昇任の選考を回避するために格付変更・留職を行うことは不可能になっていた。だが、通常の選考昇任が、すでに述べたように「科学的」な基準のない状況下で行われていた以上、留職選考においても事情は同じだったであろう。

iii）給与制度と職階制

　続いて、職階制と給与制度の関係について考察していきたい。まず、職階制の給与面における効用として、人件費の膨張を抑制していたと言われる[63]。そ

　　段の心証に基づくところの大きい、上司・同僚・部下によるピアレビューで形成された「暗黙の評価」が考慮されるだろうからである。しかし、琉公法が任用にあたって競争試験主義を採っていることを踏まえれば、理念体系において求められているのは、客観的基準に照らした能力の実証であると考えるべきだろう。

62）琉政文書「初任給・昇格・昇任等の基準改正及び経過 1953 年〜 1972 年 琉球政府公務員」（R00155994B）に収録。文章は琉球政府の事務用紙に手書きで記されており、作成時期は不明である。

63）2007 年 2 月 6 日に行った、棚原勇吉氏（元人事委員会委員長）へのインタビューより。

れは、以下のようなメカニズムによってであろう。すなわち、一職級一給与等級制によって昇格と昇任は一体化し（概念上は後者が前者を取り込んだ）、職名主義的な職級明細書によって昇任と昇進はほぼ同じ意味となった。職名→職級→給与等級という単線的な結合関係が形成されたのである。これによって、ポストの上昇・職級の上昇・給与等級の上昇が完全に一致することとなり、いわゆる「わたり」の発生が防がれた。また、職級と給与等級が密着するしくみの下では、人事委員会による格付（の査定）が、日本で言う級別定数管理の役割を果たしていたのである。

　それでは、職階制は、職務給原則の実現にも寄与したのだろうか。繰り返しているように、1961年の給与制度改正以降、職級と給与等級は一対一で結びつけられるようになった。これはつまり、「職務の種類及び複雑と責任の度に応じ……分類整理」（職階法第2条）された職階制の分類単位が、給与額決定の明確な基準として用いられているということであり、これをとらえれば、「職員の給与は、その職務と責任に応ずるものでなければならない」（琉公法第30条）という職務給原則の実現に対する、職階制の寄与を言うことができる。

　だが、これには一定の留保が必要である。すなわち、実際の格付に推定主義という限界がついて回っていた以上、職階制が「職務の種類及び複雑と責任の度に応じ」て職位を分類・格付しているというのは、ある種の仮構であり、そうとなれば、そのような職階制に基づく給与制度によって実現する「職務給原則」も、推移的に同様の仮構性を帯びざるを得ないからである。

　さらに、職階制の実施にもかかわらず、職務給原則が制度的に崩されている場合もあった。第一に、「特定職位」なるしくみの存在である。これは、同一職級にある職位でも、人事委員会指令で指定することによって、初任時の号給に差をつけることができるもので、これが職員の待遇改善の具とされていたのだという[64]。これについては、人事委員会で作成されたと思われる文書「特定職位の不合理性」[65]が参考になる。文書は、具体的例示によって特定職位の不

---

64) 各局からの（主席名での）特定職位の指定・取消の申請と、人事委員会による検討・決定（拒否も含めた）に関する文書が、琉政文書「特定職位に関する書類　指定・取消申請書」（R00155561B）に集約されている。

65) 琉政文書「雑書 1964年7月～12月」（R00156048B）に収録。文書は、琉球政府の事務用紙にカーボン転写されたもの。

合理性を説明している。すなわち、二級土木職の場合、行政職関係給料表（二）の2等級に格付され、その初任給は2等級1号給（旧10級1号）である。しかし、特定職位である建設事務所長に就任した場合、格付は2等級9号給（旧12級1号）となる。これは、「建設事務所長という特定の職位にある間における職務の複雑、責任の度に対して特定の給与が支給されるもの」と考えれば、まだ是認できなくもないが、制度上、所長から本庁の係長に配置換（つまり職級は二級土木職のまま、職位だけ変更）になっても、その職員の給与は2等級9号給に据え置きとなった。このように、職務を離れても給与額が元に戻らないのは、職務給原則に完全に背反する。しかし実際、この特定職位は、規則「初任給・昇給・異動（昇任）等の基準」に別表として置かれた「特定職位初任給表」によって、また、この規則の委任を受けた指令によって、相当数存在していたのである[66]。

　第二に、採用時に同じ試験を受け、同じ職級に採用されたにもかかわらず、学歴によって格付される給与等級が異なるという問題が存在していた。1959年2月の『沖縄タイムス』よろず相談コーナーに、二級一般事務職試験に合格して採用された場合、通常は6級1号給になるはずなのに、大卒だと7級1号給になるというが、これが事実ならば琉公法に違反するのではないか、という問い合わせが寄せられている[67]。ここでいう琉公法への違反とは、職務給原則への違反と考えてよいだろう。確かに、同一職級に格付された（したがって同じ職務と責任を持つはずの）職位に充てられているにもかかわらず、学歴という職員個人の属性によって給与に差がつくことは、琉公法第30条や一般職給与法（1954年改正後）第2条（「職員には、……その者の占める職位の職務と責任に応じて給料を支給する」）の規定に抵触するように見える。

　このような運用に制度的根拠を与えるしくみには、1953年規則2号「初任給・昇格・昇給等の基準」の「普通採用職員初任給基準表」や、1961年規則9号「初任給・昇格・昇任等の基準」の「特定資格初任給表」がある。相談があった1959年時点を含め、1954年から1961年の間は上記のような表は消滅し

---

66) 特定職位に指定された職位のリストは、琉政文書「特定職位一覧表」（R00155562B）に含まれている。
67) 琉政文書「任用に関する書類 1957年～1965年 雑書」（R00155361B）に収録された、人事委員会決裁文書「沖縄タイムス社よろず相談係宛照会について」（1959年2月12日起案）を参照。

ていたのだが、1955年規則2号「初任給・昇給・異動等の基準」の第1条2項（「前項第一号の規定により難い事情があると認められるときは、任命権者……は、人事委員会の承認を得て別に初任給を決定することができる」）を根拠として、同じような運用が行われていた。人事委員会はこのような運用を行うことについて、「日本では、従来、新大卒程度を受験資格とする国家公務員採用上級試験に合格した大学院修士課程修了者で、採用する場合の初任給は、学歴に相応する号差がありましたので、その例により、……取り扱いは妥当と思料します」という見解を示している[68]。また、1963年5月24日の団体交渉において、官公労と人事委員会は、以下のようなやり取りを繰り広げていた[69]。

　　委：やっぱり、いまでも〔大卒者の初任給嵩上げは〕必要すると思いますね。〔ママ〕
　　労：なんで、大学卒を特別に必要とするわけですか。
　　委：仕事が、よくやれるということですよ。
　　労：仕事がよくやれるという査定はどうするわけですか。同じ試験を実施しているので、能力は同じとみるべきでないでしょうか。
　　委：まあ、今日まで、こうゆう伝統できているんですよ。〔ママ〕

　かくて、「日本で行われているから」、挙句の果ては「伝統」という理由によって、職務給原則はあっさり破られていたのであった。そしてこれは、給与制度上の作為によって行えることであり、職階制が実施されていようといまいと関係のない＝職階制が手出しできない領域のことだったのである。
　ここで一点だけ補足しておけば、琉公法第28条が、「同一の職級に属する職に……ついている者に対しては、同一の幅の給料が支給されるように」（圏点筆者）しなければならない、としていた以上、職級が複数の給与等級にまたがる「幅」を持っても制度論的に問題はない。学歴に配慮した給与政策は、このように合法化された「幅」の中で展開されたのである。この「幅」が、1961年に職級と給与等級が一対一対応したために消滅した後も、給与等級内の号給は残存した。その意味で、同一職級内における「幅」は残され、これが引き続

---

68) 同上。
69) 琉政文書「団体交渉記録 1963年」（R00156286B）。

き学歴への配慮のために利用された。号給はそもそも、年功・生活給に配慮した給与政策を想定した装置であり、突き詰めて考えれば、そもそも職務給原則とは相容れないものである。しかし、これを完全に排除した、すなわち一職級一給与額の給与制度はまったく構想されなかったし、されても実現は難しかったであろう。学歴に配慮した給与政策の横行は、確かに職階制の機能的限界とも言えたが、より根本的には、純粋な職務給原則それ自体の限界によるものでもあった。

4. 琉球政府の職階制の限界・3 ──「琉球型給与法体制」の形成

　前節においては、職階制が実施されたことによる給与制度の外形変化を、給与法体制の特徴から脱していく過程として追った。繰り返しになるが、給与法体制の下では、①俸給表と職名による雑駁な職務分類が行われ、②「昇格」という給与上の概念が「昇任」という任用上の概念を取り込み、③「昇任」の基準が、「昇格」に必要な学歴／採用試験区分と経験年数／在級年数へとすり替えられる。琉球政府では職階制が実施されていたため、①については妥当しない。少なくとも給与制度によるそれよりは詳細な職務分類が、職階制によって行われていた。だが、②と③の特徴は、職階制が実施されていたにもかかわらず、消えずに残っていたと言えるのである。

　まずは、②について。琉球政府においては、職階制の実施に伴って昇格と昇任は概念上分離し、昇任概念は給与制度から切り離された。さらに、1961年をもって昇格概念は消滅した。これらによって、確かに、昇格が昇任を取り込むような状態は生起し得なくなったのである。しかし、昇任概念は、給与制度から必ずしも自由にはなれなかった。昇任という用語はすでに1952年7月の規則9号「職員の任用」の第2条に現れるが、そこでは、「現に任用されている職員を、その官職の等級より上位の等級の官職に任命すること」と定義されている（これはほぼそのまま、1953年規則5号「職員の任免」第5条に引継がれる）。しかし、前章で見たとおり、肝心の「等級」は当時、法制上定義されておらず、1955年の規則2号「初任給、昇給、異動等の基準」によって、給料表の「職務の級の巾」が等級であると定義され、それが1960年の規則2号による「職員の任免」の改定によって追認された。ここに、任用制度上の昇

表4-5　人事委員会通達による等級別任用資格基準表

職務の級号	職務の経験	
13級1号給 （2等級1号給） 課長	職務の級12級（3等級9号給）に在級してから	4年
	職務の級11級（3等級5号給）に在級してから	7年9ヵ月
	職務の級10級（3等級1号給）に在級してから	10年9ヵ月
	大学院修士課程修了後	14年3ヵ月
	新大卒後	16年9ヵ月
	短大卒後	19年3ヵ月
	新高卒後	23年3ヵ月
	新中卒後	28年3ヵ月
10級1号給 （3等級1号給） 係長	職務の級9級（4等級16号給）に在級してから	1年
	大学院修士課程修了後又は職務の級8級（4等級11号給）に在級してから	3年6ヵ月
	新大卒後又は職務の級7級（4等級6号給）に在級してから	6年
	短大卒後又は職務の級6級（4等級1号給）に在級してから	8年6ヵ月
	新高卒後	12年6ヵ月
	新中卒後	17年6ヵ月
8級1号給 （4等級11号給） 大学院修士課程修了	大学院修士課程修了後	0年
	新大卒後	2年6ヵ月
	短大卒後	5年
	新高卒後	9年
	新中卒後	14年
7級1号給 （4等級6号給） 新大卒	新大卒後	0年
6級1号給 （4等級1号給） 短大卒	短大卒後	0年
	新高卒後	4年
	新中卒後	9年
4級1号給 （5等級1号給） 新高卒	新高卒後	0年
	新中卒後	5年

（出典）棚原勇吉『琉球政府公務員給与詳解』崎間書店、1964年、114-116頁より引用。

任概念が、職階制の分類単位である職級ではなく、給与制度の分類単位である「職務の級の巾」の上昇によって定義づけられるという状態が生じたのである。この状態は、1963年規則2号による「職員の任免」の改正により、昇任が、職級あるいは任用等級の上昇によって定義される（第5条2号）ようになるまで、8年にわたって続いた。

　さらに重大かつ本質的なのは、③に関する問題である。前節では、1961年時点で琉球政府からは給与法体制の制度的特徴は消え去った、と述べておいた。

確かに、級別資格基準表という給与法体制の基本装置は、法規上からは姿を消した。しかしそれは、人事委員会通達という形で生き延びていたのである[70]。表4-5に示した、1958年11月4日付の「試験任用外の職員の等級別任用資格基準」（人委第1425号）がそれである（ただし、給与等級の表記からして、この表は発出当時のものではなく、1961年の給与制度改正後のものである）。

この表では、給与等級の決定の基準が学歴と経験年数で示されている。年功＝勤続年数重視の発想と「学歴＝能力」観がミックスされた、推定主義を体現するきわめて象徴的な装置である。そして、この装置の存在と、すでに述べた職級明細書の不完全性、そして、職級―職名―給与等級が分かちがたく結合させられる制度配置からの帰結として、昇任の資格要件は、結局のところ学歴と経験年数にすり替えられてしまう結果となった。前項で紹介した人事委員会文書「職階制と給与制度」が、「現状においては、年功型給与を基にした給与制度とならざるを得ない」ために「職階制そのものが、給与に左右されているとみることも出来る」と記しているのは、このような面をとらえてのことであろう。かくして、任用における能力実証主義・競争試験主義という理想は、給与制度上の資格基準による推定主義に蚕食されたのである。

このように琉球政府では、職階制による職務分類が存在したにもかかわらず、給与法体制のもとに現れる特徴が発現していた。これを、「琉球型給与法体制」と名付けよう。琉球型給与法体制の形成は、琉球政府の職階制の限界を最も端的に表現していた。

第4節　本章のまとめ――「連続的な制度の実施という断絶」、帰結における連続

以上、琉球政府の職階制と給与制度について、やや長めの道程をたどりながら考察してきた。最後に、本章で明らかにした事実・知見をまとめておく。

第1節においては、琉球政府の職階制が、日本の中央政府のそれにほぼ全面

---

70) ちなみに、1956年5月2日の次長会議でまとめられた職員任用制度の改善案の中に、級別資格基準を規則で定めることが含まれている（「選考任用をとり　職員採用に弾力性」沖縄新聞56.5.3、2）。ここで言う「規則」が、行政主席の定める規則と人事委員会規則のいずれと想定されていたかは判然としないが、ともあれ事務部局側が「資格基準」を求めていた、という事実は興味深い。

的に依拠して、比較的短期のうちに立案され、実施に移されたことを見た。また、琉球政府において職階制が実施に至った理由を考察し、考えられるいくつかの要因の中で、やはり USCAR からの圧力の影響を大きく評価する必要があることを論じた。また第2節では、給与制度の変遷を追い、職階制の実施によって、それが（モデルとした）日本のそれとは異なる特徴を持ったものに変化していたことを述べた。

　第3節においては琉球政府の職階制の運用過程を明らかにした上で、三つの限界を明らかにした。第一の限界は、職階制それ自体の、運用面で露呈した限界であり、具体的には、格付における推定主義の蔓延と、職位と人の分離の不徹底であった。第二の限界は、職階制が実施されていたにもかかわらず、任用制度・給与制度の原則がほころびを見せていたことである。それは、①職階制と任用制度を架橋する装置である（べき）職級明細書が、職名主義に浸食され、任用基準としての具体性・詳細性を欠いていたこと、そして、②任用制度や給与制度それ自体が、原則に反するようなしくみを設けていたとしても、職務分類制度であり、それ以上でも以下でもない職階制にそれを阻む力はないということに起因していた。これが、琉公法理念体系の中で、職階制が果たしうる役割の限界／限定性であった。職階制それ自体は、ただの職務分類制度にすぎない。それを導入することは、直ちに公務員制度の理念を実現することには結びつかないのである。

　第三の限界として、琉球型給与法体制の形成、とりわけ、任用の資格基準が、給与制度が示す学歴と経験年数という推定主義的な基準に置き換えられてしまったことを指摘した。これもまた、職階制の導入が、それを基盤とした任用制度・給与制度の原則の実現に直ちに結びつくわけではないことを如実に示している。また、職階制が実施されたにもかかわらず、給与制度が引き続き職務分類機能を持ち、任用制度を呑み込んでいった様子からは、公務員制度の体系における給与制度の「生命力」の強さを読み取ることができる。これが、琉球政府およびそのモデルとなった日本の公務員制度の特質であることは疑いがない。

　最後に、「連続性」の観点から本章の議論を総括しておこう。琉球政府の職階制も給与制度も、同時代の日本の制度に準拠しており、前章で見た任用制度と同じく、ここでも連続性の存在は明らかであった。だが、準拠先である日本

では職階制は実施されなかったのであり、その意味では、「連続的な制度を実施するという断絶」が現れたのだと言ってよい。また、職階制の実施に起因して、給与制度の面では、日本のそれにはない職級表のような装置が現れ、級別資格基準表のような日本のそれにある装置が姿を消すなど、細かい相違が現れた。しかしこれは、職階制が実施されていれば日本でも起こったはずの変化であり、ここに本質的な断絶があったとまでは言えないだろう。少なくとも、制度体系における連続性は完全に維持されていた。このように、琉球政府の職階制と給与制度は、連続と非連続が交錯する領域であった。

第5章　市町村職員の任用・給与と「幻」の市町村公務員法

　本章は、戦後琉球の「地方公務員」、すなわち市町村職員について論じる。とはいえ、琉球の市町村は、大都市・那覇から小規模な一島一村まで多様であり、おおよそひとくくりに論じられるものではない。そこで、まず市町村制度の変遷を概観し、次に、琉球政府行政課／地方課がまとめたデータに主に依拠して、市町村職員の給与と任用の制度・実態を大摑みに把握する。さらに、1950年代前半から制定が企図されながら、とうとう「幻」に終わった、「琉球の地方公務員法」である市町村公務員法について、その「不」制定過程を明らかにする（冒頭で「地方公務員」を括弧に入れたのは、この立法が制定されなかった以上、戦後琉球には地方／市町村公務員という法的概念が存在しなかったためである）。その中では、市町村職員の労働組合や労働運動についても言及することになるだろう。

第1節　戦後琉球の市町村制度

　戦後琉球の市町村の出発は、戦火で壊滅的な打撃をこうむった沖縄島と、それ以外の地域でやや異なる様相を示した。宮古・八重山では、戦前日本の市制町村制が引き続き効力を有するものとされたため、従前の区域で市町村が運営されることとなり、吏員や市町村会議員も留任した。ただし市町村長については、宮古では軍政府の直接任命、八重山では軍政府の許可を得て支庁長が任命することになっていた[1]。奄美でも市制町村制の効力が残存し、基本的に戦前の町村の体制が継続したものの、1946年6月に軍政府が首長・議員の総改選

---

1) 沖縄市町村三十年史編集委員会編『沖縄市町村三十年史　上巻　通史編』1983年、67, 74頁。

を指令、7月1日に選挙が行われている[2]。

一方、沖縄島では、民間人収容所の中にさまざまな形で行政組織様の組織が生まれたよう[3]だが、制度による規格化は、1945年9月の地方行政緊急措置要綱（軍政府回状208号）に始まる。この全62条の要綱は、戦前日本の市制の市会と市吏員に関する部分の骨格を引継ぎながら、それに適当な変更を加えたものに見える。第1条に「市は軍政府の定むる地区に依り之を定め」る旨規定されており、収容所が置かれていた沖縄島の12地区と、周辺4島嶼に市が設置された。この要綱に基づき、20日に市議選、25日には市長選が行われる（市議は直接公選、市長は市会が選出した3人の候補の中から住民が公選）。要綱では、「市は軍政府の監督を受け、其の公共事務の処理並に市民生活の福祉を期するを以て目的とす」（第2条）、「市長は市を統轄し市を代表し諮詢委員会の事業計画に関連し市全面に有機的活動を期すべし」（第55条）と定められていたが、具体的な事務権限ははっきりしておらず、各市とも基本的に、軍政府および諮詢会の命令に従って事務をこなすことと、両者に対して必要な折衝を行うこと以外に仕事はなかったという[4]。

選挙後間もない10月からは、収容所にあった住民の、旧居住地への移動が認められるようになり、これに伴って軍政府は戦前の市町村の領域に市町村を復活させ、原則的に戦前の市町村長をそれぞれ当該市町村長に任命した。また、市町村長のみならず、前役場吏員についても暫定的に再任命する方針が、軍政府の名で12月18日に発せられた沖縄行政機構改革要綱に示されていた[5]。これにしたがって、随時、島内に市町村が復活していき、1946年4月4日には、軍政府による市町村長辞令交付式が行われる。また、かつての市町村会議員は市町村政委員として任命され、首長の諮問機関となった。かくして、公選首長と議員による「措置要綱」体制は7ヵ月足らずで終わりを告げた。なおこの時

---

2) 村山家國『新訂 奄美復帰史』南海日日新聞社、2006年、73-75頁。
3) 沖縄市町村長会編『地方自治七周年記念誌』1955年によれば、たとえば、瀬嵩地区（現名護市瀬嵩）では「瀬嵩市」が生まれ、その市の中に出身地ごとの村（たとえば「瀬嵩市那覇村」など）を作り、それぞれに村長を置いた（31頁）。石川地区（現うるま市石川）では10部を設置し、それぞれに部長が置かれる委員会制をとっていた（42頁）。胡座地区（現沖縄市の一部）では村制がしかれ、村長と助役が置かれた（48頁）。
4) 同上、15頁。
5) 同上、45頁。

期（4月4日から6月30日）に那覇市長に就いた当間重剛は、職員を150人から20人に縮減する人事刷新を行ったという[6]。人員を一気に7分の1以下に削減できたということが、やはり当時の市にさしたる重要な業務がなかったことを暗示している。

1947年12月2日、特別布告25号で琉球列島の全市町村長・議会議員の選挙を行うことが示達される。1948年1月12日の指令4号で選挙法が制定され、これに基づき、沖縄群島では市町村長選が2月1日、議員選が8日に、宮古群島では両選挙が3月7日に、八重山群島では14日にそれぞれ実施された（なお、奄美では、別の指令に基づいて1948年6月に選挙が実施されている。後述する別立ての市町村制と合わせて、奄美は地方制度において他の三群島とは若干異なる道を歩んだ）。沖縄では、当選した公選職は3月1日に就任し、新体制が発足した。沖縄群島の市町村長は4月28日に沖縄全地区市町村長会[7]を結成して、市町村に確固たる存立根拠を与えるために市町村制の制定を促進する、という旨の決議を行った。

7月21日には、指令26号によって市町村制が公布された（施行は8月15日）。タイトルは「市町村制」となっているが、その内容は日本の地方自治法に範をとったものである。具体的には、地方自治法のうち、第二編「普通地方公共団体」の第一章「通則」、第二章「住民」、第三章「条例及び規則」、第六章「議会」（委員会について定める第五節を除く。また、事務局について定めた第十一節は、市町村制では議長・副議長について定めた第四節に吸収）、第七章～第十章の「執行機関」（選挙管理委員会に関する第二節を除く）、「給与」、「財務」、「監督」、さらに第三編「特別地方公共団体及び地方公共団体に関する特例」の第一章第三節・第四節の「地方公共団体の組合」（市町村制では「市町村組合」）と「財産区」、第二章「地方公共団体の協議会」（市町村制では「市町村長の協議会」）の各条文を、都道府県について定めた箇所を取り除くなど、実情に合わせた修正を施した上で採用したものである。

なお、指令26号は沖縄・宮古・八重山に適用されたが、奄美には適用され

---

6) 同上、372頁。
7) 同会は、7月21日には沖縄全地区市町村長協議会に、さらに1953年1月には沖縄市町村長会、1957年7月には沖縄市町村会と度々名称を変更しているが、文献によっても表記がまちまちであり、紛らわしいため、以下では「市町村会」に統一する。

ず、同群島では臨時北部南西諸島政庁が 1949 年 10 月 1 日に政庁令 21 号で市町村制を定めた。これも指令 26 号と同じように地方自治法に則ったものだが、細部は若干異なっている。政庁は 1948 年に立案に着手し、法制課で案を作成、知事の諮問機関である法制改定委員会における審議を経て制定に至った[8]。

　市町村制に対しては、沖縄群島政府を中心に改正要望が軍政府側に伝えられていたが、1951 年 4 月 4 日付で USCAR から同政府に、群島議会で審議し、改正案を提出するよう求める文書が発せられた。これを受けて行政課は、1952 年 3 月までに案を準備した。しかし、群島政府の解消が同月末に迫っていたため、法案の体裁ではなく、26 項目の改正要望事項という形にまとめて群島議会に提議、これが若干の修正を受けて通過し、USCAR に送付された。USCAR は 1952 年 4 月 7 日、設立まもない琉球政府にこの要望事項を「転送」し、立法院での制定を求めた[9]。琉球政府章典第 31 条が、「市町村の組織および運営に関する事項は地方自治の本旨に基いてこれを立法する」と謳っていたことと相俟って、市町村制に代わる新しい立法が琉球政府において制定されるのは確実となった。

　その立法である市町村自治法は 10 月 24 日に立法院に上程され、第一読会が行われた。立法案は行法委に付託され、審議の後、11 月 14 日に第二読会が行われる。さらに翌 15 日に第二読会が継続され、その後第三読会を省略して採決に入り、可決された。公布は翌 53 年の 1 月 12 日となり（立法 1）、以後、1972 年の「復帰」まで、この立法が琉球の市町村制度の根拠法であり続けた。その内容を市町村制と比べた場合、直接請求に関する項目、議会の委員会に関する規定、選挙管理委員会に関する規定が追加され、市町村長の協議会と地方自治委員会[10] の項目が削除されるなど、日本の地方自治法にますます近い体裁となった。

　最後に、立法院が「地方」自治法という名称を避けたことについて付言して

---

8)　沖縄市町村三十年史編集委員会編、前掲、87 頁。
9)　同上、124 頁。
10)　市町村制の第 9 章（第 157〜163 条）の規定によって各民政府に置かれ、市町村の指導監督について知事の諮問に答える組織。境界紛争をめぐる知事裁定、知事による市町村長の罷免、市町村組合の解散等の場合における財産の処分をめぐる知事裁定にあたっては、必ず委員会の議決を経るものとされていた。

おく。日本の法令上の概念体系において、「地方」の対概念となっているのは「国家」である。これを当時の琉球の文脈に移植すると、琉球政府が国家、市町村が地方ということになる。だが、立法院のすべての会派が、その時期や内容をめぐる違いこそあれ、日本「復帰」を掲げていたため、琉球政府は日本国の地方公共団体としての沖縄県＝「地方」である（べき）と観念され、これを「国家（政府）」とみなすのを避ける（べきという）意識が働いたのであろう。実際、琉球政府の立法を見ると、「国家」「地方」という名称は徹底的に排されている。日本法で「国家」（または「国」）という語が使われているものは、琉球政府公務員法、琉球政府行政組織法（制定当初は「琉球政府」すら掲げられず、行政事務部局組織法という名称だった）、政府賠償法、政府立公園法、政府立病院特別会計法などに、「地方」という語が使われているものは、市町村財政法、市町村税法、市町村財政調整交付金／交付税法、市町村公営企業法などに、それぞれ言い換えられているのである。そして、市町村公務員法もこの中に入る、はずであった。このことについては、第3節で詳細に論じることにしたい。

第2節　市町村職員の人員・給与・任用

　本節では、市町村職員の人員・給与・任用について、実態と制度の両面から可能なかぎり明らかにしていく。

1. 人員

　まずは人員から見ていこう。戦後の混乱期における「措置要綱」時代、各市の職員数は大膨張していた。沖縄諮詢会調べによる、1946年2月25日時点での各市の職員数は、石川約1,900人、コザ894人、羽地約900人となっており、全体数は、同月15日調べで14,690人にのぼっていた[11]。さすがにこの状態は長くは続かず、1953年になると、全琉で1,598人（奄美の市町村を除くと1,208人）にまで減っており、職員数が多いところでも、那覇市の168人、名瀬市の

---

11) 沖縄県沖縄史料編集所編『沖縄県史料　戦後1　沖縄諮詢会記録』1986年、380頁。

表5-1　全琉市町村の職員数（1963〜67年）

単位：人

	1963年	1964年	1965年	1966年	1967年		1963年	1964年	1965年	1966年	1967年
国頭村	30	36	36	39	42	浦添村	58	75	85	88	125
大宜見村	19	20	21	21	22	那覇市	1,057	1,188	1,195	1,279	1,430
東村	12	15	18	20	22	豊見城村	34	31	35	38	37
羽地村	20	21	21	25	28	糸満町	108	117	120	120	128
屋我地村	13	14	14	14	15	東風平村	20	20	21	21	25
今帰仁村	34	39	39	40	40	具志頭村	15	17	17	19	20
上本部村	16	17	19	20	22	玉城村	20	23	24	25	25
本部町	40	41	42	47	55	知念村	14	15	15	16	19
屋部村	14	14	16	17	25	佐敷村	13	15	18	18	20
名護町	70	78	89	103	117	与那原村	24	26	33	37	39
恩納村	23	28	28	28	33	大里村	13	13	15	17	21
久志村	26	35	35	36	36	南風原村	20	20	22	23	28
宜野座村	19	25	26	24	26	仲里村	24	25	25	25	40
金武村	26	29	31	35	37	具志川村	26	26	30	28	26
伊江村	84	87	87	90	87	渡嘉敷村	13	15	15	16	28
伊平屋村	13	20	44	46	47	座間味村	13	14	15	15	17
伊是名村	17	19	16	16	39	粟国村	25	27	29	32	33
石川市	45	44	45	51	59	渡名喜村	23	27	26	27	23
美里村	54	57	59	62	60	南大東村	7	9	11	11	12
与那城村	30	34	38	41	45	北大東村	11	13	12	13	14
勝連村	30	34	34	34	44	平良市	94	127	117	137	137
具志川市	70	93	91	98	107	城辺町	37	45	45	45	39
コザ市	221	229	258	271	289	下地町	24	24	27	30	33
読谷村	41	45	50	60	66	上野村	16	19	20	20	23
嘉手納村	44	48	47	55	60	伊良部村	32	35	38	53	54
北谷村	39	41	51	53	54	多良間村	9	12	12	12	17
北中城村	26	27	30	34	37	石垣市	187	211	241	245	258
中城村	17	22	24	24	28	竹富町	30	32	47	47	49
宜野湾市	96	127	135	155	162	与那国町	29	30	31	33	40
西原村	22	23	30	31	36	計	3,207	3,613	3,815	4,080	4,500

（出典）琉球政府地方課『市町村行財政資料　第11集』1968年をもとに筆者作成。

74人、真和志市の61人、石垣市の49人などとなっていた[12]。

その後の動向はどうなっていただろうか。琉球政府行政課／地方課が1957年から基本的に毎年まとめていた『市町村行財政資料』の第11集（1968年）をもとに、1963年から67年までの人員の推移を示したのが表5-1である[13]（以

---

12) 「地方公務員の待遇調べ　全琉平均、三〇七一円」沖タ53.9.5、2。
13) 第9集および第10集にも、1962〜66年・1963〜67年の5年間の推移を示した表が掲載されているが、ここに示した第11集の数値とは若干異なりがある。詳細は不明だが、ここでは大きい方の数値を取るため、第11集を利用した。

下、本節で単に「第○集」という場合、『市町村行財政資料』を指す)。

　表からは、第一に、那覇市の職員数が突出して多かったこと、そして第二に、1960年代においても、職員数の少ない、小規模な自治体が多かったことが読み取れるであろう。たとえば1963年において、職員数30人以下の自治体は実に39と、全59自治体の66％にのぼる。ちなみに、伊江村の職員数が（同村が一島一村の自治体であることから見て）多いのは、村営の海運事業と電気事業に従事する職員が含まれているためである（第7集によれば、1964年1月現在で、それぞれ職員は41人、11人）。

　最後に、「復帰」直前、1972年の数字を見ておく。第15集によると、全琉合計では5,848人（この数字には、一般職員のほか、議会や選挙管理委員会の事務局職員、保育所職員、固定資産評価員、消防職員、監査職員、公営企業職員などが含まれる）、そのうちほぼ3割にあたる1,722人が那覇市の職員である。その他、職員数が多いのはコザ市の394人、石垣市の304人、名護市の257人などで、逆に、職員数が30人に満たない小規模な自治体も、10年前よりは減ったものの、依然12存在していた（大宜味村、東村、宜野座村、具志頭村、知念村、大里村、渡嘉敷村、座間味村、渡名喜村、南大東村、北大東村、多良間村）。

2. 給与

　次に、給与について見ていこう。1948年4月の、首里市・那覇市・真和志村長から沖縄民政府知事に宛てられた増俸陳情書[14]には、「役所職員ノ俸給賃金ガ他ノ官公署職員ノソレニ比較シ余リニ低率」で「生活困苦欠乏極ニ達シテ居ル」という文字が並んでいる。ここでは、具体的な給与額は判明しないが、第2集によれば、それから10年後の1958年3月の時点においては、吏員給与の全琉平均額は4,216円で、最高は那覇市の4,744円、最低は与那国町の3,000円である。なお、当時のものになる、1957年7月に改定された一般職給与法による琉球政府公務員の給与ベースは、4,977円であった。この額の算定方法は不明で、おそらく職員の実給与の平均をとったものではないので、単純な比

---

[14] 琉政文書「原議 1952年4月以降」(R00162655B) に収録された、「市、村職員俸給々々料増額方ニツイテ申請」(1948年4月9日)。

較はできないが、那覇市ですらこの数字に届いていない。

　続いて、第10集（1967年）から、1963年～67年の5年間の各市町村の平均給与額の推移を見てみると、全琉では、1963年の52.01ドルから1967年の76.76ドルへ、1.48倍の伸びとなっており、最高額は、各年とも那覇市がマークしている（63.80、72.01、75.21、80.21、88.15ドル）。1963年→67年の伸び率は、下地村の1.25倍（45.72→57.12ドル）が最低で、最も伸びた伊良部村では1.88倍（34.28→64.52ドル）である。再び参考として、この間の琉球政府公務員の給与ベースを示しておくと、1963年7月改定のベース額が71.79ドル、1967年7月改定のベース額が104.15ドルである。伸び率は1.45倍で、金額はやはり那覇市と比べても高い。

　1970年の第13集によれば、全琉の市町村職員の平均給は113.18ドルであった。最も多いのは那覇市の130.23ドルで、最も少ないのは多良間村の81.70ドルである。平均給が100ドルに達しない自治体は、全琉59市町村のうち21に及ぶ。1970年4月時点の琉球政府の全職員の平均給（これは給与ベース額ではない）は140.65ドル、行政職関係給料表（一）適用職員に限った平均給でも130.20ドルと[15]、この時点においても、市町村職員と琉政職員の給料差は明らかであった（那覇市が平均を押し上げている可能性が高く、多くの市町村では、数字以上の開きが体感されていただろう）。

　制度面では、1958年6月に宜野湾村が給与条例を制定したことが、インフォーマルな「しきたり」によって行われてきた給与決定をフォーマル制度によるものに転換する、「他の市町村に先駆けた」ケースとして報じられている[16]ことを考えると、整備が遅れていたことがうかがわれる。それから7年近くが経過した1965年2月に内務局地方課が公表した市町村行財政診断の結果においても、依然、給与決定が給与表と一致していないところもあるとの指摘がなされている[17]。

　15）　琉政文書「琉球政府公務員給与実態調査報告書」（R00002010B）による。
　16）　「地公法の精神をいれ　宜野湾村　職員給与条例を決める」沖タ 58.6.15、5。
　17）　「地域開発の計画欠く　市町村行財政の診断結果」新報 65.2.28、1。

3. 任用

続いて、任用に目を移そう。那覇市職員労働組合は、1961年度の運動方針中で、当時の琉球の市町村の状況を以下のように分析している[18]。

> 那覇市とコザ市が日に日に近代的な性格を濃厚にしているのと全く対照的に沖縄の大多数の町村の形態はいまなお前近代的なものを残しており、血縁的、地域的社会集団である。したがってこのような町村の村長、助役、収入役という人は大抵は村の名門、有力者で占められると共に、それらのつながりで補助職員も採用されるのが常である。……だから村長が交替すれば職員もそれについてやめなければならず、そこには近代的な労使関係が育ち難い。

　この分析は、どれほど妥当なものだったのだろうか。時点はこの運動方針が出されたよりかなり後の1971年であるが、琉球政府地方課が行った市町村の公務員制度に関する「各市町村公務員に関する実態調査」がある[19]。各市町村に調査票を送り、それを取りまとめたもののようで、当時全琉に存在した55市町村のうち、具志川村・名護町・南大東村を除いた52市町村のデータが掲載されている。それによれば、任用規則を定めている市町村は16、昇任基準を定めている市町村は9にすぎない。那覇市職労の分析では「近代的」になりつつあると評されたコザ市は、任用規則は持っていたが、昇任基準は定めていなかった。また、採用試験を定期的に実施していると回答した市町村はわずか3（那覇市・具志川市・読谷村）で、1965年以降何回か実施したと回答した自治体も18にとどまる（しかも、後述するように、那覇市が「定期的に」行っていたという回答には疑問符がつく）。以上から、琉球の市町村では、任用制度の整備は相当立ち遅れていたと言うことができるだろう。

　さらに言えば、制度が整備されていたとしても、実態が伴っていたとはかぎらない。そこで、琉球の首都にして最大都市であった那覇市の任用試験につい

---

[18] 那覇市職労結成二〇周年記念記念誌編集委員会編『那覇市職員労働組合二〇年の歩み』（以下本章では『二〇年の歩み』）1976年、61頁。
[19] 琉政文書「各市町村公務員に関する実態調査」（R00002679B）。

て見ておこう。戦前、1930年代の那覇市では、雇員の採用試験が「作文、国語、筆算、珠算、公民科」の科目によって実施されていた[20]が、戦後の職員採用試験は、管見のかぎり1951年4月にまで遡ることができる[21]。この時は10名の採用枠に152名が応募したが、うち女性が90名を占めており、当時の職場状況から推測するに、事務補助のような業務を行う職員の募集だったのではないかと思われる。なお、奄美群島の中心都市・名瀬市でも、「公明人事の一環として」、1952年11月に採用試験が実施されている[22]。受験資格は新制高・旧制中卒以上で測量技術、経理事務の経験者、試験は国語・そろばん・常識・面接で、採用枠は3名であった。

　話を那覇市に戻す。市では1955年10月15日に「職員採用、昇任試験及び昇給等に関する規則」を定め、特殊な専門知識を要する技術者などを除き、職員を試験によって採用する旨を定めた[23]。これに基づいて20日、勧業課水産係採用のため第1回の試験が行われ、16名が受験した。合わせて市が、近く雇員60人に1ヵ月間の研修を行い、試験の結果、書記候補者名簿を作って、試験による昇任の道を開く予定であることも報じられている[24]。試験は1956年2月にも実施され、10名の採用に579名が応募する盛況ぶりで、成績優秀者は名簿に登載され、欠員が生じ次第採用することとされた[25]。

　しかしこれ以後、（採用を試験によるものと定めた規則の存在にもかかわらず）試験採用はあまり定着しなかったようである。1957年10月の市議会では、瀬長亀次郎市長が就任した後に新規採用された104名中、競争試験で採用されたのは14名にすぎないがこれはなぜか、という議員からの追及を受けた総務課長が、多数の職員の大量かつ集中的な辞職があったため、やむを得ず選考採用を行った、と答えている[26]。また、1958年1月の兼次佐一市長との団交における組合側の要求には「選考による採用は情実的になりやすく、縁故採用のおそれもでてくる。仕事の能率をあげるためにも、条例に従って試験採用して

20)　東京市政調査会編『市吏員の銓衡方法と試験問題』1933年、30頁。
21)　「就職戦線も険し」うる51.4.1、2。
22)　「市吏員の採用試験」奄タ52.10.30、2。
23)　「那覇市　情実を廃し実力本位　職員の試験採用を規定」沖タ55.10.21、3。
24)　同上。
25)　「吏員の門も狭い　十名採用に五百名も殺到」新報56.2.16、3。
26)　「職員人事を追及　那覇市会」新報57.10.8、3。

もらいたい」[27]とあり、採用試験は組合がわざわざ「要求」しなければならないものと観念されていたことがうかがえる。なお、兼次市長時代には、1958年3月に採用試験が実施されたという報道がある[28]。一般事務と技術関係に区分された試験は、即時採用する枠と候補者名簿に登録する枠が設けられ、前者が約10名、後者が約20名を募集のところ、高卒予定者から「白髪のおじさん達」まで、330名が受験したという。

その後、市長が保守系の西銘順治に代わってからも、1962、63年と、団交において組合が選考採用を問題視し、試験によることを求めた報道・記録が見られる[29]。市長・当局は、この組合の追及を、地方公務員法ができれば競争試験による採用を検討する、とかわしている。ただし、一般事務、技術関係の補助職員をそれぞれ書記、技手補に昇任させるための試験は、1962年11月に実施されている[30]。科目は一般教養、市町村自治法、市条例などで、事務32名、技術17名が受験し、29人が書記、16人が技手補に昇任したという[31]。

西銘市政下の採用試験は1966年8月、「一九五七年以来、約十年ぶり」[32]に、大卒と高卒、一般職と技術職に分けて実施された。前述のとおり、採用試験は1958年に実施されているので、記述に誤りがあるが、58年以降定期的に実施されてはいなかったと考えてよいだろう。報道[33]によれば、この試験の背景には以下のような事情があった。すなわち、市が8月1日付で大幅な機構改革を行い、それに合わせて数十人を新規採用することにしたところ、就職希望者の履歴書が約700通殺到。そのほとんどが市議や有力者の紹介によるものだったため、市は人選に行き詰まり、試験を行うことにしたということである。ちなみに、試験をすると分かったためか、多くの希望者が「逃亡」し、受験者は一般職では300人弱になってしまったという。

おそらく、西銘時代の試験はこれきりだったのであろう。1969年6月18日

---

27) 『二〇年の歩み』35頁。
28) 「十名の採用にどっと三百名　那覇市役所」沖タ 58.3.2、7。
29) 「情実選考に抗議　那覇市職労　職員採用で市長追及」新報 62.9.18 夕、3。『二〇年の歩み』99頁。
30) 「五年ぶりの昇任テスト　那覇市役所」沖タ 62.11.11、2。
31) 「見習職に昇任試験」沖タ 62.12.3、6。
32) 「10年ぶりの採用試験　那覇市役所」新報 66.8.18 夕、3。
33) 「応募の辞退相つぐ　市役所の職員採用試験」新報 66.8.19、10。

表 5-2　一般職員と管理職の学歴構成の比較（1965 年）

単位：％

	小学	高小	新中	旧中	新高	準専	短大	旧専	新大	旧大
一般職員	1.6	32.1	8.2	9.5	43.5	0.8	1.8	0.2	2.4	0.0
管理職	0.7	50.7	1.0	23.6	15.9	4.4	0.7	0.7	2.0	0.3

（出典）琉球政府地方課『市町村行財政資料　第 8 集』1965 年をもとに筆者作成。

の琉球新報は、市長が 1968 年 11 月に革新系の平良良松に代わったことをきっかけとして、市が「初めて」採用試験を実施した、と報じている[34]。職種は水道メーター検針員、募集人員は 13 人であった。さらに同年 8 月には、上級事務・技術職（大卒）、中級事務（短大卒）、初級事務・技術（高卒）、保母などの職種で採用試験が行われ[35]、1,000 人あまりの受験者から、68 人の合格者が選抜された[36]。翌 70 年 5 月にも上級事務、中級事務、初級事務、上級技術、初級技術という種別で試験が実施され、128 名が合格した[37]。

4. 市町村職員のデータ

続いて、市町村職員の大まかなプロフィールをつかむため、いくつかのデータを見ておきたい。まず、最終学歴についてである。これに関する最も古いデータは第 6 集（1962 年）に見ることができるが、それによると、全琉市町村職員の構成比は、小学卒 4.6％、高小卒 30.0％、新中卒 6.9％、旧中卒（2 年制、4 年制、5 年制の合計）14.1％、新高卒 40.2％、準専卒 0.5％、短大卒 1.3％、旧専卒 0.6％、新大卒 1.7％、旧大卒 0.0％（2 名）となっており、新制高校卒が多数で、これに高等小学校卒が続き、両者で全体の 7 割を占めている。これに対し、第 3 章で見たとおり、琉球政府では 1959 年時点ですでに大卒者が 18.5％にのぼっており、かなり構成が異なることがわかるだろう。

第 8 集（1965 年）には、管理職だけにかぎったデータがあり、これを同時点の一般職員のそれと比較することができる。その数値を示したのが表 5-2

---

34)　「職員採用に「試験制」那覇市が初めて取り入れ」新報 69.6.18 夕、3。
35)　「採用試験実施へ　受験申し込みはあすから」新報 69.7.6、9。なお、試験問題は人事委員会が作成したものを使っていたようである（「来月三日に試験　那覇市の職員採用」沖夕 69.7.5、11）。
36)　「"二十倍"の難関突破　那覇市職員の採用試験一、二次合格者を発表」新報 69.9.5 夕、3。
37)　「職員採用試験最終合格者を発表　那覇市役所」新報 70.5.20、2。

で、管理職では、新制高校卒が少なく、その分高等小学校卒・旧制中学校卒が多いことが分かる。

それからおよそ10年後のデータとして、先述の「各市町村公務員に関する実態調査」から、一般行政職員数に占める割合を全市町村で見ると、大卒者5.2％、短大卒者6.2％、高卒者59.8％、中卒者28.8％と、圧倒的に高卒者が多い[38]。これまでのデータと比べると、中卒（以下）者が減少し、その分、高卒者と大卒者が増えたと推測される。なお、大卒者は、最も多い那覇市でも11.8％、次に多い美里村が10.4％で、1割を超えているのはこの2市村のみであり、大卒者が一人もいない自治体が過半数の28を数えている。

次に、職員の年齢と勤続年数について見ていこう。第6集（1962年）によると、全市町村職員中、最も構成比が高いのは25〜29歳で23.0％、続いて20〜24歳の16.9％となっており、全職員の4割が20代だったことになる。これに続くのは30〜34歳の15.0％、34〜39歳の11.5％で、当時の市町村には若い職員が多かったことが想像される。同じ資料によると、在職年数で最も構成比が高いのは7年以上10年未満のグループで17.0％、それに1年未満の16.5％、5年以上7年未満の15.7％、1年以上2年未満の11.0％が続いている。なお、このデータで、戦前から継続して勤務していることになる在職年数20年以上の職員は5名、一部にその可能性がある15年以上20年未満の職員は44名で、これは当時の全市町村職員の1.5％にすぎない。ここから、市町村における人的な意味での戦前との連続性は、琉球政府（およびその前身機構）のそれよりもかなり薄かったと推測される（ただし、勤続していないだけで、勤務経験は持っている、という職員がいた可能性はある）。

在職年数については、学歴と同じく、第8集（1965年）で一般職員と管理職を比較できる。それを示したのが表5-3である。

管理職の方が勤続年数が長い傾向にあるのは一目瞭然であろう。一方で、3年未満の管理職も15％を超えていることには、注目しておいてよい。これが、内部昇進ではない人事が一定数存在していたことを示唆しているためである。

---

38) 『市町村行財政資料』よりも分類が簡素になっているが、おそらく、小学・高小・新中を「中卒」、旧中・新高を「高卒」、準専・短大・旧専を「短大卒」、新大・旧大を「大卒」と扱っているのではないかと思われる。

表 5-3 一般職員と管理職の在職年数構成の比較（1965 年）

単位：%

	＞1年	1＞3	3＞5	5＞7	7＞10	10＞13	13＞15	15＞20	20≧
一般職員	14.6	24.1	14.1	14.5	15.4	11.1	3.3	2.1	0.8
管理職	1.7	14.9	7.8	12.2	18.2	21.3	11.8	11.5	0.7

（出典）琉球政府地方課『市町村行財政資料　第 8 集』1965 年をもとに筆者作成。

　第 11 集（1968 年）によると、全琉市町村職員の平均年齢は 34.8 歳である。市町村別に見ると、最も高いのは粟国村の 45 歳、最も低いのは南大東村の 26 歳となっており、平均年齢が 40 歳代の市町村は三つ（伊是名村、具志川村、粟国村）にすぎないのに対し、20 歳代の市町村は 10 存在する（伊江村、与那城村、勝連村、読谷村、宜野湾村、豊見城村、具志頭村、南大東村、北大東村、上野村）。また、第 13 集（1970 年）によると、全琉市町村の職員の平均勤務年数は 6 年 11 ヵ月となっている。市町村別にみると、最長は恩納村の 9 年で、これに那覇市の 8 年 11 ヵ月、知念村の 8 年 1 ヵ月が続く。最短は多良間村の 2 年 8 ヵ月である。なお、「琉球政府公務員給与実態調査報告書」（本章注 15 参照）によると、1970 年 4 月時点での琉球政府公務員全体の平均年齢は 35.3 歳、平均勤続年数は 8 年 9 ヵ月、行政職関係給料表（一）適用職員にかぎると 34.8 歳、8 年 6 ヵ月である。すなわち、市町村職員は（調査時点が異なるものの）平均年齢ではそれほど変わりがなく、しかし平均勤務年数ではかなり短いことがわかる。

　最後に、直接に給与・任用制度とは関わらないが、各市町村における労働組合の結成状況について、「各市町村公務員に関する実態調査」によって紹介しておきたい。調査対象の 52 市町村から無回答の金武村を抜いた 51 市町村中、15 の町村で組合が結成されていなかった。専従職員を置く規定を持っている組合は 8（石川市、コザ市、北谷村、西原村、那覇市、平良市、石垣市、竹富町と、基本的に規模の大きな自治体がほとんど）にすぎず、しかもその中で実際に専従職員を置いている組合は那覇市とコザ市のみであった。那覇市は 6 人の専従職員を抱えており、他の市町村には類を見ない体制であったと言えるだろう。この那覇市職労が、市町村公務員法の反対運動に大きな影響力を持ったことは、次節で詳述する。

第 3 節　「幻」の市町村公務員法

　第 2 章で詳しく見たように、琉球政府では、日本の地方／国家公務員法に準拠した琉公法が制定され、公務員制度の基礎を与えていた。それに対し、すでに冒頭で述べたとおり、市町村職員に適用される、日本の地方公務員法にあたる立法は、「復帰」に至るまでついに制定されなかった。だがこれは、そもそも制定に向けた動きがなかった、ということではない。本節では、「琉球の地方公務員法」である市町村公務員法がなぜ制定に至らなかったかの解明に取り組む。その過程では、教育区立学校の教職員に適用する[39]ことが想定され、こちらも制定に至らなかった（そして、その制定を最終的に阻むに至った、立法院における 1967 年 2 月の「大立ち回り」が、戦後琉球史上の一大事件になっているために、市町村公務員法より圧倒的に知名度の高い）、いわゆる「教公二法」＝地方教育区公務員法・教育公務員特例法についても取り上げることになるだろう。それが、琉公法が適用されない「公務員」に法の網をかけるべく制定を模索されたという意味で、市町村公務員法といわば双子の関係にあり、そのために、両者をめぐる動向がさまざまな局面で相互に関連し合っているためである。なお、章末に年表を掲載したので参照されたい。

1.「慎重な検討」の時代：1952 〜 1959 年
　市町村職員に適用される公務員法を制定しようという行政府の動きは、1952 年 12 月中旬にすでに見える。行政課長の稲嶺成珍が、近く地方公務員法の要綱を作り、市町村長の意見を聞くつもりであると述べたことが、新聞で報じられているのである[40]。同じ新聞は翌 53 年 1 月末にも、総務局が法案を起草中である旨を報じているが[41]、事態が進展した跡は、管見のかぎり見出せない。
　続いて、1953 年末〜 54 年初頭に、稲嶺行政課長が USCAR 渉外部長のエド

---

39)　厳密に言うと、地方教育区公務員法は、地方教育区職員すべて（すなわち教員でない職員を含む）に適用されるのに対し、教育公務員特例法は、（琉球政府公務員である）琉球政府立学校の教員と（地方教育区公務員である）地方教育区立学校の教員に適用されるものであった。
40)　「地方公務員法　草案作成準備」沖朝 52.12.15、2。
41)　「教育公務員　一般公務員とは別個に特例措置の立法が必要」沖朝 53.1.29、2。

ワード・フライマスへ「市町村公務員法案」を非公式に送付して意見を求めた書簡が、USCAR 文書に残されている[42]。書簡には日付が付されていないが、稲嶺が行政課長だったのは 1952 年 4 月から 54 年 3 月までであり、書簡中に「1953 年 12 月 6 日に開催された市町村の人事担当者会議[43]において、市町村公務員法の早期立法を求める声が上がりました」、「4 月に開会される立法院に立法案を提出する計画です」という記述があることを踏まえると、1953 年 12 月から 54 年 3 月の間に書かれたと推測できる。ただ、この書簡に当然付されていたであろう立法案は、同じ文書内には収録されていない[44]。

第 2 章で見たとおり、稲嶺は日本の地方制度に関する情報収集に燃えて 1951 年に渡日しており、この時当然、日本の地方公務員法（1950 年 12 月公布）にも触れ、琉球でも同種の立法を制定することを考えていただろう。実際、彼は 1951 年 11 月下旬に、地方公務員法の内容を紹介する 6 回の連載文を『沖縄タイムス』に寄稿し[45]、1952 年 3 月の沖縄群島議会では、行政課長として、市町村にも「公務員法を作ることによって職員任用に遺憾ない様に致したい」と答弁している[46]。

だが、この動きは、非公式のままで終息してしまった。USCAR 文書（マイクロフィッシュ）の上記書簡の隣のコマには、フライマスのものとみられる「時間が取れず、まだ検討していない」という走り書きのメモが収められており、彼の積極的な反応を得られなかった行政府側は、立法化をひとまず断念したのではないかと思われる。1954 年 9 月には、同月に各地で実施された首長・

---

42) USCAR 文書「Legislative Act Background Files, 1956」（USCAR25411）に収録された、稲嶺発フライマス宛書簡「Transmittal of Law Draft Concerning the City, Town or Village Public Service Law」。

43) 「地方公務員法の早期立法と政府補助金制度確立を決議」新報 53.12.7、2 によれば、これは市町村職員 700 人の他、主席・副主席・内政局長までが出席した市町村職員大会であり、この大会では実際、「身分保証確立のための地方公務員法の早急立法化」が決議されたという。

44) ちなみに、『沖縄タイムス』は 1954 年 1 月 17 日付紙面に、「目下内政局行政課で立案中」の地方公務員法案について「稲嶺課長にその構想をきいてみた」として、法案の大綱を掲載している。主な内容としては、人事委員会は実情に即さないので公平委員会制度を採り、一定の範囲で政治的行為を制限する、などであった。

45) 稲嶺成珍「日本の地方公務員制度（一）〜（六）」沖タ 51.11.19-22, 24-25、1。

46) 第 13 回沖縄群島議会第二部委員会（1952 年 3 月 17 日）における発言。沖縄県議会事務局編『沖縄県議会史 第 14 巻』1996 年、582 頁。なお、第 2 章で述べたとおり、稲嶺は 1952 年 3 月 1 日付で臨時中央政府行政課長となっている。したがって、沖縄群島政府行政課長と兼務の状態にあったのだろう。

議員選挙において市町村職員の選挙運動が表面化し、政治的中立性と身分保障の面から地方公務員法の立法を求める声が出たことを踏まえて、行政課が地方公務員法の成案を得て USCAR と調整の段階にある、という報道[47]も見られるが、それ以上の進展はなかった。

　一方、教育関係職員に適用される公務員法は、市町村のそれよりも早くから具体的検討がなされていた。1952 年 10 月の立法院における琉公法の審議中、兼次佐一（社大）や新里銀三（民主）から、（琉球政府立以外の学校の）教職員に適用される身分保障法、公務員法について考慮しているかと問われた与儀達敏（民主）は、今年度中の提出を目指して人事委員会が立案中である、と発言している[48]。なお、この際、兼次は市町村公務員に対する身分保障法の整備についても質問したが、与儀はこれに対して、7～8 人しか職員のいない小規模町村にまで一律に適用される公務員法の必要性は議論になるところで、現時点では制定を考えておらず、各市町村が琉公法に基づいて条例で定めるのがよいと答えている[49]。

　与儀の発言を受けてか、人事委員会は 11 月 25 日付で文教局に教育公務員法案の作成を要請したようである。しかし文教局はおよそ 2 ヵ月の時間を置き、教育公務員法は政府公務員法や地方公務員法に基づくのが適当であり、特に地方公務員法の参考案ができた後に同法の参考案を作成する、と返答している[50]。

　だが結局、文教局は、琉公法は施行された（1953 年 1 月）ものの、地方公務員法の制定の見通しはまだ立っていない、という段階にあった同年 4 月、「教育公務員法」を立案した[51]。新聞報道[52]によれば、この立法は、政府立学校・公立学校の教員や教育委員会の教育職員をひとまとめにして「教育公務員」とし、その身分を琉球政府公務員とした上で、校長及び教員の採用は選考

---

47)　「地方公務員法成案　政治的中立と身分保障が狙い」新報 54.9.27、2。
48)　第 1 回立法院本会議（1952 年 10 月 22 日、会議録 69 号）。
49)　ただし与儀は、それより 4 ヵ月ほど前の時点では、教職員に適用される公務員法の検討とあわせて、「市町村の公務員法も制定すればスッキリする」と語った、とも報じられている（「解説　時の問題　公務員法」沖タ 52.6.9、1）。
50)　琉政文書「試験関係書類 1953 年　雑書」（R00154829B）に収録された、文教局長発人事委員会委員長宛文書「教育公務員法参考案について」（1953 年 1 月 21 日文学第 37 号）を参照。本文書が、上述の 11 月 25 日付人事委員会文書（人委第 194 号）への返信となっている。
51)　「教育二法案の審議経過」新報 63.1.22、5。
52)　「教育公務員特例法案（一）（二）」沖タ 53.5.26、28、2。

によるものとするなど、任用の特例を定め、さらに、公立学校に勤務する職員に勤務する教育区域外での政治行為を認める内容となっていた。法案は6月9日の第10回中央教育委員会（以下、中教委）[53]で討議され、地方公務員法の条文を加味して近く法務局と折衝し、政府立学校と公立学校の職員に適用する法案を文教局で作り、できるだけ早く立法化する方針になった[54]とされるが、結局、立法勧告にはつながらなかった。なお、名称について、新聞報道では教育公務員特例法とされ、中教委では教育公務員法と呼ばれたり特例法と呼ばれたりと、安定性を欠いている。

　1954年になると、教育公務員法は、琉球政府教育公務員特例法と地方教育公務員法という2本の立法案に分解される。立法案の原文は管見のかぎり見当たらないが、前者は、琉球政府公務員としての身分がはっきりしている政府立学校の教員に適用される、「教育公務員の職務とその責任の特殊性に基き、教育公務員の任免、分限、懲戒、服務及び研修について規定する」日本の教育公務員特例法にあたる立法であり、後者は、「地方教育区の人事機関並びに地方教育公務員の任用、職階制、給与、勤務時〔間〕その他の勤務条件、分限及び懲戒服務、研修及び勤務成績の評定……〔など〕人事行政に関する根本基準を確立する」地公法的な内容の立法であった[55]。両法案は3月から文教審議会で審議され、6月に（諮問がどのようなものだったのか判明せず、内容は不明であるが、おそらくは立法措置を可とする、といった趣旨の）答申として可決された[56]。文教局が当初示した立法案にあった争議禁止規定は、特別委員会の段階では一旦削除されたが[57]、答申時には復活している。中教委では、4月（第16回）に趣旨説明が行われたが、審議はほとんどなされず、9月にも研究討議が行われたようだが[58]、結局立法勧告には至らなかった。なお、この間8月に教職員会は、地方教育公務員法の早期立法を要請する総会決議を行っている。これは、同法による教職員の身分保障の確立を期待したものであった[59]。

53）　中教委の会議録は、沖縄県公文書館で公開されている。
54）　「教育公務員法等立法手続き急ぐ」沖タ 53.6.10、2。
55）　「文教行政の民主化狙う　教育法案の答申案成る」琉球新聞 54.6.2、2。
56）　「教育関係法の答申案なる　近く立法手続き」沖タ 54.6.2、3。
57）　「"教員の良識を信ずる"　注目の「争議禁止」全文削る」沖タ 54.5.6、2。
58）　教公二法闘争史編集委員会編『教公二法闘争史』（以下本章では『教公二法闘争史』）沖縄県教職員組合、1998年、84頁。

年が変わって1955年の5月23日、文教局は第26回中教委に教育公務員法案を提出した[60]。再び立法は1本になり、政府立・公立の教員に一括適用されるものとなった。内容は、教育公務員の身分保障、教育人事委・公平委の設置、政治活動規制などであり、教公特例法よりは、地公法に近いものであったと推測される[61]。中教委の審議は、当該教員が属する教育区の域内での教員の政治活動を禁止した文教局案に賛成する委員と、そもそも政治活動を全面禁止にすべきだという委員が並立し、これに、政治活動を全面的に認めるべきだとする教職員会の要請が絡まったが、結局、第29回中教委（8月8日）において4対2で原案が可決された[62]。ところが1ヵ月後には、背景ははっきりしないが、行政府が立法勧告の見合わせを決め、またしてもお蔵入りとなった[63]。

　1956年に入り、1954年9月以来音沙汰がなくなっていた市町村公務員法が再び検討の俎上に乗せられる。3月8日に内政局で法案が起案され、5月2日には事前調整のためにUSCARへ送付された[64]。しかしその後、動きはぱったりと止んでしまう。一方この頃、正確な時期は不明であるが、文教局は、教育区公務員法と教育公務員特例法を立案することになった[65]。起案された市町村公務員法が、はっきりと教育区を適用対象からはずしており、公立学校教員の身分を規定する独自の立法を制定せざるを得ないと判断されたのであろう。ともあれこれにより、以後、教育公務員関係法案の構成は安定化した。なお、1960年代後半になるまで、両法は現在一般的に使われる「教公二法」ではなく、「教育二法」と呼ばれることが多かったが、繁雑さを避けるため、以下では「教公二法」に統一する。

　1956年後半は市町村公務員法・教公二法のどちらにも目立った動きはなかった。わずかに、12月1日、第3回市町村職員共済会の定期総会で、会員（名

59）　同上。
60）　「教育公務員法案なる　教員の政治運動を規制」新報55.5.24、3。
61）　第26回中教委会議録（1955年5月23日）に法案の内容が紹介されている。
62）　「教育公務員法案可決　政治活動禁止で鋭く対立」新報55.8.9、3。
63）　「陽の目を見ない法案　教育公務員法など立法見合わせ」新報55.9.14夕、2。
64）　前掲USCAR文書（USCAR25411）に収録された、行政主席発民政官宛文書「Draft Local Public Service Law」（GRI-IA42、1956年5月2日）。
65）　沖縄県教育委員会編『沖縄の戦後教育史』1977年、184頁。少なくとも教育公務員特例法に関しては、9月下旬に文教局が次の立法院に立法要請をすべく、法案の検討を進めている、という報道（「教育公務員法　文教局が立法要請を準備」沖夕56.9.26、2）がある。

護町役場職員）から、職員が「薄給に甘んじている現今、一日でも早く地方公務員法を立法して、われわれが安心して日々の業務に従事できるように」してほしい、という要望が挙がったくらいである[66]。ただ、注目すべきは、この同じ会で、当間主席が市町村公務員法等の関係法を早期に制定したいと述べていることである。先取りになるが、その1年後の57年12月に開催された第5回定期総会でも、主席はまったく同趣旨（というより、ほぼ同内容）の発言を行っている[67]。つまり、少なくとも行政府（の長）が制定に前向きな姿勢を公にしていたことは確認できる。

　明けて1957年の3月、平良市で労働組合結成の動きが起こる[68]。これに対し中央労働委員会（以下、中労委）の公益委員会議は、4月に行った資格審査において、規約中に争議権の行使が謳われていることを取り上げ、「公共団体として疑問がある」として、同規定の削除と争議権非行使の取り決めを自発的に行うことを求めた[69]。同様の事例は5月に石垣市でも発生し[70]、結局両市職労は要求を容れ、争議権を自発的に放棄することをもって、正式に労組としての資格を得た[71]。このような、いわば法的に不安定な状態が現出したことで、労働局次長からは争議権禁止を、石垣市役所職員労働組合結成準備会からは争議権容認をそれぞれ企図した、「地方公務員法」の立法化の必要性が訴えられた。

　また、同じ3月には与那国町で、前月に当選した新町長が課長級を含む9名の職員を馘首し、解雇手当なども支払っていないこと、これ以外にも吏員の給料未払いが3ヵ月に及んでいること、吏員が組合を結成して団結する情勢であることが、八重山労働基準監督署長から労働局長宛に報告されている[72]。

　これらの事案の発生が引き金になったという史料的な裏付けはないが、5月初頭から琉球政府とUSCARの事前調整が開始され、石垣市職労が争議権を「自主放棄」した3日後の5月20日付で、市町村公務員法案はUSCARに正式

---

66)　「補助金交付と早く市町村公務員法の立法化を！」『沖縄市町村会報』8号、1956年。
67)　「沖縄市町村職員共済会第五回定時総会」『沖縄市町村会報』40号、1957年。
68)　「課長らも全員加入　平良市役所15日労組を結成」新報57.3.12、3。
69)　「争議権の条項を削除　平良市職員労組の資格申請に」新報57.4.11、3。
70)　「注目ひく地方公務員の争議権　指導官迎え八重山で論議」新報57.5.14夕、3。
71)　石垣市職労については「自発的に争議権を放棄　市役所職員の労組結成」新報57.5.17夕、3。
　　　平良市職労については「争議権をひっこめる　平良市労組規約調整なる」沖夕57.4.30、3。
72)　「吏員九名を解雇　与那国町に労働事件の訴え」沖夕57.3.20、3。

に送付[73]、6月3日付で承認が下りている[74]。これを受け行政府は6月8日付で、立法院(第 10 回定例会)に対して初めての立法勧告を行った。「市町村公務員制度についても……速かに琉球政府公務員法に盛られたと同様の理念と体制を導入し、もって市町村の行政の民主的且能率的な運営を保障し進んで市町村自治の本旨の実現に資する」こと、そして、「政党政治が発達しつつある現段階において、……所謂官僚制〔猟官制の誤りか〕の弊害も予想される今日、民主的能率的な身分法制を確立することは……市町村公務員にとっても極めて必要なこととなってきている」ことが勧告理由とされていた[75]。勧告は行法委に付託されたものの、立法案は発議されなかった。期間中の会議録を見るかぎり、議事に乗せられた形跡はまったく見られない。ちなみに当時の立法院は、主席与党の民主党が 29 議席中 16 議席を占め、行法委の委員も 6 名中 4 名が民主党所属であったから、与党にその意思さえあれば、立法は成立させられたはずである。

　その年の 10 月、立法院の次期定例会に向けて、公立学校教職員にも適用される地方公務員法の勧告を内政局が準備しているとの報道が出された[76]。しかし翌 58 年 2 月には、文教局が、市町村と教育区を同一類型の法人とみなしうるかを法務局に照会している[77]。文教局は、「みなしうる」という見解を得て、教育区職員を市町村公務員法の適用範囲内に含め(教育区公務員法の制定を回避し)ようとしたのであろう。つまり、少なくともこの時点では、内政局は同法の適用範囲を教職員にまで拡充しようと企図していなかった(と、文教局は認識していた)ことになる。法務局は文教局の照会に対し、教育区公務員を包含するように地方公務員を定義すればよいと回答しており[78]、文教局はこれをもって内政局との調整にあたったはずだが、結局 3 月の第 56 回中教委で教育

---

73) 往復文書(YD-71, Reel No.40)に収録された、主席発民政官宛文書「The Municipal Public Service Bill」(GRI-IA(C)135、1957 年 5 月 20 日)。
74) 往復文書(YD-71, Reel No.41)に収録された、主席宛文書「The Municipal Public Service Bill」(1957 年 6 月 3 日)。
75) 第 10 回立法院本会議(1957 年 6 月 11 日、会議録 16 号)に提出された、主席発立法院議長宛「「市町村公務員法」の立法勧告について」(官総第 382 号)。
76) 「次期定例会への勧告案件　行政府　来春への備え」新報 57.10.11、2。
77) 「どうなる二ツの法人　教育公務員の特例法案」新報 58.2.10、3。
78) 「地方公務員に包含　法務局　地方公務員の身分」新報 58.2.16、5。

区公務員法案を議案としている（ただし、会議録を見るかぎり、議題として上程された形跡はない）ところを見ると、調整は失敗に終わったのだろう。

　ここで先取りになるが、その後の教公二法案をめぐる動向を記しておく。教職員会は、主に勤務評定の実施を取り上げて、反対の構えを見せた。3月中旬には「評定方法が本土同様となった場合は賛成できない」、「本土では既に問題となったものだが、いまごろ沖縄でこれを実施しようとする文教局の意図が解しかねる」と、その姿勢を明確にする[79]。しかし、教公二法案は6月の第59回中教委における集中審議で可決され、文教局は7月8日付で立法勧告案を官房へ送付した[80]。これを受け教職員会は、11日に立法院の全議員を呼び、勤評と政治行為制限に反対することと、その理由を説明した[81]。その後、詳細は不明であるが、USCARとの事前調整で教育部以外の部局からの承認が得られず、結局立法勧告は見合わせられた[82]。

　文教局が法務局に照会をかけていたのと同じ58年2月、平良市で、新任の市長が課長級を含む13名の職員に辞職を勧告したことから労組との間で紛争が生じ、労組は同月末、中労委に調停を申請した[83]。これを受け、中労委の委員と事務局長が現地調査を行ったが、その際労組側は、調停が不調に終わった場合には、結成時に放棄することを決めていた争議権を発動することを示唆する[84]。結局、3月中旬に市長が解雇方針を撤回したため、紛争は収束に向かったが、自治体労組によるストライキの発動が現実味を帯びたことで、中労委はあらためて争議権剥奪規定を盛り込んだ地方公務員法の制定の必要性に言及し[85]、新聞社説も、職員が政治問題から離れ、安心して仕事ができるように同法を制定すべきだと論じた[86]。

79)　「注目の的 "勤務評定"　文教局　教育公務員法を立案」沖タ 58.3.13、4、「勤務評定に反対する　教職員会　"校長一存では危険"」沖タ 58.3.16、4。
80)　「教育法の一部改正見合す　教育区公務員法を立法勧告」新報 58.7.9、5。
81)　「民主教育をくずすのみだ　教職員会が理由あげて反対」沖タ 58.7.13、4。
82)　琉政文書「教公二法、教員公務員特例法の立法 1963年」(R00163745B) に収録された、「地方教育区公務員法案及び教育公務員特例法案の立案並びに審議の経過について説明（義務教育課長　知念繁）」を参照。
83)　「大量解雇の調停　平良市職員労組が申請」新報 58.2.27 夕、3。
84)　「地方公務員法制定を　注目の平良市争議」新報 58.3.6、1。
85)　同上。
86)　「社説　地方公務員のスト」沖タ 58.3.2、1。

また、同じ3月には市町村会が、1959年度予算編成への要望事項の中で、「薄給に甘んじ乍らも地方公務のために粉骨砕身する職員に対して身分保証[ママ]が与えられるよう」、市町村公務員法の早急な制定を要求している[87]。さらに、石川市職員労働組合が27日の結成大会で「地方公務員法の立法促進」を決議し[88]、4月には八重山の4市町の労組が立法促進を求める大会を開催して行政府・立法院に決議文を送る[89]など、一部の自治体労組からも制定を求める声が上がっていた。

　このように各方面から立法を求める声が上がる中、第12回定例会に市町村公務員法の2回目の立法勧告が行われた（4月16日付）。これも行法委に付託され、5月23日、26日、27日と、参考案の逐条の読み合わせが行われた[90]。審議に合わせて、市町村会は立法院宛に早期立法を要請し[91]、さらに立法案の内容に意見具申も行っている[92]。だが、第10回と同様、立法案は発議されなかった。この時の立法院の勢力は、社大党10、民主党8、民連5、新政会6、行法委では社大2、民主2、民連1、新政会1と、どの党も主導権を握れない状況になっていた。民主党と新政会が「保守合同」を遂げて沖縄自由民主党（自民党）となるのは翌59年10月であるし、社大党と民連はこの年1月の那覇市長選をめぐって激しく対立しており、しかもこの時期の社大党は必ずしも革新政党の性格を帯びてはいなかった[93]。つまり、反対・賛成の勢力図がまだ明確には描けない状況だったのである。結局9月3日に閉会中継続審議（立法調査）が可決されて幕切れとなったが、審議さえされずに廃案となった前回と比べれば、少なくとも議題として取り上げていこうという意思が生まれてきていたとは言える。

　立法院の閉会後、市町村公務員法案の作成の当事者である行政課の職員は

---

87)　「政府へ59年度予算編成に対する要望」『沖縄市町村会報』45号、1958年。
88)　「石川市職員労組生れる」沖タ58.3.30、2。
89)　「地方公務員法の立法　八重山で促進大会準備」沖タ58.4.14、2。
90)　会議録14〜16号。ただし、実質的な審議は「休憩」中に行われており、会議録にはその内容がまったく残されていない。
91)　「市町村会六月定例総会」『沖縄市町村会報』50号、1958年。
92)　「法制定により地方公務員の身分を確保せよ」『沖縄市町村会報』52号、1958年。
93)　比嘉幹郎「政党の結成と性格」宮里政玄編『戦後沖縄の政治と法』東京大学出版会、1975年、257頁。

『沖縄市町村会報』に、「誠に残念」であり、早期の実現を望む、という趣旨の文章を寄稿している[94]。閉会中の 11 月 18 日には、立法院調査室が集めた、参考案に対する各地区の意見が報告された[95]ようだが、結局、「各面の意見を徴する機会がなくて十分なる御審議を尽くしていない」ので「次の機会に改めて委員会の研究議題としたい」[96]ということで、審議は打ち切りとなった。

以上、この時期の市町村公務員法をめぐる動向をまとめると、市町村会や一部の自治体労組が明確な推進勢力となっており、行政府もその制定を明確に企図していた。しかし、USCAR や立法院は立法にあまり積極的な姿勢を見せなかった。いちおう USCAR は承認を与え、（少なくとも 1 回目の勧告が行われた第 10 回定例会については与党・民主党が多数を占めていた）立法院には二度の立法勧告が行われたが、立法案の発議にすら至らなかったのである。

一方、明確な反対勢力の不在も、この時期の特徴である。これは、後に有力な反対勢力となる労働組合の結成が立ち遅れていたことによるところが大きい。首都・那覇市でも結成は 1956 年 8 月で、58 年末までに労組が結成されていたのは、那覇・平良・石垣・伊良部・石川・具志川・嘉手納の 7 市村にすぎなかった[97]。

しかし 1957 年には、平良・石垣両市の労組結成に際して「市町村職員のストライキ」という可能性が「気付かれ」、この時にはさしあたり労組側の自発的放棄によって収束したものの、翌 58 年には、市町村初となった平良市の労働争議が、実際にストライキを起こりうるものとして認識せしめた。立法勧告がなされたタイミングを見ると、このような労組の動きが、市町村公務員法の制定に向けた動きを呼ぶ一因となっていたとも考えうる。実際、中労委はこの文脈で立法制定を繰り返し求めた。

この時期、明確な反対勢力が存在しなかったにもかかわらず、市町村公務員法が制定に至らなかった理由は、必ずしも明確ではない。ただ単に、立法院で

---

94) 嶺井政治「市町村公務員法の早期実現を望む」『沖縄市町村会報』54 号、1958 年。
95) 第 12 回立法院行政法務委員会（閉会中、1958 年 11 月 17 日、会議録 3 号）における平良良松委員長の発言。
96) 第 12 回立法院行政法務委員会（閉会中、1959 年 1 月 30 日、会議録 21 号）における平良良松委員長の発言。
97) 琉政文書「市町村公務員法参考案及資料」（R00002681B）に収録された、「市町村公務員の労働組合調 1963 年 12 月 1 日現在」を参照。

重要な議題とみなされていなかった、という見方もあろうが、ここではもう一つの可能性について述べておく。時計の針が進むが、1963年5月の立法院内政委員会における審議中、審議未了が繰り返されてきた理由を問われた内務局長は、「そのほかにもいろいろ理由はあったと思いますが」、「主に市町村財政の面から公務員法を制定することは時期尚早ということであったと思っております」と答弁している[98]。むろんこの言を額面どおりには受け取れないが、「そのほか」の「いろいろ」な理由の中に潜まされているのだろう労組の圧力がまだ顕在化していなかったこの時期にも同法が成立しなかったことを考えれば、「市町村財政の面」——すなわち、市町村の財政基盤が弱く、市町村公務員法が要求する諸制度の実施に耐えられないのではないかという懸念——が、立法の一つの障碍をなしていたというのも、あながち的外れな推論ではなかろう。

2.「政治化」の始まり：1959〜1963年

　第12回定例会の閉会中継続審議が未了となった市町村公務員法であったが、第14回定例会には立法勧告は行われず、開会日の1959年2月2日に再び立法調査が発議され、行法委に付託された。その少し前、1月末には、城辺町で首長が職員20人中16人に辞表提出を勧告し、辞意のない職員には半強制的に辞表を書かせて依願退職させるという問題が表面化した[99]。現地で事態の収拾に動いた中労委の委員は、3月になって「地方公務員の身分保証〔ママ〕のためにも地方公務員法の早期立法が望まれる」と述べている[100]。

　行法委での審議は、4月22日に「最近も市町村会長から再三に亘って早目に立法して貰うように要請されておりますので、ぜひ今会期で御審議をお願いしたい」[101]という平良良松委員長（社大）の言葉で始まり、その後、23日、27日、28日、5月6日と5回にわたって行われた[102]が、今回も立法案の発議に

---

98)　第23回立法院内政委員会（1963年5月9日、会議録45号）。
99)　「城辺町で大量解雇　労組団体　不当措置と撤回要求」沖タ59.1.28夕、3。
100)　「二人が復職　城辺町の解雇問題妥結」沖タ59.3.24、7。
101)　第14回立法院行政法務委員会（1959年4月22日、会議録35号）における平良良松委員長の発言。実際、『沖縄市町村会報』は、4月15日発行の66号に「市町村公務員法の早期立法を望む」という、新聞で言えば社説に当たるような記事を掲載、22日の定例総会では、早期立法促進要請を決議している（「政府の機構改革に行政課の部昇格を要望」『沖縄市町村会報』67号、1959年）。

は至らなかった。当時の行法委の勢力は、社大3、民主2、民連1、新政会1である。7月6日に閉会中継続審議（立法調査）が可決され、継続審議案件となるが、実質的な審議はまったくなされなかった。

さて、ここまで、市町村公務員法の制定に反対する言説は、少なくとも公的場面には現れていなかった。管見のかぎり、その初めての例と見られるのが、上記のごとく市町村公務員法案が行法委で審議されている最中の5月1日に開催された、第3回統一メーデーにおける制定反対決議である（22日付で立法院に送付）[103]。決議は同法を「市町村自治体に働く勤労者を全体の奉仕者（公僕）という美名で一般勤労者から切りはなし、少数の権力者に隷属させることを主要な目的とするもの」ととらえ、「不当に権限の大きい非民主的な人事委員会の設置〔、〕職階制の採用、勤務評定の実施などの規定」や「団体交渉権を抑圧し、争議権を完全に奪いとっている……又政治活動の自由も認めていない」ことなどを問題視し、「この法案は公務員の厚生福祉など、わずかばかりの蜜でもって今まで述べたような反動的たくらみをおおいかくしている」と糾弾する。この決議案を提議したのは那覇市職労であった[104]が、これがメーデーで決議されたことで、労働運動全体の目標に位置づけられたという仮構が成立したとも言える。

だが、急いで付け加えなければならないのは、それがあくまで「仮構」であり、現実はそれほど単純ではなかった、ということである。自治体労組の間で（とはいえ、59年5月1日当時、労組が結成されていたのは、先述の7市村に城辺町が加わった8市町村にすぎなかったのだが）、あるいは組合員の間でも、意見は統一されていなかった。たとえば石川（既述）、具志川、嘉手納の各労組は結成と同時に立法化要請を決議し、これを全島的な運動にまで盛り上げていこうとしていたため、メーデーの反対決議は波紋を広げ[105]、メーデー後に中部市町村の各労組が組合員の意見をまとめたところ、だいたい賛成・反対・非回答が3分の1ずつになったという[106]。

---

102) 会議録35号、36号、38号〜40号。この時もやはり、実質的な審議は「休憩」中に行われ、会議録にはその内容がまったく残されていない。
103) 第14回立法院本会議（1959年5月22日、会議録15号）。
104) 「59年度上半期の中部総まくり」新報59.6.30、4。
105) 同上。

賛成の労組（員）は、市町村会と同様、公務員法が「厚生福利制度、退職年金及び退職一時金の制度、給与、勤務時間その他の勤務条件、公務災害補償等に関する……すべての市町村職員の労働条件を政府公務員の水準にひきあげてくれるのではないかという期待」[107]を持っていた。また、首長の交代ごとに繰り返される職員の馘首に対し、身分保障の確立が盛り込まれた同法に期待する向きもあった[108]。これに対し、待遇改善は立法がなくても各市町村の条例によって定めればいいのであって、それを獲得するために政治行為制限や労働三権剥奪という代償を払う必要はない、身分は「政府権力」による庇護によってではなく、職員の団結によって守るべきである、という意見もあった。しかし、それは労組が強くて財政的にも恵まれたごく一部の自治体（つまり那覇市）のみで現実的な考えで、その他の自治体にとっては立法を定めてもらった方が得策だ、という意見が小規模自治体ほど強かったのである[109]。実際、メーデーの2ヵ月後に結成された美里村職員労組は、結成時の決議文に市町村公務員法の早期立法を掲げていた[110]。

　市町村会は、5月12日の評議員会において、引き続き立法化を求めることで一致し[111]、制定にもたつきを見せている立法院を「熱意が足りない」と強く批判した[112]。12月23日の総会では、早期立法を政府に要請することを決議している[113]。市町村長にとって市町村公務員法は、職員の待遇に法的裏付けを与えられる上、現に結成されている／近い将来結成されるかもしれない労組の交渉カードを奪うこともできるという一石二鳥の立法であり、反対する理由はなかったであろう。しかし、職員の待遇に関する彼らの期待は「政府が立法したのだから、それを実現するための何らかの金銭的補助がなされるだろう」という、実は根拠のない期待と一体のものだった。この期待の「脆さ」は、後に露呈することになる。

---

106)「地方公務員法に波紋　メーデーでの反対決議、問題化」新報 59.5.16、4。
107)『二〇年の歩み』55-56頁。
108) 同上、58頁。
109) 前掲新報 59.5.16。
110)「美里村労組結成」『沖縄市町村会報』72号、1959年。
111) 前掲新報 59.5.16。
112)「市町村公務員法制定　立法院の積極化を望む」『沖縄市町村会報』68号、1959年。
113)「本会の要望どれだけ可能か！一九六一年度政府予算に注文」『沖縄市町村会報』82号、1960年。

ともあれ、以上のような状況から、第14回定例会の継続審議が未了になるにあたって行法委がまとめた審議の報告書には、「同法の立法化に対し賛否両論の陳情や意見があるので慎重に審議する必要がある」と記された[114]。市町村会の関係者は、メーデーにおける反対決議に「立法院は勿論、関係者が面喰らったことは間違いがない」[115]と記している。いまや、「否」を主張する勢力の存在が、驚きとともに意識されるようになったのである。

ところで、前58年7月のUSCARの「拒絶」以来棚上げになっていた教公二法は、法務局や人事委員会、USCAR教育部との調整を経て、4月の第67回中教委で取り上げられ、以降中教委は、11月（第72回）まで毎回、逐条審議を進めつつ、教育長協会・教育委員協会・琉球大学・教職員会・人事委員会・法務局長からの意見を聴取した。中教委の審議の開始に対応して、教職員会は4月8日、教公二法を身分保障の確立という点においては評価しつつ、勤評実施、政治行為制限、争議行為禁止、団体協約締結権否定の各規定の削除を求める要請を行う[116]。さらに、審議が進行すると、10月には各地区の組織を動員して反対運動を展開することを決定[117]、11月10日には闘争方針を決定して、20日から全琉各地で教公二法説明会を開催するなど、労働基本権・政治行為制約と勤評実施を阻止する行動を活発化させた[118]。中教委の傍聴席には教職員会の法規対策委員会の面々が陣取って無言の圧力をかけ、文教局には連日反対の意を伝える葉書が舞い込んだ[119]。このような教職員会の攻勢に押されてか、中教委は、12月と翌60年1月（第73・74回）に審議をしたものの、立法勧告にゴーサインを出すことができなかった。

再び市町村公務員法に戻る。1960年の第16回定例会では、2月9日にまた立法調査が発議されたが、今回は賛成者少数（出席者29人中14名）で委員会に付託されなかった。この14という数字は、当時の自民党（1958年3月の第4回立法院選で第一党から転落した民主党と、同選挙後に保守系無所属議員が

---

114) 第14回立法院行政法務委員会（閉会中、1960年1月26日、会議録28号）に掲載。
115) 「市町村職員は優遇されているか？」『沖縄市町村会報』76号、1959年。
116) 『教公二法闘争史』96頁。
117) 「教育公務員法阻止へ　教職員会反対運動を計画」新報59.10.23夕、2。
118) 『教公二法闘争史』96頁。
119) 「中教委　"勤評"は時期尚早　琉大側が諮問に答える」沖夕59.11.20、7、「勤評反対のはがき　連日文教局に舞込む」沖夕59.11.22夕、2。

結成した新政会が「保守合同」して 1959 年 10 月に生まれた）の議席数と一致する。残りの勢力は社大党が 10、民連が 5 であったから、二者が（少なくともこの局面においては）協調して付託を阻んだのであろう。同じ勢力配置の下で行われている 1958 年 9 月（第 12 回）と 1959 年 2 月（第 14 回）の立法調査発議が否決されていないことを踏まえると、今回の否決は、59 年 5 月のメーデーにおける反対決議や、同じく 59 年後半に活発化した教公二法（の一部規定）に反対する教職員会の動きを、両党が汲んだ結果ではないかと考えられる。

それでも行政府は、前回とまったく同一の勧告理由を付して、4 月 29 日付で 3 回目となる立法勧告を行った[120]。勧告は行法委へ付託されたが、実質的な審議はまったく行われず、立法案は発議されなかった。なお、立法調査発議の委員会付託は否決されたにもかかわらず、立法勧告が付託されたのは、1957 年 8 月の立法院規則改正によって、立法勧告書が提出された時には、議長が「これを適当の常任委員会に付託する」（第 21 条）こととされ、付託が院の議決案件となっていなかったためである[121]。

この間の院外の状況を見ておこう。2 月末には羽地村で、首長選挙の際に反対候補の選挙運動をしたとして職員 4 名が辞職を勧告されたことに対する抗議の演説会が開かれ、登壇者の一人が「地方公務員法が制定されていないので法の拘束をうけないという考えから職員四名の首を切ったとすれば、大きな誤りである」と論じた[122]。この事件をめぐっては、「村内の心ある人や、第三者」から、地方公務員法を制定し、身分保障をするとともに政治活動を制限してはとの意見が聞かれたとも報じられている[123]。

4 月には竹富町でも、自民党候補を破って当選した社大党町長が、就任挨拶で職員全員の辞表提出を「一応」要求した上で、特に選挙運動に躍起になった職員は辞めるべきだと述べ、これに労組が猛反発。官公労や那覇市職労から支援団が詰めかけ、さらに役所には現職の総務課長と新町長が任命した新しい総

---

120) 第 16 回立法院本会議（1960 年 5 月 3 日、会議録 11 号）に提出された、主席発立法院議長宛「「市町村公務員法」の立法勧告について」（官総第 436 号）。
121) この改正前の立法院規則（1955 年 6 月制定）では、立法勧告書の取扱手続が明記されておらず、実際には、勧告の委員会付託は議決によって行われていた。
122) 「吏員の首切に反対　みにくい羽地村の"白黒闘争"」新報 60.2.29 夕、3。
123) 「羽地の村は大シケ　両派の泥合戦に批判も」沖タ 60.3.11 夕、3。

務課長が同居する事態となった[124]。最終的には、町長と労組の間で折り合いがつき、馘首は回避された[125]が、市町村における人事の政治化現象が紛争にまで至る事態の続発は、公務員法制定の必要性を説く勢力に、主張の根拠を与えうるものであった。

　8月6日には、戦後琉球初の自治体労組の連合組織である、自治労沖縄県連（以下、単に「自治労」）が結成された。しかし、先述した市町村公務員法をめぐる意見の不一致状況は解消されておらず、那覇市職労の1960年度一般経過報告によれば、沖縄島中部や八重山の自治体労組などは相変わらず早期立法を望み、それ以外の労組でも研究の余地ありという意見にとどまっており、積極的な反対姿勢をとっていたのは那覇市職労のみであった（ちなみに、自治労結成時点において、組合が組織されていた市町村は、美里・コザ・竹富が加わり11になっていた）。そのため自治労は、同法の立法阻止を1961年度の運動方針に盛り込むことができなかったのである[126]。ただ、実質的に那覇市職労が主導権を握っていた自治労は、立法阻止の運動をまったく行えなかったわけではない。9月初頭には市町村会長である大山朝常（コザ市長）を幹部が訪れ、制定促進要請を控えるよう申し入れ、今後、自治労と市町村会が研究会を作り、検討することになったという[127]。しかし市町村会は（「研究」をした結果か否かは不明だが）、翌61年1月にも早期立法の要請を決議している[128]。

　12月、那覇市職労は年末賞与をめぐって、一斉年休取得による事実上のストライキに突入し、水道および消防部局を除く全組合員が罷業した。スト終結後、市助役は地方公務員法の早急な制定の必要性を痛感した、とのコメントを出し、内政局行政課長もこのストライキと結びつけて、来年2月の定例会に市町村公務員法を立法勧告する準備をしていると述べた[129]。

　なお、この年、教公二法は4〜7・9月の中教委（第76〜80回）に毎回議題として取り上げられるものの、実質的な審議はまったく行われず、11月（第

---

124)　「竹富町人事で紛糾か　新町長の人事刷新に労組不満」新報60.4.8、1。「二人総務課長で団交　竹富町の争議深刻化」新報60.4.11、6。
125)　「竹富町争議ケリ　町長と組合が労働協約」新報60.4.15、1。
126)　『二〇年の歩み』59頁。
127)　「市町村自治法待て　自治労　市町村会に申入れ」新報60.9.14夕、3。
128)　「施政返還要望を決議　地方公務員法急げ　市町村会総会」新報61.1.30、2。
129)　「地方公務員のスト制限へ　立法化の声高まる」新報60.12.13、7。

81回)には若干の議論があったが、継続審議とされた。教職員会は、12月に教公二法案の「阻止大会」を開催している。

　明けて1961年、先の行政課長の発言どおり、市町村公務員法の立法勧告の準備は進められ、1月31日に行政府内での決裁が完了した[130]。2月1日の第18回立法院定例会の冒頭に送られたブース高等弁務官のメッセージは、「日本にはすでに十年間も施行しているが、琉球の市町村職員に適用する地方公務員法はない」として、「議員諸君が早急に考慮すべきことであ」ると、その制定を求めた[131]。6日には、今週中にも立法勧告の見通しであるとの報道がなされる[132]。同じ報道は、自民党が「数の圧力[133]で同法を通したという印象を与えるのをさけるため、市町村公務員法の制定がなぜ必要かという点で適格〔ママ〕な理論づけを行なおうと、政調会が中心となって理論武装を急いでいる」とし、同党の当銘由憲政調会長が「那覇市のストで市民に多大の損害を与えた実例もありこの面から争議禁止の理論づけをやっていきたい」と述べたと伝えており、那覇市のストライキが推進派の格好の「エサ」になっていたことがうかがえる。一方、野党では、人民党が真っ向から反対の態度で、「議会活動と併行して諸民主団体にも呼びかけ、……制定に反対してい」きたいと述べているが、社大党は「〔同法の〕内容はまだ検討していない。しかし政治活動の禁止が含まれているとすれば問題」と、いちおうの反対姿勢を示しながらも、あまり高い関心を示していないように見える。別の報道によれば、社大党は、争議行為の禁止には難色を示すものの、労組のない小さな町村の職員の身分は何らかの形で保護しなければならないとして、態度を決めかねていたという[134]。

　行政府の立法勧告の動きに那覇市職労は直ちに反応し、2月3日、那覇市役所の会議室に沖縄島の40あまりの市町村役所の職員代表を集め、市町村公務員法の「研究会」を開催した[135]。那覇市職労は、コザ市職労とともに、立法阻止の線で意見をまとめようと企図していたが、労組の結成されていない市町

---

130)　前掲琉政文書(R00002681B)に収録された、「これまでの経過」を参照。
131)　第18回立法院本会議(1961年2月1日、会議録1号)。
132)　「地公法で論戦か　立法院定例会」新報61.2.6、2。
133)　1960年11月に実施された第5回立法院選で、自民党は29議席中22議席を占める圧勝を収めていた。
134)　「市町村公務員法　近く立法勧告」沖夕61.2.6、1。
135)　「地公法を近く立法要請」沖夕61.2.4夕、1。

村の代表は立法を支持し、果ては「マルクス運動」である労組の阻止運動と行動を共にすることはできないとの意見まで出されて、会は混乱の内に終わった。これに危機感を募らせたのか、那覇市職労は9日に執行委員会を開き、まず職労内部に対する教宣活動を徹底的に行い、次に自治労として足並みを揃えるよう活動を展開、さらに、戦後琉球初の労組連合である全沖縄労働組合連合会（全沖労連）の結成準備委員会（市職労の書記長が委員長に就いていた）で各労組団体に呼びかけ、市町村公務員法に反対する自治労、教公二法に反対する教職員会、公共企業体等労働関係法の改定に反対する官公労が統一的に行動する体制を整える、という運動方針を決定した[136]。

　その後、少なくとも自治労内の足並みは、比較的容易に揃っていったように見える。一連の推進派の言動が、明らかにストに対する「反動」という色を帯びており、労組の反発を呼び起こしやすかったのだろう。たとえば、先に見たごとく立法促進の立場をとっていた石川市職労は、早々に立法反対の態度に転換し、2月13日の自治労評議員会に提議することを決めている[137]。そして自治労は、23日に社大党、28日に人民党、3月2日に無所属の知念朝功議員、3月3日に社会党と、院内各派に立法阻止の趣旨説明と協力要請を行い、3月7日には市町村会とも接触した[138]。さらに5月6日の定期総会では、「労働者の権利を剥奪しようとする地方公務員法に反対する」と、組織として反対の意思を固める[139]。28日、行政府が市町村公務員法の今期立法院への勧告を断念したという報道が流れた[140]。

　これをもって、1957年から毎定例会ごとに行われていた立法院における市町村公務員法の検討は途絶えた。再び表立った動きが現れるのは、内務局が次期立法院への勧告予定案件に市町村公務員法を掲げた11月末であった[141]。これに対し那覇市職労は、12月26日の執行委員会で、市町村公務員法の立法阻止について話し合っている[142]。

136）「地公法の立法化阻止　宿日直手当の増額も」沖タ61.2.13、6。
137）「地公労立法に反対　石川市職員労組が決議」新報61.2.12、1。
138）『二〇年の歩み』62頁。
139）「自治労大会開く　委員長に島袋氏再選」新報61.5.7、7。
140）「今週末で打ち切り　行政府、今期の立法勧告」新報61.5.28、1。
141）「法案11件の審議依頼　内務局が法務局に」新報61.11.29、1。

1961年の教公二法をめぐる状況を見ておこう。二法は、1月の第82回中教委に前回（60年11月）に引き続き上程された。この際、砂川恵敷委員から、議題にするだけでなく実際に審議を進めよ、という不満混じりの主張が出ているが、その後も3月、5〜7月と中教委（第85回、87〜89回）に議題として上程はされるものの、実質審議は行われない。6月には文教局が、立法の未整備により帰結している問題点をまとめ、それを元に積極的なPRに乗り出した[143]が、結局棚上げとなった。このころ文教局は、連合教育区の統合問題に忙殺されており、教公二法に十分な時間を割くことができないという事情もあったようである。12月の第93回中教委で再び審議に乗せられ、教職員会の意見陳述や逐条審議が行われたが、結論を見ないまま61年が暮れた。

　1962年は、市町村公務員法・教公二法双方に対する、各団体の強力な抵抗運動が展開された。まず1月27日には、教職員会が「非民主的教育二法阻止教職員大会」を政府前で開催し、2,000人を動員した[144]。大会では那覇地区教職員会が「市町村公務員法案の政治行為の制限条項、争議行為の禁止条項削除」を要求する緊急動議を出し、官公労・自治労と共闘態勢を取ることが承認され、続いて自治労が、地方教育区公務員法案と姉妹関係にある地方公務員法が立法院でも問題になるとして、春闘での共闘を呼びかけた[145]。ここには、自治労と教職員会の共闘や、市町村公務員法と教公二法の一体としての問題化の萌芽を見ることができる。その2日後に開かれた第94回中教委は、広く社会一般各層の世論を聞くべき、教職員会の抗議デモの直後に態度を決めるのは「タイムリーでない」として、審議の棚上げを決めた[146]。

　自治労は、同30日の執行委員会で決定した単独の春闘方針においても、市町村公務員法をあらゆる戦術で阻止すると謳った[147]。さらに3月2日には、前年6月に結成された全沖労連代表が大田主席と会談し、市町村公務員法制定

---

142) 『二〇年の歩み』416-417頁。
143) 「期待さる中教委の裁断　未制定による問題点　文教局・知念主事がまとめる」新報61.6.9、5。
144) 「嵐のなかの教育二法案　教職員会が絶対阻止の構え」新報62.1.28、5。
145) 「"先生"寒空にデモ　きのう教公法阻止大会」沖タ62.1.28、7。
146) 「教育二法案またストップ　四年目の継続審議」新報62.1.29夕、3。
147) 「公務員法阻止に全力　自治労　春闘、大幅賃上げへ」新報62.2.1、7。ちなみに、その1週

反対の意向を伝えている[148]。これに対し主席は、同法の必要性を主張しながらも、今会期への立法勧告の用意はないと答えた。さらに自治労は、22日に市町村会と懇談の場を持ち、身分保障については別の立法を準備すればいいのであって、市町村公務員法の制定にはあくまでも反対すると伝え、協力を求めている[149]。

こうしていまや、労働組合（厳密に言えば、教職員会は労働組合ではなかったが）は明確な反対勢力として現れていた。この年は4月・5月に那覇市で再びストライキが実施され、7月には糸満町で職員6名（うち5名が労組役員）に解雇通知が出されたことをめぐりスト権が確立された（行使には至らず）。那覇市のストライキを「公務員としての社会的使命感を欠いた行為」と糾弾し、早期の市町村公務員法の制定を求める新聞社説[150]も見られるが、徐々に強まる労組の圧力を受け、スト制限を真っ向から掲げた制定促進の動きは抑制されざるをえなかったのだろう。

かくして市町村公務員法も教公二法も、この年の立法院には勧告されなかった。だが、行政府は制定を断念したわけではなく、年の後半には次の動きが出始める。9月には翌63年の定例会への内務局の勧告予定案件に市町村公務員法が含まれていること[151]、10月には文教局と中教委が同じ定例会での教公二法制定を目指すことで一致したこと[152]がそれぞれ報道され、11月には内務局長が、当時発生していた城辺町の職員解雇問題などを受けて、来年の定例会に市町村公務員法と教公二法を勧告すると言明した[153]。12月18日から開かれた第104回中教委では、1月以来棚上げになっていた教公二法が議題となり、参考人招致と法案の研究が連日行われる。これに対して教職員会は、22日に「非民主的教育二法阻止教職員総決起大会」を開催し、他の労組や各種団体、野党

　間前の23日には、那覇市職労との団交の席で、就任したばかりの西銘順治市長が市町村公務員法の必要性を述べていた（「西銘市長と初団交　那覇市職労」沖タ62.1.23夕、3）。
148）「全沖労連が反対陳情　地方公務員法の立法化」新報62.3.3、1。
149）「賃上げや財源獲得を　沖縄県自治労　本会へ協力呼びかけ」『沖縄市町村会報』112号、1962年。
150）「社説　那覇市職労のストについて」沖タ62.5.30、1。
151）「機構改革など16件　二月議会への立法勧告案まとまる」新報62.9.5、2。
152）「懸案の教育二法案　中教委11月成案めざす」新報62.10.14、5。
153）「地公法など立法化へ　選挙のしこりに対処」新報62.11.18、1。

も合流して3,500人規模の抗議行動が展開された[154]。ある新聞記事は、当初この大会の「集まりが悪ければ対策もたてなおすつもりだった」という教職員会事務局長の発言を引きながら、これだけの動員は文教局や中教委にとっても驚きだったはずだ、と論じている[155]。反対勢力の強大化は、静かに、しかし否応なしに意識されていったに違いない。

　この時期についてまとめておこう。大きな出来事は、立法に対する明確な反対勢力の形成である。その中核となったのは、那覇市職労であり、1959年5月の統一メーデーにおける立法反対決議の提案はその端的な現れであった。1960年8月には自治労が結成され、これも反対運動の主体となった。すでに教公二法の一部規定に反対の姿勢を示してきていた教職員会の活動も時を経るごとに活発となり、1962年頃からは、自治労との共闘の体制も芽生え始める。これらの勢力を背負って、立法院野党も市町村公務員法や教公二法に反対の姿勢を示し始めた。

　一方で、那覇市の1960年12月のものに代表される、自治体のストライキや労働争議の発生は、与党・行政府に立法推進のインセンティヴを与えた。こうして反対勢力と推進勢力が明確化し、立法院内にも与野党の対立構図が生まれてきたのである。

　その他の推進勢力としては、相変わらず市町村会が存在した。それに加えて、特に規模の小さい市町村の労組には制定促進を謳うところがあり、さらに、労組が結成されていない市町村では賛成論がより強かった。これらの勢力は、身分保障や待遇改善への期待から制定を支持しており、与党・行政府とはいわば同床異夢であったと言える。

　次第に拡大・強力化する反対勢力を前に、行政府は1961、62年と、市町村公務員法を立法勧告することすらできなかった。しかし、行政府が制定を断念する様子はない。火種はくすぶり続け、ひたすら発火を待っていた。

3. 労組共闘の完成と市町村会の「離反」：1963～1965年

　新年早々の1月2日に行われた記者会見において、大田主席が市町村公務員

---

154) 「非民主的教育二法案の阻止へ　教職員が総決起集会」新報 62.12.23、5。
155) 「難問題かかえた教職員会」沖タ 63.1.4、6。

法・教公二法の次期定例会への勧告の意思を表明[156]して始まった 1963 年は、大荒れの年となった。自治労は、すかさず 13 日の執行委員会で、市町村公務員法案の阻止を含む春闘方針を決定[157]。20 日には、前年 11 月に結成されていた、官公労・教職員会・全逓労・自治労から成る公務員関係労組共闘会議（公労共闘）が春闘方針を決定し、市町村公務員法と教公二法の阻止を掲げた[158]。これを起点にして、以後、共闘態勢が組まれ、両者は渾然一体の問題として取扱われるようになっていく（以下、場合によっては、市町村公務員法と教公二法を一括して「三法」と呼ぶ）。21 日には、前年から審議を続けていた中教委（第 105 回）が、ついに教公二法案の立法勧告を可決した。これに対し教職員会は、2 月 2 日に大規模な阻止大会を開催し、前年 12 月の大会を上回る、教職員 4,000 人と支援団体（自治労を含む）1,200 人を動員した[159]。

　その前日の 2 月 1 日には、キャラウェイ高等弁務官が立法院にメッセージを送り[160]、前任のブースと同様、市町村公務員法の制定を求めた。年始に示された主席の意向や、この弁務官メッセージを受けた行政府は、28 日付で市町村公務員法の 4 度目の立法勧告を行い[161]、内政委員会（以下、内政委）に付託される。付託先がこれまでの行法委から内政委に変わったのは、1961 年 6 月の立法院規則改正によって、市町村行政に関する事項の所管が行法委から内政委に移されたためである。参考までに、規則改正当時の両委員会の勢力を見ると、行法委は自民 4（委員長を含む）、社大 1、人民 1、無所属 1 に対し、内政委は自民 6（委員長を含む）、社大 1 であった。所管の移し替えが、与党にとって磐石の内政委で取り扱うことによって市町村公務員法の通過を確実にする、という意図に発したものだったのか否かは不明である。だが、規則改正を審議した立法院本会議では、古堅実吉（人民）が「市町村公務員に関する何らかの法案」が出た場合はどの委員会が取り扱うのかという質問を発し、1 分間の会の中断の後、発議者の田原秀忠（自民・議会運営委員長）が内政委になると返

---

156)「主席、施政の方針語る」新報 63.1.3、1。
157)「地公法の制定阻止へ　自治労春闘基本方針決める」新報 63.1.13、7。
158)「減税に重点を置く　公務員関係労組共闘会議春闘方針決める」新報 63.1.22、7。
159)『教公二法闘争史』100 頁。
160) 第 23 回立法院本会議（1963 年 2 月 1 日、会議録 1 号）。
161) 第 23 回立法院本会議（1963 年 3 月 8 日、会議録 4 号）に提出された、主席発立法院議長宛「「市町村公務員法」の立法勧告について」（内総第 212 号）。

答しており[162]、そこに市町村公務員法の影がちらついていたことは間違いない。ただし、立法勧告が行われた第 23 回の時点では、行法委の方が自民 5（委員長を含む）、社大 1、人民 1 と、自民 4（委員長を含む）、社大 2、無所属 1 の内政委よりも優位な構成となっていた。ともあれ、これにより、1960 年以来およそ 3 年ぶりに立法院での審議が再開されることとなる。教公二法も、それより少し遅れて 4 月 23 日に立法勧告され、27 日、文教社会委員会（以下、文社委）に付託された。市町村公務員法勧告案の委員会審議は、5 月 7 日、8 日の内務局による趣旨説明・逐条説明に始まり、9 日、24 日、31 日と質疑および逐条審議が行われたが、基本的には、野党・社大党の二委員（平良幸市・宮良長義）が当局を質問攻めにして追い込む展開となった。

　立法勧告後、院外ではどのような動きがあったのだろうか。2 月 9 日の中央委員会で、委員長が「全力を挙げて阻止しなければならない」と呼びかけ、気勢を上げた[163]自治労であったが、3 月 11 日には、日本の自治労本部から、国際自由労連を通して国際公務員労組連盟に働きかけ、日本では総評団体を中心に米大使館に要請行動を行うなど、市町村公務員法の立法阻止を国際的に支援するという方針が伝えられた[164]。5 月 1 日の第 7 回メーデーでは「琉球政府は地公法と非民主的教公二法の立法勧告案を撤回せよ」という決議が採択され[165]、14 日には、3 月に結成されていた「生活と権利を守る県民共闘会議」（自治労、教職員会も参加）の浜端春栄議長ら 30 人の代表が副主席、立法院議長と会い、「地公法、教公二法の制定反対」を含む決議文を手渡している[166]。

　これらを見ると、自治労やそれを含む共闘組織は、立法反対で固まっていたように見える。たしかに、コザ市職労などは、この年の春闘要求事項に市町村公務員法制定反対を盛り込み、当局から「理事者としても反対する」という言質を得ていた[167]。しかし、那覇市職労は当時「地公法阻止の共闘体制が確立

---

162)　第 18 回立法院本会議（1961 年 6 月 28 日、会議録 21 号）。
163)　「地公法の阻止へ　自治労中央委春闘方針を協議」新報 63.2.9 夕、3。
164)　「国際組織で阻止運動　市町村公務員法案」沖夕 63.3.12、7。
165)　「メーデー二万人動員　会場に漲る政治批判」沖夕 63.5.2、1。
166)　「教育二法制定は必要　副主席　浜端議長らに回答」新報 63.5.15、1。ちなみに浜端はこの後、1965 年の第 7 回立法院選で当選、その後、教公二法の成立を企図した民social党に引きぬかれて入党し、反対勢力から猛烈な批判を浴びた。
167)　『自治労コザ市職員労働組合　結成 10 周年記念誌』1970 年、12 頁。

されて〔い〕ない」との現状認識を持っており、その状況を受けて、春闘における単独でのストライキ決行を断念している[168]。ストを断行することで、前例のように市町村公務員法によって労働基本権を制限すべきであるという声が高まれば、市職労が孤立し、同法が成立しかねないと考えられたのだろう。

　一方この頃、これまで立法推進の立場を取り続けてきた市町村会に、大きな転機が訪れていた。それをよく示しているのが、5月24日の定例総会で決議され、立法院に送られた陳情である[169]。ここで市町村会は、①同法の施行と同時に、対応する財政措置を立法によって規定すること、②市町村・琉球政府・職員の負担区分を明記した共済会法・年金法を同時に立法すること、③罷業権は制限すべきだが、団体交渉権は認めるべきこと、④職階制の採用は任意規定とすべきことなどを要請し、これが容れられなければ法案は「保留」するべきだと意見したのである。この背景には、5月9日の内政委審議において内務局長が、福利厚生制度にかかる予算は市町村の自主財源で捻出してもらうという旨の発言をし[170]、24日の審議においても地方課長が次年度に予算措置はとられていないと言明する[171]など、琉球政府に予算措置の意思がなく、市町村会が市町村公務員法に期待していた待遇改善の部分が予算的に実現不可能と考えられたことがあったと考えられる。これをもって、市町村会は立法推進の立場を降りるに至った。

　内政委での審議は、5月以降手つかずとなった。6月6日付の新聞は、当時沖縄島を襲っていた旱害への対策に審議が集中し、充分な審議時間が取れなくなったことや、自治労・教職員会の強い反対を受けていることから、自民党内の大勢が、無理をして今期に成立させることはない、という雰囲気に傾きつつあることを報じている[172]。確かに、5月31日の内政委審議では、自民党の田中武助が、市町村公務員法が本当に反対派の言うような悪法なのか、基本的人権を剥奪するものなのか十分検討を加えてから細かい話は進めた方がいいので

---

168)　『二〇年の歩み』201頁。
169)　陳情の全文は、第23回立法院内政委員会会議録95号（1963年7月31日）に掲載されている。
170)　第23回立法院内政委員会（1963年5月9日、会議録45号）。
171)　第23回立法院内政委員会（1963年5月24日、会議録53号）。
172)　「今会期成立にあきらめ　教育二法地公法　自民、干害対策で」新報63.6.6、1。

はないか、と発言するなど、既述のとおり当時内政委の過半数（7人中4人）を占めていた与党・自民党にも、万難を排し同法を成立させるという強い意志は感じられなくなっていた。

なお、これはあくまで状況証拠にすぎないが、このような内政委の消極ムードは、自民党が一枚岩でなかったことの反映と見ることもできる。すなわち、この時内政委の自民党議員であった伊芸徳一・伊良波長幸・盛島明秀・田中武助は、後述する1964年の党分裂の際、すべて脱党しており、彼らは明らかに反大田派であった。その大田主席が推進していた市町村公務員法の制定を、彼らが「政治的立場」から消極的にとらえていた可能性がある。

7月に入ると、「生活と権利を守る県民共闘会議」が、市町村公務員法と教公二法の制定絶対反対を掲げて立法院に陳情攻勢をかけ始める[173]。同月中旬には依然三法の審議促進を申し合わせていた[174]政府・与党だったが、8月初頭には継続審議にする方針を固め、廃案に追い込みたい野党側と交渉を始めた[175]。この交渉は最後まで妥結せず、結局、8月20日の内政委は、幾度も速記を中断させた後、採決によって市町村公務員法勧告案の継続審議を可決した。同日の文社委では、ここまで実質的な審議がまったく行われなかった教公二法勧告案の継続審議も、採決手続を混乱させながら可決される。25日の本会議で、両者ともに閉会中継続審議が可決された。

閉会中の内政委審議では、9月から10月まで、委員4名が東京・北海道・鳥取・徳島・高知・愛媛を視察し、11月20日にその内容を報告、21日、22日と審議が行われた。22日には公労共闘が4,000人を動員して年末闘争総決起大会を開き、「地公法・教公二法案撤回」を含む主席・立法院議長・市町村会宛の決議を採択している[176]。それから年明け後の1964年1月20日、22日、29日と、内政委ではさらに審議が行われたが、結局、審議未了となった。教公二法については、実質的な審議は行われなかった。

内政委での継続審議が未了に終わったわずか3日後、第25回定例会の初日の2月1日に、市町村公務員法と教公二法はそろって立法調査を発議され、そ

---

173)「激化する院への陳情攻勢　所得税改正などで五百人が押しかける」新報 63.7.9、1。
174)「地公法など審議促進　政府与党打ち合わせ」新報 63.7.19 夕、3。
175)「25日まで会期再延長　自民　教育二法など継続審議へ」新報 63.8.1、1。
176)「五項目の大会決議　公労共闘　年末手当で引き上げなど」新報 63.11.23、7。

れぞれ内政委と文社委に付託される。市町村公務員法は、2～5月の内政委で（とりわけ2月に集中的に）審議された[177]。教公二法は、4月13日に審議入りしたが、初日は取扱い・日程をめぐる議論に終始し、15日から10回にわたって提案理由をめぐる議論、5月12日の12回目の審議からようやく逐条審議に入ったが、6月12日に第5条の半ばにたどり着いたところで、後述する理由により審議は打ち切られた。

立法調査審議の進行に対する労組の運動は、3月末から4月にかけて本格化した。3月28日には、春闘労働者総決起大会が7,000人を動員して開催され、市町村公務員法と教公二法を阻止する決議が採択された（30日、主席・立法院議長に手交）[178]。4月3日には全琉市町村で統一職場大会が開かれ、春闘統一要求を出して1回目の団交に入ったが、その要求中には市町村公務員法の制定阻止が含まれている[179]。8日からは公労共闘が政府第一庁舎に座り込みを始め、翌9日には庁舎に警官隊が導入されるなど、不穏な空気が広がった[180]。自治労は各単組の執行委員を集めて対応を協議し、立法院での審議が始まると同時に毎日座り込みを行い、ビラの配布、新聞広告での訴えなどの情宣活動、阻止大会の開催、各単組一斉のスト権確立などによって審議を内政委止まりにすることを決め[181]、議長や内政委所属議員への「集団陳情」をかけて、採決に入った場合には実力で阻止するという構えを見せた[182]。

教公二法も状況は似たようなもので、4月21日に教職員会が決定した「教公二法立法阻止行動計画案」は、5月15日までの第一次闘争として文社委審議の傍聴や委員への直接要請、立法院全議員に対する電報・電話・はがきによる要請行動、署名運動などを行い、それでも審議が止まらないようならば、教職員会全会員が年休を取得し、議場に乗り込んで阻止行動を行う、としてい

---

177) この当時の委員会の様子について伊芸徳一委員長は、常任委員会を非公開にするための立法院法改正案を審議した1966年1月の議院運営委員会において、連日傍聴人が多数詰めかけ、政府参考人の説明にヤジを飛ばし、十分説明もできなかった、審議の期間中は委員の自宅にはがきが来たり、訪問されて圧力をかけられたりした、と振り返っている（「委員会を非公開に　民主提案の改正案を審議」沖タ66.1.13、1）。
178) 「那覇市内をデモ　春闘労働者総決起大会」沖タ64.3.28、7。
179) 「いっせいに職場大会　自治労全琉六十市町村で」新報64.4.3夕、3。
180) 「政府庁舎内で小ぜり合い　公労共きょう再び動員」新報64.4.10、2。
181) 「自治労が実力阻止へ　地公法と教公二法案」新報64.4.12、7。
182) 「立法院、会期後半に入る　院外団体の動き活発化」新報64.4.27、1。

た[183]。実際、教公二法案を審議していた文社委には、教職員会が毎回20〜30人の傍聴人を動員している[184]。また、このような立法阻止の動きとは別に、那覇市では、5月28日から29日にかけてストライキが行われた。

　かくして緊張が高まる中、蹉跌は思わぬ方向から呼び込まれた。6月13日、自民党総務会で議員11名が脱党し、与党が分裂してしまったのである。その3日後には大田主席が辞表を提出する（USCARは受け取りを保留し、結局、大田は後任に松岡政保が決まる10月まで留任）。このような不安定な政治状況では、ただでさえ難しい案件であった市町村公務員法も教公二法も、審議を進められるはずがなかった。かくして第25回定例会では、三法の立法調査は審議未了となった。

　しかし、その年の11月には行政府が次期定例会に三法を勧告すべく調整、12月には内務局の勧告予定案件に市町村公務員法が掲載（文教局のそれに教公二法はない。10月の第128回中教委で取扱いに関する協議が行われたが、話がまとまらず、結局見送りとなったことが影響したのであろう）、という報道[185]がそれぞれなされ、相変わらず行政府が立法を目指していることは明らかであった。翌65年2月には、内務局地方課が、自身が実施した「市町村行財政診断」の結果を公表する中で、市町村公務員制度が確立されていないために、市町村の人事行政に多くの隘路が見られる、と主張した[186]。だがこの年の立法院には、(すでに1964年12月末には、主席に就任した松岡を核に保守再合同が成って、沖縄民主党が結成されており、立法院の政治的不安定は解消されていたにもかかわらず) 市町村公務員法・教公二法ともに立法勧告が行われることはなかった。

　この時期をまとめよう。大きな出来事は、これまで立法の明確な推進勢力であった市町村会が、市町村公務員の待遇改善に対する琉球政府からの財政的裏付けが期待できないと見て、その立場を降りたことである。これによって、市町村公務員法制定をめぐる構図は、主に労働基本権や政治活動を制限しよう

183）「"非常事態"宣言も　教公二法案の立法阻止」沖タ64.4.22、4。
184）第128回中教委（1964年10月2日）における文教局の経過説明による。
185）「予定案件は百五件　立法勧告年内に局内の調整」新報64.11.16、1。「立法勧告の予定81件」新報64.12.23、1。
186）「地域開発の計画欠く　市町村行財政の診断結果」新報65.2.28、1。

する与党およびその意を汲む行政府からなる推進派と、その制限を実現させまいとする労組からなる反対派の二極対立に純化された。また、反対派について、強力な動員力によって教公二法への反対運動を続けてきた教職員会と、那覇市職労を中心として市町村公務員法に抵抗してきた自治労を含んだ労組の共闘態勢が徐々に強化され、市町村公務員法と教公二法が次第に一つのテーマと化していったことも、この時期の特徴であった。この構図が維持されたまま、いよいよ事態は緊張の極点へと向かう。

4. 教公二法のうねりの中へ：1966〜1968 年

　1965 年 11 月 2 日の局長会議で、すでに市町村公務員法の次期定例会への立法勧告を決定していた[187]行政府は、明けて 66 年の 1 月 21 日に、法案審議機関である「法案調整小委員会」で同法案を通過させた[188]。一方、教公二法は、65 年 11 月の時点では文教局長が「世論の大勢の支持がない限り教公二法の立法勧告はひかえる」と述べ、次期定例会への勧告を見合わせる方針を示していた[189]が、12 月 25 日の政府与党連絡会議で民主党側から制定の要請が行われ、1 月 3 日の局長会議で次期定例会への勧告が正式に決まる[190]。与党からの働きかけの背景には、11 月の立法院選において、教職員による選挙運動に脅かされたことがあったという[191]。

　これに対し、公労共闘は 2 月 17 日の大会で三法の阻止を含む春闘活動方針を決定[192]、25 日には沖縄県労働組合協議会（県労協）が臨時大会で三法反対決議を採択し（3 月 1 日付で主席に送付）[193]、5 月 1 日の統一メーデーでも三法反対が決議される[194]など、労組間の結束は固められた。一方、4 月 4 日の那覇市議会は、市町村公務員法の早期立法に関する要請決議を採決している[195]。

---

187)　「百十件の立法勧告へ　行政府　次期立法院に」新報 65.11.3、1。
188)　「市町村公務員法三たび立法化　争議行為など禁止」新報 66.1.24、1。
189)　「教公二法は見送る　文教局、12 法案の勧告予定」沖夕 65.11.6、6。
190)　「教公二法案を勧告　局長会議で正式に決定」新報 66.1.4、1。
191)　「教公二法　再び立法化の動き」沖夕 65.12.29、4。
192)　「議長に糸州一雄氏　公労共闘会議の結成大会」新報 66.2.18、2。
193)　「政府へ決議文　県労協　主席公選や減税など」新報 66.3.1 夕、3。
194)　「第 10 回統一メーデー　祖国復帰など決議」新報 66.5.2、1。
195)　「寄宮区画計画変更を可決　地公法立法要請は強行採決」沖夕 66.4.5、2。

この間も、立法に向けた準備は着々と進んだ。4月20日には市町村公務員法がUSCARの事前調整を通過[196]し、5月6日からは、教公二法案の中教委審議が開始される。中教委は5月20日にこれを可決し、市町村公務員法と教公二法は31日付で第31回定例会にそろって立法勧告された。勧告を受け、6月3日には教公二法阻止総決起大会が教職員5,600人、支援団体1,000人を動員して開催[197]。同様の大会は7月21日にも開かれ、翌日からは連日100人規模のハンストが行われた[198]。立法院内でも、6月15日の予算決算連合審査会で野党議員が、教公二法は「時代に逆行するものだ」と文教局長を激しく追及する[199]など、野党は制定絶対阻止の構えを見せ、7月29日の文社委審議には、教職員会が100名余の動員をかけて傍聴になだれ込む[200]。こうした内外のプレッシャーの中、三法の審議はままならず、教公二法については25日から30日まで文社委で審議して閉会中継続審議を可決、市町村公務員法に至っては29、30日の内政委の審議のみで、しかも閉会中継続審議は否決された（当時の内政委委員の勢力構成は民主4、社大1、社会1、無所属2で、民主の賛成だけでは過半数を得ることができなかった）。

　ここに来て、継続審議が可決され、立法への流れが止まらなかった教公二法阻止の動きが大きなうねりとなり、市町村公務員法はそれに取り込まれる。教公二法の閉会中審議は、9月14日から5回にわたって行われ（17日の途中からは野党が出席を拒否し、与党の単独審議となった）、その後、文社委の委員は日本視察へ向かった。これに対し教職員会は、10月18日に自治労・官公労・全逓労・琉大組と懇談し、共闘して教公二法阻止で結束することを確認、立法院野党議員には「重大な決意」をもって阻止にあたるよう求めることを決めた[201]。1967年1月7日には教公二法阻止県民共闘会議が結成され、教職員会、社大党、社会党、人民党、復帰協、県労協、全沖労連、自治労などがこぞってこれに参加した。

---

196) 「政府、立法勧告あせる　教公二法案など重要法案山積み」新報66.5.14、1。
197) 『教公二法闘争史』120頁。
198) 「第二回教公二法阻止決起大会ひらく」新報66.7.22、6。
199) 「野党、教公二法で政府追及」新報66.6.16、1。
200) 「教公二法　教職員側の意見聞く　廊下まであふれ傍聴」新報66.7.29夕、3。
201) 「公労共闘が全面支援　教公二法阻止で教職員と対策懇談」新報66.10.19、5。

それ以降の教公二法をめぐる経緯は、すでに語られつくされている[202]感があるので、ここでは簡単な概要だけを記しておこう。1月中、立法院には連日、反対派が大挙して押し寄せ、警官隊が院内に導入されて小競り合いとなるなど、緊迫した雰囲気に満ちていたが、教公二法勧告案は25日の文社委を強行採決で通過する。これにより、立法案は2月1日から開かれる第33回定例会に提出される見通しとなった。しかし同日、反対派は20,000人を動員した座り込みによって開会を阻止。本会議は3日に開かれたものの、その後立法院は空転を続ける。そしてついに24日、院内で反対派と警官隊の大規模な衝突が起こった。本会議は中止となり、与野党間で暫定的な教公二法の廃案協定が結ばれた。その後、第35回臨時会開催中の11月22日に民主党が最終的に廃案を決定し、30日の閉会とともに、教公二法は葬られたのである。

　ところが、上のような教公二法をめぐる動向の裏でも、行政府はあくまで市町村公務員法の制定を狙い続けていた。同法が第31回定例会で廃案となった後、1966年9月14日に局長会議でまとめられた次期定例会への勧告案件中に再浮上し[203]、明けて67年、教公二法勧告案が文社委で強行採決される約1週間前の1月19日付でUSCARに第33回定例会への勧告案件として送付、承認を求めている[204]（ということは、局長会議での決定は済んでいたはずである）。だが、その後は上述の教公二法をめぐる大混乱である。さすがに行政府も、このタイミングでの勧告は時宜にかなっていないと判断したのか、6月13日の局長会議で、現会期での勧告の見合わせが決定された[205]。

　「タイミング」の話に補足すれば、2月24日の立法院でのいちおうの「廃案協定」から、11月22日の民主党による正式な廃案の決定まで、教公二法をめぐる事態は直線的に、おだやかに推移したわけではなかった。8月8日、阻止

---

202) 戦後琉球史を概観している文献で、この一件に触れていないものはまずないだろうが、ここでは、反対派側から見た詳細な記録として『教公二法闘争史』を、政治の動向に主眼を置いて叙述したものとして、当山正喜『沖縄戦後史　政治の舞台裏』沖縄あき書房、1987年、436-450頁を挙げておこう。
203) 「政府、諸法案の作成急ぐ　各局、来月中に成案」新報66.9.19、1。
204) USCAR文書「Reference Paper Files, 1967」（USCAR26102）に収録された文書「STATUS OF PROPOSED BILLS REVIEWED BY LEGISLATION SCREENING COMMITTEE, 1967 Regular Session (As of Jun 20 1967)」を参照。
205) 「地公法立法勧告見送る」新報67.6.14、1。

共闘は立法院の会期再延長が教公二法を審議しようとするためのものであるととらえ、大量動員をかけてそれを阻止した[206]。また、与党の要求に基づき、教公二法を審議するために召集された第35回臨時会では、召集日の10月27日に阻止共闘が200余人を立法院に動員し、40人は議長室へ、残りは出身地の議員の部屋へ押し掛けた[207]。このように、教公二法阻止の空気が依然濃厚に漂う中で市町村公務員法を持ち出すのは、政治的に不可能であった。

しかし行政府は、1968年になっても制定を諦めない。1月に作成した「沖縄の住民とその制度の本土との一体化に関する資料」[208]においては、日本との一体化という新しい錦の御旗を掲げつつ「早急に市町村公務員法を制定する必要がある」と述べている（ただし、2月からの第36回定例会への勧告は行われなかった）。5月の統一メーデーの決議には立法反対が掲げられ[209]、一方9月には、那覇市企画課が立法制定を求める要請書を琉球政府に送った[210]。行政府は10月に、次期定例会への立法勧告予定案件として市町村公務員法を取り上げている[211]。だが、翌11月、革新系諸団体の支援を得た屋良朝苗が最初で最後の公選主席に当選し、12月に就任した。この戦後琉球史の一大エポックは、市町村公務員法の制定を決定的な意味で「政治的に不可能」にした。1950年代から綿々と続いてきた立法の動きは、ここに潰えたのである。

この時期をまとめよう。1966年の市町村公務員法・教公二法の立法勧告は、共闘態勢を完全に整えた労組側の強い抵抗を呼んだ。これにより市町村公務員法は審議未了に追い込まれたが、教公二法は半ば強引に継続審議に持ち込まれた。教公二法は社会問題化し、市町村公務員法の問題は、それと「セット」というよりも、それに呑み込まれる形となった。そして、教公二法の制定が露と消え、さらに革新系主席[212]が誕生したことで、市町村公務員法もまた、作り得ない立法となったのである。

---

206) 「教公二法阻止共闘会議　再び立法院へ大量動員」新報67.8.8夕、3。
207) 「教公二法再燃のきざし　二百人が集中請願」沖夕67.10.27夕、3。
208) 琉政文書「沖縄の住民とその制度の本土との一体化に関する資料」（R00000637B）。
209) 「"11月選挙へ結束" 統一メーデー　解放の戦い確認」沖夕68.5.2、1。
210) 「那覇市の立法化要請事項」沖夕68.9.19、7。
211) 「"デモ規制法"を準備　政府の立法勧告法案まとまる」新報68.10.19、1。
212) ただし屋良が、あるいは「屋良行政府」が、本当に「革新」的であったかは、実は踏み込んだ検討を要する課題であるように思われる。

5.「復帰」と地方公務員法：1968年〜

　市町村公務員法の話は、以上ですべて終わっている。だが、「復帰」が見えてきた頃、問題は少し異なった形で再燃した。「復帰」によって、沖縄県にも日本の地方公務員法が適用される見通しとなったためである。最後に、このことについて触れておこう。

　1968年5月から6月まで来琉していた日本政府調査団が7月にまとめた報告書には、すでに「市町村職員の労使関係の秩序確立（公務員法適用を検討する）」とある[213]。その後、自治省では1969年後半から、部内で地方公務員法の適用に向けた課題・問題の洗い出しや、事前の行政指導の必要性の検討などを行っていた[214]ようだが、琉球側でそれが浮上してくるのは、1970年の後半になってからである。

　7月、官公労の代表15人が山野幸吉沖縄・北方対策庁長官と会談した折、「沖縄が復帰すれば当然本土の公務員法、地方公務員法、教公二法などを適用する。沖縄だけ特別扱いはしない」と述べたことが伝えられた[215]。このような感触を踏まえてであろうか、8月に行われた官公労・自治労共催の第1回地方自治・行政・司法研究沖縄県集会では、自治労が「復帰した場合、地方公務員法が適用され、団交権、スト権が大幅に侵害され、また賃金・労働条件の既得権がはく奪される恐れがある」と指摘したレポートを提出し、それをもとに討論が行われている[216]。

　11月28日、那覇市復帰対策協議会は琉球政府に対し、日本政府に提出する「本土法適用に関する準備措置」についての要請をまとめ、その中で、「復帰」を円滑にするために地公法の全面適用に反対すると謳った[217]。1968年11月の選挙で革新系の平良良松が市長となっていた那覇市がこのような要請を出すことは、想定の範囲内の出来事ではある。だが、この協議会の会長は、当時市の

---

213)「こうして沖縄を本土と一体化」新報 68.7.20、6-7。
214)「自治省「沖縄県」の準備に着手」新報 69.8.18、1。「自治省沖縄復帰対策委を設置　行政組織など検討」新報 69.12.28、2。
215)「"特別扱いしない"　復帰後の公務員　すべて本土法適用」沖タ 70.7.15、1。
216)「教授陣を助言者に　地方自治研究集会」沖タ 70.8.5、9。
217)「地公法適用に反対　那覇市復帰対策協議会要請書まとめる」新報 70.11.29、2。

第一助役になっていた稲嶺成珍であった。20年前に自らが日本から持ち帰り、その導入を模索した地公法に、自身が（名目上だったにせよ）会長を務める会議体が反対したのである。その時の彼の心中は知る由もないが、これは歴史の皮肉であった。

　行政府は、この年の1月末の時点では、自民党や日本政府から、国政参加選挙[218]において教職員や地方公務員の選挙運動を本土並みに規制するべきであるという声が出ていることに対し、総務局長が「県民の権利規制に関連する立法、あるいは利害に関連する立法をいそいで本土法に準じて改めることは問題」と言明するなど、市町村公務員法や教公二法を制定しない姿勢を明確にしていた[219]。そのため、6月に日本政府に提出していた「本土法適用に関する準備措置」要請書においても、「復帰」後の地公法の取り扱いは保留としていたのである。しかし、12月6日の局長会議でついに、「復帰」後の即時適用を日本政府に要請することが決定される[220]。その際、瀬長浩復帰対策室長は、「これが最終方針ではなく、……与党や関係団体とも協議して最終的に決める」と述べたが、市町村公務員法の制定に反対し続けてきた勢力は、当然、これに反対の姿勢を示した。

　翌7日には、さっそく自治労が地公法適用に対する抗議声明を出し、官公労・教職員会と共闘会議を結成、ストライキでもって対決することを明らかにした[221]。1971年になってからも、時には日本の自治労全体まで巻き込んだ要請書や決議文の提出[222]、日本政府への要請行動[223]、ストライキ[224]などによる

---

218) 「沖縄住民の国政参加特別措置法」（昭45法49）に基づき1970年11月に行われた、国会の衆参両院の議員を琉球から選出するための選挙である。
219) 「"現時点ではムリ"　教公二法などの立法勧告」沖タ70.1.30、1。
220) 「復帰時に「地公法」適用　行政府決定」新報70.12.6、1。
221) 「地公法阻止共闘会議結成へ　政治活動制限に反対」新報70.12.8、2。
222) 「地公法の適用を阻止　自治労県本が復帰施策で要請書」新報71.2.16、1。「沖縄闘争方針を決定　全国自治労拡闘委開く」沖タ71.9.16、1。「"三百六十円"で賃金を　公労共闘、行政府立法院へ決議文」新報71.12.11、2。
223) 「政府の態度に不満　県労協の折衝終わる」新報71.3.13、2。「本土政府、地公法強行の方針　自治労折衝団きのう帰任」沖タ71.4.29、2。「スト権などは維持　自治労代表「沖縄対策」で申し入れ」新報71.10.8、2。「地公法適用に反対　自治労　砂田副長官に申し入れ」新報71.10.11夕、3。
224) 「県民無視の「返還」に怒り　那覇市職労時限スト」新報71.10.15夕、3。「48時間ストに突入　自治労・那覇市職労」新報71.11.9、9。

反対運動が展開されたが、日本政府の斉一化力は、それほど甘いものではなかった。果たして、1972年5月15日、「復帰」によって日本国の一県となった沖縄県には、地公法が即時適用され、「市町村職員」は、ついに「地方公務員」となったのである。

第4節　本章のまとめ──「公務員法」不在という断絶

　以上、戦後琉球の「地方公務員」について明らかにするため、市町村制度、市町村職員の給与や任用の制度と実態、および、市町村公務員法の「不」制定過程について論じてきた。最後に、得られた知見を簡単にまとめておきたい。
　まず、市町村制度についてであるが、琉球でも、戦後の（とりわけ沖縄島における）混乱期を除き、「従来の区域に」（市町村自治法第1条）市町村が置かれた。市町村制度は、日本の市制町村制、地方自治法に準拠して構築されたため、制度的に見れば、そこは日本との共時的な連続性の空間であったと言える。
　市町村職員は、琉球政府公務員と比べると、高学歴者が少なく、勤続年数は低めであった（また、かなり平均年齢が若い市町村も数多かった）。給与水準も、琉球政府公務員と比べて低位に置かれていた。任用制度は多くの市町村で整備が進んでおらず、採用試験を実施する市町村はかぎられていた。
　市町村公務員法は、当初は（おそらく）財政的な事情から、その後は政治的な事情から、制定が困難な立法であり続け、「復帰」に至るまでついに成立をみなかった。かくて戦後琉球は、自治体職員に適用される「公務員法」の不在という、日本との共時的断絶を保ち続けた。しかし、日本への「復帰」は、地方公務員法の即時適用という形で、いまや琉球から沖縄県となったこの領域に、あっけなく連続性をもたらしたのである。

第3節 関係年表

年		市町村公務員法		教公二法
1952	3.17	稲嶺行政課長、沖縄群島議会で市町村公務員法の制定に意欲		
			10.22	与儀立法院議員「教職員の身分法、公務員法を人事委員会が立案中」
			11.25	人事委員会、文教局に教育公務員法案作成を要請
	12	稲嶺行政課長「近く地公法案要綱を作成して市町村長の意見を求める」		
1953			4	文教局、教育公務員法を含む教育関係14法案を立案
			6.9	中央教育委員会、教育公務員法について討議
	12.6	市町村職員大会で市町村公務員法の早期立法を求める声上がる		
1954	初頭?	日付不明の稲嶺行政課長発フライマス宛書簡における「行政課案」。対するフライマス「忙しい」	4	文教局、中教委で政府教育公務員特例法・地方教育公務員法の趣旨説明
			8	教職員会、地方教育公務員法の早期立法を要請する決議
	9.27	行政課が成案を得て民政府と調整の段階、との報道		
1955			5.23	文教局、中教委に教育公務員法案を提出
			8.8	中教委、教育公務員法案を可決
			9.14	行政府、立法勧告を見合わせ
1956	3.8	内政局、市町村公務員法案を起案	時期不明	文教局、教育区公務員法と教育公務員特例法を立案
	5.2	市町村公務員法案、事前調整のためUSCARへ送付（以後音沙汰なし）		
1957	3	平良市で職員組合結成の動き		
	4	中労委公益委員会議、平良市職労の資格審査において、争議権行使規定を問題視、自発的放棄を求める（組合は要求を容れた）		
	5.20	法案、USCARへ送付		
	6.8	市町村公務員法、立法院へ初の立法勧告		
1958	2〜3	平良市で労働争議。収束後、中労委は地公法制定の必要性に言及	3	第56回中教委、教公二法案を審議
	4.16	市町村公務員法、立法院へ立法勧告		
			6	中教委、教公二法案を可決
			7.8	文教局、教公二法立法勧告案を主席官房に送付

年	月日	市町村公務員法関係	月日	教公二法関係
			7.11	教職員会、立法院全議員を集め、教公二法案に反対の姿勢を示す（その後、USCAR の教育部以外の部局からの承認を得られず、勧告見合わせ）
1959	2. 2	立法院、市町村公務員法の立法調査を発議	4	中教委、再び教公二法案を取り上げ（以後、60年1月まで継続的に審議）
	5. 1	第3回統一メーデー、市町村公務員法制定反対決議（主導は那覇市職労）		
			10	教職員会、教公二法対策の闘争方針を決定
	12.23	市町村会総会、市町村公務員法の早期立法要請決議		
1960	2. 9	立法院、市町村公務員法の立法調査発議（賛成少数で委員会未付託）		
	4.29	市町村公務員法、立法勧告（立法案未発議）		
	9	自治労幹部、市町村会長に法案制定促進要請を控えるよう申入れ		
	12	那覇市職労、年末賞与をめぐり事実上のスト突入	12	教職員会、「教公二法案阻止大会」開く
1961	1.29	市町村会総会、市町村公務員法早期立法要請決議		
	1.31	市町村公務員法、立法勧告の決裁下りる		
	2. 1	ブース高等弁務官、立法院に市町村公務員法制定を求めるメッセージを送付		
	5. 6	自治労定期大会、市町村公務員法反対方針決定		
	5.28	行政府、市町村公務員法の立法勧告断念との報道		
			6. 9	文教局、教公二法未立法による問題点をまとめ、積極的PRに乗り出す
1962	1.30	自治労執行委、春闘方針「市町村公務員法はあらゆる戦術で阻止」	1.27	教職員会「非民主的教育二法阻止教職員大会」を琉球政府前で開催
			1.29	中教委、教公二法の審議棚上げを決定
	11.17	大田内務局長、東村の村長リコール問題、城辺町の職員首切り問題を受け、「来年2月の定例会に地公法・教公二法を提出」と言明	11.17	左参照
			12.22	教職員会「非民主的教育二法阻止教職員総決起大会」開催。他の組合、「民主団体」、野党も合流
1963	1.20	公務員関係労組共闘会議、春闘方針を決定。地公法・教育二法案の立法阻止が含まれる	1.20	左参照
			1.21	第105回中教委、教公二法案を可決
	2. 1	キャラウェイ高等弁務官、立法院に市町村公務員法制定を求めるメッセージを送付	2. 2	教職員会「非民主的教公二法阻止大会」開催
	2.28	市町村公務員法、4度目の立法勧告		

年	月日	事項	月日	事項
			4.23	教公二法、初の立法勧告
	5.24	市町村会総会決議、条件が満たされなければ市町村公務員法の提出は保留すべきと主張（以後、市町村会は推進の立場から離脱）		
	11.22	公労共闘年末闘争総決起大会、「地公法・教公二法案撤回」決議	11.22	左参照
1964	2. 1	市町村公務員法、立法調査発議	2. 1	教公二法、立法調査発議
	3.28	春闘総決起大会、市町村公務員法・教公二法阻止決議	3.28	左参照
	6.13	自民党分裂	6.13	左参照
1966	2.17	公労共闘結成大会、地公法・教公二法阻止を含む春闘活動方針を決定	2.17	左参照
	2.25	県労協、臨時大会で地公法・教公二法反対決議を採択	2.25	左参照
	5. 1	統一メーデー、地公法・教公二法反対を決議	5. 1	左参照
	5.31	市町村公務員法、立法勧告	5.31	教公二法、立法勧告
			6. 3	教公二法阻止総決起大会
			10.18	教職員会、公労共闘と懇談。教公二法阻止に全面協力
1967			1. 7	「教公二法阻止県民共闘会議」結成
			2.24	立法院で教公二法採決をめぐる大衝突
	6.13	局長会議、市町村公務員法の勧告見合わせを決定		
			11.22	民主党、教公二法廃案を決定
1968	1	琉球政府「本土との一体化のため早急に市町村公務員法を制定する必要」		
	12	屋良朝苗、行政主席に就任		
1970	12. 6	局長会議、「復帰」後に地方公務員法即時適用を日本政府に要請することに決定		
	12. 7	自治労、地公法適用に対する抗議声明を発表		
1972	5.15	「復帰」により、地方公務員法適用	5.15	左参照

第 6 章　琉球水道公社の職員制度

　戦後琉球には、「公社」と称する公共企業体が複数存在した。それらは、設置主体によって大きく二種類に分類できる。まず、USCAR によって設置された、琉球倉庫公社（1953年設立）、琉球電力公社（1954年設立）、琉球水道公社（1958年設立）、琉球開発金融公社（1959年設立）などである。一方、琉球政府の立法によって、琉球電信電話公社（1959年設立）、琉球海外移住公社（1960年設立）、琉球土地住宅公社（1966年設立）、沖縄下水道公社（1967年設立）などが設置されている。以下本章では、前者を USCAR 公社、後者を琉政公社と呼ぶ。

　いずれの公社も、設置主体の違いはあれ、（琉・米双方の）政府機構からは多かれ少なかれ独立した組織体であったが、興味深いのは、琉政公社はもちろん、USCAR 公社にも、多数の琉球人が勤務していたということである。すなわち公社は、琉球人を雇用する公的機関の一角を占めていたのである[1]。

　本章は、そのような公社の職員の任用や給与等について、沖縄県公文書館がまとまった量の文書を所蔵している琉球水道公社を中心に取り上げ、その制度と実態を明らかにする。USCAR 公社であり、米軍の施設を使用して業務を行っていた水道公社の職員制度は、後に見るように軍や USCAR が雇用する琉球人のそれと密接な関係を持っていた。そのため、公社の職員制度の検討は、軍・USCAR の琉球人職員制度の一端を解明することにもつながるだろう。

---

[1]　その他には、市町村や教育区（義務教育学校と高等学校〈教育区立高校は1960年に一斉に琉球政府へ移管〉の設置・運営主体）、さらには USCAR などが挙げられる。

第1節　戦後琉球の水道事業と琉球水道公社

1. 戦後琉球の水道事業略史

　琉球列島に初めて近代水道が導入されたのは、1930年代の那覇においてである。1928年12月の那覇市会で可決された水道敷設計画に沿って建設が進められ、1933年9月におよそ3,000戸を対象として給水が始められた。しかしこの水道は、1944年の「十・十空襲」と、その後始まった壮絶な地上戦によって壊滅してしまう。名護市でも1935年ごろに水道が建設されているが、同じく地上戦によって破壊された。

　戦後、沖縄民政府工務部では、市町村に対して簡易水道の新設を奨励した。市町村がパイプとポンプの現物を調達すると、工務部がそれを敷設するための補助金を交付するというしくみになっていたという[2]。

　一方、沖縄島では、統治者となった米軍が、自身の活動を円滑に展開するため、陸・海・空・海兵隊の各軍ごとに、それぞれ水道施設を敷設していった。そして、琉球統治の恒久化と軍事基地建設の方針が明らかになってくると、分立状態にあった水道施設が連結・統合され、1950年、陸軍[3]ポストエンジニア[4]主管の下に、全島統合上水道（Integrated Island Water System：以下、IWS）が構築されたのである。これによって、各軍が有していた水道施設や、その維持管理にあたってきた職員はすべて陸軍に移管され、軍内の水供給体制は一元

2）　那覇市水道局編『那覇市水道五十年史』1983年、112頁。
3）　在琉の米陸軍は、沖縄基地司令部：Okinawa Base Command（OBASCOM）[1945.10-1946.6]→琉球軍司令部：Ryukyus Command（RYCOM、ライカム）[1946.7-1956.12]→琉球列島米陸軍 United States Army, Ryukyu Islands（USARYIS）[1957.1-]と変遷している（より厳密には、1956年2月にRYCOMは米陸軍第九軍（IX Corps）と合併してRYCOM/IX Corpsとなり、RYCOMがUSARYISになってからも、1961年7月まではUSARYIS/IX Corpsであった）。琉球列島米国民政府（USCAR）は、米陸軍の民政機構として作られ、同軍のいわば「本体」であるRYCOM、USARYISとは並存の関係にあった。ただし、民政の代表者たる琉球列島高等弁務官：High Commissioner of the Ryukyu Islands（1957年までは琉球列島民政副長官：Deputy Governor of the Ryukyu Islands）と、軍政の代表者たる琉球軍司令官：Commanding General of RYCOM（USARYIS）は、同一人物が兼務した。
4）　ポストエンジニア（Post Engineer）は、陸軍施設の営繕業務や、軍用水道の管理、消防などの業務を担う部隊である（金城義信『沖縄の水道』新沖縄経済社、1997年、339頁）。後述するIWSDは、この部隊下の一組織であった。

表6-1　戦後琉球の民用水供給体制

主体	主な水源	方法	取水	浄水	配水	給水
個人	雨水、地下水	水道以外	-	-	-	-
部落、業者	地下水	水道（簡易）	◎	△	◎	◎
市町村・組合	地下水、表流水	水道（簡易・上水）	○	○	○	◎
水道公社	地下水、表流水	水道	◎	◎	○	△

※担う役割の大きさの順に、◎、○、△とした。

(出典) 筆者作成。

化された。IWSは、余剰水を民間に給水することもあった（たとえば1952年8月から那覇市営の簡易水道に分水を開始している）が、基本的に軍用の水道であった。

では、民間の水需要はいかにして満たされていたのだろうか。それを見ていくには、三つの次元を導入するのが分かりやすい。第一は、水源として何を利用するのか、という次元であり、大きくは、雨水、地下水（湧水を利用する場合と、井戸を掘って汲み上げる場合がある）、川や湖などの表流水の三つが考えられる。第二は、集めた水をいかにして利用者に供給するか、という次元であり、これは、水道によるもの（規模によって一般の上水道と簡易水道に分けられる[5]）とそれ以外（タンクに溜めて使う、利用の度に自ら汲みに行く、など）に分けられる。第三は、供給主体が誰なのか、という次元であり、個人（この場合は供給者＝需要者である）、民間業者、集落・部落、市町村・事務組合、琉球水道公社などがある。なお、水道による供給には、取水→浄水→配水→給水というプロセスがあり、それぞれの局面において主体が異なる場合もあった。以上を踏まえて、琉球における（民用の）水供給体制を、やや単純化した形でまとめたのが表6-1である。

水道事業の普及率（総人口に占める給水人口の割合）は、1969年6月末時点で79.4％であり、そのうち事業数においては、簡易水道が圧倒的多数を占めていた。同時点では、全琉に286の水道が敷設されていたが、そのうち上水道は22にすぎず、簡易水道はその10倍以上の262にのぼっていたのである（残り2は専用水道）[6]。ただし、給水人口比で見ると、簡易水道は全給水人口の

---

[5] 簡易水道は、給水人口5,000人以下の水道のことを言う。水道法（1962年立法53号）第3条を参照。

23.8％をカバーしていたにすぎず、上水道のそれは76％にのぼる。上水道はすべて市町村・事務組合（20市町村2事務組合）によって運営されていたが、簡易水道については、そのほとんどが地元部落や民間業者によって運営される、小規模のものであった。

ここまでの記述から分かるように、琉球政府は、水道事業を直接的に行ってはいない。しかし、それを軽視していたわけではなく、物的な支援は行っていた。たとえば、沖縄島南部の東風平村・南風原村・具志頭村・大里村を事業範囲とする南部地区東部上水道組合の施設は、琉球政府が全額政府費で建設し、組合に無償で払い下げたものだった[7]。また1954年7月からは、「水道事業費及び飲料水供給施設費補助金」の交付が開始されている。当初、水道事業については、工事に必要なパイプ・セメント・鉄筋・ポンプなどの資材を現物支給するものであった（雨水タンク、井戸などの飲料水供給施設については、工費の7割を上限に補助金を支給）が、表6-2のような経過をたどって、名実ともに補助「金」化し、拡充されていく。

かくして、先に見たとおり、1969年半ばにおいて上水道事業は給水人口の8割弱をカバーするまでに至った。その一方で、1957年以降、補助金の交付対象が市町村の事業にかぎられたため、多く地元部落が事業主体となっていた簡易水道の建設には、自己財源の他、高等弁務官資金[8]、琉球開発金融公社引受債が充てられていた[9]。

では、このような水の供給体制の中にあって、水道公社はどのような役割を担っていたのだろうか。それを次に見ていきたい。公社の事業と切り離せないのが、先述したIWSである。IWSは米軍が敷設し、原則的に軍用として使用してきたが、人口が集中する割に水源が少ない沖縄島南部の水供給が逼迫する

---

6) 屋良利彦「沖縄の水道事情とその問題点」『用水と廃水』12巻7号、1970年、45-48頁。なお、専用水道とは、主に「寄宿舎、社宅、療養所等における自家用の水道」である（水道法第3条）。

7) 大西浅市「沖縄の水道事情」『水道協会雑誌』407号、1968年、41頁。

8) 高等弁務官資金とは、米国の対沖縄援助資金によって形成された施設・資産から上がる運用益＝米国民政府一般資金のうちから、高等弁務官が裁量的に公布した補助金である（与那国暹『戦後沖縄の社会変動と近代化』沖縄タイムス社、2001年、115頁）。金城義信によれば、1959年以降1972年までに、高等弁務官資金で敷設された簡易水道は219にのぼり、そのうち211施設が1965年までに作られている。金城、前掲、74頁の表参照。

9) 川口士郎「琉球における水道の現状と問題点」『水道協会雑誌』384号、1966年、35-36頁。

表6-2 琉球政府「水道事業費及び飲料水供給施設費補助金」の変遷

	補助対象		補助形態
	経営主体	給水人口	
1954年7月	市町村・非営利団体	100人以上	資材現物支給
1956年2月	同上	同上	資材購入費支給
1957年12月	市町村	同上	セメント・鉄筋:購入費支給 その他装置類:現物支給
1958年3月	同上	101〜5,000人(簡易水道) 5,000人以上(水道)	総工費500万以下:57年12月に同じ それ以外:総工費の1/2以内
1960年6月	同上	同上	簡易水道及びそれに類する水道: 57年12月に同じ それ以外:総工費の1/2以内
1962年1月	同上	同上	簡易水道及びそれに類する水道: 工事・測量設計費の7割以内 それ以外:総工費の1/2以内
1964年7月	地方公共団体・ 宮古島用水管理局	同上	簡易水道及びそれに類する水道: 工事・測量設計費の7割以内 大規模な水道:同10割以内 大規模な水道の支線:同7割以内 それ以外:同5割以内

(出典) 各年補助金規程より筆者作成。
注:飲料水供給施設への補助は除いた。

中で、米軍も1957年ごろには、IWSを占用するのが住民感情の面から望ましいことではないという認識を強めるようになる[10]。そこでUSCARは同年4月から、琉球政府にも協力させて沖縄島の水源地の調査を実施し、水源開発や設備援助を行う「水道公社」と、地域別の給水会社を設置し、水道事業を展開する構想を立てた[11]。また1958年4月には、米大統領府の予算局軍事予算課(Military Budget Division, Bureau of Budget)課長が来琉し、琉球列島米陸軍(USARYIS)とUSCARの係官に対し、IWSの維持・管理は軍以外の機関に移管するべきであると勧告する[12]。

これらの情勢に対する結論として、1958年9月に設置されたのが、本章で

---

10) USCAR文書「Fact Book of Integrated Water System」(USCAR01247-9)の記述による。
11) 「民政府 水道公社設立を構想」沖タ57.7.22、2。そのため軍は、市営水道の敷設に向けて動いていたコザ市に事業中断を指示している。「全島に水道を設置か 軍がコザ市の工事見合せを指示」沖縄新聞57.9.13、3。

その職員制度を分析する琉球水道公社（Ryukyu Domestic Water Corporation：以下、特に他の公社と区別する必要がない時には単に「公社」とする）であった。公社は、IWS から浄水・原水を購入し、それを給水事業者である市町村・事務組合に分水する、用水供給事業を行った（ごく一部、水道公社が利用者に直接供給を行う場合もあった）。1969 年度における IWS の総生産量は 51,476,000m³ で、そのうち 63.2％にあたる 32,551,000m³ が公社に供給され（したがって残りが軍用に供給されたことになる）[13]、市町村・組合に分水された。

しかし、表 6-1 が示しているとおり、IWS と民間水道が接続された後も、それが琉球住民の水需要のすべてをカバーしていたわけではない。そもそも、IWS は沖縄島のみに敷設されたもので、したがって「琉球」という名称を冠する公社の事業地域は、実際には沖縄島にかぎられていたのである。さらに、その沖縄島の中でも、公社からの分水を受けていたのは 1969 年度において 18 市町村と、沖縄島に当時所在していた市町村 41 の半分にも満たなかった。

市町村・組合による上水道事業における、公社からの用水供給が果たす役割について、それよりやや古い 1967 年 6 月末時点のデータ[14]を参照すると、上水道事業を行っていた 18 市町村・組合のうち、公社からの分水を受けていたのは 10 市村である。そのうち那覇市[15]だけが自己水源との併用で、残りの市村は公社の分水に全面的に依存していた。那覇市についても、年間給水量に占める公社供給用水の割合は、1961 年度には 58.6％であったが、68 年度には 77.0％にまで増加している[16]。対して、公社の分水を受けていなかった 8 町村・組合は、当然ながら、自己水源から取水して供給を行っていた。

上記のような用水供給事業に加え、公社は、ダム・浄水場・送水管などを新

---

12) USCAR 文書「AAA Audit Report Files: Integrated Island Water System」（USCAR16063）に収録された、U. S. Army Audit Agency「Special Audit of the Operation and Maintenance of the Integrated Island Water System, Okinawa, Ryukyu Islands (Audit Report No. PA69)」（Jan 1969）。
13) 屋良、前掲、49 頁。
14) 大西、前掲、36 頁。
15) 大都市・那覇の水道は、琉球内では「別格」の存在であった。1968 年時点で八つの水源と、ガリオア資金によって修理・改良され、1953 年に米軍から譲渡された泊浄水場ほか二つの浄水場を有し、給水人口は 1967 年度に 20 万人を超えていた。このように大規模な事業を遂行するため、1967 年 6 月末現在で、市水道部は 229 人の職員を抱えていた。同上、37 頁を参照。
16) 小西泰次郎・木野義人・野間泰二・井上正文「沖縄の水資源 1　沖縄本島」『地質ニュース』1969 年 10 月号、17-18 頁。

規に増設し、IWSを拡張する役割も担っていた。これは、1962年5月に策定された水源開発マスタープランに沿って行われたものである。マスタープランの作成は米国の会社に委託され、また、これらの事業に係る、技術的研究の実施、建築技術者の指定、設計の選択、入札の実施、契約の締結・修正、業者の施工に対する監督などは、公社ではなく米陸軍工兵隊沖縄工区（USAEDO: United States Army Engineer District, Okinawa）のディストリクトエンジニア[17]が代行して行った。この設備投資には公社の剰余金も使われたが、大部分はUSCARと陸軍からの資金によって賄われていた。水道公社による開発の結果、IWSには、USARYIS所有施設と公社所有施設が混在することになった[18]が、その管理・運営権は、公社設立後もUSARYISの手にあった。このことは、後述するように、職員の任用に若干の変則的な形態を生み出すこととなる。

2. 琉球水道公社の組織

公社は、1958年9月4日の高等弁務官布令8号に基づき、「琉球住民の需要と利益、産業の発展その他の用途に必要な水の集取、処理、送水、配水及び販売にあたる施設を取得、維持及び運営するために、琉球列島米国民政府……の一機関として」（琉球水道公社定款第1条）設立された、公共企業体（public corporate entity）である。

公社は理事会（Board of Directors）によって運営される。理事会は、高等弁務官（1960年6月30日より主席民政官）あるいはその授権者が任命する5名の理事（Directors）で構成され、うち一人が理事長（Chairman）となる。理事長は、設立以来一貫してUSCARから出された（歴代9人のうち、初代は財政部長、第3代は民政官補佐官、第4代は副民政官、第6～9代は公益事業局長、それ以外は肩書不明）[19]。

理事の選出母体は慣習的にほぼ固定されており、設立から1963年までは、

---

[17] ディストリクトエンジニア（DE）は、USAEDOの代表者の職名であり、組織／部隊の名称ではない。

[18] 1971年12月時点で、軍が所有していた主な施設は、平山ダム、天願浄水場、桑江浄水場、与座浄水場、嘉数ポンプ場などであった。第67国会衆議院沖縄及び北方問題に関する特別委員会（1971年12月4日、会議録10号）における小幡琢也政府委員の発言より。

[19] 歴代の理事長・理事、そして後述する役員の名簿は、琉球水道公社編『公社13年の歩み』1972年に掲載されている。

USCARから2名、USARYISから1名、琉球政府から1名、琉球銀行／琉球開発金融公社（以下、開金）から1名となっていた。1964年以降は、USCARから1名（公益事業局長）、USARYIS／フォートバクナー（Fort Buckner）[20]から1名（水道部長か工兵隊長か施設隊長）、琉球政府から1名（副主席か建設局長）、開金から1名（総裁）、そして水道公社総裁の5名に固定された。

　公社経営の意思決定機関が理事会であるのに対し、日常業務を行う事務組織を代表するのが総裁（President）であり、その他トップマネジメントを担う役職として、副総裁（Vice President）、秘書役（Secretary）、出納役（Treasurer）が置かれた。発足時の定款では理事長が総裁を、理事の一人が副総裁をそれぞれ兼務することとされており、事務方の実質的な代表者として、総支配人（General Manager）という職が置かれていた。理事長・総裁兼任制は、1963年11月29日の定款改定により廃止され、これに合わせて総支配人の職も廃止されている。以上の「事務方幹部」は、役員（Officers）と総称された。

　次に、公社の内部組織とその変遷を見ておこう。設立時には、会計・登録・技術・庶務の4課が置かれていた。1965年の組織改正では、課数は4のままであったが、総務・経理・業務・工務という編成に改められた。1970年には部制を導入する大きな組織改正が行われ、総務部の下に総務・用度管財・用地、企画財務部の下に財務管理・企画調査、工務部の下に技術・配水の各課を置く3部7課制となる。1972年時点では総務部の課数が1減（用度管財課が廃止）、工務部の課数が1増（配水課が保全課と浄水課に分割）となり、3部7課の体制は変わらなかった。企画財務部は2課で変更はなかったが、名称は企画予算課と会計課に変わっている。なお、部制導入後、総務部長は秘書役が、企画財

[20) 1965年9月の陸軍再編成により、USARYIS司令部の下級機関として、フォートバクナー司令部が設置された（「在沖米軍、機構を再編　フォートバクナー司令部新設」沖タ65.8.27夕、3）。同司令部は、ポストエンジニア、家族住宅、将校クラブ、スペシャルサービス、コミッサリー、電話交換所など、軍施設の維持に必要な業務を引継ぎ、憲兵隊も所轄した。この体制は、1969年9月15日付で、USARYIS司令部とフォートバクナー司令部が統合されるまで続いたようである（「進む兵力再編と基地強化」沖タ69.9.30、5）。これと符合するように、公社では、1965年からフォートバクナー工兵隊長が理事に選出され、その後1970年からはUSARYIS施設隊長（施設隊とは、本章注23で触れているファシリティエンジニアだと思われる）が選出されるようになっている。

表 6-3　水道公社の職員数の変遷

年月	職員数	備考
1958.12	6	
1959.12	11	
1961. 6	13	
1962. 6	14	
1963. 9	19	
1965. 6	25	
1966. 6	34	
1967.11	51	うち IWSD 勤務 18 名
1968. 6	64	うち IWSD 勤務 28 名
1969. 2	99	うち IWSD 勤務 54 名
1970. 4	99	うち IWSD 勤務 59 名
1971. 6	124	うち IWSD 勤務 62 名
1971. 8	269	IWSD から職員 143 名移管
1972. 1	285	海兵隊から職員 20 名移管
1972. 5	−	陸軍混成部隊から職員 5 名移管
1972.11	300	沖縄県企業局

（出典）各種資料より筆者作成。

務部長は出納役が兼務し、工務部には部長代理のみが置かれた（ただし、工務部長代理の又吉康信は、1972 年 1 月に工務部長に昇進している[21]）。

　続いて、公社の職員数（役員を含む）の推移を示したのが、表 6-3 である。ここから分かるように、公社は決して大きな組織ではなく、むしろ「中小企業」と呼んでいいほどの規模であった。1969 年頃から職員数は拡大し、1971 年に 100 人を超え、一気に 200 人台後半となっているが、これは備考にあるように、米各軍の水道管理組織から職員が移管されたことによるものである。

　なお、員数のほとんどは琉球人である。1963 年 12 月までは、総裁と副総裁は米国人だったので、表中の数字のうち 2 名は外国人ということになる。それ以降では、1966 年 6 月時点で 1 名、1971 年 6 月時点で 3 名、1972 年 1 月時点で 4 名の米国人が勤務していたことが確認できる。4 名はいずれも水道関係の技術者で、うち 1 名は保全課長に充てられている。また、1 名は 1962 年から 65 年まで公社の USARYIS 選出理事を務めていた技師（その後 USCAR 厚生教育福祉局で衛生専門家として勤務したのち、公社に採用）で、残りの 2 名は浄水場関係の管理・運営監督者であった[22]。

---

21)　1972 年 1 月の理事会で人事が承認されている。USCAR 文書「Domestic Water Control, 1972: Board Meetings」（USCAR01270）に収録された議事サマリーを参照。
22)　公社文書「外国人採用関係書類綴」（U99005608B）を参照。

もう一点、表中の備考にある「IWSD 勤務」について補足しておく必要があろう。すでに述べたように、公社が設立された後も、公社の事業の生命線である IWS は、依然として USARYIS、具体的にはポストエンジニアの Island Water System Division（以下、IWSD）[23]の管理の元に置かれていた。1970 年頃の IWSD は、琉球人約 250 人と外国人約 30 人を抱え、IWS の管理・運営を行っていたという[24]。この IWSD には、特殊な雇用形態に置かれている琉球人職員がいた。すなわち、公社が採用し給与も支払うが、軍に採用された琉球人職員と共に軍の指揮下で勤務する職員で、それが、表中の「うち IWSD 勤務」の人数である。このしくみは、1967 年 3 月に公社と軍で合意された[25]もので、初めはハンセンポンプ場に 4 人、石川浄水場に 10 人が採用・配置された。なお、公社が彼／彼女らに支払った給与の総額は、公社が軍に支払う用水代から割り引かれた。

第 2 節　「職員制度以前」の琉球水道公社

　以下、公社の職員制度について見ていくわけだが、まずは「制度前」の時代から始めなければならない。というのも、公社は設立当初から確固とした職員制度を有していたわけではなかったからである。初期の理事会の議事録を手がかりに、その点を明らかにしていこう。
　組織が業務を行うにあたっては、むろん職員が必要となる。ところが、設立時点の公社には、（総裁・副総裁を除いて）職員は一人もいなかった。そのため、理事会において順次、人事についての議論が行われ、次第に体制が作られていったのである。

---

23)　公社の年次報告書や、金城、前掲、341 頁などでは「水道部」と訳されている。また、おそらく本章注 20 で紹介した 1969 年 9 月の軍再編時に、ポストエンジニアがファシリティエンジニアと改称され、それに合わせて IWSD は IWD（Island Water Division）に名称変更されているようである。本章では便宜上、一貫して IWSD と呼ぶこととする。
24)　金城、前掲、341 頁。
25)　USCAR 文書「Office General Personnel Files, 1971: RDWC Personnel Files」（USCAR00854）に収録された、1967 年 3 月 6 日付公社総裁発フォートバクナー司令官宛文書「RDWC Support to IWS Operation」および、それに対する 3 月 17 日付フォートバクナーポストエンジニア発総裁宛文書を参照。

設立からおよそ2ヵ月後の1958年11月21日の理事会では、職員の体制を整備する参考として、1954年に設立されていた琉球電力公社の組織が説明されている。それによれば、電力公社は総裁、副総裁、秘書役及び出納官を役員（秘書役と出納官の職務は一人が兼任）とし、これに加えて電気技師、土地調整員及び事務員の計3人の常勤職員が勤務するという体制になっていた[26]。電力公社も、設立から4年以上を経てなお、この程度のマンパワーで業務を行っていたのである。

　その翌週、28日の理事会では、第一に、USCAR経済開発部に属しながら電力公社の秘書役兼出納官であった長嶺文雄を、秘書役兼総支配人として採用する提案がなされた。しかし、電力公社から引き抜くことは「悪いということが言われ」、「外に誰も考慮され得る人が居らないかどうかが尋ねられた」結果、この人事案は保留となった。第二に、出納役として喜瀬宏が推薦され、「勤務時間の凡そ半分を電力公社のために捧げられ、同氏の給料の半分は電力公社で支払われる」という変則的な勤務・雇用形態の提案があった。この人事は、「電力公社と話し合いがついてい」たこともあり、承認されている。そして第三に、「土地関係及び事務の手伝いのために」、電力公社に勤務する2名の職員を水道公社で「逐次使用させて頂くことになっており、その取り決めは電力公社の理事会の同意を得ている」旨が報告された。以上からは、設立当初、人材の供給元として電力公社がひたすら頼られていた様子がうかがえる。

　その他、この28日の理事会では、上述の喜瀬の人事について、「水道公社で適切な規則を採択する迄、現在民政府の沖縄従業員に適用している人事案内書を採択する」と、人事制度面におけるUSCAR準拠が決定されたことや、採用する職員の給与額の決定にあたって、「3年乃至4年の大学課程を終えて琉銀に採用される者は……平均して月￥8700の支払を受けているということが参考として述べられ」、在琉の他の機関における類似の経歴を持つ者の待遇との均衡が意識されていることなどが注目される。

　12月29日の理事会でも、人事関係の議論が行われている。11月28日に承認されなかった秘書役兼総支配人の人事は、別の候補が見つからなかったため

---

[26]　公社文書「理事会議事録 日本語版 1958年-1961年」（U99000007B）。以下、本節で参照している理事会議事録は、すべてこの文書に収録されたものである。

か、その後結局、長嶺への打診が行われた。彼が、USCAR に留まるという意向を示しつつも、暫定的に、しかも無給で公社の秘書役の職務を行うことを承諾した旨が報告され、この人事は承認された。そして、充当者を欠いた総支配人には、暫定的に「公共施設関係の技師であり、最近民政府に転入されたローランズ氏」が、これも無報酬の「代理」として就任することとなった。したがって、トップマネジメントを担う総支配人と秘書役は、いずれも USCAR 職員の兼務ポストとしてスタートしたのである（ついでに言えば、当時は総裁＝理事長、副総裁＝理事も USCAR 幹部であったから、役員はすべてが USCAR 職員だったことになる）。

　加えてこの日には、主任技師として、那覇市の泊浄水場長であった又吉康信の採用が承認されている。技師を雇用する必要性と、その候補としての又吉の名前は、実は 11 月 28 日の理事会ですでに挙げられており、1 ヵ月の間に交渉が行われていたのであろう。彼の給与額は、前職の給与と同水準とするという方針で決定された。他の組織からの引き抜きならばなおさら、そこでの待遇との均衡が意識されるのは自然であった。

　1959 年 3 月 27 日の理事会では、主任技師の「現場作業補佐」として仲間一雄の採用と、臨時秘書役の長嶺の離職が承認された。また、同日には、理事長が「総支配人として琉球人を雇ふ必要性が益々緊急になった」とし、理事に候補者の推薦を求めている。総裁・副総裁を米国人で固めるのに対し、事務方のトップは琉球人にして、公社を米軍がコントロールする琉球人の組織にしようという方針がうかがえる。これを受け、1 ヵ月後の 4 月 24 日には、屋田甚助を総支配人兼秘書役代理として採用することが承認された。

　1959 年 7 月 10 日の理事会で総裁は、「水道公社は急速に成長しつつあるけれ共〔ママ〕、職員数は最小限度に止めたい」と述べ、採用抑制の方針を示している。しかし、業務に必要な職員は採用せねばならず、その後も理事会では、職員の新規採用（およびその初任給額）についての承認要請が繰り返し議題に挙がっている。採用されたのは、タイピスト（7 月 10 日）、会計係（8 月 28 日）、運転手（9 月 25 日）、掃除及雑務係（11 月 27 日）、会計事務員（1960 年 2 月 26 日）などである。この中で、運転手は 3 人の希望者から採用した旨が報告されている。方法は不明であるが、なんらかの形で希望者を募り、複数人から一人

を選考するという手続が、公社の初期段階から採られていたようである。

　理事会では、現職員の昇給も議題とされている。「雇った時、6ヶ月後には昇給を考慮することを本人に話してある」という、（口頭の？）契約ベースのものや、「水道公社に雇われるまで、現給より月5＄多くの俸給を支給されていたが、雇傭当初の月給に誤算があ」ったため「過去の損失を補填し、且又氏の責任の重大性に鑑み」昇給すべきとされたもの（いずれも1959年7月10日）など、昇給を行う理由がはっきりしているものもあるが、あとは時折、機械的に昇給の提案と承認が行われている。

　この頃の議事録では、いずれもナマの数字（たとえば「月俸70＄で雇い入れた」とか「俸給を81＄から90＄に増額」など）で職員の給与が語られており、給与表が存在しなかったことを推察させる。これに関連して、総裁は1959年11月27日の理事会で、USCARが「米国民政府公社の被雇用者の俸給規程を研究中である」と述べているが、これは後述のとおり、1963年まで実現しなかった。

第3節　琉球水道公社職員の任用

　ここから、ようやく公社の職員制度について見ていくことになる。本節ではまず、任用に焦点を当てたい。はじめに、公社の職員制度全般の基本法とも呼ぶべき人事マニュアルの制定と変遷について論じ、そこにいかなる任用制度が定められていたのかを紹介する。さらに、制度規定のみならず、それを受けて任用がいかに行われていたか、また、どのような人々が公社職員になっていたのかについても見ていくこととしたい。

1. 人事マニュアル──職員制度の「基本法」

　公社職員制度の「制度化」の端緒は、琉球水道公社細則（By-Laws）によって開かれた。1961年初め頃に制定されたと思われる[27]この細則は、総裁を除

---

27) 細則は、公社文書「定例理事会議事録 1961年」（U99003500B）に収録された、1961年2月の理事会会議録の付近にはさみこまれており、この頃理事会で承認されたものと推測される。しかし、実際に議論が行われた形跡は見つけられなかった。

く役員の任用と給与を理事会の決定事項とする（第2条1項）一方で、総裁に、公社の業務を遂行するのに必要な職員を採用し、給与をはじめとする勤務条件を定める権限を与えた（第2条5項）。すなわち、任用・給与に関する決定権者が示されたのである。ただし、理事会の決定事項を回ごとにまとめた公社文書中[28]には、1960年6月に主要なもの以外の人事を行う権限が理事会から総裁に委譲された、という記載があり、細則はこれを改めて明文化するという役割を果たしていたにすぎなかったのだとも言える。

いずれにせよ、細則においては、具体的な職員制度の内容は依然示されておらず、それゆえ前節でも触れたとおり、USCAR雇用琉球人の「人事案内書」（Personnel Manual）を適用するという方策がとられていた。しかし、1962年末から63年にかけて、公社が独自の規則の制定に向けて動き始めた様子が、文書上に現れる。まず、1962年12月28日付の職員会議の内容メモに、「知念氏〔後に秘書役。当時は庶務課職員〕が雇用規則（Rules of Employment）の草稿の準備を指示された」と見え[29]、実際、1963年1月19日付でUSCARに雇用規則の案が提示されている[30]。案に付された説明には、「この規則の制定にあたって参照されたのは、民政府布令第116号〔琉球人被用者に対する労働基準及び労働関係法〕のとりわけ〔労働基準に関わる〕第4章、沖縄住宅公社[31]の雇用規則、琉球政府労働基準課が1957年6月に編纂・出版した雇用規則案である」との記述が見られ、採用、休職、休暇、給与、職員の安全・保健、表彰、懲戒などについての包括的な規定が並んでいる。

このように、職員制度としての具体的な内容を含んで提示された雇用規則案は、しかし、USCARに店晒しにされる。というのも、時をほとんど同じくして、USCARが公社統一の人事規則の策定を進めていたからである[32]。そして

---

28) 公社文書「水道公社内通知文書綴」（U99000550B）に収録の「Board Policies and Decisions」。
29) 公社文書「職員会議に関する覚書」（U99000038B）に収録された、「Memorandum for Record, 28 December 1962」を参照。
30) 公社文書「雑書綴」（U99003720B）に収録された、総裁発USCAR法制法務局宛文書「Establishment of RDWC Rules of Employment」を参照。
31) 沖縄住宅公社（Okinawa Housing Corporation）は、米軍職員の住宅の建設・維持管理のため、1950年4月に布令によって設立された。住宅公社の組織や、その建設した住宅の仕様などについて紹介したものに、中島親寛・池田孝之・小倉暢之「戦後の沖縄における沖縄住宅公社による米軍住宅建設プロセスと計画管理技術に関する研究」『日本建築学会計画系論文集』566号、2003年がある。

1963年9月、「高等弁務官機関監督者の人事マニュアル」(Personnel Manual for Supervisors of High Commissioner Instrumentalities、以下「統一マニュアル」)が制定された。はしがきで、「大部分が、陸軍省の民間人職員および連邦議会承認予算によって直接雇用される琉球人の人事政策・手続を準用したものである」と説明されるこのマニュアルは、琉球水道公社の他、琉球電力公社、琉球財産管理局[33](Ryukyuan Property Custodian)に適用され、採用、人事管理、研修、職務評価、懲戒、苦情申立、災害補償、休日・休暇、給与・諸手当、人員整理などについて網羅的に規定したものであり、琉球政府における公務員法にあたるものであった。また、給与の章には、具体額を示した給与表も添付されており、その意味では給与法の機能をも包含していた。

　1966年1月、水道公社と電力公社に関する全面的な研究を行うためのアドホック委員会が USCAR に設置された(メンバーはいずれも USCAR 職員)が、この委員会が最終的に民政官に対して提出した勧告[34]中には、各社が統一マニュアルに取って代わるそれぞれの人事マニュアルを、軍民間人事部(CPO: Civilian Personnel Office)や USCAR の労働局・総務室の助言のもとに作成すべきである、という内容が含まれていた。だが公社では勧告の後も、それにそった動きは起こらず、ようやく1970年初頭から、統一マニュアルに代わる専用マニュアルの制定が理事会のアジェンダに上がり始めた。1月19日の議事録には、具体案の要約と思しき文書も添付されている[35]。説明には、「水道公社の運営が拡大し、独自の人事政策のためのマニュアルが必要となった。システマティックで効率的な人事政策運営と業務運営のため、水道公社も電力公社や開発金融公社と同じように、独自のマニュアルが必要である」とあり、公社は他の USCAR 公社に出遅れていたようである。ちなみに、名前の挙がっている開金は、1965年10月に独自のマニュアルを策定している[36]。

---

32)　公社文書「役員会議議事録」(U99003689B)に収録された、「Memorandum for Record, 2 July 1963」を参照。
33)　第二次大戦後に米軍が接収した旧日本国有地・沖縄県有地の管理・運用にあたった USCAR の組織。琉球財産管理「部」とも「課」とも訳されることがある。
34)　USCAR 文書「Report of USCAR Corporations Study Committee, 5 August 1966」(USCAR 00653-6)に収録。
35)　USCAR 文書「Domestic Water Control, 1970: RDWC Board Meetings」(USCAR01723)に収録。

しかし、USCAR 文書に収録された具体案には、（資料が公益事業局文書であるという来歴からの推測として）USCAR 選出理事のものと思われる、問題点を指摘した英語の書き込みが多数見られ、導入に向けた議論は難航したものと思われる。実際、4月になっても議論は続いており[37]、この時も、「USARYIS の人事マニュアルとのさらなる比較研究が必要である」として、決定には至っていない。それ以降、理事会がこのマニュアル案を承認した記録は見当たらないが、1971 年 3 月時点では、「琉球水道公社人事マニュアル」（以下、公社マニュアル）の一部改正を、総裁が USCAR に対して報告した文書[38]が見られるため、70 年 4 月から 71 年 3 月までの間にそれが制定されていたことは間違いがない。

2. 任用制度と任用の実際

　続いて本項では、公社雇用規則案、統一マニュアル、公社マニュアルのそれぞれにおいて、任用制度がいかに規定されていたか、さらに、実際の任用がいかなる手段・手続で行われていたのかについて見ていきたい。

　ⅰ）任用制度

　1963 年の公社雇用規則案における任用関係の規定は、採用権者と採用手続を示している程度である。すなわち、採用について、秘書役と出納役は試験・面接で選考された者の中から副総裁の推薦により理事会が任命し、役員以外の職員は副総裁の推薦により総裁が任命することや、新規採用職員には着任前に職務記述書・雇用規則の写しを渡し、支払われる給与額を示さなければならないことなどが定められている。

　統一マニュアルになると、任用関係の規定は格段に充実する。第 2 章「職位補充および雇用身分」によると、すべての職位補充（recruitment）の募集は、各機関の上級役員（Senior Officer）の承認を受け、USCAR 高等弁務官室総務

36）　USCAR 文書「RDLC Minutes Files, 1965」（USCAR22102）に収録。
37）　USCAR 文書「Domestic Water Control, 1970: RDWC Board Meetings」（USCAR01722）に収録された理事会議事録を参照。
38）　USCAR文書「Office General Personnel Files, 1971: RDWC Personnel Files」（USCAR00857）に収録。

部（Department of Administration, Office of HICOM）に送られて審査を仰ぐ。1965年8月12日付のUSCAR総務部長発総裁宛文書[39]は、予算によって承認されたHGS-9（HGSは、既述の統一マニュアルにおいて設定された給与表の種類の一つで、数字はその等級である）以下の職位への職員の採用を総裁に授権しているが、裏を返せば、それ以上の級の人事は、それ以降もUSCARの関与のもとにあったということになろう。先に紹介した1966年のアドホック委員会の議論の過程[40]では、HGS-10以上の人事をすべてUSCARが審査することになっている現状に対し、これが各公社の人事手続を遅延させており、また、この審査は形式だけのものであるにもかかわらず、USCARによる統制であるという理由から不満の種となっているので、これを廃すべきであるという意見が提出されていた。

　マニュアルの規定に戻ると、補充者の選考は、志願者の経験・学歴が空き職位の資格要件に適合／より優越しているかどうかに基づいて行われることになっており、メリット原則が示されている。選考の最終決定は、役員に指名された監督者が行い、当該監督者は志願者の採否を上級役員に報告する。

　第3章「配置および人事管理」では、効率性の確保と人材の活用のために、昇任・配置転換・転任を柔軟に行わなければならないという原則を立てた上で、職員の昇任にあたっては、資格・業績・勤務期間を考慮し、雇用された／最後に昇任した時から最低4ヵ月が経過している必要があると定める。また、職員を減給となる職位に配置するにあたっては、最低30日前に本人に通知しなければならない。職員は、6ヵ月を超えない範囲で、現職位とは異なる仕事に就き、あるいは別の職位を兼任することができる。

　以上の原則・手続のほか、特に注目したいのは、第2章の、職位補充における「優先順位は、現職の職員中で人員整理の対象になっている者、現職の職員中で昇任あるいは配置転換の資格を有する者、過去に機関で勤務していた者の順に与えられ」、「資格を有する職員が組織内に存在する場合には、空き職位に外部から人材を補充してはならない」という規定である。

---

39) USCAR文書「Technical Committee Membership Files, 1964: Ryukyu Domestic Water Corporation (RDWC)」(USCAR00695) に収録された、「Delegation of Authority」(1965.8.12)。
40) 前掲USCAR文書 (USCAR00653-6) 中、1966年3月15日のUSCAR Comptroller Dept.へのヒアリング記録。

表6-4 職務分類制と任用の開放性に関する連合関係

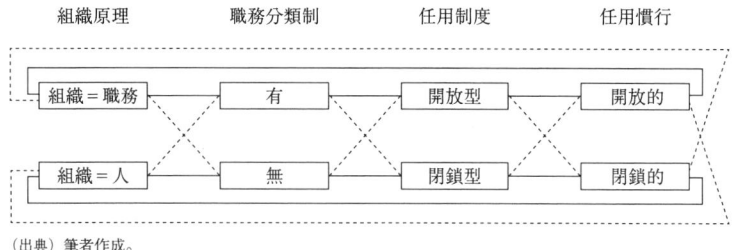

組織原理	職務分類制	任用制度	任用慣行
組織＝職務	有	開放型	開放的
組織＝人	無	閉鎖型	閉鎖的

(出典）筆者作成。

　一般的に、米国の政府組織は、職員任用のリソースを随時外部に（も）求める開放型任用をその特徴にしていると言われ、それと不即不離の関係にあるものとして、職務分類制という制度と、その背後にある、組織を（職員ではなく）職務の集合体とみなす組織観・原理の存在が語られることが多い。すなわち、組織を職務の集合体とみなすところでは、その職務に就く職員は入れ替え可能なものと観念され、職務に空きができると、それにふさわしい資格・能力を持った職員を補充するための公募が広く行われる。そしてその際には、職務分類制によって設定された分類の基準が、その職務への「ふさわしさ」を示す基準として機能するのである、と（一方、組織を職員の集合体とみなすところでは、職員は容易に入れ替え可能なものとは考えられず、そのため、入口採用→内部での異動・昇任という長期継続雇用が一般的となる、とされる）。

　ところで公社では、統一マニュアルの第15章に「管理職は、すべての人事および職位に関する措置要請を起案する責任を有する。……人事・職位の措置、あるいは両者を同時に行おうとする場合には、USCAR様式5（人事措置要請書）を使用すること」とあるように、職員と職位を明確に区別する制度が採用されており、また、後述するように、簡素な形態ながら、米連邦政府のそれと関連を持つ職務分類制も導入されていた。にもかかわらず、上に掲げたような、任用において内部の職員を優先する閉鎖型の制度規定が存在していたのである。この事実は、職務分類制と開放型任用についての、上述のような単純な連合関係が成り立たないことを示している。

　そこで、もう少し複雑になっている現実を見るために提示したのが、表6-4である。表では、四つの次元を示している。第一は、組織原理の次元、すなわ

ち、組織を職務の集合体と見るか、人（職員）の集合体と見るかである。これは、「組織観」という文化的水準で語ることもできるが、より実体的には、職位の管理と職員の任用を峻別しているかという、制度的水準で把握することができる。第二の次元は、職務分類制という制度の有無である。説明は不要であろう。第三は、任用制度の次元で、これが開放型なのか閉鎖型なのか、すなわち、制度規定が任用の門戸を部外者に開くようになっているか、そうでないかである。そして第四は、実際の任用が開放的に行われているか、閉鎖的に行われているかという慣行の次元である。なお、第三・第四の次元は、開放型の／開放的な性格が強いか、それとも閉鎖型の／閉鎖的な性格が強いか、という「程度の問題」であり、相互に排他的な二項関係ではない。

　これら四つの次元の間には、一般的には、実線で示された連合関係が成立しているとみなされており、それは確かにまったくの誤りであるということでもない。だが、各次元はそれぞれが独立しているのであり、点線で示したようなつながりを考えることもできるのである。そこで今、公社について見れば、〈「組織＝職務」・職務分類制有・閉鎖型[41]〉という関係が成立していることになる（後述するが、公社の任用慣行が開放的だったか閉鎖的だったかについての判断は留保せざるを得ない）。また、琉球政府は、〈「組織＝職務」・職務分類制有・開放型[42]・閉鎖的〉だったと言ってよい。

　そして、実は米連邦政府にしても、とりわけ事務職の非幹部レベルにおいては、雇用がそれほど開放的ではなく、長期雇用の実態が見られるとも言われ[43]、したがって少なくとも一部においては、〈「組織＝職務」・職務分類制有・開放型・閉鎖的〉という関係が存在していることになる。ここで、〈開放型・閉鎖的〉という関係が成立しうるのは、空き職位の補充に際して公募が行われ、原

41）　公社の任用制度は、基本部分では、空き職位の補充において部外者も含めた公募を前提としており、この点をとらえれば「（大元では）開放型」だと言えないことはない。しかし既述のとおり、公社の任用制度には部内を優先する明文の制度規定が併存している（＝制度による閉鎖）。この点をとらえて、ここではそれを「閉鎖型」とした。

42）　琉公法第20条1項は、「職員の職に欠員を生じた場合においては、任命権者は、採用、昇任、降任、又は転任のいづれか一の方法により、職員を任命することができる」とするのみで、部外からの任用（＝採用）と部内からの任用（＝昇任・降任・転任）を等しく扱っている。したがって、制度レベルにおいては、琉球政府は「閉鎖型」であったとは言えない。

43）　村松岐夫編著『公務員制度改革』学陽書房、2008年、60-61頁。

則的に現職者もそれに応募をするという「開放型」の任用制度になっていても、実際には応募の資格者を部内に限定する運用を行う（＝運用による閉鎖）ことが可能なことによる[44]。

議論を、人事マニュアルにおける任用制度の規定に戻そう。とはいえ、最後に挙げるべき公社マニュアルの内容は、ほとんどが統一マニュアルに準ずるものであり、とりたてて論じることはあまりない。指摘しておかなければならない大きな違いは、採用における USCAR の関与の規定がなくなり、公社だけで手続を完結させられるようになったことである。

ⅱ）任用の実際

続いて、任用の実際面を見ておきたい。まずは採用についてである。公社が、琉球政府のように定期的に職員の採用試験を行っていた形跡は見られないが[45]、公募によって職員を採用しようとした例はいくらか見つけることができる。たとえば 1964 年 6 月の理事会議事録には、1 月以来空席になっていた主任会計官のポストに、「新聞広告を通じて適任者を採用する努力を続けてきたが、採用に値するバイリンガルの会計官を見つけることができなかった」という文言が見られる[46]。1967 年 4 月 10 日付の、照屋副総裁の（おそらく IWSD との）電話記録では、9 名のポンプ場操作人の採用を早急に行うために、求人広告を今週中に地元紙に掲載する旨が記されている[47]。時期的に見て、IWSD に勤務させる職員であろう。

さらに、1969 年 5 月 28 日付の工務課長メモは、採用にあたって競争試験が実施されていたことを示唆している[48]。それによれば、水道技師の採用試験に

---

44) 米連邦政府でも、明文規定はないものの、「任用予定省庁は、先ず部内の職員の検討を行う。次に他の省庁で相応しい者がいるか否かの検討を行う。この方法によっても補充できない場合に公務外からの補充を検討する」というのが一般的な手続になっているという。外国公務員制度研究会編『欧米国家公務員制度の概要』社会経済生産性本部生産性労働情報センター、1997 年、32 頁。

45) 管見のかぎり、沖縄住宅公社が 1955 年 4 月に女子職員 1 名の採用のため、タイプ・ソロバン・英語の試験を実施し、40 名あまりが応募したという記録がある（「一名の採用に四十名　沖縄住宅公社がけさ試験」沖タ 55.4.25 夕、2）。

46) 公社文書「文書綴（MAKINO）64」（U99000308B）に収録された、「Minutes of the Regular Board Meeting of the RDWC, 25 June 1964」。

47) 公社文書「職務記述書及び人事関係書類」（U99000150B）に収録。

18人の応募があり、一次試験によって7名が選ばれ、さらに面接によりただちに採用すべき1名と、1970会計年度の予算で職位の設置が認められれば、7月1日以降に採用を考えてもよい3名が選ばれている。

それでは、昇進についてはどうだろうか。利用可能な人事データの量が十分ではないが、分かるかぎりで見ていきたい。筆者の手元には、1960年度末、62年6月、63年9月、65年6月、67年11月、69年4月時点での、肩書付きの公社職員リストがある。これを眺めていくと、昇進とおぼしき肩書の変更はいくつか発見できる。たとえば、又吉康信（1963年時点：機械技師〔Mechanical Engineer〕→ 1965年時点：機械技師監督〔Supervisory Mechanical Engineer〕）や、仲間一雄（1965年時点：現場検査員〔Field Inspector〕→ 1967年時点：現場維持管理主任〔Field Maintenance Foreman〕）、新里一男（1963年時点：登録担当事務員〔Registration Clerk〕→ 1965年時点：会計補佐〔Accounting Technician〕。その後1971年時点では総務課長）、仲村隆春（1967年時点：会計補佐〔Accounting Technician〕→ 1969年時点：会計官〔Accountant〕。その後1972年時点では会計課長）などである。

これらの昇進についての選考・決定過程を示す文書は、ほとんど見つからない。管見のかぎりでただ一つ、それを明らかにしているのが、すぐ前に述べた、1964年6月の主任会計官の職位補充をめぐるケースである。この時、公社は外部からの採用を断念し、部内者を昇進させることで対応した。理事会の議事録には、その承認の模様が収録されている（これはたまたま理事会承認事項である管理職レベルの職員の任用行為だったため、文書に現れてきたのだと言える）。この事例を含め、昇進試験のようなものが行われた形跡はなく、マニュアルにあるとおり、「資格・業績・勤務期間を考慮し」て、選考による昇進が行われたのであろう。

肩書の変更を伴う異動も、同じ職員リスト群によってある程度見ることができる。たとえば、運転手（Driver）から検針員（Meter Reader）、雑役婦（Janitress）から書記タイピスト（Clerk Typist）。あるいは、検針員（Meter Reader）から配管工（Plumber）、そして製図技師（Engineering Draftsman）への異動

---

48) 公社文書「文書綴 Jun 1968-Jun 1970」（U99000343B）に収録。

表6-5 公社職員の年齢構成

	管理・事務職	技能職	計
〜20歳	1	10	11
21〜25	11	9	20
26〜30	20	8	28
31〜35	12	13	25
36〜40	8	13	21
41〜45	3	10	13
46〜50	2	6	8
51〜55	1	1	2
56歳〜	1	1	2
平均（歳）	31.5	33.1	32.4

などである。さらには、現場検査員（Field Inspector）→現場技師（Field Engineer）→記録担当事務員（Reports Clerk）→資材施設担当官（Accountable Property Officer）→不動産担当補佐（Realty Assistant）と実に5回も肩書を変えている職員もいる。

3. 職員の経歴

前項まで、公社職員の任用制度と任用の実際について見てきた。では、公社では具体的にどのような職員が働いていたのだろうか。本項ではそれを見ていくことにしたい。

まずは、公社職員の大まかなプロフィールをつかむため、年齢・学歴・在職年数の構成を示した統計を、表6-5から表6-7までに掲げた（いずれも1970年8月1日現在。単位は特に記載のないかぎり「人」である）[49]。

表6-5から、平均年齢が32.4歳、管理職・事務職のみについて言えば31.5歳と、公社がかなり若い組織だったことがわかる。最多の年齢区分は26〜30歳となっている。ただ、技能職では31〜35歳と36〜40歳が同数で並んでおり、年齢構成は若干高めと言えよう。

表6-6を見ると、大多数の職員が在職1〜2年であり、5年以上在職者はわずか16人である。だがこの数字には、既述のとおり、そもそも公社が職員数

---

49) いずれも、公社文書「公社全職員の統計資料」（U99000130B）による。

表6-6　公社職員の在職年数構成

勤続年数	採用時期	管理・事務職	技能職	計
〜1年	1969年8月以降	13	9	22
1〜2年	67年9月〜69年7月	20	45	65
3〜4年	65年9月〜67年8月	13	14	27
5〜6年	63年9月〜65年8月	5	1	6
7〜8年	61年9月〜63年8月	5	2	7
9〜10年	59年9月〜61年8月	2	0	2
11年〜	1959年8月以前	1	0	1
平均在職年数（年）		3.3	2.4	2.9

表6-7　公社職員の学歴別構成

	管理・事務職	技能職	計
小学	3	20	23
中学	0	28	28
高校	17	20	37
職業	3	3	6
短大	4	0	4
大学	32	0	32

を増やし始めたのが1960年代も後半に入ってからだったということが影響していると考えられる。在職1〜2年の職員は、時期的に考えて、そして、技能職が数的に多いことから、大多数がIWSDに勤務させるために新規採用した職員であろう。

　しかしだからといって、離職率が低かったというわけではない。先ほど昇任・異動の実態を見る際に使用した職員リスト群によれば、1960年時点で在職していた11名中、1969年4月1日時点で在職している職員は2名のみ、1965年6月時点まで遡っても5名である。すなわち、（分母が11と小さいことを考慮に入れつつ）約5年で職員の半分近くが、9年で職員の8割が離職しているのである。ただし、離職率はその後低下している。すなわち、1967年11月時点の在職者51名のうち、「復帰」後の沖縄県企業局に1972年11月時点で在職している職員は39名で、同じ5年間でも、離職率は2割台前半にまで落ちているのである。「復帰」による組織体制の変化を挟んでいることを含めれば、この数字はかなり低いと判断してもよいのではなかろうか。ともあれ、公社の（特に初期の）職員数の少なさと、14年という組織存続期間の短さから、職員の離職／定着に関して確定的な評価を下すことは難しい。したがって、前述のとおり、公社の任用が開放的か閉鎖的かを言明するのは困難である。

　続いて、学歴について見たのが表6-7である。技能職と管理職・事務職で、学歴には明らかな差が見られ、とりわけ後者において、大卒者が圧倒的多数を占めていることは注目される。公社文書[50]には、1969年の新入社員22名の出身校を記したメモがあるが、それによれば、院卒が2名、大卒が10名、短大卒が1名、高卒が7名、中卒が2名である。大学院はいずれも米国の州立大学

の大学院、大学は琉球大学の 5 名を筆頭に、日本の大学が 4 名、米国の州立大学が 1 名となっている。高校・中学は、いずれも琉球内の学校である。

続いて、利用可能なデータはそれほど多くはないが、職員個人の経歴について検討したい。サンプル数の少なさを補う意味も含めて、他の USCAR 公社についても、判明するかぎりで紹介していく。

まずは、役員である。琉球人総裁は歴代で 2 名である。まず、（第 2 章では奄美群島の人事選考委員としても登場した）屋田甚助の経歴を見よう[51]。

1908 年生まれ、東京外国語学校卒、1933 年より日本で教職、1941 年陸軍翻訳官、1947 年臨時北部南西諸島政庁貿易課長、その後奄美群島政府輸出入課長から経済部長、知事事務局長、1951 年国民指導員として渡米、1952 年琉球政府翻訳課長、同年スクラップ回収業、1953 年サンシンケンセツ〔漢字不明〕渉外部長、1956 年ナンセイコウギョウ〔漢字不明〕総務課、1958 年沖縄短期大学助教授、1959 年公社総支配人、1963 年総裁、1965 年電力公社総裁。

戦前は教職につき、戦後は臨時北部南西諸島政庁・奄美群島政府や琉球政府の幹部となった後、民間に転出。短大教員まで経験し、最終的に水道公社の総支配人から総裁、そして電力公社の総裁になるという、「激動」の経歴である。だが、注意深く見れば、彼の経歴をほぼ貫いているものがあることに気付くであろう。それは、「英語」である。外国語学校と短期の米国留学で学び、戦前は日本の学校で、そして戦後は沖縄の短大で英語を教えている。戦前の帝国陸軍でも、戦後の琉球政府でも翻訳に従事していた。民間に転じても、おそらく英語の運用能力を活用したと思しき、渉外部長という職に就いている。総支配人の採用が理事会で議題となった時、その資格要件は、「日英両語を解しマネージメントの仕事の経験者でなければならない。技術、会計、業務の管理その他の面で正式の訓練を得た人でもよいが、企業運営能力が最も大事である」とされていた[52]。屋田はこれにまさに適合していたのであろう。

---

50) 公社文書「文書綴」（U99000301B）。
51) USCAR 文書「Office General Personnel Files, 1969: REPC and RDWC」（USCAR02486）に、彼の履歴が収録されている。

もう一人の琉球人総裁、大浜博貞[53]は、1945年八重山中学卒、沖縄工業専門学院で学び、八重山教員養成所で英語を教える。その後1951年ラファイエット大学（ペンシルバニア）に留学し、1952年にはUSCAR経済開発部、その後、米国民沿岸警備訓練学校で1年間港湾運営・航路整備の実地訓練を受けて復務し、1963年12月公社副総裁（当時34歳）、1965年7月同総裁に就任、そのまま「復帰」まで務めた。

　水道公社以外に目を向けよう。開金の総裁を1959年から68年まで務めた宝村信雄は1922年生まれで、1942年陸軍士官学校卒。戦後、1950年奄美群島政府秘書課長、1957年ペンシルバニア大院修了後、琉球銀行入行、1958年調査課長兼統計課長を経て、1959年に開金総裁となっている。総裁就任時は（誕生日が来ていれば）37歳という若さであった。帰国後に就職した琉球銀行（当時は、株式の51％をUSCARが保有する特殊銀行であった）で瞬く間に課長に抜擢され、そしてその1年後にはさらに開金総裁に選ばれているというあたり、有能な「米留組」がいかに重用されていたかをうかがわせる。

　事務方のトップということでは、沖縄住宅公社総支配人の上津順道についても経歴が分かる[54]。彼は1930年に高松高等商業を卒業後、1931年から台湾総督府に勤務し、課長職まで昇進する。戦後沖縄に引き揚げ、港湾作業などを経て琉球貿易庁総務局長、琉球貿易商事常務取締役を歴任し、国民指導員として渡米。帰琉後、総支配人に就任した。

　以上の4人の経歴を参照するだけでも、英語の運用能力に長け、何らかの形で米国において学んでいる、という共通項が見えてくるだろう。

　水道公社に戻って、副総裁について見ていこう。琉球人副総裁は歴代3名であり、うち一人は、前述のとおり大浜である。残りの二人の経歴は、以下のとおりである。

▼宮良用英[55]
1928年生まれ、1955年オレゴン大学卒、1956年USCAR渉外報道局情報専門官、

---

52)　前掲公社文書（U99000007B）に収録された、1959年3月27日理事会の議事録より。
53)　「人」新報 63.12.6、2。
54)　「人物地帯」沖タ 55.4.11、1。

1958年那覇米国総領事部顧問、1965年琉球政府渉外広報部長、1969年水道公社副総裁。
▼照屋輝男[56]
1929年生まれ、1958年オクシデンタル大学（カリフォルニア）卒、1960年開金入社。1964年開金調査部長、1965年8月水道公社副総裁、1968年5月開金総裁。

　電力公社の副総裁についても、4名の経歴が判明する。そのうち3人については、以下のとおりである。

▼長嶺文雄[57]　1943年那覇市立商業学校卒、上山国民学校、国頭国民学校の助教を経て、戦後、沖縄文教学校を卒業。軍政本部経済部翻訳官、海運部を経て、1948年ハワイ大学に1年留学。1955年4月、USCAR運輸専門官、のち電力公社入り（前述のとおり、1958年当時は秘書役兼出納官で、水道公社の初代暫定秘書役を兼務）、1963年12月副総裁（当時36歳）。
▼下地恵昭[58]　1930年生まれ、1947年米軍通訳、1950年宮古民政官府通訳、1955年ウイルミントン大学（オハイオ）卒、同年USCAR情報教育部、1956年琉球銀行外国為替課長、1959年開金調査部長を経て、1964年電力公社秘書役兼出納役、1968年副総裁。
▼平良寛吉[59]　1925年生まれ、1944年熊本高等工業学校、1947年沖縄英語学校、1953年ラファイエット大学土木工学科卒、同年ペンシルバニア高速道路局、1954年帰沖しUSCAR入り。1955年からはカルテックス石油など四つの米系企業に勤務し、1967年に電力公社企画部次長。同年企画部長。1971年5月副総裁。

　ここまで紹介すれば、役員クラスの職員において、「英語運用能力・米留経験・米軍あるいは米国政府関係機関での勤務」がその経歴を特徴付けていることは、もはや多言を要しないであろう。また、幹部・役員クラスで、USCAR

---

55)　『沖縄人物一万人　1』オキナワ・アド・タイムス、1976年、281頁。
56)　「人」新報 68.4.20、3。
57)　「人物地帯」沖タ 63.12.2、3、「人」新報 63.12.4、2。
58)　前掲USCAR文書（USCAR02486）に収録された電力公社文書「Re-Organization of REPC」（25 April 1969）に付された履歴書を参照。
59)　同上。

公社間の異動が珍しくないことにも気付く。

なお、もう一人の電力公社副総裁は、久手堅憲次である。1932年生まれ、東京大学法学部卒、1957年4月琉球政府法務局検務課検務係長、1958年4月法務局矯正保護課長、60年11月法務局法制課長、61年8月計画局参事官、63年2月経済局次長、64年5月経済局長、その後企画局長、通産局長、再び企画局長を歴任し、1969年2月に副総裁に就任した。この経歴は、他の3人と比べると異色である。

だが、以下に経歴を示す開金の歴代3名の副総裁のうち、プロパー上がりの許田を除いた2名は、むしろ久手堅に近い「琉球政府系」の経歴の持ち主で、水道公社の副総裁と比べても、そして、同じ開金の総裁である宝村と比べても、違いは際立っている。

▼初代：山内康司
　1913年生まれ、沖縄県立一中卒、1952年琉球政府那覇税務署長、1953年内政局次長、1958年内政局長を経て、1959年開金副総裁。その後、1961年琉球生命専務、1962年沖縄銀行頭取。
▼第2代：金城清輝
　1921年生まれ、1941年陸軍士官学校卒、1948年辺土名高校教官、1949年琉球工業試験場庶務課長、1951年沖縄群島政府知事事務局翻訳官、1952年琉球政府商工局輸入課長、その後経済企画室・企画統計局・経済局の複数の課長を歴任、1958年経済局次長を経て、1959年琉球電信電話公社理事兼経理局長、1961年開金副総裁（兼出納役）、1963年電力公社総裁、1965年沖縄銀行常務取締役。
▼第3代：許田勝久[60]
　1926年生まれ、1945年那覇市立商業高校卒、1946年沖縄中央銀行、1948年8月琉球銀行を経て、1959年11月開金入社、管理回収部長を経て1965年副総裁。

続いて、水道公社の秘書役と出納役を見ていこう。初代の暫定秘書役を務めた長嶺文雄については既述のとおりで、長嶺の後任は1963年12月まで総支配人の屋田が兼務している。その後を襲って「復帰」まで秘書役を務めた知念五

---

60) 「副総裁に許田氏　開金人事」沖夕65.9.19、1。

郎は、米国の大学を1958年に卒業した後、USCAR厚生局勤務を経て、1962年12月に公社に入社している[61]。出納役3名については経歴が分かるものがないが、喜瀬宏については、設立当初（1950年1月）の琉球気象局[62]（当時は軍の直轄下に置かれていた）とUSCARに勤務したのち、米国の大学に留学し、その後公社に入社したことが分かる[63]。

なお、開金の秘書役は歴代2名で、そのうち1名（大湾朝明）について経歴が分かる[64]。彼は、1934年生まれで、1957年にペンシルバニア州立大卒、1958年嘉手納空軍気象隊予報官、1962年開金入社、調査部、融資部を経て1965年に秘書役となっている。軍組織に（しかも職名から判断すると気象予報士として？）勤務しているのは珍しい。

最後に、水道公社の役員以外の職員、主に課長級以上の役職者について見ていきたい。とは言っても、詳細な経歴が分かるのは5名にすぎない。そのうち以下に掲げた4名については、いずれも米軍／米政府関係機関での勤務経験を持ち、照屋は米留、高良は「日留」の経験もある。金城については、新規学卒採用から水道畑一筋の技師で、IWSDから公社に身分を移管されて課長職に就いている。4人とも30代で課長職についており、役員同様、役職に就く年齢は低い。

▼高良政勲[65]　1933年生まれ、1951年沖縄外国語学校卒、同年より1953年までアメリカンエクスプレス社、1959年中央大学卒、同年琉球政府法務局、1961年那覇米国総領事部（American Consular Unit in Naha）、1970年公社入社、71年6月時点用地課長。

▼比嘉輝昭[66]　1936年生まれ、1960年琉大卒、同年琉球セメント入社、1964年退役軍人クラブ調達・資材管理主任、その後公社に入社し、主任会計係を経て1971年6月時点財務管理課長。

---

61) 公社文書「庶務関係文書」（U99000296B）に収録された1963年補正予算案関係文書中に記載がある。
62) 『沖縄気象台百年史』1990年、91-92頁。
63) 前掲公社文書（U99000007B）に収録された、1958年11月28日の理事会議事録を参照。
64) 『現代沖縄人物三千人』沖縄タイムス社、1966年、378頁。
65) USCAR文書「Office General Personnel Files, 1970: Ryukyu Domestic Water Corporation」（USCAR00531）。
66) 公社文書「文書綴」（U99000350B）。

▼照屋寛[67]　1935年生まれ、1960年琉大卒、同年USARYIS（会計監査担当）に採用。途中1967〜69年、インディアナ州立大学大学院に留学。1969年公社に入社し、用度管財課長代理から同課長。
▼金城義信[68]　1936年生まれ、1960年琉大卒、同年IWSDに採用。石川浄水場長を経て、1971年公社浄水課長。

　次に、公社設立の最初期から勤務し、最終的に工務部長となった又吉康信の経歴を挙げる[69]。

1942年宇部工科大学卒、1946年9月沖縄民政府工務部技師、1950年9月金城建設電気機械課長、1951年7月琉球製糖[70]技師、1952年4月那覇市水道課技師、1953年12月泊浄水場監督者、1958年公社に技師として入社、1970年2月工務部長代理、72年1月工務部長。

　勤務先は中央行政機関、民間企業、自治体、公社と変遷しているが、一貫して技術者としてキャリアを形成していることが分かる。その意味では上述の金城と同じだが、又吉には（公社以前に）米軍関係機関での勤務経験はない。
　役付職員以外で、管見のかぎり経歴が判明している唯一のケースが、タマモトヨシオ（漢字不明）である[71]。彼は1921年生まれで、サイパン実業学校卒、1948年琉球銀行会計係、1956年琉球倉庫公社主任会計係、1961年に公社に入社、1964年には主任会計官となっている。琉銀から、USCAR公社である琉球倉庫公社、そして水道公社と、USCAR関連機関をめぐっており、このようなキャリア形成が幹部クラスのみのものではなかったことをうかがわせる。
　開金の非役付職員についても、1名だけ経歴が分かるので紹介しておこう。1966年6月に採用されたヒヤネカズタカ（漢字不明）で、CPOに給与・職務

---

67)　USCAR文書「Office General Personnel Files, 1971: RDWC Personnel Files」（USCAR00855）。
68)　金城、前掲、奥付。
69)　USCAR文書「Office General Personnel Files, 1970: Ryukyu Domestic Water Corporation」（USCAR00529）。
70)　ただし、琉球製糖という社名は1952年より。それ以前は沖縄南部製糖という名前であった。
71)　前掲公社文書（U99000308B）に収録された、「Minute of the Regular Board Meeting of the RDWC, 25 June 1964」中に記載。

第6章　琉球水道公社の職員制度　267

分類専門官として5年、USCAR 公益事業局に翻訳官として3年勤め、1965年12月にミシガン州立大学を卒業し、開金に入社している[72]。言うまでもなく、米留＋軍機関経験者である。

　以上、水道公社をはじめとする USCAR 公社の職員の経歴を、判明する範囲で見てきた。それらに、いくらかの例外はあれど共通しているのは、1) とりわけ役員級の職員において米国での教育歴、そして、2) USCAR も含めた軍関係機関（一部、米国政府関係機関）での勤務歴である。ここから、USCAR 公社に求められていたのは、英語の運用能力が高く（あるいは、少なくとも不自由ではなく）、さらに、軍機関・USCAR 式の仕事の進め方、事務手続に慣れている職員だったことがうかがえる。前項で、主任会計官の職位に外部から「採用に値するバイリンガルの会計官を見つけることができなかった」ために、部内者の昇任で対応した例を見たが、この時に昇任者となった職員に対する評は、「英語力以外は満足のいくパフォーマンスを示している」というものであった。職員の選考にあたって、事実、英語力は大きな判断材料となっていたのである。

　英語運用能力が重視されていたことは、USCAR 公社の職員に、統一マニュアルの規定によって言語手当（Language Differential）が支給されていたことからも読み取ることができる。これは、CPO が行う試験に合格した職員に支給される手当で、軍雇用琉球人に対する制度がそのまま統一マニュアルに持ち込まれたものである。「言語」とはもちろん英語である。手当によるインセンティヴを作ってまでも、職員に英語運用能力（の向上）を求めていたのである。ちなみに、1965年3月1日時点と見られる公社総務課の名簿によれば、職員19名中、言語手当を支給されていたのは11人であった。

　USCAR 幹部たる米国人の理事長を頂き、業務遂行にあたって米軍の施設を利用していた水道公社では、琉球政府のほとんどの部局と比べて、トップマネジメントから現場の職員に至るまで（特に前者については）、米軍・USCAR との接触の頻度が圧倒的に高かったであろう。また、公社文書は圧倒的に英語で書かれていることが多いし、仕事にあたって参照すべき制度規定や準則も

---

72) USCAR 文書「RDLC, 1966: Personnel Management and Training」（USCAR22267）に収録された、総裁発理事長宛文書「Report on New Employment (21 June, 1966)」参照。

（少なくとも正文は）英語であった。加えて、単に用いられている言語の問題のみならず、たとえば公社の（少なくとも筆者が集中的に目を通した職員制度関係の）諸様式は陸軍省のものやUSCARのものがそのまま使われ、したがってそれをもとにした手続も軍・USCARに準じたものであるなど、業務遂行の過程は形式的にも「米国型」であった。したがって、軍やUSCAR、あるいは公社と同様の環境に置かれていたであろう他のUSCAR公社における勤務経験が重宝がられたことは想像に難くない。

第4節　琉球水道公社の給与制度と職務分類制

続いて本節では、公社の給与制度について見ていく。その際には、制度の構造上、必然的に職務分類制についても検討することになるだろう。

1. 軍雇用琉球人の給与との均衡

先に述べたとおり、細則による権限の割り付けという制度化により、公社の「制度前の時代」は終わりへ向かった。任用制度については、そこから1963年の統一マニュアルの策定につながっていくわけだが、給与制度については、もう一つの「制度化」現象が、人事マニュアルの制定（による給与表と格付システムの設定）までの間に起こっていた。それが、軍雇用琉球人給与の改定への連動である。すなわち、1962年10月23日の理事会において総支配人が、水道公社職員の給与水準を1962年11月1日に発効する軍雇用琉球人の給与増額に合わせて12％増とすることを提案し、これが、次の11月27日の理事会で、基本給額100％相当のボーナスを支給する（こちらも、軍雇用琉球人に対して実施された措置に足並みをそろえている）ことと合わせて承認されているのである。そもそも均衡の原則は、統一マニュアルにも明文で規定されていた。すなわち、給与について定めた第10章には、「〔給与額の決定のために公社の職位に与えられる〕肩書・等級は、軍雇用における類似の職務のそれと均衡させるものとする」との規定が見られるのである。

そこで以下、公社にとっての準拠先となっていた軍雇用琉球人の給与制度とその改定をめぐる動向について、詳しく説明しておきたい。資料的価値が存す

ると判断し、記述は公社の設立時点を大きく遡る1949年から始める[73]。

1949年4月1日、軍雇用琉球人の給与は米連邦議会承認予算から支払われることとなった。それに合わせて、給与額に関する研究が行われ、地域の一般的給与額を元に給与額を決める当時の方法が、軍が地域の労働力の大半を占める25,000人を雇用しているという地域産業不在の状況下ではふさわしくないと認識された。そのため、給与額の決定は、生活給的になされることになった。在ワシントンの連邦政府機関である陸・空軍賃金委員会（Army-Air Force Wage Board、以下、賃金委）から権限を委譲された極東軍職員が調査を行い、その結果に基づいて1950年4月12日に布令7号「琉球人雇傭規程並びにその職種及び俸給賃金表」が制定され、給与改定が実施された。第1章、第2章でも言及したこの布令では、事務職に適用されるRG（Ryukyuan Graded）と、労務職に適用されるRWB（Ryukyuan Wage Board）の二つの給与表が定められた。

その後、恒久的な基地建設の開始に伴う公共事業の需要増により、民間建設業の給与が増加し、軍雇用員の離職率は月10％を超えるなど、情勢は変化していた。これに対応するため、1952年6月、布令79号「琉球列島琉球人雇用規定」[74]によって新給与が実施された。73の労務職種、48の事務職種、7のメイド職種、58の議会未承認予算雇用職種が設定され、それら職種と一対一対応する形で、給与の最低額・最高額の幅が定められるようになり、等級構造を持った給与表は消滅した。給与額は、1951年12月に、米国・日本・琉球・その他の20の請負業者に対してUSCARが実施した調査をもとに決定された。

なお、これと同時期において、USCARに雇用される琉球人職員は、1952年6月24日の指令13号「琉球列島米国民政府使用琉球人被雇用者」によって、他の軍雇用琉球人とは異なる扱いを受けていた。すなわち同指令は、USCAR

---

73) 以下の記述は、1957年までについてはUSCAR文書「Programming Statistics Files, 1957」（USCAR25432）に収録された、軍雇用琉球人の給与の歴史を紹介する出所不明の文書に、1960年以降については全駐労沖縄地区本部編『全軍労・全駐労沖縄運動史』（以下本章では『全軍労運動史』）1999年に大きく依拠している。なお、前者の文書は、「琉球人〔人事管理〕プログラムについて説明する前に、背景と歴史について若干記しておきたい」という書き出しで始まっており、さらに文中に「1956年初めに、我々は琉球人の職位についての職務記述書の制定準備を開始した」とあるので、執筆者はUSCARの人事制度担当部局の職員であると推測される。

74) この布令は、1952年5月10日に「沖縄群島琉球人雇用規定」として公布され、わずか5日後の15日にこの表題となって、適用範囲も全琉に拡大され、6月1日から施行された。

の琉球人職員の給与は、1952年4月1日指令7号「俸給率」が定めた、当時の琉球政府職員に適用されるべき給与表を準用して決定すると定めていたのである。その後、1953年4月27日の指令4号によって独自の給与表が設定される（これは、1953年5月1日に施行された一般職給与法によって琉球政府に自前の給与表が制定されたことと並行する措置だと考えられる）。同指令は1953年10月13日、54年3月16日に改正された後、56年10月4日に廃止された。これ以後、USCARの琉球人職員の給与制度規定がどうなったのかは明らかでないが、USCAR文書では、琉球人職員にRGS、すなわちすぐ後で述べる軍雇用琉球人に適用される給与表が適用されているのが多数確認できるので、両者は制度的に統合されたと見るべきだろう。ただ、当時を知る人の「〔1960年〕当時の民政府職員は、他の軍職場に比べて賃金や労働条件が比較的に良かった」[75]という回想もある。これが事実であるとするならば、賃金については、制度の違いというよりは、格付の運用の違いによって、額に差が出ていたのであろう。また、労働条件については、USCARの内部規則によって、軍雇用琉球人とは違う独自の規程が存在した可能性もある。

　USCAR以外の軍雇用琉球人の議論に戻ろう。1953年11月、賃金委から係官が来沖したが、実地調査は行われず、USCARの統計データを元にした給与改定が1954年2月1日に実施された。しかし、1955年になっても軍雇用員の離職率は高水準を保ち、採用される資格を持った人材も不足するという問題が生じたため、賃金委の地域給与調査が10〜11月に行われ、これを元にした新しい給与制度が1956年4月に実施された。この改定において、等級制の給与表が復活している。なお、この時、英語の習熟が職務遂行に求められる職位にあり、さらに試験に合格した職員に対する言語手当が認められた。この手当がUSCAR公社にも導入されていたことは、すでに述べたとおりである。

　1956年4月の制度が運用され始めた後も、離職率の高さや採用をめぐる困難は解消されず、11月から12月に、陸軍・空軍・USCARの代表が三つの地元会社に接触し、給与の実態や雇用の実態に関する情報を入手した。このデータが賃金委に送られ、新しい給与調査の実施が要請された。さらに1957年5

---

75)　山田弘「民政府労組結成の経過（一九六〇年）」『全軍労運動史』59頁。

月から6月には、16,000人を雇用する33の地元企業に対し、人事実態、給与、夏と年末のボーナス、超勤手当、通勤・被服手当、住宅・食事支給、休暇、夜間手当などに関する調査が行われた[76]。この情報も賃金委に送られ、これを受けて、新給与が1957年7月21日に施行された。RGS給与表は連邦政府と同じ15級制を採用、RWB給与表は10級制で、ヒラ、リーダー、リード・フォアマン、フォアマンの4表となった（ヒラに対し、リーダーの給与額は20％増、リード・フォアマンは40％増、フォアマンは60％増）。

これ以後、『沖縄官公労運動史年表』（沖縄官公労運動史編集委員会編、1990年）を参照するかぎりでは、陸軍が第一種雇用員[77]の給与を11％引き上げると発表した1961年2月まで、軍雇用琉球人の給与をめぐる大きな動きは起こっていない。この年の6月18日には、全沖縄軍労働組合連合会（全軍労連）が結成されている（全軍労連は1963年7月14日に単一組織に移行し、全沖縄軍労働組合〈全軍労〉と改称）。その翌年の1962年10月20日にも、米国防総省と高等弁務官が同時発表の形で、基本給平均12％の引き上げを行った（11月1日施行）。この時には年末ボーナス10割の支給も行われている。軍雇用員がボーナスを支給されるのは初めてのことであった。なお、本項の冒頭で見た公社の賃上げは、この改定を受けてのものである。

1964年5月になると、全軍労は、給与が1962年10月以来据え置かれていることを取り上げ、賃上げを米政府と現地関係当局に要請した。しかし米軍の反応は鈍く、11月にようやく給与調査が行われ、1965年3月23日に新しい給与表が発表された。ところが全軍労は、その内容が待遇改善を実現しないものであるとし、独自の給与表改定案を作成してこれを軍に提出。結論が出るまで新給与表の実施を保留するよう要求した。だが軍当局は、現地軍にワシントンの決定を覆す権限はないとして、これを拒否する。全軍労が、立法院および琉球政府に協力を要請し、県労協にも労働者全体の問題として取り組むよう要請

---

76) この調査に関する資料として、USCAR文書「Army-Air Force Wage Survey, 1957」（USCAR 26803-5）。
77) 1953年布令116号「琉球人被用者に対する労働基準及び労働関係法」の第2条3項による分類で、連邦議会承認予算（Appropriate Funds。法文中では「割当資金」と訳されている）から給与を受ける直接被用者を指す。ちなみに第二種は非承認予算から給与を受ける直接被用者、第三種は在琉米軍要員による直接被用者、第四種は連邦政府請負業者の被用者である。

するなど、問題を拡大させる戦略をとると、米軍側は、全軍労との交渉主体となる「米軍合同労働委員会」の設置を明らかにして、これに対応した。7月14日、米軍合同労働委員会が全軍労に対し新給与表の改定内容を発表し、全軍労は大幅な改善としてこれを受け入れるに至った。

1966年と67年には、ワシントンから給与調査団が来沖し、その結果に沿って給与の改定が行われるというパターンが繰り返されたが、この頃になると全軍労は、「権限のない沖縄の軍当局と何度交渉しても意味がないことを痛感」するようになっていた[78]。そこで1968年には代表団をハワイとワシントンに派遣し、太平洋地区司令部人事局長、国防省陸軍次官補、賃金委賃金課長、連邦人事委員会労働関係代表、国務省太平洋極東地域課長、労働省労働次官補などとの交渉に臨んだ。要求の主な内容は、労使交渉による給与決定（団交権の付与）、四軍統一して交渉できる機関の設置、布令116号の撤廃[79]、退職手当や賃金・労働条件の改善などであった。

1968年4月22日、高等弁務官は全軍労三役を招き、先の陳情における要求にも盛り込まれていた「四軍統一して交渉できる機関」を設置することを伝えた。それが、暫定組織であった米軍合同労働委員会の発展的後継機関である四軍合同労働委員会（JSLC: Joint Service Labor Committee）である。そして、この日に合わせて布令116号が改正され、軍雇用員に団体交渉権が認められた。ところが、さっそく行われた全軍労とJSLCとの交渉は決裂し、4月24日に、沖縄の米軍基地始まって以来初の、軍労働者による一斉10割年休行使＝実質上のストライキが開始される。翌25日から7回に及んだ交渉の結果、5月11日に大幅な賃上げによって妥結した。これ以降、軍雇用琉球人の賃金は、労使交渉で決定されるようになり、全面的なストライキも行われた（ただし、布令116号の同盟罷業禁止規定は生き続けていたので、あくまで「実質上の」ストライキであり続けた）。

---

78) 『全軍労運動史』145頁。
79) この布令によって、軍雇用琉球人は、琉球政府が制定した労働三法の適用外に置かれ、とりわけ、団体交渉権や争議権が認められないなど、集団的労働関係において厳しい制約を受けていた。幸地成憲「布令116号（いわゆる軍労働法）の問題点」『琉大法学』5号、1964年（『米国統治下の沖縄労働法の特質——幸地成憲論文集』幸地成憲先生論文集刊行会、1999年、152-184頁に再録）などを参照。

以上が、軍雇用琉球人の給与の歴史的変遷である。これを踏まえて、公社理事会の議事録などを見ていくと、既述の 1962 年 10 月の決定を初めとして、公社の職員の給与改定が軍雇用員の賃上げに連動して行われている様が見てとれる。たとえば 1967 年 7 月 26 日の理事会[80]では、1967 年 7 月 1 日から軍雇用琉球人に適用される賃金委承認の新給与表を公社職員にも適用することが提案され、承認されている。それ以外にも、1966 年 8 月[81]、1968 年 6 月[82]、1969 年 6 月[83]に同様の提案が承認された形跡が認められる。このような給与額決定の枠組みは、1970 年 3 月に公社に労働組合が結成され、同年 6 月 30 日に、労使交渉によって「賃金および附加給に関する協定」[84]が締結されるまで続いた。

　ただし、管見のかぎりにおいて、一度だけ、軍雇用琉球人の動向からは独立して、公社職員のベースアップが話題に上ったケースがある。1964 年 3 月 7 日の理事会[85]がそれで、総裁が 20％の賃上げを提案し、理事会は USCAR と交渉する権限を総裁に与える決議を行っている。だがその後、この提案が実った様子はない。

　なお、課長級以上の管理職については、1966 年 12 月 19 日の理事会において、月給制（その他の職員は時給制であった）の給与表の設定が承認され、これが適用されるようになった[86]。提案時の総裁の説明によると、これは電力公社と開金に存在する（おそらく管理職に適用される）月給制給与表の比較検討を経て作成されたものであった。

　管理職に対する別建ての給与表は、労使協定による給与制度が確立した後も存続した。USCAR 文書中に、労使協定の結果行われた賃上げに連動する形で、

---

80) 公社文書「定例理事会議事録 1966 年」(U99000008B) に収録の議事録を参照。
81) 公社文書「雑書」(U99000551B) に収録された、総務課文書「給与の調整について」(1966 年 8 月 25 日) を参照。
82) 前掲公社文書 (U99000008B) に収録された議事録を参照。
83) USCAR 文書「Reference Paper File, 1969: RDWC Personnel」(USCAR00499) を参照。
84) 前掲 USCAR 文書 (USCAR00855) に収録。ただしこれは 1971 年のものである。1970 年に協定が締結されていると知れるのは、筆者の手元にある工務部勤務の技師の給与改定通知票 (Payroll Change Slip) の特記欄に「1970 年 6 月 30 日付の琉球水道公社労働組合との合意に基づく基本給増加と定期昇給」と記されているためである。なお、USCAR 文書「National and International Labor Movement Files, 1970: RDWC」(USCAR26685) には公社労組の規約が含まれており、その施行期日は 1970 年 3 月 20 日となっている。
85) 公社文書「職員会議に関する覚書」(U99000036B) に収録の議事録を参照。
86) 前掲公社文書 (U99000008B) に収録の議事録を参照。

管理職給与表の給与額の改定を求める 1971 年 7 月 22 日付の総裁発理事長宛文書がある[87]。また、1972 年 2 月時点の公社総務部・企画財務部に勤務する職員のリスト[88]中では、秘書役兼総務部長には「S-6」、総務課長に「S-3」、用地課長に「S-4」と、課長級以上の職員に「S」という符号が与えられており、管理職給与表が「S」（Supervisor の頭文字であろう）の符号で呼ばれていたことが分かる。

2. 給与決定と職務分類制

本項ではまず、米連邦政府や琉球の米軍関係機関における職務分類制について記し、それを踏まえて、公社の給与制度・職務分類制を論じることとする。

ⅰ）米連邦政府の職務分類制

20 世紀前半の米国において、1）猟官制の横行に起因する官職の濫設や不平等な給与決定を排し、公正で能率的な官職の体系を作り上げようとする改革の要請と、2）組織を職務（仕事）の体系とみなし、個々の職務を分析して科学的・合理的に編成することを目指す科学的管理法の思想が合流し、職務分類制という独特の組織管理手法が生まれた[89]。

職務分類制は 1923 年に連邦政府に導入され、その後 1949 年の大きな改正を経て、現在に至るまで存続しているが、1949 年の改正以降、その基本構造は変わっていない。すなわち、職務の種類による、職列（Series）、および職列を大くくりにした職群（Occupational Group）、職群をさらに大くくりにした職（Schedule）というタテの分類単位と、職務の複雑性・責任の度によって職ごとに設けられる等級（Grade）というヨコの分類単位、および、職列と等級をクロスさせた最小の分類単位としての職級（Class）が設定される。一つ例を挙げれば、会計という職列（GS-510）は、会計・予算職群（GS-500）に属

---

87) 前掲 USCAR 文書（USCAR00855）に収録された、「Management Pay Plans（RDWC-A-187）」。
88) 公社文書「県企業局準備室への提出資料」（U99005685B）に収録された、「各部課別職種別人員数（総務部、企画財務部：1972 年 2 月）」。
89) 辻清明「職階制の具体的科学性」『新版 日本官僚制の研究』東京大学出版会、1969 年（初出は 1952 年）、292-293 頁。

し、一般職 (GS: General Schedule) という職に包括されている (ちなみに、1954年の改正以来、連邦政府の職務分類制において、職はGS一つである)。そして、会計職列の中で、たとえばGS12等級に格付けられている職位は、GS-510-12という職級に属しているということになる。

　そして、いずれかの職級に、組織を構成する職位 (Position) が分類・格付されるわけであるが、その際に用いられるのが、職列 (あるいはいくつかの職列をまとめたグループ) ごとに設定される分類基準である。その形式は職列によって一様ではないが、含まれる標準的な内容は、職列の定義 (＝当該職列に含まれる職位の職務の大まかな種類)、職務の具体的内容、一般的に与えられる肩書、等級への格付の基準などである。格付の基準も一様ではなく、等級ごとに文章でおおまかな基準を示す記述式、格付にあたり考慮すべき職務の要素 (求められる知識・技能、仕事の困難度や複雑性、執務環境の苛烈さなど) を列挙し、要素ごとの評価基準を文章で示して格付の総合的な判断材料とする要素記述式、それら各要素を点数化し、合計点数にしたがって等級を決定する点数式の3タイプに分けられる[90]。

　米連邦政府の職務分類制の特徴は、給与制度との距離の近さである。1949年分類法は、その目的の第一に、給与制度の合理化、すなわち同一労働同一賃金の原則や、職務の困難性・責任・要求される資格に応じた給与水準の実現を掲げており (5USC5101)、また分類法自体が、連邦法典において、公務員制度に関するTitle 5のPart III中、「給与および手当」と題されたSubpart Dの冒頭に置かれているのである。さらに、制度構造からしても、職務分類制と給与制度の距離は近い。というよりも、ゼロである。すなわち、既述のとおり、GSはタテの職務分類の最大単位であると同時に、ヨコ方向の分類単位としての等級をも抱えているわけだが、この等級ごとに号俸が付されて、そのまま給与表として使われているのである。したがって、職位の分類は、当該職位に充てられる職員の給与額決定と密着していることになる。

ⅱ) 戦後琉球の軍関係機関における職務分類制

---

[90] U.S. Office of Personnel Management, *Introduction to the Position Classification Standards,* 1991/95, pp.4-5.

では、職務分類制の母国に統治されていた戦後琉球に、それは移入されたのだろうか。果たして、琉球政府においても、職務分類制は実施・運用されていた。しかし、すでに第4章で詳細に検討したように、それは日本式の（しかし日本では実施されることのなかった）職務分類制である職階制であった。

　一方、軍機関における琉球人（が占める職位）については、米連邦政府型に近い職務分類制が実施されていた。本章注73で紹介した、軍雇用琉球人の賃金の歴史を記した文書には、各機関の管理職（Operating Official）や採用部署が非統一的に職務分類を行っていた時代から、50年代中頃以降、琉球人の分類官が徐々に採用され、各機関の分類をチェックする体制が整えられていった様子が描かれている。そして、1957年7月の新給与制度では、RGSは連邦人事委員会と空軍の分類基準、RWBは米国の賃金委員会基準にしたがって分類・格付が行われるようになった、という。また、1963年にCPOが全軍労連に宛てた文書では、CPOは軍施設内における民間人の人事管理の権限を陸軍省長官から最終的に委任されているが、人事管理政策や関連規定の制定にあたっては連邦人事委員会の諸規則に従わなければならない、と説明されており[91]、ここからも米本土への準拠の様子がうかがわれよう。ただし、1963年3月に、米軍が人事管理、賃金、職務分類制など米国政府公務員に適用されている諸規則を機械的に軍職場へ準用する「新人事政策」を打ち出し、これに全軍労連が反発し、結果的に実施が見送られるという「事件」が起こっている[92]ことを踏まえれば、まったく同じものではなかったとも見られる。

　では、職務分類は、実際にはどのように行われていたのだろうか。手がかりとなるのは、牧港地区民間人事部（MACPO）[93]がUSCAR厚生教育福祉局に宛てた、同局の職位の分類・格付変更の要請を棄却する文書である[94]。

　MACPOの通知の内容は、以下のとおりである。「この職位は、1969年4月

---

91) 全駐労沖縄地区本部編『全軍労・全駐労沖縄運動史　資料集』（以下本章では『全軍労資料集』）1999年、229頁。
92) 同上、90-91頁。
93) 遅くとも1970年時点では、それまで単一組織だったCPOは、このMACPOと瑞慶覧地区民間人事部（SACPO：「瑞慶覧」の読みはズケランだが、米軍はこれを「Sukiran」と読み・書き下していたため、略称の頭文字はSになっている）の二部体制に再編されている。
94) USCAR文書「Job Description Files, 1970」（USCAR02595）に収録された、「Reclassification of Position」（1970年2月4日）。

に実施された年次職位調査において審査を受け」、「その際に、この職位に公的に割り当てられるすべての主要な職務・職責を反映した新しい職務記述書が作成された」。「それ以来いかなる職務・職責の変更があったのかを示すため、現行の職務記述書と、提示されたそれを念入りに比較した。その結果、両者の内容は本質的に同じものであると判明した」。「さらに、職場調査が行われた。調査では〔現在職位に充てられている〕職員の上司とのディスカッションおよび、当該職員との面接を行った」が、「現行の職務記述書にすでに記されている職責」以外に「新しく追加された職責を明らかにすることはできなかった」。「以上より、この職位の肩書・職列・等級の変更は行われない」。

ここからは、三つほどのことが読み取れる。第一に、各機関は職位の分類（変更）を請求することができる（その際、職務記述書を提出している）が、その最終決定権限はCPOにあったこと、第二に、分類をするにあたって、CPOは職務記述書の審査の他、実地調査を行っていたこと、そして第三に、CPOの調査は、この時のように随時行われる他、年一回定期的に実施されていたようだということである。第三点については、軍機関に勤務していた職員も、毎年CPOから職位調査官が来て、現行の職務が等級に見合った内容であるか職位調査を行っていたと述べている[95]。

なお、この文書で取り上げられている職位は、米国人・琉球人のいずれを充てる職位なのか判明しない。しかし、この文書と同じシートに含まれている、USCAR厚生教育福祉局の総務室が記入した、部局単位での職位調査・格付変更を要請するための陸軍省様式279を見ると、GS＝米国人充当職位と、RGS＝琉球人充当職位が並載されており、両者が手続的に区別されていなかったことがうかがえる。したがって、上記文書が米国人充当職位に関するものだったとしても、同様の手続は、琉球人充当職位にもとられていたと考えてよいと思われる。

それでは、分類はどのような基準のもとに行われていたのだろうか。USCAR文書中には、RGS、RWBに含まれる職列の分類基準が示された文書は見つからない。しかし、いくらかの手がかりはある。まず、全軍労が1965

95）崎浜秀松「普天間マリン支部の結成」『全軍労運動史』127-128 頁。

年5月に米軍当局に提出した「軍の賃金標本調査に対する要望事項」[96]に、「わ
たしたち、軍雇用員の職位を査定する職務記述はすべて、米国式のものを応用
している」(圏点筆者) と書かれていることである。ここからは、先に述べた連
邦政府の分類基準の類型のうち、記述式の分類基準が存在していたことが想像
されるであろう。

　そのようなものとして最も有力なのが、CPO が 1963 年 12 月付で発行した
「琉球人職務定義マニュアル」(Manual of Ryukyuan Job Definitions、以下「職務定
義」)である[97]。ここには、職群単位で配列された職務 (Job) ごとに、肩書と、
主な仕事内容・職責などが記述されている。そして、それぞれの職務は、
RGS ／ RWB の職級に対応づけられているのである(たとえば職務番号 R94
の会計事務員〈Accounting Clerk〉は RGS-510-5、など)。中には、同一の
肩書の職務が、複数の等級にまたがっているものもある。たとえばタイピスト
(Clerk-typist) は、記述された仕事内容・職責の違いをもとに、RGS-322-2、
-3、-4 にそれぞれ対応づけられる複数の職務として扱われている。

　以上まとめると、軍関係機関の琉球人充当職位の分類は、記述式の基準であ
る職務定義にしたがって、CPO が実施していた可能性が高い、ということに
なるだろう。

iii) 琉球水道公社の職務分類制

　それでは、公社には職務分類制が導入されていたのだろうか。1963 年 1 月
31 日付の公社職員会議のメモによると、この日の会議では、CPO が実施した
公社職員の給与調査についての説明が総支配人からなされ、CPO が低い等級
での格付を勧告したため、30 日付で CPO に勧告の再考を要請したことが報告
された。この時は、第 2 節で見た「制度前」の時代であり、しかも統一マニュ
アルの制定以前であった。同時期に制定が模索されていた水道公社独自の人事
規則でも、給与については、理事会が個別の政策として設定することとされて
おり、給与表のようなものは依然として現れていない。したがって、おそらく

---

96) 『全軍労資料集』23 頁。
97) USCAR 文書「Manual of Ryukyuan Job Definitions (Civilian Personnel Office, USARYIS, Dec 1963)」(USCAR15217-9)、同「Manual of Ryukyuan Job Definitions, Part II (Civilian Personnel Office, USARYIS, Jul 1964)」(USCAR15219-21)。

CPO は、来るべき統一マニュアルの導入に向けた準備として、軍雇用琉球人の職位に適用されていた RGS ／ RWB システムによって公社の職務分類を行い、既存の職員の受けている給与水準より低い水準の等級への格付を示したのではなかろうか。
　1963 年 9 月に制定された統一マニュアルは、公社の職員に対し、賃金委が作成する RGS ／ RWB の給与表を適用する旨を定めた。マニュアルの第 10 章 c. は、次のように規定している。

　　職員の給与は、陸・空軍賃金委員会給与表に示された額で、承認された職位の肩書・等級・号俸に従って支払われる。職位の肩書・等級・号俸は、USCAR 高等弁務官室総務部によって決定される。その肩書・等級は、軍雇用における類似の職務のそれと均衡させるものとする。総務部は、均衡の維持のために、適切な軍機関からの援助を求めることができる。

ここでは、職位は職級・職列・職群といった分類単位に格付されることなく、単に肩書が付与され、そこから等級が導かれるという、非常に簡素な制度になっている。そして、それらの決定権限を握っていたのは、USCAR であった。
　1963 年 9 月 6 日付の総支配人が全職員に宛てた文書[98]では、「別添のとおり、CPO より与えられた新しい肩書が使われます」との説明書きのもとに、当時の（総裁・副総裁を除く）職員 19 名に、総支配人の屋田に対する「Administrative Officer」、秘書役の知念五郎に対する「Administrative Assistant」をはじめ、「Mechanical Engineer」「Plumbing Inspector」「Meter Reader」「Accountant Officer」などの肩書が付与されている。CPO が、上の規定にある「適切な軍機関」としてふるまい、等級づけを行ったのであろう。ただし、これは既述の職務定義が発行される以前であり、事実、ここで示された肩書の中には、職務定義には見られないものも含まれている。
　職務定義が存在しなかったこの時に、肩書と等級がいかに対応づけられていたのか、その基準は不明であるが、別の公社文書[99]に、1962 年 12 月に「Billing

---

98）　公社文書「文書綴」（U99000523B）に収録。

Clerk」として採用された職員が、1963年7月1日をもって「Accounts Maintenance Clerk」の肩書を付与され、「HGS-3 Step-3」に格付されたことを示す記述が見られる（なお、ここでの「HGS」は「RGS」の誤りと思われる。次の段落を参照。なお、この文書は1965年1月29日付である）ように、ともあれ、付与された肩書をもとに（何らかの基準にしたがって）RGS／RWBの等級への格付が行われていたことは間違いがない。

　その後、統一マニュアルは改訂され、高等弁務官機関に在職する琉球人に共通で適用される独自の給与表が置かれるようになった。給与表は事務職種に適用されるHGS、労務職種に適用されるHWB、HWBL、HWBF（それぞれヒラ、リーダー、監督に対応）という4表である。移行の正確な時期は特定できないが、1964年6月25日や7月6日付の公社文書[100]に、すでに「HGS」の表記が見られ、一方、賃金委給与表に準拠する旨の規定を持った1964年2月17日付のマニュアルが存在するため、この4ヵ月の間であることが推測される。しかし、この給与表（名）の変更は、職務分類の権限者の変更を伴ってはおらず、公社職員の格付権限は依然としてUSCARの手に握られていた。

　さて、1963年9月のCPOによる肩書付与・格付以降、公社の職務分類はいかに行われていたのだろうか。公社文書中に、1965年7月30日付のUSCAR総務室長発文書[101]がある。これは、軍雇用の琉球人運転手の職位の格付基準が変更されたことを受け、USCAR公社をはじめとする関係機関に雇用される琉球人運転手の職位についても、現在HWB-4から-6に格付されている職位を-7に、現在-7に格付されている職位を-8に変更することと、その手続は各機関において昇任として扱い、1965年8月1日付で発効させることを指示したものである。ここからは、肩書と等級が対応づけられる制度になっており、その格付の主体がUSCARだったこと、そうではありながら、軍雇用員との均衡が配慮されていたことがうかがえる。

99）　公社文書「文書綴」（U99000228B）に収録された、総裁発ジョン・M・フォード大佐宛メモ「Clarification of Pay Privilege」。
100）　前掲公社文書（U99000308B）に収録された、「Minutes of the Regular Board Meeting of the RDWC, 25 June 1964」および「Memorandum for Record, 6 July 1964: Special Staff Conference」。
101）　前掲公社文書（U99000228B）に収録された、USCAR総務室長発電力公社・水道公社・財産管理局・HICOM PDF〔詳細不明。Petroleum Distribution Fund＝油脂分配基金か。HICOMはHigh Commissioner＝高等弁務官〕宛文書「Reclassification of Driver Positions」。

第6章　琉球水道公社の職員制度　281

しかし、これ以外に USCAR による職務分類の様子を明らかにできる史料が見当たらないため、限られた情報からの推測に留まらざるを得ない。まずは、公社の総務課文書に、先の CPO 発行の職務定義が収録されており、これが何らかの形で参考にされていたことは間違いないだろう。また、1969 年 8 月 8 日付の公社社内メモ[102]には、「今度〔タイピストとして〕採用した公社女子職員」は「皆んな HGS-3 をもらっていますが、HGS-2 程の力しかないのが殆どです」という記述が見られ、このような判断をするための、なにがしかの基準が存在していたことをうかがわせる[103]。ここで、もし HGS 専用の基準があるならば、それが——職務定義は含まれているにもかかわらず——公社文書に含まれていないのは不自然である。そのため、職務定義が一定の役割を果たしていたと考えるべきだろう（ちなみに前述したとおり、職務定義においてタイピストは RGS-2 から-4 にまたがっている）。

　さらに、1970 年 4 月 1 日の日付がある公社様式 Adm-22「人事措置要請書」には、タイピストから事務員への昇任（およびそれに伴う職位の廃止と新設）を要請する記入例が書き込まれているが、その「職群コード」の項目に、タイピストについては「HGS-322 Grade 3」、事務員については「HGS-301 Grade 4」とある。このコードは、職務定義のそれと共通している。つまり、職務定義ではタイピストは RGS-322、事務員は RGS-301 なのである。このことは、HGS ／ HWB が基本的には RGS ／ RWB のシステムに準拠していたという可能性を示している。

　だが一方で、職務定義に全面的に依拠した制度運用が行われていたわけでもないように見える。上で紹介した様式には職群コードが示されていたのだが、公社文書に収録されている職員の名簿や人事手続の書類などを見ても、それが使われている例はまったく見られなかった。あっても、「HGS-3」や「HWB-7」といった、給与表の等級を示す符号のみである。これは、たとえば IWSD の職員録（1971 年 6 月 28 日時点）[104]には、すべての職員名の横に「Mechanist, RWB-3414-11」や「Water Pump Station Operator, RWB-5401-7」など、

102）　公社文書「部内調整」（U99000270B）に収録。
103）　ちなみにこれは、タイピストの職位に割り振られる職務の内容ではなく、充てられた職員の能力によって等級の判断を行うような書きぶりとなっており、職位と人（職員）を峻別するという発想が定着していなかった可能性を示唆するものである。

職務定義に掲載されている職務の肩書名と、それに対応付けられた職級のコードが記されているのとは対照的である。また、公社職員の肩書を見ると、職務定義に掲載されていないものが多数見られる。

　第3節1で記したように、統一マニュアルは、1970年4月から71年3月の間に制定・施行されていたと考えられる独自の公社マニュアルに取って代わられた。ここでは、HGS／HWBに代わり、A／O／OFの新しい給与表が設定された。Aは一般事務職給与表、Oは技能労務職給与表、OFは職長職給与表である。そして、このマニュアルにおいて、公社は職務分類を自ら行う権限を手にした。すなわちその第12章において、「肩書・等級は、1年に1回実施する職務評価あるいは監督者の要請に基づいて、人事課が提案し、総裁がこれを承認する」と規定されたのである。

　職務評価については、公社マニュアルの第5章に規定がある。それによれば、職務評価は、異なる職務間の相対的価値を体系的・一貫的に測り、それによって公平な給与を実現するためのものである。監督者が評価を要請する場合、公社様式の「職務資料用紙」に記入し、総務部に提出する。用紙には、評価対象職務の職務記述をはじめ、必要とされる知識と技能、受ける監督、過失の結果生じうる事態、他人に危害を加える可能性、さらされる危険の度合、執務環境、身体的要請、必要とされる視覚的注意、他職員との接触、与える監督について記入する欄がある。提出を受けた総務部人事課は、必要に応じて監督者や当該職位に現在就いている職員への面接を行い、用紙の内容を確定する。そして人事課は、確定された用紙をもとに、上述の各要素を点数化して、ふさわしい肩書と等級を提示する公社様式「職務評価明細書」を作成し、職務評価委員会に提出する。役員と各部課長で構成される職務評価委員会は、明細書の内容を確認し、必要な調整を行った後、肩書と等級について総裁に最終承認を求める。

　公社の職務評価における点数化システムは明らかではないが、電力公社が1968年12月に施行した職務評価規程が参考になる[105]。その内容は、公社マニュアルの職務評価の章とほぼ同内容（電力公社では職務分析官という専門職を総務部に置き、職務評価明細書の作成に当たらせる点のみ異なっている）であ

---

104)　公社文書「給与、諸手当及び給付金に関する資料」（U99000159B）に収録。
105)　USCAR文書「Corporate Operating Procedure No.32: Job Evaluation Plan」（USCAR01860）。

り、公社がこれを参考にしていた可能性は高い。詳細を記すことはしないが、この規程では、米連邦政府の職務分類制におけるそれと形式的にほぼ同一の点数式の格付基準によって、職務評価と等級づけ・肩書付与を行うようになっている。

　1970年1月30日付の公社社内文書[106]には、「Revised Manual が適用されてからより正確な Position Classification が行われる迄は昇格及び格下げは控えたい」との記述が見られ、時期的に考えれば、ここで言う「Revised Manual」とは、当時理事会の議題にも上っていた公社マニュアルのことであろう。そして、「正確な Position Classification」とは、マニュアル施行後に実施される、点数式の職務評価による職務分類のことを指していると考えられる。確かに、記述式の基準によって、おそらく「天下り」的になされてきたそれまでの職務分類に比すれば、点数式の基準によって自身の権限で実施できる職務分類はより「正確」であり、それにしたがって「昇格及び格下げ」＝給与の決定を行うというのは、理想形であっただろう。だが残念なことに、公社文書には、職務評価に利用されていた（可能性のある）職務記述書は見つかるが、職務評価が行われた形跡（記入済みの職務評価明細書や、職務評価委員会のやり取りなど）を見出すことはできなかった。

第5節　琉球水道公社の消滅

　本章の最後に、次章の議論の先取りとなるが、日本「復帰」によって琉球水道公社がどうなったのかを簡単に見ておくことにしたい。結論を先に言えば、公社は沖縄県企業局となった。以下、そこに至る過程と、公社職員の「復帰」に伴う処遇について論じる。

　1969年11月の佐藤・ニクソン共同声明において、琉球の1972年中の日本「復帰」という方針が示された。公社については、1970年10月7日の参議院決算委員会において山中貞則総務長官が、「水道公社については、復帰後は、まだ全体として発表いたすまでに至っておりませんが、県営水道として沖縄県

---

106)　公社文書「人事異動関係書類」（U99005588B）に収録された、「Rotation について」。

で運営してもらうようにしたいと考えます」と答弁しているように、この時点で沖縄県にその事務を承継するという方針となっていた[107]。1971年10月8日、訓令59号によって琉球政府企画局に沖縄県企業局準備室が設置される。その所掌事務は、「企業局に含める事業の調査研究」「事業実施体制の検討（条例、管理規程等）」「企業局関係予算の作成」「琉球水道公社の移管事務」などであった（第4条）。

　一方、公社の中でも、内発的な「日本化」が始まっていた。それが具体的に表出した事例を二つ挙げておきたい。第一に、研修に関する変化である。1966年度の年次報告書によると、「土木技師1名、経理職員1名、秘書1名計3名の公社職員が3カ月から4カ月の期間ハワイの東西文化センター技術交流研修所で研修したが、もう1人の秘書も……現在同研修所で研修中である。公社の主任技師は、公益事業部門の国民指導員として米国の水道事業の実際面の視察研修のため3カ月間米国に派遣された。公社の秘書役は1966年3月30日から4月8日まで日本のキャンプ座間で催された国際人事管理会議に出席した」[108]とあって、すべての研修が、米国およびその関係の機関で実施されていることが分かる。ところがその3年後、1969年度になると、「沖縄地方生産性本部、経営コンサルタント及び沖縄経営者協会による種々の経営コースに14名の職員を参加させ、また日本水道協会開催のゼミナールには職員2名が参加した」[109]というように、研修先が日本およびその関係の機関になっているのである。

　第二に、職務権限規程[110]の制定である。これは、「現組織においては各部門から出てくる上申、提案、計画などを始め、細かいことに到るまでいちいちトップマネイジメントの決定または承認を必要としている」ために「トップマネイジメントは本来の職能である経営方針や公社の進むべき方向等の重要問題について、十分検討する時間的余裕が少ない」。そこで、「トップマネイジメントの負担を軽くするためにもまた管理職位ごとの責任と権限を明確にして組織を組織らしくするためにも公社ではどうしても権限規程が必要である」という問

---

[107]　第63国会参議院決算委員会（1970年10月7日、会議録閉7号）。
[108]　琉球水道公社編『年次報告書　1966年度』3-4頁。
[109]　琉球水道公社編『年次報告書　1969会計年度』8頁。
[110]　公社文書「職務権限規程案」（U99005965B）。

表 6-8　水道公社職務権限規程（総務部総務課分、抄）

職務内容			権限				関係先		備考
分類	項目	細目	課長	部長	副総裁	総裁	合議先	通知先	
人事に関する事項	方針	人事管理基本方針の策定	△	×	×	◎			理事会事項
	採用	採用に関する方針の策定	△	×	×	◎			理事会事項
		採用者の決定	△	×	×	◎	関係部課長		
		臨時雇いの採用	△	×	◎	○	関係部課長		
	異動	管理職の異動		△	×	◎	関係部長	各部課長	理事会事項
		一般職員の異動	△	×	◎		関係部課長	各部課長	
	職務分析	職務分析の方針の決定	△	×	◎	○		各部課長	
		職務分析の基準の策定		◎	○		企画調査課長		
	労働組合	折衝計画及び日程計画の立案	△	◎	○				
	昇給及び賞与	昇給・賞与に関する基準の決定	△	×	×	◎	企画財務部長		理事会事項
		昇給・賞与総額の決定	△	×	×	◎	企画財務部長	各部長	理事会事項
社員研修に関する事項	社員研修	社員研修方針・計画の策定	△	×	◎	○	関係部課長		
		新入社員研修の実施	◎	○					
		新入社員以外の研修の実施	△	×	◎	○	関係部課長	関係部課長	

凡例）△：立案、×：審査、◎：決定、○：報告

題意識から制定されたもので、1970年12月1日から施行された[111]。その一部分を抜粋したのが表6-8であるが、一見すれば分かるように、これは日本式の職務権限規程であり、日本の行政組織でも類似の構造の規程が広く見られる。これは推測の域を出ないが、すでに述べた1969年度の日本式の「種々の経営コース」における研修を受けた職員が作成したものではないかと考えられる。

公社が「復帰」するにあたっては、IWSと、その維持管理にあたっているIWSD職員の移管が不可欠であった。このうち職員については、1971年8月1日をもってIWSDに勤務するすべての職員が公社職員となり、これによって公社の職員数は一気に260人を超えた。しかし、IWS自体の移管は、それと同時には行われなかった。公社文書に収録された、1971年11月11日付けの

111）　公社文書「職務権限規程」（U99005647B）。

知念秘書役が職員に宛てた文書[112]は、IWS移管の遅れが、「復帰」に向けた動きの阻害要因となっていたことを示している。知念によれば、「公社では、運営権移管日を1971年10月1日と予想して機構改革の作業を進めて来」たが、「現実において全島統合上水道施設の移管決定は未だなされてい」ない。「その為、生産部門に配置されている職員は水道公社職員という身分ではあってもファシリティ・エンジニアの管轄下にあり」、機構の改革や人事配置ができない状態となっていたのである。それと並行して「県営水道移管を想定した諸移行準備」も「なかなかはかどらないのが実情」であった。IWSは、ようやく1972年1月に公社に移管された。

　公社職員の「復帰」後の処遇については、1971年10月29日、水道公社労組の副委員長・書記長と全日本水道労の書記次長が、山中総務長官を始め自治・大蔵・厚生・建設の各省および沖縄・北方対策庁と折衝し、公社職員はすべて沖縄県企業局に引継ぎ、給与切替については琉球政府公務員と同様の扱いをする、という回答を得た[113]。この方針どおり、「沖縄の復帰に伴う特別措置に関する法律」（昭46法129）の第36条（「琉球水道公社の財産その他の権利及び義務は、政令で定めるものを除き、この法律の施行の時において沖縄県が承継する」）に基づいて、職員はほぼ全員が県企業局に身分を引き継がれた（辞めたのは総裁と副総裁くらいだったという[114]）。

　また、職員の給与についても、1972年4月の国会で山中総務長官が「電力供給公社、あるいは開金、そして琉球政府が引き継ぐ水道公社、そういうもの等についても公務員と同様の、本土の職員でありせば、学歴あるいは勤務年限等に相応する等級号俸に当てはめて、直近上位をとることによっておおむね解決をする。それに対して不足する分は差額手当を支給するということで一応現地の団交等も終わっている」[115]と述べていることや、沖縄県企業職員給与規程（昭47企業局管理規程25）の附則第5項に「特別の手当の支給方法及

112）　公社文書「雑書綴」（U99003419B）に収録の、「運営権の公社移管と沖縄県庁への移籍について（1971年11月11日）」。
113）　「水道公社職員の身分引き継ぐ　山中長官が確約」新報71.10.30夕、3。
114）　金城、前掲、86頁。
115）　第68国会参議院沖縄及び北方問題に関する特別委員会（1972年4月21日、会議録4号）における発言。

び逓減方法等は一般職の職員の例による」と規定されていることから、次章で詳述する、琉球政府公務員に対して実施されたのと同様の、「給与再計算を行い、その結果が現給を下回った場合には減額分を手当によって保障する」という方法が採られ、現給が保障されたと見られる。

第6節　本章のまとめ——制度・人材両面における米国との連続性

　以上、USCAR公社の任用制度と給与制度について、琉球水道公社を中心に論じてきた。その特徴を簡潔にまとめれば、軍・USCARの制度への準拠、さらにそこを経ての米国本土の制度への準拠であったと言えるだろう。これは、琉球政府の公務員制度がほとんど完全に日本のそれに準拠したものであり、そこに「統治者の影」がほとんど現れてこなかったのとは対照的である。また、公社職員（のうち少なくとも幹部層）は、他のUSCAR公社や軍・USCARとの間を行き来するキャリアパスを形成しており、第3章で見たように、独自の採用試験制度を定着させ、閉鎖的任用を行っていた琉球政府とは、人的にも疎絶していたと言ってよい。このように、米国との色濃い連続性を持つ公的機関が存在していたことは、戦後琉球が「被統治」の空間であったことを改めて想起せしめる。だが、最後に見たように、そのような米国的な公社は、「復帰」によって沖縄県企業局となった。

　また本章では、水道公社では米国式の職務分類制を導入していながら、部内者を優先する規定を掲げる閉鎖型の任用制度を採用していたことを踏まえ、職務分類制（職階制）と任用制度の関係の一般理論として、組織原理（組織＝職務／組織＝人）—職務分類制（有／無）—任用制度（開放型／閉鎖型）—任用慣行（開放的／開放型）という、それぞれが二項対立を持った四つの次元の間に多様な結合関係があり得ることを示した。これは、米国—職階制—開放型（的）任用という通説的な観念連合に一石を投じるものと言える。

第 7 章　琉球政府公務員の「復帰」

　1972 年 5 月 15 日、沖縄・宮古・八重山の各群島が日本に「復帰」[1]し、沖縄県となった。これをもって、「戦後琉球」という時空間は消滅する。「戦後琉球」の消滅は、そこに存在した琉球政府という政府機構の、そして、琉球政府公務員という法的ステータスの消滅をも意味していた。だが、それはもちろん、単なる消滅ではなかった。そこには日本国の政府機構が寸断なく設置されたし、何よりも、職員という「人」は消滅するわけではなく、したがってその処遇は、当然に検討されるべき課題となったのである。その、いわば〈琉球政府公務員の「復帰」〉とも言うべき過程で何が起こったのかを解明するのが、本章の目的である。

　そこで本章では、①〈琉球政府公務員の「復帰」〉にどのような主体が、いかなる意図・構想をもって関わったのか、②その結果として、どのような法制度が整備されたのか、また、③「復帰」のための諸事務がどのように進められたのかについて明らかにする。その際には、とりわけ大きな課題となった、給与の切替と身分の引継を中心に検討することになるだろう。以下、第 1 節では奄美群島の「復帰」を、第 2・3 節では沖縄・宮古・八重山群島の「復帰」をそれぞれ扱う。

---

1) 〈復帰〉という言葉は、戦後琉球の文脈においては、「民族主義的な傾向を顕著に表現」する概念となった（我部政男「六〇年代復帰運動の展開」宮里政玄編『戦後沖縄の政治と法』東京大学出版会、1975 年、210-211 頁）。その場合、「日本／祖国（への）復帰」とは、「異民族」の国家・米国の支配から脱し、「同一民族」の国家・日本という「あるべき場所」へ帰ることを意味する。その時、琉球（沖縄）は日本に同一化し、融解・消失する。本書でこれまで、そしてこれ以降も、筆者が執拗に〈復帰〉を「　」に入れて表記しているのは、そのような民族主義的で没主体化作用を持つ〈復帰〉概念を拒否し、「日本国への帰属という、「琉球処分」から第二次大戦以前まで現出していた状態への復帰」という意味を持つ／しか持たない概念として提示するためである。

第1節　奄美群島の「復帰」

1. 在奄美琉球政府公務員の「復帰」

　1946年1月末以来、米軍の統治下に置かれた奄美群島では、1951年2月に「奄美大島[2]復帰協議会」が結成され、4月には奄美群島居住者の99.8%と言われる復帰請願署名が集められた。日本でも、衆議院が「政府に対しこの際、旧日本領土の復帰について、必要なるあらゆる措置を講ずるとともに、差し当り、鹿児島県大島郡について特段の配意をなし、その住民が、……本土住民と同等の取扱を受けることを実現するための措置を速やかに講ずることを要望する」決議を1952年12月25日に可決するなど、「復帰」を求める声が上がっていた。
　「復帰」は、1953年8月8日、東京でダレス国務長官の口から発表される。「復帰」の決定を受け、14日に開催された日本政府の「奄美大島群島事務引継に関する打合会」の席上では、南方連絡事務局（以下、南連）が早くも、現在奄美にある行政機関の職員をできるだけ現状のまま日本政府に引継ぎ、「復帰」の日から俸給の支給ができるよう、各省庁に検討を要請している[3]。奄美では、22日に「日本復帰対策委員会」が設置され、琉球政府や日本政府に対する要望が作成された。25日付の要望書には、「公務員、教育関係職員その他を全面的に吸収すること」とあり[4]、身分引継の問題が直ちに認識されていたことをうかがわせる。要望書の一部は、9月30日、立法院本会議に「奄美大島の返還に伴う決議案」として提出される[5]が、その文中には「在奄美群島の琉球政府各廰庁及び学校はその職員と共に日本政府及び鹿児島県がこれを吸収すること」とある。立法院には奄美大島返還準備特別委員会が設置され、10

---

2)　奄美群島中の（最大ではあるが）一島にすぎない（奄美）大島の名をもって奄美群島全体を意味させるような用法は、以下でも引用文中に頻発する。だが、群島には大島の他に、喜界島、加計呂麻島、与路島、請島、徳之島、沖永良部島、与論島という、それぞれの文化的個性を持った七つの有人島が存在するということに注意を喚起しておきたい（さしあたり、松本泰丈・田畑千秋編『奄美復帰50年——ヤマトとナハのはざまで（現代のエスプリ別冊）』至文堂、2004年、喜山荘一『奄美自立論』南方新社、2009年などを参照）。
3)　「奄美大島に調査団派遣　法的引継ぎ措置へ」新報53.8.15、2。
4)　藤原南風『新奄美史　上巻』奄美春秋社、1980年、725頁。
5)　第3回立法院本会議（1953年9月30日、会議録50号）。

月3日の初審議において、大綱的取り決めが行われた。そこには「公務員は日本政府がそのまま引取ること」とある[6]。

9月中旬、日本政府各省および鹿児島県庁・同県国家地方警察本部の職員34名からなる調査団が、現地調査を行った[7]。調査団が現地入りした頃には、しきりに「復帰」11月1日説が流布されており、法的措置を必要とするものについては10月中にきわめて短期間で国会の審議を完了しなければならないとの認識から、作業は急ピッチで進められた[8]。

その際、日本政府が直近の前例として注目したのは、トカラ列島であった[9]。奄美群島の北に広がる、七つの有人島を含むこの島嶼群は、1951年12月5日付のGHQの覚書によって、同日直ちに日本に返還される旨が伝えられた。まったくの「不意打ち」に遭った日本政府は、いわゆるポツダム命令として政令380号を12月21日に公布し、5日に遡及して施行させた。この政令では、1）当分の間この地域には従前適用されてきた法令（ここには、米軍が定めたもの、琉球人政府機構が定めたもの、および旧日本法が含まれる）のみを適用し、日本法令は特に政令で別定するもののみを適用すること、2）琉球人政府機構（当時は奄美群島政府と琉球臨時中央政府）が有する権限は、国会・裁判所に属するものと政令で別定するものを除いて、鹿児島県知事が国の機関として行うこと、3）この地域で公務に従事していた者は「相当の公務員」となることなどが定められた。

トカラについては、公務員の身分の引継が問題になった様子はうかがえない。大きな問題となるほどの数の公務員が、領域内に存在しなかったのであろう。わずかに、11名の駐在警察官が引き継がれることになったという報道を見つけられるくらいである[10]。しかし奄美の場合、琉球政府のいわば地方総合出先機関である奄美地方庁まで置かれていた以上、それは真剣に検討せざるを得ない課題であった。1953年5月時点の琉球政府の職員録によると、同地方庁に

---

6) 「奄美大島返還準備特別委初協議」新報 53.10.4、2。
7) 第16国会衆議院地方行政委員会（1953年10月14日、会議録35号）における石井通則説明員（南方連絡事務局長）の発言より。
8) 林忠雄「奄美大島の復帰に関する法律上の問題」『自治研究』29巻12号、1953年、71-72頁。
9) 以下のトカラ列島に関する記述は、林修三「奄美大島諸島の復帰に伴い予想される法制上の問題について」『ジュリスト』1953年10月1日号、2-3頁を参照している。
10) 「十島駐在の警官　大島からの任用本決まり」奄夕 52.1.23、2。

は(名字のみから推察する限り)沖縄・宮古・八重山の出身者はほとんどおらず、職員は158人を数えていた(これは同時に設置された宮古地方庁の73人、八重山地方庁の68人よりかなり多い)。1953年10月14日の衆議院地方行政委員会で、説明員として答弁に立った南連局長の石井通則は、「機構並びにこれらの職員を、復帰と同時に本土内に引継がなければなりませんので、これらのそれぞれの機構の内容、実態、またどういうように職員を引継ぐべきかということを、それぞれ関係各省と協力して、調査して参っております」と述べている[11]。また、「職員の給与ベースといいましても、三千四、五百B円でございまして、本土の給与ベースよりも若干低くなっております。そういう点は復帰とともに本土並に考えなくちゃならないと思う」として、「復帰」後の職員の給与の引き上げも示唆していた。

　10月23日、先の調査団の最終報告をもとに、「奄美群島の復帰に伴う暫定措置に関する基本方針」が閣議決定された。それによれば、在奄美の「琉球政府諸機関のうち、司法機関・郵政機関その他特殊な業務を取扱う機関は国又は公社の機関としてこれを引継ぎ、その他の機関は差当り鹿児島県の総合的出先機関として支庁を設け、原則としてこれに一括吸収して引継ぐ」。その「総合的出先機関」たる「鹿児島県大島支庁(仮称)は、国の出先機関に引継がれるもの以外の琉球政府職員を原則として一応全部引継ぎ、差当り昭和二十八年度中はこれに要する経費は国庫負担として、その所属職員の一部は国の職員とすることを考慮する」。「復帰後の同地域における行政については、……特に設置する国の出先機関において行う行政の外は、鹿児島県大島支庁において総合的に取扱わしめ、同支庁は奄美群島振興行政を一括処理するものとする」。そして、「国又は県の機関に引継がれる職員の給与は、差当り従前の給与によることとするが、出来得る限り速やかにこれが調整を行うものとする」となっていた。

　29日には、「奄美群島の復帰に伴う法令の適用の暫定措置等に関する法律案」が国会に上程され、11月7日に成立、16日に公布された。この法律では、トカラのような「原則琉球法存続・日本法段階適用」とは異なる、「原則日本

---

11) 第16国会衆議院地方行政委員会(1953年10月14日、会議録35号)。

法適用・適用延期法列挙（＋当該法段階適用）」という方式を採って、法令適用・移行のあり方を定め（第1条）、「当分の間、奄美群島における国の行政事務は、政令で定めるもの[12]を除く外、政令で定めるところにより、鹿児島県知事又は政令で定める鹿児島県の機関〔大島支庁の長が想定されていた[13]〕をして行わせる」（第4条）とした。その他、奄美群島を一選挙区とする衆議院議員選挙の特例（第3条）、簡易裁判所の設置（第5条）、裁判所定員の臨時措置（第6条）などの規定が盛られているが、本章に直接関係する公務員の身分引継に関しては、第8条で域内市町村の職員の身分継続が定められている他には規定が見当たらない。

身分引継に関する具体的な方針が出されるのは、12月に入ってからとなった。12月8日に閣議決定された「奄美群島の復帰に伴う行政機構の暫定措置に関する基本方針」がそれである。同方針は、「住民に対する実務の渋滞を避ける」ため、「奄美群島における琉球政府及び米国琉球民政府の諸機関で、本土の法令にてらしてもっぱら国又は公社の直接所掌する事務をつかさどるものは、それぞれ在来の機構と人員とをそのまま凍結して国又は公社の出先機関として引継ぎその他の諸機関は鹿児島県大島支庁……に一括吸収する」と定めた。また、暫定措置法第4条を受けて「鹿児島県大島支庁に一括吸収される機関の処理していた事務のうち本土の法令にてらし現地において処理すべき国の事務となるものは、鹿児島県知事又は鹿児島県の機関に委任して行わしめる」とし、その「〔機関〕委任事務及び政令で定める振興行政に関する事務に従事する者は、国家公務員」にすることとした。

この基本方針は、「復帰」の前日、12月24日に公布された「奄美群島の復帰に伴う琉球政府の職員の引継の暫定措置等に関する政令」（昭28政401）によって具体化される。まず、身分の引継については、以下のように、国または鹿児島県職員への移管が定められた。

---

12) 後述する「奄美群島の復帰に伴う琉球政府の職員の引継の暫定措置等に関する政令」（昭28政401）の第1条において、検察に関する事務、矯正に関する事務、国有財産の管理に関する事務など、18項目が定められた。
13) 第17国会衆議院地方行政委員会（1953年10月31日、会議録1号）における林修三政府委員の発言。

第2条 法の施行の際現に奄美群島にある琉球政府又は米国琉球民政府の行政機関で、奄美群島に設置される国の行政機関又は日本電信電話公社の機関に相当するものに常時勤務を要する職員として在職する者は、別に辞令を発せられない限り、それぞれ当該機関の相当の職員となるものとし、警察局奄美支部に常時勤務を要する職員として在職する者は、別に辞令を発せられない限り、鹿児島県国家地方警察の職員となるものとする。

2 前項に規定するものを除く外、法の施行の際現に奄美群島にある琉球政府又は米国琉球民政府の行政機関に常時勤務を要する職員として在職する者は、鹿児島県の職員となるものとする。

給与の切替については、以下のとおり、さしあたり現給での支給が定められた。

第7条 従前の琉球政府又は米国琉球民政府の職員で、法の施行の際引き続き国家公務員となるものに対しては、国家公務員の給与に関する法令……に基く給与が法の施行の日にさかのぼって決定されるまでの間、法の施行の際現に奄美群島に適用されている法令の規定によりその者が受けるべき俸給及び勤務地手当の合計額を本邦の通貨に換算した額以内の額を仮に支払うことができる。この支払われた額は、給与法令によるその者の給与が決定された後、できるだけすみやかに給与法令による給与の額によって清算しなければならない。

なお、鹿児島県も12月18日に「奄美群島の復帰に伴う琉球政府等の職員の引継等の暫定措置に関する条例」を制定し、「県の職員となつた者に対する鹿児島県職員の給与に関する条例……又は鹿児島県学校職員の給与に関する条例……の規定に基く給与について必要な経過措置に関しては、……政令の定めるところにより国の職員となつた者の給与の経過措置の例による」（第3条）と定めた。

さて、以上の制度のもと、実際がどのようであったかは、史料が乏しく、それほど詳らかにすることはできない。人事院の内部文書[14]によれば、引継は採

用として行われたが、人事院事務総長通達「奄美群島の復帰に伴い一般職の国家公務員となった職員に対する人事異動通知書の公布等について」(1953年12月25日)により、試験採用・選考採用のいずれでもない特別な採用と位置づけられ、「昭和28年政令第401号によ」って採用された旨が記された異動通知書が各職員に交付された。給与は、先述のとおり、「復帰」直前に受けていた給与額を暫定的に支給する特例措置がなされていたが、その後、新規採用されたものとして新たに級号が決定された。決定にあたっての学歴や勤務経験などの換算の基準は、人事院細則9-8-2「初任給・昇格・昇給等の実施細則」を適用したはずであるが、「細則によりがたい事情がある場合には個別に人事院と協議する」とも定められていた(1953年12月21日、給実甲208号)。

　実際の身分引継についてであるが、12月25日に「第一陣」として、郵政関係職員45名が引継がれたという報道がある[15]ものの、総計でどの程度の人数の職員が国および県に移っていったのかは明確ではない。参考までに、「復帰」直後の奄美の国家公務員の定員を示すと、総理府266名(うち警察官239名)、法務省117名(うち検察庁20名)、大蔵省19名、国税庁58名、厚生省37名、農林省25名、林野庁21名、運輸省28名、海上保安庁3名、郵政省410名、労働省17名で、合計1,001名となっていた[16](加えて、日本電信電話公社へ約200名が引継がれた[17])。引継に際して、行政整理のために導入された臨時待命(一定期間中、身分は保障し給与も支給するが、職務には従事させず、期間終了後には当然に失職となる措置)の制度が奄美にも適用され、事実上の馘首の手段となったとも言われている[18]。

---

14) 人事院企画法制課文書「沖縄関係資料」(資料の表紙には「四四.三」とある)に収録された、「身分引継ぎに関する先例メモ」。情報公開請求を行い開示を受けた(以下、人事院文書については同じ)。
15) 「公務員の引継ぎ　手初に郵政職員廿五名」新報53.12.24、2。
16) 「年内に手当金がもらえる　引継ぎ奄美公務員に朗報」新報53.12.28、2。
17) 第19国会参議院電気通信委員会(1954年1月28日、会議録3号)における、梶井剛参考人(日本電信電話公社総裁)の発言より。
18) 第44回立法院復帰対策特別委員会(1971年3月2日)における安谷屋玄信参考人(復帰対策室参事官)の説明。瀬長浩『世がわりの記録』若夏社、1985年、71頁に会議録が抄録されている。

2. 在琉球奄美籍公務員の「復帰」

　奄美の「復帰」は、領域の部分的な帰属移動であったがゆえに、一つの特殊な問題を生み出していた。すなわち、引き続き琉球として存続する領域に残る、いまや「琉球人」から「日本人」となる奄美籍の公務員（以下、奄美籍公務員）の処遇をめぐる問題である。

　「復帰」が言明された2日後の8月10日、USCARはすでに主席官房人事課に対して奄美出身の琉球政府職員について「調査」を行うよう口頭で指示した[19]。その意図ははっきりしないが、身分移管を検討するための資料とするものだったと考えられる。これを受けて官房は、奄美籍公務員の氏名・勤務部署・職種・現給・扶養家族数・現住所等を記したリストの提出を各局に求める文書を13日付で送っている[20]。

　当事者・関係者からの要望は、比較的早くから示されていた。「日本復帰対策委員会」が作成した要望書（先述）の8月17日時点における草案には、「公務員の吸収」という項目において、「沖縄に勤務する奄美大島出身の琉球政府公務員にして本人の希望するものは日本政府及び鹿児島県において吸収すること」とある[21]。9月上旬にまとめられたところによると、奄美籍公務員390人のうち、転出希望が333人（うち3分の1が奄美へ、3分の2が本土への転出を希望）と大多数を占め、琉球に残留を希望するのは38人、態度不詳が19人であった[22]。

　立法院には、9月19日、「奄美公務員もいよいよ日本機関に職場を求めて沖縄を去らなければならないが……沖縄を引揚るという事になると異郷に於て薄給に甘じて来た者として何等の貯えもなくその旅費にさえ困るという実情であるから……退職給与金と帰郷旅費の支給に就いて善処方を願い度い」と訴える、在沖縄奄美公務員会[23]からの陳情が提出されている。また、前項で紹介した9月30日の「奄美大島の返還に伴う決議案」では、日本政府や鹿児島県に引継

---

19) 「大島出身政府職員　琉球政府に調査内命」新報 53.8.11、2。
20) 琉政文書「1953年　内政局」(R00000043B) に収録された、官房長発各局長宛「奄美出身府職員調について（照会）」（官人第162号、1953年8月13日）。
21) 藤原、前掲、728-729頁。
22) 「"日本政府機関への引継頼む" 在沖奄美出身公務員が要望」沖夕 53.9.8、2。
23) 同会は9月2日に、政府の奄美籍幹部（三原人事委員、外山統計部長、豊田工交局次長、豊主席官房文書課長）を執行委員として結成された。「在沖奄美公務員会結成」沖朝 53.9.4、2。

ぐほかに、「現状に於て留任せしめる」という選択肢も付け加えられている。

10月14日、人事委員会はUSCARに対し、奄美籍公務員が「復帰」後も琉球にとどまり、公務員として勤務し続けることができるか否かを照会した[24]。琉球政府章典では、主席や立法院議員については琉球人でなければ就任できないと明確に定められていた（第10条、第22条）のに対し、琉球政府公務員については「国籍条項」が存在せず、その取り扱いには議論の余地があったのである。これに対しUSCARは、11月16日付[25]で、奄美籍公務員は個別の雇用契約を結ばない限り、「復帰」後に琉球政府に勤務することはできないという見解を主席に示した。これは、「政府又はその機関と外国人との間に、個人的基礎においてなされる勤務の契約」があれば、当該外国人が一般職又は特別職の勤務者でなくても、給与を支払うことができると定める琉公法第2条7項（および6項）の規定を反対解釈したものであった[26]。USCARは加えて、①政府の管轄外に本籍を置く職員に、完全で公平な忠誠心は期待できない、②公職に就く資格を有する沖縄・宮古・八重山の納税者が支持しないであろう、③雇用に当たっては、域外の労働力の輸入よりも琉球人の最大限の利用を図ることが軍政副長官の政策である、などの理由も示している。「統治者」が明確な方針を示した以上、奄美籍公務員の身分が近い将来に消滅することは間違いがなくなった。

これを受けて琉球政府は、11月23日付文書でUSCARに対し、奄美籍公務員の引継について日本政府と交渉することを求めている[27]。しかし、USCARが接触するまでもなく、日本政府は、奄美籍公務員の引き取りの検討を始めていた。21日付の報道[28]によれば、石井南連局長が那覇日本政府南方連絡事務所（以下、南連事務所）に「公的措置を講ずる必要あるにつき奄美群島以外に勤

---

24) USCAR文書「Reference Paper Files, 1953: Liaison (Status-Amami Oshima)」（USCAR 07655）に収録された、人事委員会委員長発民政官宛文書（PC-269、1953年10月14日）。
25) 同上USCAR文書に収録された、民政官発行政主席宛文書「Status of GRI Employees Having Permanent Domicile in Amami」（16 Nov. 1953, AICA-GL-093）。
26) 厳密に言えば、この規定の反対解釈から導き出せるのは、「外国人は勤務の契約を結ばなければ、政府から給与を受けることができない」であり、ここから外国人の公職就任権を否定するには、政府から給与を受けること＝政府が雇用すること、とみなす拡大解釈も必要である。
27) 往復文書（YD-71、REEL No. 6）に収録された、主席発民政官宛文書「Status of GRI Employees Having Permanent Domicile in Amami」（GRI-S-263、1953年11月23日）。
28)「公務員措置好転　在沖大島公務員に朗報」新報53.11.21、2。

務する奄美出身公務員の氏名、年令及び現在の勤務部のリストを希望勤務先別に作成、五部を至急送付あれ」という依頼を打電している。12月5日の国会審議[29]で小滝彬外務政務次官は、「琉球における奄美大島人の地位というような点については、日本側から積極的に話に当ってお」るとした上で、「今公務員の数が奄美大島人で沖縄におるのが四百名くらいある」が、「これを無理に向う〔琉球政府〕に使ってもらうような話合……については悲観的であってこれはむしろ日本側として考えなければならなくなるのじゃないか」との見通しを示した。

「復帰」の日、12月25日。当日の新聞は、奄美籍公務員について、「今月はじめ三百四十九名だった」ものが「欠員補充、日本政府の引受によって大島に転勤発令した者七十七名」を除き、「きょう現在二百七十二名となってい」て、「そのうち日本政府による引継ぎの見通しがついた分が約九十名で別に警察官の百三十名も同様取扱が予定されているので復帰後の身分の未定なのは五十名程度だ」という主席官房の談話を報じている[30]。「復帰」前に奄美に転勤させ、そこで日本に「復帰」した職員もいたことがうかがえる。

翌26日、ブラムリー首席民政官と桑田行夫・南連事務所長代理との間で、「初めての」公式会談が持たれた[31]。会談記録からは、USCARと日本政府の主張が完全に食い違っている様子が浮き彫りとなる。すなわち、USCAR側が奄美籍の「日本人」を（公務員・非公務員を問わず）すべて奄美に帰島させることを主張し、そのための全般的計画の策定を日本政府に求めているのに対し、南連事務所側は、29名の奄美籍の琉球政府公務員（通信系の技術職）の受け入れを示唆し、その他の奄美籍日本人の処遇については、これを先送りしようとしているのである。USCARにとって「厄介」だったのは、日本政府が在日米大使館から、米国政府は在琉奄美籍者すべてを一斉に帰島させることはしない、という言質を取っていたことであった。米国政府内でも、USCAR・陸軍と大使館・国務省の間の意思統一は図られていなかったのである。

29) 第18国会参議院地方行政委員会（1953年12月5日、会議録第2号）。
30) 「奄美公務員 五十名程度 身分未定の者」新報 53.12.25、2。
31) USCAR文書「Reference Paper Files, 1953: Liaison (Status-Amami Oshima)」（USCAR 07654）に収録された、首席民政官宛メモランダム「Reversion of Amami Oshima to Japan」（1953年12月28日、AICA-LO 093）に、この会談の内容が要約されている。

会談は平行線のまま終了し、さしあたり「現状維持」が決まったようで、27日の報道[32]によれば、主席官房が、適当な措置が講ぜられるまで、奄美籍公務員は従来通り勤務を続けるよう各局に通達した。だが29日、USCAR は指令15号「奄美大島に戸籍を有する者の臨時登録」を発し、奄美籍者は「すべて、一九五四年二月一日以前に同日以降九十日間の効力を持つ臨時外人登録証の発行を受けなければなら」ず（第1項。後に1954年4月29日の改正第1号によって効力は120日間に延長された）、さらにその臨時証の有効期限中に、「南方連絡事務所において日本人たる身分証明書を取得し、且つ、……〔布令による〕正規の外人登録証を取得しなければならない」（第3項）とした。この登録が完了すれば、在琉奄美籍者の「外人」としての地位が確定し、公務員としての身分も失われることになったのである。

　明けて54年の1月21日には、在沖縄奄美公務員会が琉日両政府に対し、奄美籍公務員411人のうち一部はすでに日本政府や鹿児島県の各機関に引継がれたが、なお209名が残されている[33]、とした上で、「何時までに全員日本政府に引継げるか」、奄美籍者の外人登録が完了した後に「残る職員は継続勤務を許可か免職処分にするか、免職するなら退職手当は支給するか」など、今後の処遇の方針を示してほしいと要請している[34]。

　2月9日、人事委員会は、既述の琉公法第2条7項に基づいて、奄美籍者が琉球政府と個別に契約を結び、公務員として引き続き勤務する道を開くため、「外国人と政府およびその機関の間の雇用契約」と題する規則案を立案し、USCAR に送付した[35]。これに対して、25日付で USCAR からの修正を要求する文書が見られるが、結局この規則は制定に至らなかった。

　日本政府への身分引継は、USCAR 側の事情によって進んでいなかったようである。すなわち、2月23日付のフライマス渉外部長名の首席民政官宛メモランダム[36]によれば、USCAR は、琉球政府が求めていた、日本への引継の目

---

32) 「在沖奄美公務員　当分身分継続」新報53.12.27、2。
33) 「在沖奄美人公務員日本政府へ陳情」沖タ54.1.22、2。
34) 「奄美公務員の保障　日本琉球両政府へ陳情」新報54.1.22、2。
35) 後述の25日付文書とともに、USCAR 文書「Legislative Acts, 1953: Act Nos.1-10」（USCAR 08697）に収録。
36) USCAR 文書「Reference Paper Files, 1954-1957: Liaison (Status-Amami Oshima)」（USCAR 07695）に収録された、「Amami Oshima Employees」（1954年2月23日、RCCA-LO093）。

途が立った奄美籍公務員を奄美に帰す許可を基本的に——とりわけ専門職・技術職の職員について——拒否してきた。それは、日本側が希望する熟練職員を琉球政府に張り付けておくことで、「囚人、貧困者、売春婦など」を含むすべての在琉奄美籍者を帰島させる計画の策定を日本政府に迫るための交渉のカードを保持するためであったという。

しかしフライマスは、日本政府がそのような計画を策定する可能性が低いこと、国務省の積極的な支援が得られそうにないこと、日本政府における身分引継先が示された奄美籍公務員は琉球政府のために働かない（から、抱えていない方がよい）こと、琉球政府が奄美籍公務員を直ちに放出したがっていることなどから、引継先が決まった奄美籍公務員を帰島させることを琉球政府に許可し、南連には、日本政府による奄美籍公務員の吸収を促進することを要請すべきであると、首席民政官に「強く勧め」たのである。

史料的な裏付けはないが、上記のメモランダムがUSCARの政策転換の起点となった可能性はある。3月22日の国会審議で石井南連局長は、「警察関係とか刑務所関係は大体において或いは相当引継がれたものもありましょうし、又引継ぎについての手続が進行いたしておる模様であります」と述べている[37]。また23日には、行政整理の円滑な実施のために内閣に置かれた配置転換対策本部の会合で、失職が予定されている奄美籍公務員について、「各省庁がその採用を考慮する」ことが申し合わされている[38]。

しかしその後も、完全な引継は果たされていなかったようで、4月29日には、先に見た外人登録の期限が迫っていることを受け、琉球政府が在沖奄美公務員の処遇についてUSCARに問い合わせることにしている、という報道[39]が見られる。これに関する後日報は見出せない（前述のとおり、この報道のまさにその日に、登録期限は30日延長されている）が、6月3日の参議院内閣委員会において石井局長は、「できるだけ本人の希望によって本土の官公署に斡旋す

---

37) 第19国会参議院内閣委員会（1954年3月22日、会議録9号）における発言。警察官は、群馬・栃木・千葉・京都・兵庫・奈良・滋賀・和歌山・三重・岐阜・福井・富山・広島・愛媛・徳島・鹿児島と、日本各地に分散して受け入れられたようである。「奄美出身 一般公務員に六名受入」沖朝54.4.1、3。
38) 「奄美出身旧沖縄職員 採用を考慮」新報54.3.24夕、1。
39) 「在沖奄美公務員 処遇をどうする？」新報54.4.29、2。

ることにつきまして、……だんだん世話をいたして参りまして約五、六十人残っております。これらにつきましても、目下なお一層斡旋に努力いたしております」と発言している[40]。この時、すでに奄美籍者の外人登録の期限は過ぎており、もはや奄美籍公務員は琉球政府に残留できなかったはずであるから、失業状態で引継を待っていた可能性もある。ともあれ、この時点で斡旋先を必要とする（元？）奄美籍公務員が残留していたことは確かである。だが、これらの「五、六十人」が最終的にどうなったのかについては、管見のかぎりでは明らかにすることができなかった。

第2節　沖縄・宮古・八重山群島の「復帰」

　続いて本節では、1953年12月25日以降に米軍の統治下に残された琉球の「復帰」について取り上げる。「復帰」は、琉球・日本・米国の各政府や、さまざまな主体によって論じられ、検討されてきた。本節では主に琉球政府と日本政府の関係に焦点を絞るため、以下、米国政府の動向は基本的には除いて[41]、1960年代から議論を始めたい。

1.「一体化」の時代

　琉球では、1960年4月に沖縄県祖国復帰協議会が結成され、同年6月にはアイゼンハワー大統領の来琉に合わせた大規模な復帰請願デモが行われた。1962年2月1日には立法院が、「アメリカ合衆国による沖縄統治は、領土の不拡大及び民族自決の方向に反し、国連憲章の信託統治の条件に該当せず、国連加盟国たる日本の主権平等を無視し、統治の実態もまた国連憲章の統治に関する原則に反するものである」として、日本政府、米国政府、国際連合および加盟各国に対し、琉球の施政権を日本に返還するための行動を要請する決議を全会一致で可決した。

　だが日本政府は、こういった動きに直ちに反応したわけではない。日本政府

40）　第19国会参議院内閣委員会（1954年6月3日、会議録50号）。
41）　膨大な一次資料により、米国政府内で「復帰」がいかに検討されたかを明らかにしているものとして、宮里政玄『日米関係と沖縄』岩波書店、2000年がある。

が「復帰」を検討課題として本格的に取り上げるきっかけとなったのは、1964年7月の自民党総裁選において、佐藤栄作が沖縄返還問題を重点施策として掲げ、(敗れたものの、その時三選を果たした池田勇人首相が病気で退陣したことを受けて) 同年11月に首相に就任したことである[42]。1965年1月の段階では、「沖縄ではちゃんと日本語で教育しとるのかね」と事務方に質問する程度の知識しかなかった[43]佐藤は、同年8月19日に訪琉した際に「私は沖縄の祖国復帰が実現しない限り、わが国にとって「戦後」が終わっていないことをよく承知しております」と述べ、「復帰」問題に取り組む姿勢をアピールすることとなる。

佐藤が首相に就任した1964年11月の下旬、総理府特別地域連絡局(以下、特連)局長の山野幸吉が、視察のために琉球を訪れている。山野はこの時、「米国民政府の施政が琉球政府の上にどっしりとのしかかっており、それゆえに、琉球政府の行政能力がきわめて貧弱なものである」という印象を受けたという[44]。山野は翌年6月にも来琉し、ワトソン高等弁務官と会談しているが、その席で「高等弁務官は「……これは内緒ですが、琉球政府にはやはり能力の問題もあります。小食の人にご馳走を一度にたくさん食べさせたらからだをこわしてしまう。援助の強化も徐々に行うべきである。……」といって」いたと回想している[45]。これらの経験は山野に、琉球政府は援助する・面倒を見る対象であるという認識を植えつけたであろう。

日本政府側担当者の琉球政府に対するこのような認識は、実はそれ以前から持たれていたものであった。1961年末には、琉球政府が提出した日本政府援助関係の資料に不備が多く、総理府関係者が「こんなデタラメな資料をもとに、援助の大幅増額を望むほうがムリ」と嘆き、大蔵省は杜撰さを指摘して書類を突っ返していること[46]や、特連職員が台風災害への援助のために状況報告を求めても「一回で返事がきたためしがない」と愚痴をこぼしていること[47]が報じ

---

42) 中野好夫・新崎盛暉『沖縄戦後史』岩波書店、1976年、145頁。
43) 山野幸吉『沖縄返還ひとりごと』ぎょうせい、1982年、24頁。ちなみに佐藤は、これより6年以上前の1958年10月に大蔵相として非公式に来琉した際も、「沖縄の教育は日本語でしたね」と発言した、という報道が残されている。「記者席　教育は日本語でしたね」新報58.10.15、1。
44) 山野、前掲、22頁。
45) 同上、39頁。
46) 「たし算もできぬ琉球政府　相当ズサンな資料　大蔵省から突っ返さる」新報61.12.20夕、3。

られ、当時の計画局長も、提出資料の不備について以前より日本政府から指摘されていたことを認めている[48]。1962年7月に来琉した日本政府調査団も、「とくに人的能力と政策立案面では今後相当の手を打たない限り単なる財政援助だけでは援助効果が上らなくなる」と琉球政府の能力に厳しい見方を示し[49]、実際8月には、総務長官が主席に、琉球政府の行政能力を高め予算を有効適切に執行するため、日琉両政府間で人事交流を行う可能性はないかとただし[50]、さらに11月にはキャラウェイ高等弁務官に「行政面の指導」のために日本との人事交流を考えてもらいたい、と要請している[51]。人事交流が現実のものとなるのは、後述するとおりまだ先のこととなるが、以上のように日本政府担当者が折にふれて琉球政府の行政能力を問題視し、「指導」すべき存在だという認識を重ねていったことは間違いがないものと思われる。

　話の流れを元に戻す。1966年の初めごろから、（日本の）自民党の沖縄対策特別委員会では、教育、福祉、戸籍行政などの逐次的返還についての議論がかわされ始めた。2月に同委員会がまとめた「沖縄復帰対策について検討を加えるべき問題点（案）」には、「施政権の部分的復帰」が課題として掲げられている[52]。そして8月には、森清総務長官がワトソン高等弁務官との会談において「教育権分離返還構想」を持ち出して日本でも大きなニュースとなり、「それまで漠然としていた施政権返還問題を……クローズアップした」[53]。これを機に、総務長官の諮問機関として沖縄問題懇談会（座長：大浜信泉南方同胞援護会会長）[54]が設置され、教育権返還に関する検討が行われた。だが、1967年1月、佐藤首相が森構想を否定し、懇談会も結局、「本土と沖縄の教育の一体化」を

---

47)　大竹民陟（特連局長）「私の一年・1」新報61.12.21、2。
48)　「ずさんな資料全く遺憾　小波蔵計画局長が認める」新報61.12.21、7。
49)　「行政府の機能に失望　調査団第三次が26日から二週間」新報62.7.16、1。
50)　「本土と人事交流　徳安・大田会談で一致」新報62.8.21、1。
51)　「徳安長官、キャラウェー弁務官と会見」新報62.11.27、1。
52)　山野、前掲、101頁。
53)　同上、107頁。なお、教育権返還構想自体は、1957年にすでに大浜信泉早稲田大学総長らが岸信介首相に訴えており（宮里、前掲、247頁）、また、大田政作主席も同様の構想を提示していた（同193頁）もので、決して目新しい主張ではなかった。
54)　メンバーは大浜の他、茅誠司（東大名誉教授・物理学）、森戸辰男（元文部大臣）、横田喜三郎（元最高裁長官・国際法）、武見太郎（日本医師会会長）、朝海浩一郎（元駐米大使）、長谷川才次（時事通信社社長）、林修三（元内閣法制局長官）、森永貞一郎（元大蔵次官）、鹿内信隆（フジテレビ社長）。

謳う報告書を 7 月に提出して解散となった。

　1967 年 2 月には、衆参両院に「沖縄問題等に関する特別委員会」が設置され、3 回次（第 55、56、57 国会）にわたって、閉会中審査も含んで 10 ヵ月におよぶ審議が行われた。ここでは経済・財政援助、基地、施政権返還、人権問題、労働問題などについて包括的な議論がなされ、「沖縄居住者等に対する失業保険に関する特別措置法」[55]と「宮古群島及び八重山群島におけるテレビジョン放送に必要な設備の譲与に関する法律」[56]が可決されている。

　8 月には、日米首脳会談を見据え、首相の諮問機関として沖縄問題等懇談会が設置された[57]。先の懇談会よりも多岐にわたる論点を取り上げ、首相も日程の 3 分の 2 以上出席したこの会合は、11 月 1 日に「中間報告」をまとめる。そこには、返還の時期について両 3 年のうちに確約を得ることや、日米両国の継続的な協議機関を設けることが盛り込まれていた。これをもって佐藤首相は 15 日、ジョンソン大統領との会談に臨む。果たして、会談後に出された日米共同声明には、首相が「両国政府がここ両三年内に双方の満足しうる返還の時期につき合意すべきであることを強調し」、首相と大統領は「両国政府が、沖縄の施政権を日本に返還するとの方針の下に、……共同かつ継続的な検討を行なうことに合意した」と記されたのである[58]。だが、実際にはまだ「復帰」に対する米国政府の態度は硬かった。在琉米軍基地がベトナム戦争の出撃拠点となっている以上、当時の駐日大使であったジョンソンの言を借りれば「沖縄返還問題の早期決着は受け入れがたいもの」[59]だったのである。そのため、1968 年中、日米両国政府間で沖縄返還をめぐる実質的交渉はほとんど行われなかっ

---

55)　琉球の失業保険法による失業保険の受給資格を得た人が、日本で給付を受けられるようにするための法律である。なお、琉球でも同趣旨の立法（日本本土居住者等に対する失業保険に関する特別措置法、1967 年立法 17）が成立し、日本の失業保険法による失業保険の受給資格を得た人が、琉球で給付を受けられるよう措置された。

56)　名称のとおり、日本政府が沖縄援助対策の一環として宮古群島及び八重山群島に設置するテレビ放送に必要な設備を、琉球政府に譲与するための法律である。

57)　メンバーは、先の沖縄問題懇談会の顔ぶれに加え、足立正（日本商工会議所会頭）、福島慎太郎（共同通信社長）、東畑精一（東大名誉教授・農業経済学）、小林与三次（読売新聞副社長）、久住忠男（軍事評論家）。

58)　この共同声明に至るまでの両政府間の水面下での交渉については、若泉敬『他策ナカリシヲ信ゼムト欲ス』文藝春秋、2009 年（新装版。旧版は 1994 年）、78-115 頁に詳しい。

59)　U・アレクシス・ジョンソン（増田弘訳）『ジョンソン米大使の日本回想』草思社、1989 年、180 頁。

た[60]。

　だが、曲がりなりにも「施政権の返還」が両国政府の合致した方針として公文化されたことで、1968年の琉球では、事態が少しずつ動き始めた。共同声明では、「施政権が日本に回復されることとなるときに起るであろう摩擦を最小限にするため、沖縄の住民とその制度の日本本土との一体化を進め、沖縄住民の経済的および社会的福祉を増進する……ために、那覇に琉球列島高等弁務官に対する諮問委員会を設置すること」も合意されており、これに基づいて3月に「琉球列島高等弁務官に対する諮問委員会」(AdCom: Advisory Committee to the High Commissioner。日米琉諮問委員会と呼ばれることも多い。以下、諮問委)が設置された。諮問委はその名称のとおり、琉球統治の最高責任者である高等弁務官に対して勧告を行ったが、その案は日米琉政府の三代表のうちの一人が提議し、他の二代表の同意の後、適宜小委員会での審査を行い、三代表の署名を得て正式のものとなった。そして、これに高等弁務官が署名を付記すると、三政府に対して具体的な措置をとることを求める公式文書となった。諮問委は、1970年5月の廃止までに47の勧告を行ったが、本章の議論に関係するものについては、以下で随時言及する。

　琉球政府の行政府も動き始めた。1月には「沖縄の住民とその制度の本土との一体化に関する資料」[61]を作成。その「公務員制度の確立」という項目で、「行政および教育水準の向上策として本土沖縄間の公務員の人事交流をはかることが肝要である」、「沖縄の公務員の処遇は本土と比較して十分でない。すなわち、……扶養手当、通勤手当等の制度がなく、また公務災害補償制度も労働基準法を準用している……。さらに共済制度も不十分」、「本土一体化を推進する上で公務員の資質の向上はとくに重要である。その対策として内部研修および技術援助による研修の強化をはかるとともに、本土同様実質的定年制を実施する必要がある」といった論点を提示した。日本政府の担当者が陰に陽に認識してきた職員の能力の劣位性が、当の琉球政府の側に内面化されて「自発的」に取り上げられ、対応すべき課題とされていることに注目しよう。

---

60) 若泉、前掲、139頁。ジョンソン、前掲、218頁にも、「三木〔外相〕と私および私のスタッフは、……1968年5月に、「共同かつ継続的な検討」のための会談を一回開いただけだった」とある。

61) 琉政文書「沖縄の住民とその制度の本土との一体化に関する資料」(R00000637B)。

2月末には、「復帰」の先例である奄美へ調査団を派遣する計画が持ち上がった[62]。計画は、「2月21日の局長会議の席上副主席から指示」を受けて作られ、「先に復帰した奄美大島の実情を調査、研究し、その結果を復帰体制づくりの総合的な施策樹立の参考資料に供する」ことが目的とされた。調査団員の7人の中には総務局公務員制度審査官が含まれており、調査事項に「公務員制度（人事交流、共済制度）」が見える。だが、この派遣は、調査先（鹿児島県庁、同大島支庁、大蔵省南九州財務局、同鹿児島財務部名瀬出張所）への根回しも済んでいながら、「諸般の事情により」中止となった[63]。その「事情」を行政府は、諮問委の活動や、近く派遣が計画されている日本政府調査団との兼ね合いを考慮した、といちおう説明する[64]が、USCARからの横槍が入った可能性も考えられる。「復帰」を意識した調査は、「一体化」の枠組みをはみ出すものとして、米国側に忌避されたのかもしれない。

 4月22日には山野特連局長が来琉し、副主席に、総理府作成の文書として「本土と沖縄の一体化施策（案）」を提示した[65]。ここには、「職員研修を充実強化するとともに本土政府、都道府県との間の人事交流を行なって行政能力の向上をはかるべき」であることや、「琉球政府は先ず、予算上の措置として国家的事務経費と府県的事務経費を……ついで、国家的機能と府県的機能を行政事務の上で分類明確化し、これを機構上も明確にすることが望ましい。……〔そして〕施政権返還の際に円滑に日本の一県となるために、府県的機能……の強化に努むべきである」ことなどが記されており、山野が抱いていたであろう、「日本の一県」、それも「行政能力」の貧弱な一県という琉球政府観が色濃く反映されていた。諮問委も、前者の人事交流については、「学術および医療関係者」にかぎってではあるが、すでに4月9日に出されていた勧告第2号を、後者の国県事務分離については、6月27日に出された勧告第5号をそれぞれ行っている。

---

62) 琉政文書「奄美大島調査団に関する書類」（R00000671B）に収録された、総務局渉外広報部決裁文書「奄美大島調査団の派遣について」（1968年2月29日起案、3月1日主席決裁）を参照。
63) 同上文書に収録された、総務局渉外広報部決裁文書「奄美大島調査団派遣の中止について」（1968年3月8日起案、同9日主席決裁）を参照。
64) 「奄美調査団派遣を延期」沖タ 68.3.11、2。
65) 琉政文書「一体化調査団来島に関する書類 1968年」（R00000576B）に収録された、総理府「本土と沖縄の一体化施策（案）」（1968年4月22日）。

表7-1 1966・67年度の琉球政府職員の日本における研修先

日本政府技術援助計画によるもの	66年度	67年度	琉球政府負担によるもの	66年度	67年度
家庭裁判所調査研修所	4	2	司法研修所	3	8
司法研修所	8	8	労働研修所	2	1
統計職員養成所	2	4	法務総合研究所	7	8
税務大学校	4	4	裁判所書記官研修所	3	11
税関研修所	2	2	アジア極東犯罪防止研修所	1	1
法務総合研究所	1	4	郵政省電波職員訓練所	1	0
中央矯正研修所	3	3	裁判所調査官研修所	0	2
九州郵政研修所	3	2	警察大学校	2	1
中央郵政研修所	1	0	その他	139	136
気象大学校	0	3			
社会保険大学校	0	6			
参議院速記者養成所	3	3			
自治大学校	12	12			
建設大学校	1	1			
警察大学校	8	8			
大蔵省会計職員研修所	3	4			
九州管区警察学校	0	2			
消防大学校	0	1			
その他	78	117			
計	133	186	計	158	168

(出典）琉政文書「一体化調査」（R00002298B）に収録された、「本土研修機関の受入状況」をもとに筆者作成。
注：「その他」は、「各種制度の運用及び各分野における技術の取得のため各機関で行われる研修」。

　ちなみに、上の文書が研修を「充実強化」と言っていることからも推測できるように、この時点ですでに、琉球政府職員の日本での研修は行われていた。日本政府援助の一環として、また、琉球政府も自費負担で職員を研修に送り出していたのである。1966・67年度の機関別人員数を示した表7-1を見ると、中央各省の幅広い研修機関に職員が送られているのがわかる。人数も1966年度より67年度の方が増えており、とりわけ日本政府援助による受入数が増加している。職員を媒介にした「一体化」は、すでに始まっていたとも言える。

　5月25日付で琉球政府人事課がまとめた「一体化調査」と題された資料群[66]中に、「日本政府と琉球政府の人事交流について」という文書があるが、

---

66) 琉政文書「一体化調査」（R00002298B）。

これは、上の総理府文書に呼応して作成されたものと思われる。文書は、「人事交流を必要とする職」を、「琉球政府が受入れたい職」と「琉球政府から受入れてもらいたい職」に分けて列挙する。「受入れたい職」については、「①琉球大学保健学部設置に伴う教授、助教授、講師等、②インターン制病院又は指導病院における指導医師及びその他医療機関に勤務する医師、③日本復帰後に国家業務として引継がれるであろう統計、主税、気象、郵政、矯正、法務、出入管理、保険、労働等の業務、④各種業務及び技術分野における実務指導者」とあり、①と②は、諮問委の勧告第2号に沿ったものであるほか、全体的に技術職・専門職やその指導者、国の業務であることが明らかな業務の従事者を日本から求めていた。一方の「受入れてもらいたい職」については、「①各種研究部門における業務、②現業部門における実務研修」とあり、こちらもやはり技術職・専門職に重点が置かれている。なお、この文書の内容は、12月に琉球政府各局が日本政府への要望事項を山野局長にそれぞれ提示した際、総務局の事項としてそのまま使われた[67]。

　総理府文書が示した国県事務分離という課題にも、琉球政府は対応している。9月21日付で、総務局長が各局長に「国家事務と府県事務、市町村事務の区分調べ」への協力を要請しているのである[68]。「行政管理資料（一体化資料）」とすることを目的に謳ったこの調査は、各局の組織ごとに、業務内容を「復帰した時点で、事務が国家事務、府県事務、市町村事務等のいづれの機関に移管されるかで分類」し、業務別の現時点での配置定数を記入するものであった。ただし、この種の調査はこの時初めて行われたわけではなく、管見のかぎり、早くは1959年4月に実施されている[69]。さらに『沖縄市町村会報』は、琉球政府の国家的事務・県の固有事務別職員数調（1960年）を掲載しており[70]、類似の調査が2年連続で実施されていたことが分かるが、紹介されている文脈

67）　琉政文書「日米琉諮問委員会に関する書類 1968年～1970年」（R00004881B）。
68）　琉政文書「復帰対策関係 雑書」（R00005378B）に収録された、総務局長発企画局長宛文書「国家事務と府県事務、市町村事務の区分調べについて」（総管第26号、1968年9月21日）を参照。
69）　琉政文書「任免 昇任 昇給 他 1959年」（R00100158B）に収録された、主席官房発文書「国家関係事務と地方関係行政事務に従事する職員数の調査について」（1959年4月7日官人親第406号）を参照。
70）　『沖縄市町村会報』106号、1961年、4頁。

から見るに、この調査は、日本政府援助を要求する（すなわち、国政事務分の人件費などの経費の支出を日本政府に求める）根拠にするためのものだったようである[71]。なお、1967年5月にも、68年9月のものとほぼ同じフォーマットで、「国家業務と府県業務の区分別定数調べ」が実施されている[72]。

時が前後するが、1968年5月27日から6月3日まで、「沖縄の教育、民生等の住民福祉の水準及び経済の現況に関する総合的な調査を行ない沖縄と本土との一体化施策の樹立に資する」ため、日本政府調査団が来琉した[73]。これは、諮問委が設置からわずか10日後の3月11日に行った勧告第1号を受けて実現したもので、「特に各省庁にお願いして、調査団員には優秀な人材を集めるように努力し」、「関係十五省庁十七人の調査団」が結成された[74]（この調査団が地公法の適用を検討する旨を含む報告書をまとめたことは第5章で述べた）。

山野局長は、この調査団のメンバーであったが、「特に、本土府県との比較という立場から沖縄の実態を正確にとらえ、かつ、復帰時点で、沖縄の国政事務をどのように吸収していくかの視点に立つことを心がけ」[75]、「ほとんど別行動をとって特命事項の調査に全精力をかたむけた」[76]。その成果として彼が執筆した「特命事項についての調査報告」[77]では、「琉球政府の自治能力強化のための措置」として、1）局長の政治職の廃止、2）副主席の複数制の採用、3）本土との人事交流の促進、4）研修の強化が挙げられており、制度・人材の両面で琉球政府を日本の一県並みにしようとする志向がうかがえる。なお、この時松岡主席は山野に、「一体化策の年次計画」の作成、「人事交流と幹部職員の養成」、「公務員退職年金較差是正のための源資［ママ］の援助」などを要望している[78]。

ちなみに、人事交流が現実化の流れに乗るまでには、それから1年以上を待

---

71) 1958年9月、立法院予算決算委員会は、「国家事務の経費については本土政府が援助」することを日本政府への要請事項の一つとして申し合わせている。「本土政府への要請決る　各派統一行動を申合わす」新報58.9.12、1。

72) 琉政文書「一般文書 1967年度 B01 4-3」（R00005016B）に収録された、総務局長発企画局長宛文書「国家業務と府県業務の区分別定数調べについて」（総管第109号、1967年5月9日）を参照。

73) 前掲琉政文書（R00000576B）に収録された、「沖縄と本土との一体化政策に関する政府調査団の派遣について（昭和43年5月　総理府）」。

74) 山野、前掲、180頁。

75) 同上、180-181頁。

76) 同上、182頁。

77) 同上、324-326頁。

たなければならない。すなわち1969年7月16日、諮問委は「沖縄における行政水準の向上と本土との一体化施策の円滑な推進のため、琉球政府の行政分野およびその他の行政機関の人事交流を推進する必要があること」、「人事交流は日米琉三政府の合意に従って実施されるものとすること」に合意し、勧告第35号「人事交流の推進」を提出した。これを受け、琉球政府は「琉球政府及び本土政府等が派遣する職員の処遇に関する立法」を制定し、1970年8月27日に施行。第3章ですでに述べたとおり、この立法に基づいて、日本政府から琉球政府へ14人、琉球政府から日本政府へ12人が派遣された。

1968年11月5日、日本政府は「日本本土と沖縄との一体化に関する基本方針について」を閣議決定し、本土と沖縄との一体化を明年度以降おおむね3年で完了するものとすると謳った。これを踏まえて総理府は、翌69年4月に「本土・沖縄一体化三ヶ年計画大綱」を作成した[79]が、ここにはさほどの新しい論点はなく、国県事務の分別による組織・財政の分割管理や、公務員制度（共済制度・市町村公務員法の制定など）の日本制度への準拠が課題として掲げられている程度である。

先に見たとおり1968年から行われていた国県事務分離の作業は、1969年になっても続いていた。8月7日付の企画局文書がその様子を示している[80]。この時に実施されていた国県事務分析は、単に琉球政府の事務を国・県・市町村の事務に三分割するのではなく、事務の性質・様態などを加味して14分類し、組織単位でそれぞれの分類にあたる定員数をはじくという、相当詳細なものであった。

また、作成時の明記がないが、1969年後半（8月から9月のうちか）に作成されたものと思われる[81]、特連が作成した国県事務分離の試案も存在する[82]。

---

78) 前掲琉政文書（R00000576B）に収録された、「主席の山野特連局長に対する要望事項」（1968年5月30日）。
79) 琉政文書「本土沖縄一体化三ケ年計画大綱 昭和44年4月 総理府」（R00000629B）。
80) 琉政文書「一般文書 1969年」（R00004996B）に収録された、企画局長発企画局内各部長・統計庁長宛文書「国県事務分析基準について」（企総第425号、1969年8月7日）。
81) 第一に、分析に利用されている1970年度一般会計予算の案が、立法院に上程され即日可決されたのが8月15日、立法96号として公布されたのが29日であること、第二に、資料内で行政府の定員が15,942人となっており、これは1969年4月1日に施行された行政機関職員定員法改正法による定員と合致し、同法を全部改正した同年10月1日の立法による定員が15,776人であることから、作成時を推測した。

こちらは、「課の所掌事務を基礎として、その事務を国、県、市町村の事務に分離」した〈事務の分離〉、「現琉球政府の組織を、その果しつつある機能が、国政と県政の何れかの機能若しくは何れの機能を併せもつものかの判断に立って一応分離」した〈組織の分離〉、「1970 年度予算（一般会計）を項（項のみでは分析結果が不十分なものは目）の段階で分析した」〈予算の分離〉、組織の分離に基づいて各組織ごとの人員を分離した〈定員の分離〉という 4 種類の分析を「客観的かつ、観念的」に行ったものである。これにより、当時の琉球政府の定員 16,502 人（立法院、裁判所を含む）を国政相当定員 6,472 人（39.2％）、県政相当定員 10,030 人（60.8％）に分離し、加えて、市町村政相当定員も 250 人ほど見込まれる可能性を示唆している。

以上をまとめると、1960 年代後半の琉日関係における人事行政をめぐる動向は、職員の研修・人事交流に関するものにほぼかぎられていた。それは、琉球と日本の「一体化」という大義の下に位置づけられていたのである。この文脈では、やがて職員の身分引継の前提作業としての意味を帯びるようになる国県機能の分離もまだ、県政機能を明確化し、それを強化することによって一体化を推進する、という意味づけを与えられるものであった。「復帰」は、将来的な課題として設定されてはいたものの、それに向けた具体的な事務作業を実施する（ことが許される）段階ではなかったのである。

2.「復帰」の時代

1969 年も後半になると、日米両政府の返還交渉が動き始め、その動向も徐々に顕在化するようになる。これに伴い、琉日両政府による検討の中身にも、変化の兆しが見え始めた。

復帰対策室文書の中に、作成者／部署不明の 1969 年 9 月 8 日付メモがある（復帰対策室の設置は 1970 年 10 月 1 日なので、同室作成のものではない)[83]が、その中、「日本政府への要望」という項目には、「琉球政府の職員の身分はすべ

---

82) 琉政文書「琉球政府の国県事務の分離について」（R00005737B）。
83) 琉政文書「復帰事務に関する書類 資料 21」（R00098639B）に収録。資料の所在（復帰対策室文書）や、作成当時の琉球政府の機構、そして文書の全体的な内容から判断すると、諮問委員会琉球政府代表事務局（1968 年 7 月 11 日設置）において作成された文書ではないかと推測される。

て一旦国が引継いだ上、更めて国、県、市町村への配置など、所遇[ママ]については国が責任をもって考えて貰いたい」と見える。また、「復帰の準備」の項には、「琉球政府及び関係機関並びに USCAR 公社などの、職員、機能、財産（債権債務を含む）の国・県・市町村などへの区分と引継ぎ準備」とある。いずれも、琉球が日本に「復帰」することを前提とした議論になっている。11月4日付の日本政府沖縄事務所「復帰準備の手順（案）」[84]でも、「施政権返還の際必要とする経過措置」として「職員の身分の引継ぎ」が検討課題として挙げられた。具体的には、国政事務／県政事務／市町村事務に従事する職員の「身分の引継に関する服務規則、格付け、給与法、恩給、退職手当、共済制度の適用」「人員削減に伴う措置（退職手当法、失業保険法の適用）」について検討する、となっている。

　そして11月22日、佐藤・ニクソン共同声明により、日米両政府は1972年中の「復帰」で合意した[85]。これをもって、事態は完全に「復帰」に向かって動き始める。「今後日本政府においては、……総理府特別地域連絡局を中心に、各省庁及び日本政府沖縄事務所が一体となり、行政機構をはじめ制度全般にわたる復帰準備に関する各種の調査作業を総合的に実施していくこととなった」と述べる、12月17日付の日本政府沖縄事務所発主席宛文書[86]が象徴的である。文書は続けて、「日本政府沖縄事務所としては、貴政府の御意見を十分に勘案してこの作業を進めたいと考えるので……さしあたり下記調査事項等関係事項につき検討を開始され、適宜緊密な連絡をはかって意見の提示を願いた」とし、「琉球政府の国県事務分離についての検討」「復帰時における本邦の法律適用に関する調」「沖縄及び本邦の政府関係機関等調」「標準的沖縄県の機構調」を調査事項に掲げている。

　1970年3月31日、日本政府は「沖縄復帰対策の基本方針」を閣議決定した。そこには、「復帰に備えて政府が行なうべき主要な準備措置」として、「沖縄県及び沖縄におかれることとなる地方支分部局等の設置並びに琉球政府等の職員

84）　同上文書に収録。
85）　ここに至る水面下での（1967年の共同宣言とは比べものにならないほど複雑でスリリングな）交渉については、若泉、前掲、第6章以降に詳しい。
86）　前掲琉政文書（R00004996B）に収録された、「行政機構等制度全般にわたる復帰準備に関する調査について」（総沖第3873号、昭和44年12月17日）。

の身分の引継ぎ準備」が掲げられている。このうち「地方支分部局等の設置」について、6月25日、企画局は各局に、「復帰」後の沖縄県に設置を要すると思われる国出先機関についての検討を求めた[87]。ここでの議論に関係するのは、人事院の出先機関であろう。

　人事院職員の回想によれば、1969年4月に人事委員会委員長が来院し、「沖縄に人事院の出先機関を設置すること及び琉球政府人事委員会職員を引き取ること」を要請した[88]という。これを受けて人事院も、1970年1月26日付の管理局文書[89]で、「人事院事務総局に直結して活動しうる「人事院沖縄事務所（仮称）」を……設置することが適当」とし、2月2日から8日まで実施された沖縄復帰対策各省庁担当官会議・行政部会の調査の折、この案を人事委員会に示したが、当然ながら「委員長は非常な賛意を表明し」た[90]。

　人事委員会は7月11日に公文書[91]で設置要請を行っており、さらにこの文書には「聞くところによりますと、まだ流動的で見とおしは必ずしも楽観的ではない[92]感をうけております。当方と致しましては是非とも人事院沖縄事務所の設置を強く望んでおります。……なお一層関係機関と御接渉〔ママ〕を賜わりますようお願い申し上げます」としたためられた、委員長個人名の人事院管理局長宛の書簡まで同封されていた。その後委員長は11月19日に上京・来院し、再度の要請を行っている[93]。果たして、人事院沖縄事務所の設置は12月29日・30日の参議院・衆議院本会議において承認され、「復帰」と同時に設置の運びと

---

87) 琉政文書「諮問委員会に関する書類 資料70」（R00098571B）に収録された、「国の出先機関調について」（企参第38号、1970年6月25日）。
88) 茨木廣「人事院沖縄事務所開設のころ」人事院編『人事行政三十年の歩み』1978年、55頁。
89) 琉政文書「復帰準備関係書」（R00155461B）に収録された、「沖縄の本土復帰に伴なう人事院の出先機関の設置について（案）」。
90) 人事院企画法制課文書「琉球政府行政機構等についての調査および琉球政府公務員法の運用の実際についての調査」の報告（資料の表紙には「総裁への供覧 小林」とある）を参照。
91) 琉政文書「復帰対策関係資料 1969年〜1970年」（R00155455B）に収録された、人事委員会委員長発人事院総裁宛文書「沖縄の本土復帰に伴う人事院の出先機関の設置について（要請）」（人委第766号、1970年7月11日）。
92) 実際、7月1日の人事院内部文書には、「先般対策庁に回答した組織（2課5係計14名）によることを第一要求とするが、事態によっては数名の駐在官制度もありうることを含みとする」と見え、日本政府内の設置交渉が必ずしも無風状態ではなかったことがうかがえる。人事院企画法制課文書「沖縄関係資料」に収録された、管理局文書「沖縄・北方対策庁からの検討依頼事項に関する人事院関係施策（案）」。
93) 茨木、前掲、同頁。

なった（2012年現在も存続）。

　さて、身分の引継という職員の利害に直接的に関係する課題が表面化してきたことで、労働組合も動き始めた。5月11日、琉球政府と官公労は「沖縄の本土復帰に伴う琉球政府職員の身分について」と題する協定を結ぶ[94]。ここでは、「琉球政府は祖国復帰に際し、また、如何なる業務の合理化に伴っても組合員たる職員は、解雇しないこと」、「琉球政府が復帰の時点までに雇用している職員をそれぞれ国若しくは県又は市町村に引継がせること」、「引継ぎの際は、……官職、給与、資格その他雇用条件に不利益を与えないように措置すること」といった大原則が確認された。

　官公労はその後7月8日に、さらに踏み込んだ要求を人事委員会に突きつけている[95]。注目すべき項目だけ挙げると、「非常勤職員は、定員内職員と差別することなく、生活を保障すること」、「配置転換は、本人の希望を最大限尊重すること」、「基本賃金は、原則として一律に返還時点における現給を保障し、そのうえに経歴を加味すること」、「給与等の切り換えにあたり、直接及び間接的損失部分が生じた場合は、その者の受ける損失額に相当する額を、完全に保障すること」、「基本賃金は、返還前に二号給引き上げること」などである。

　また、7月12日から18日まで、官公労は「身分保障の請願行動第一次派遣団」を日本に送り、総評、自治労、各国公労組との意見交換、沖縄・北方対策庁、行政管理庁、人事院、自治省に対する請願、および共産党、公明党との懇談を行った。官公労によれば、この時点で琉球政府職員の身分保障に関する「日本政府の方針は全く明らかにされずに極秘に作業」[96]がすすめられており、さらに、山中貞則総務長官は「国家事務の経験を積んだこれまでの職員は、当然身分の保障をしなければならない。しかし、新規採用者は問題がある」と、すべての職員が一律に身分保障されない可能性を匂わせていたという[97]。

　ちょうどこの頃、「極秘」の検討作業が人事院で行われていた。その中身を

---

94)　沖縄官公労運動史編集委員会編『沖縄官公労運動史』（以下本章では『官公労運動史』）1990年、249頁。
95)　前掲琉政文書（R00155455B）に収録された、官公労中央執行委員長発委員長宛文書「沖縄の施政権返還に伴なう措置要求について」（官公労発第623号、1970年7月8日）。
96)　『官公労運動史』164頁。
97)　同上、165頁。

当時の内部文書に見ることができる[98]。この文書には、電電公社の創設、奄美・小笠原の「復帰」、国家地方警察の自治体警察移行、公立学校の国立移管、市町村合併などの場合について、それぞれ身分引継の性質・方法がいかなるものであったか、条件付採用期間・給与・懲戒・分限・不服申立て・職員団体などの諸制度がどのように承継されたのかを記載したメモ（法制課、6月16日付）や、琉球政府職員の「復帰」後の懲戒について検討した文書（職員課、6月25日付）、任用関係の包括的なメモ（任用局、6月27日付）、後述の管理局文書の素案（法制課、日付不明）などが収録されているが、これらを集約したのが、7月1日付の管理局作成文書「沖縄・北方対策庁からの検討依頼事項に関する人事院関係施策（案）」である。この「案」が最終的なものとして対策庁に送られたのかどうかは不明であるが、人事院のこの時点での考えを示すものとして重要と思われるので、紹介する。

まず「基本的態度」として、「行政の継続性・安定性」や「復帰に伴う社会不安をなく」すという観点から、「復帰の際琉球政府職員である者は、原則として特段の選択をすることなく国家公務員または沖縄県の職員となるよう取りはからうことが政治上の要請であ」り、「いわば採用を義務づけられたものと考えるべきであ」るとする。この時点ですでに、全職員の身分引継が視野に入っていたことになる。

身分引継については、「復帰の際国政事務に相当する事務に従事している者で常時勤務を要するものは国家公務員になるものとする」とする一方、「臨時的任用の職員および非常勤職員は復帰時までに任期が満了するように所要の措置を講じさせるものとし、特段の政策的要請のない限り復帰に伴い身分を切替えることはしない」としている。ただし、「復帰の際在職しているものは引き継ぐことを原則とする」という別案も記されている。

給与については、「新規採用の場合と同様の方法により、等級・号俸を決定することを原則とし、給与がダウンする場合には何らかの保障措置を講ずることとする」とした。そして、等級・号俸の決定に際しては、1966年度以降の琉球政府の上級試験を日本政府の上級乙種試験として、1965年度以前の上級

---

[98] 人事院企画法制課文書「沖縄関係資料」。

試験を中級試験として、初級試験は初級試験として扱うとされた。それ以外に、より技術的な論点として、「琉球政府の上級試験による採用者で切替えにより国家公務員となった者については、……一定条件の下で初任給調整手当を支給する」こと、「復帰後の期末・勤勉手当の期間率については復帰前の在職期間を通算する」ことなどが示され、さらに、「身分切替えに伴う給与上の混乱をさけるため、人事委員会勧告とその取扱い、制度の合理化等について所要の事前措置を講ずるよう指導する」こととされている。

その他、復帰後、日本政府の採用試験に基づく採用候補者名簿ができるまでは、現地採用については、琉球政府の採用試験に基づく名簿を利用できるようにし、ここでも琉球政府の上級試験を日本政府の上級乙種試験、初級試験を初級試験として扱うものとされた。また、「懲戒処分の効力は承継されない」としている。これは、琉球政府が「米民政府の統治方針にそって、その統治の手段として……設立されたものであり、したがって形式的には、国とも県とも一体性ないし継続性はない」ため、「国との間に勤務関係が始まる以前の非行は問責でき」ず、また「国以外の法人等との間で行なわれた懲戒処分の効力は、国との勤務関係には理論的に無関係である」と考えられたためであった（だが結果的には、後述する人事院規則 1-9 の第 1 条・第 6 条により、琉球政府公務員法による懲戒の効力を、国家公務員法によるそれに承継させる措置が採られた）。

以上のような具体的検討が日本側で行われていた頃、琉球政府では「復帰対策大綱」がまとめられた（8 月 6 日）。しかし、文書の「大綱」的性質によるものでもあろうが、ここには「日琉両政府間の連絡協議により措置すべき事項」として、「公務員等の取扱い及び身分引継ぎ」、「給与、任用等の身分保障」という大まかな記述があるのみである。

一方、「復帰」にあたっての日本政府の大綱方針を示すものとして、11 月から翌 71 年 9 月にかけて、三次にわたる「沖縄復帰対策要綱」が閣議決定されている。その第一次分は 11 月 20 日に閣議決定となった。そこには、「琉球政府公務員（教育区および連合教育区の教職員を含む。）は、国家公務員、地方公務員等として身分を引き継ぐこととし、給与その他の勤務条件等については、国または地方公共団体のそれとの均衡を考慮して、適切な措置をとるものとす

る」との文言が見られる。琉球政府側は、1971年2月19日の「沖縄復帰対策要綱（第2次以降分）要請書[99]」において、「引継ぎ後において如何なる形にせよ、国側で強制的な退職の措置をとらないこと、また給与等についても従来より不利にならないような措置を講ずること、なお、年休積立分等についても買上げ、又はそれに準ずる措置を講ずること」を要望している。最後にある年次休暇の買上げの件については、後述するように、日本政府との調整が「復帰」直前までこじれることになる。

　第二次分（3月23日閣議決定）には公務員制度に関する内容はなく、第三次分（9月3日閣議決定）では、公務員等共済組合の引継に関し、「受給資格および給付の基礎として算定される組合員であった期間ならびに復帰時に受給中の者の取扱い等については、本土の……被保険者との均衡を考慮し、合理的な措置を講ずる」旨の言及が見られる。また、「琉球政府職員の復帰後の恩給については、本土公務員の恩給との均衡を考慮して、合理的な措置を講ずる」ともある。

　恩給・退職手当については、時間が遡るが、1970年12月10日付で、日本政府から調査の依頼が行われている[100]。この調査では、「現に琉球政府公務員として在職する者……のうち、昭和27年3月31日以前の琉球諸島民政府[101]職員期間……を有する者」の年令別、勤続年数別人員や、「1967年7月1日から1970年6月30日までの3年間に琉球政府公務員を退職した者」の「年度別、年令別、退職理由別人員および平均退職手当額」「年度別、勤続年数別、退職理由別人員および平均退職手当額」などの記入が要求されており、「復帰」後に琉球政府公務員の身分が国や県に引継がれた場合に、退職手当の負担額がどれほどのものになるのかを試算しようとしていた様子がうかがえる。

---

99) 要綱の第一次分は、琉球政府からの公式の要請なしに作成されたが、第二次分以降では、複数回にわたる琉球政府からの要請を受けて、日本政府が要綱を決定する、という流れになった。しかし、ここで紹介した公務員の引継に関する事項については、第一次分に対するいわば後出しの要請となっている。

100) 琉政文書「琉球政府公務員の服務及び退職手当に関する調査関係 1971年 雑書」（R00006635B）に収録された、沖縄・北方対策庁沖縄事務局長発主席宛文書「琉球政府公務員の服務及び退職手当に関する調査について」（沖局第3098号、昭和45年12月10日）。

101) 「元南西諸島官公署職員等の身分、恩給等の特別措置に関する法律」（昭28法156）の第3条3号に使われる言葉で、同法施行令第2条によれば、沖縄諮詢会・各群島の民政府および政庁・各群島政府・琉球臨時中央政府などを含む。

以上、1969年後半より、議論の前提がそれまでの「一体化」から「復帰」に変わり、それに伴って検討される内容が具体的なものに変化していく様子を見てきた。これ以降、「復帰」に伴う公務員制度関連の主な課題は、給与切替と身分引継の二つとなる。そこで以下、節をあらため、それらについて詳しく論じていくこととしたい。だがその前に、一つだけ言及しておきたい事項がある。職階制の「復帰」後の存廃についての検討である。

　1970年8月末の段階で人事委員会は、「沖縄においては、本土に先がけて職階制を実施してきたのであるが、職階制は近代人事行政の基盤をなすものであるので、復帰後も当委員会としては継続実施する予定である」との意向を示していた[102]。1971年1月23日にも、「復帰」後に必要となる条例・規則・規程に関する復帰対策室からの照会に応えて、「職員の職階制に関する条例」他、関係規則・規程を挙げ[103]、7月の立法院のために用意した想定問答では、現行の職種・職級が「そのまま存続するとは思われない」が、「実施に当って必要な関係法令（条例、規則、細則）等の整備について検討中であります」としている[104]。

　だが、当の人事委員会が認識していたように、行政府では職階制について「批判的な態度が高まっておる」[105]状況であった。そのため、人事委員会委員長が参加しない局長会議では、その廃止が語られ、既定路線となっていった。1971年5月6日の会議録[106]によれば、（人事課を擁する）総務局長が「復帰の際に円滑な移行をするためには、職階制を廃止しなければならない」、「具体的には、復帰3ヵ月前の時点で廃止したいと考えている」と述べ、人事課長も「職階制廃止を前提として作業をすすめている」と発言している。副主席も、

---

102) 琉政文書「復帰対策関係資料 1971年～1972年」（R00155454B）に収録された、人事委員会委員長発総務局長宛文書「沖縄県庁機構（青写真）について」（人委第918号、1970年8月29日）。
103) 同上文書に収録された、人事委員会委員長発復帰対策室長宛文書「県条例案等の調査について」（人委第54号、1971年1月23日）。
104) 琉政文書「調査要項・依頼書及び議会対策資料 1971年」（R00155932B）に収録された、「1971年7月議会資料（人事委員会給与課）」を参照。
105) 琉政文書「職階制の県移行に関する関係資料」（R00155892B）の冒頭に置かれた、「復帰」後の職階制のあり方について検討していた人事委員会職員が執筆したと思われる文章より引用。なお、この文書の作成時期は明記されていないが、沖縄県公文書館はこれを1971年のものと整理している。
106) 琉政文書「局長会議録 1971年 1」（R00098597B）。

「人事委員会との協議、多数の立法改正等準備期間を要するが」、「職階制の廃止については、基本的に賛成である」と述べ、それ以外の局長からは特に発言がない。この段階ですでに、方向性は決まっていたと言えるだろう。9月21日の会議録[107]にも、労働局長の「現在の職階制がなくなるので」という発言が見られる。

　一方の人事委員会は、1972年1月13日の官公労との団体交渉において、「職階制は存続するつもりか」という問いに対して、「公式に検討したことはない」と返答している[108]。明らかにシラを切っているが、ともかくこの時点ではすでに、職階制の存続はあり得ないものになっていたと考えてよいだろう。かくして、沖縄県では職階制に関する条例が作られることはなく、「復帰」に伴い職階制は消滅することとなったのである。

第3節　公務員が「復帰」するということ——給与切替と身分引継

1. 基本方針と法的枠組

　本節では、琉球政府公務員の「復帰」をめぐって大きな課題となった身分引継と給与切替について、その実態を見ていくこととしたい。それに先立ち、まず、1971年8月26日に琉球政府と官公労の間で結ばれた、「沖縄の本土復帰に伴う琉球政府公務員の身分の取扱いについて」[109]という協定（以下、8月協定）の内容を、詳しく見ておこう。これが、9月には「復帰に伴う琉球政府公務員の身分引継ぎに関する要請書」としてそのまま日本政府に示されるなど、その後の琉球政府のスタンスを決定づけるものになっているためである。

　協定は四つの節に分かれている。第1節「身分引継ぎについて」では、引継の方法について、「琉球政府の行政事務を国政相当事務、県政相当事務または市町村政相当事務に区分し、組織単位に行なうことを原則」とし、ただし、「国政事務と県政事務または市町村政事務が混在し、明確に区分できない機関に常勤職員として在職する者については、事務の国、県または市町村への移管

---

107) 琉政文書「局長会議録 1971年2」（R00098598B）。
108) 琉政文書「官公労との団体交渉記録 1972年1月 給与勧告及び復帰関連」（R00156282B）。
109) 『官公労運動史』249-252頁。

の状況、事務の執行体制等を勘案し、国、県または市町村にそれぞれ身分を引継ぐ」と定める。引継先の決定にあたっては「可能な限り職員の希望を尊重」し、「復帰の際本土にある国の機関に勤務することを希望する職員については、可納な限りその便宜をはかる措置を講ずること」とするが、基本的には、「沖縄に設置される国の機関に身分を引つぐ」。また、引継にあたって「如何なる理由があっても行政整理を行なわ」ず、引継完了後に「臨時待命制度を採用しない」という念押しがされている。後者については、前述した奄美の前例を踏まえてのものだろう。そして最後に、「復帰の際非常勤として勤務する職員については、常勤職員に準ずる措置を講ずる」としている。〔ママ〕

　第2節は「任用について」である。ここでは主に、琉球政府の試験によって任用された職員を日本政府の試験によって任用されたものとみなすこと、選考任用された職員を日本政府の試験によって任用されたものとみなすこと、国に身分が引継がれる休職中の職員を国の相当法令の規定により休職されたものとみなすこと、職員の任用に必要な資格・免許で琉球政府が与えたものについて国の相当法令に基づき与えられたものとみなすことなど、任用における「みなし」について定めている。また、「沖縄に設置される国の出先機関等の職務の等級の決定および等級別定数については、職員の身分の引継ぎが円滑に行なわれるよう、弾力的な運用を図る」ことや、「身分引継ぎ前に、琉球政府人事委員会が実施した正規の試験……の結果作成された任用候補者名簿は、国の相当する任用候補者名簿とみなし、当該名簿から国の機関への任用が可能となる措置を講ずること」なども盛り込まれている。

　第3節の「給与切替えについて」では、基本給と手当に分けて取り決めがなされている。前者については、「行政分離前の国又は県および行政分離後の琉球政府（その前身機関も含む。）に採用された時点を国に採用されたものとみなして初任給、昇格、昇給等の基準〔人事院規則9-8〕に基づき再計算する」とし、再計算の「結果得られた俸給の月額（以下「査定給」という。）と復帰の日の前日において琉球政府から支給を受けていた給料の月額（以下「現給」という。）とに差額が生じた場合」、「査定給が現給に達しない場合は、その現給を俸給として保障」し、「現給が査定給に達しないこととなる場合は査定給をもって俸給とする」こととした。そして、再計算にあたっては、「琉球政府人

事委員会が従前実施してきた公務員採用試験は、国の上級または初級試験に位置づけ」、琉球政府の行政職関係給料表（一）による給与等級を、日本政府の行政職俸給表（一）による給与等級に、2案（琉球政府の1〜5等級に対し、A案：日本政府の2・3・4・6・7等級、B案：同3・4・5・7・8等級）のいずれかによって対応付けることとされている。

手当については、特地勤務手当の適用地域の拡大、「暴風時勤務手当」と「ハブ危険手当」の導入、「沖縄の物価事情等を考慮し」た調整手当の適用を求めている。また、退職手当制度は、「基本的には、国の制度を適用」し、在職期間の計算にあたっては、「行政分離前の国又は県及び行政分離後の琉球政府（前身機関を含む。）の勤続期間を通算できる措置を講ずる」。また、退職に関して、「復帰の前日までに琉球政府の法令の要件を具備する者は復帰の前日までに全員退職を勧しょうすることとし、その財源は国で配慮する」と決められた。

最後に第4節「その他の勤務条件について」には、先に言及した1971年2月19日の日本政府宛要請書にも見られた、「積立年次休暇は全積立日数を買上げることとし、買上げに係る財源は、国で配慮する」という項目が置かれている。

続いて、身分引継と給与切替を法的に規定することになった「沖縄の復帰に伴う特別措置に関する法律」（昭46法129）の条文を確認しておこう。同法は、沖縄県や県内市町村の法的地位の確認、裁判の効力の承継、琉球政府の権利義務の承継、法人の権利義務の承継、通貨の交換、各省が所管する法令の適用に関する特別措置について包括的に定めた法律で、1971年12月29日に参議院、30日に衆議院を通過し、31日に公布された。

身分引継に関する規定は以下のとおりである。

第32条　この法律の施行の際琉球政府の一般職に属する常勤の職員又は特別職のうち政令で定めるものに属する職員として在職する者は、政令で定めるところにより、国、沖縄県、沖縄県の区域内の市町村又は政令で定める公共的団体の職員となる[110]。

これを受けて 1972 年 5 月 1 日に制定された「沖縄の復帰に伴う琉球政府の権利義務の承継等に関する政令」（昭 47 政 149）は、第 5 条 2 項および 3 項で以下のように定める。

> 2　法の施行の際琉球政府の一般職に属する常勤の職員又は前項に規定する特別職に属する職員として在職する者（以下「元琉球政府職員」という。）は、その従事している事務の種類その他の事情を参酌して、あらかじめ、内閣総理大臣又は沖縄の市町村の長が琉球政府行政主席と協議して定めるところにより、国若しくは同項に規定する公共的団体又は沖縄県の区域内の市町村の職員（以下「国等の職員」という。）となるものとする。
> 3　元琉球政府職員のうち前項の規定により国等の職員となる者以外の者は、沖縄県の職員となるものとする。

給与については、以下の規定により、国家公務員となる職員・地方公務員となる職員双方の「復帰」後の給与減少額を補塡するための手当の支給を可能にした。

> 第 55 条　琉球政府の職員のうち、第三十二条の規定により国家公務員となり、一般職の職員の給与に関する法律……の規定の適用を受けることとなる職員で、琉球政府において受けていた給料月額等を考慮して人事院が必要と認めるものについては、当分の間、人事院規則で定めるところにより、特別の手当を支給するものとする。
> 第 151 条　沖縄県及び沖縄県の区域内の市町村は、地方自治法第二百四条第二項……に規定する手当のほか、この法律の規定により当該地方公共団体の職員となる者の受けるべき給料の額が当該地方公共団体の職員となる際その者の受けていた従前の給料の額に達しないこととなる場合

---

110)　沖縄の復帰に伴う琉球政府の権利義務の承継等に関する政令（昭 47 政 149）第 5 条によれば、「特別職」は裁判官と執達吏、「公共的団体」は沖縄振興開発金融公庫と雇用促進事業団である。

……においては、当分の間、……条例で定めるところにより、特別の手当を支給することができる。

「復帰」時における給与額の設定については、1972年5月15日施行の人事院規則1-9（沖縄の復帰に伴う国家公務員法等の適用の特別措置等）の第17条が、「職員が琉球政府……の職員となった日に給与法の適用を受ける職員となり、引き続き在職したものとみなして規則九-八……の規定を適用した場合に得られる俸給月額を基準として、人事院が定めるところに従い、決定する」と定めている。施行時を考えれば、この規定は、後述する給与切替のための諸作業の結果に、「復帰」時点で法的正当性を与えるものにすぎなかった。

2. 給与切替

「復帰」に伴う給与切替について見ていく前に、まず、広い意味での職員に対する給与に関わる問題として浮上していた、年次休暇の買上げ問題について記しておこう。「年次休暇の買上げ」は、1957年7月の一般職給与法改正法（立法33）によって導入された、「強制、非強制の如何にかかわらず職員が退職した場合において、その者の積立年次休暇に対しては、その休暇に相当する金額を支給」（第26条の2）するという、日本法には見られない制度である[111]。

「復帰」に際して、すべての職員の年次休暇を買上げるか否かをめぐっては、比較的早い段階から琉日政府間のやりとりが行われていた。1970年10月の国会審議において山中総務長官が、「一括全部買い上げて処理してくれという要求に対して、いや復帰の年におやめになる人は既得権として考えなければならないけれども、身分が継続する人は、それを引き継いで全部そこで清算するのはあまりにも金額も大きいし、理論的にもむずかしいというような議論等が詰

---

[111] 年次休暇は、琉公法第66条の規定により、1年につき20日与えられ、80日を限度に積み立てることができた。これは、日本法よりも圧倒的に有利なものであった。すなわち、戦後長らく「国家公務員法の規定が適用せられるまでの官吏の任免等に関する法律」（昭22法121）により戦前期の法令を根拠としていた日本の国家公務員の休暇制度では、年次休暇の日数は琉球と同じ1年ごと20日だが、1968年まで翌年への繰り越しは一切できなかった（同年の人事院規則15-6の改正により、10日を上限に繰り越すことができるようになった）。その後、1985年の一般職給与法改正によって休暇制度は法定され、1994年には「一般職の職員の勤務時間、休暇等に関する法律」（法33）の制定に伴い、繰越の上限が20日に引き上げられた（人事院規則15-14）。

まりませんで、……琉球政府の最終的な御要望に沿い得なかった」[112]と発言している。この時の交渉について屋良主席は、「どのように頑張っても、何日間話し合っても駄目だといって相手にされなかった」[113]と述べている。

日本政府の姿勢は、その後も一貫して変わらなかった。「かつて琉球政府の職員であったというだけで、同じ国家公務員の中でその人だけに特別な権利としての給付が行なわれるということはきわめて困難」[114]と考えられたのである。1971年9月の身分引継に関する要請時に、日本政府から代替策として提示されたのは、「復帰」後の「一定期間〔有給休暇の〕権利行使ができるような措置を講ずること」[115]であった。

琉球政府は板挟みの状態であった。8月協定にも「買上げ」が謳われているごとく、官公労から突き上げられていたのである。12月の対日本政府折衝では、総務局長が「政府公務員の年休は、1人あたり平均58日ある。買上げができなければ、行使させねばならない。そうなれば、行政麻ひを来たし、行政府としてはこれを避けたい。……本件については、官公労……〔が〕軍労組とも組んで問題が大きくなるおそれがある」と説明したが、それでも「山中長官は、政令にゆだねて復帰後に行使させることにしかならない」と言い、「人事院、自治省、行管庁にも行って問題をなげた」が「いずれの局長たちも、本件は事務段階を越えている。政治折衝を待つほかはない」と逃げの一手であった[116]。これに対し官公労は、買上げが「できないとした場合、一斉年休指令を出す」と揺さぶりをかけながら「人事院で考えている……〔昭和〕51年12月31日までの間に行使させる措置」を断固拒否しており、局長会議では「琉政の責任で、休暇全部というのではなく、10日間分、もしくは10％というふうに買い上げる方法はどうか」といった妥協策も模索されていた[117]。

112) 第63国会参議院沖縄及び北方問題に関する特別委員会（1970年10月21日、会議録閉5号）における発言。
113) 1971年8月20日の局長会議における発言。会議録は前掲琉政文書（R00098598B）に収録。
114) 第68国会衆議院沖縄及び北方問題に関する特別委員会（1972年3月17日、会議録5号）における山中総務長官の発言。
115) 1971年9月21日の局長会議における人事課長の発言。会議録は前掲琉政文書（R00098598B）に収録。
116) 1971年12月20日の局長会議における総務局長の発言。会議録は琉政文書「局長会議録1972年」（R00098595B）に収録。
117) 1972年1月22日の局長会議における総務局長の発言。会議録は同上文書に収録。

折衝は1972年3月末まで続いたが、日本政府は最後まで折れることはなく、最終的には、(山中が述べていた「政令」によってではなく) 人事院規則1-9の第13条で、積み立てていた日数に相当する日数の年次休暇を「復帰」後10年までの間に取得できるとされた (なお、県庁に引継がれた職員についても、「沖縄県職員の勤務時間、休日及び休暇に関する条例」〈昭47例43〉の附則第3項によって同等の措置がなされた)。当初日本政府が提示していた取得期限は5年であったから、その点だけが、琉球政府側が得た「戦果」であった。
　それでは、「復帰」時の職員の給与額をいかに設定するのかという、いわば「本体」の問題に入ろう。まず、1971年3月20日に人事委員会と官公労が行った団体交渉の記録[118]に見られる、以下のようなやり取りの紹介から始めたい。

　　労：給与の均衡から前に再計算方式はさけられないと云ったと思うがそのような考で作業を進めているのか。
　　委：最初からそのような方法で進めるのでなく、いくつかの方法を準備しておかねばならない。向うの一方的なペースにならないためにもいくつかの方法を準備するのは必要である。
　　　　　　　　　　(中略)
　　労：復帰対策要綱には具体的な方法は、~~はっきり~~〔原文に取り消し線あり〕明確にされてなく、……再計算は動かし難いと云うのは解せない。先程から話をきいていると人事委員会はまだ具体的な方針を決めてないような気がする。早く方針を決めるべきである。
　　委：準備は進めている。
　　労：方法はいくつもあると思うが現給を保障する方法一つに方針を決めこれを推進すべきである。
　　委：そういうことは政治的な接渉〔ママ〕であり、復帰対策室や行政府が主体となって行うべきである。我々委員会も側面から協力する。
　　労：三者一体となって処理すべき問題であると思う。当然こちらとしては

---

118) 琉政文書「官公労との団体交渉記録 1970〜1971年」(R00156281B)。

要求すべき事であり、向うが我々の要求を受けるか受けないか気にしては有利に作業を進めることはできない。日本政府が方針を決めない前にこちらの要求はすべきである。

ここからは、再計算方式の採用が委員会側の選択肢に含まれていること、労組側はそれに対して（再計算をしない）現給保障方式を主張している[119]ことが読み取れる（だがその後、再計算実施が両者間の合意となったことは、8月協定を見ても分かる）。また、委員会側も労組側も「向うの一方的なペース」になってしまうことを警戒している様子が見て取れる。

これに対し日本政府側は、作業の主導権を握ろうとしていた（というより、握るのが当然と考えていただろう）。5月26日に人事院管理局長が人事委員会を訪問した際、口頭で「琉球政府は、日本政府の給与査定の基準に反映させるに必要な諸要求事項を早急に作成する必要がある」[120]と述べており、日本政府がなんらかの「査定」を行って「復帰」後の給与を決定することが自明とされ、それに対し琉球側の意見も聞いてあげよう、という姿勢であることがうかがえる。また人事院は6月、人事委員会に対し、「給与の切替を中心とした業務の処理連絡等を担務させる専門職員（琉球政府における参事官級）を人事委員会に常駐させるよう派遣する必要がある」旨の申し入れも行っていた[121]。

では日本政府は、切替作業にどのような方針で臨もうとしていたのだろうか。6月ごろの人事院内における検討の様子を、内部文書[122]に見ることができる。まず、「沖縄復帰に伴う給与上の問題点について（案）」と題された、6月16日付の給与局文書がある。文書は、「琉球政府としては復帰時および復帰後の取扱いについて従来より不利にならないようにという要望を前前から行なって

---

[119] 沖縄官公労『復帰に伴う給与の移行（国家公務員）に関する問題点』1971年3月、16頁には、「給与の切替にあたっては、再計算やいわゆるころがし方式によることなく、復帰時点での給料月額を最低限保障するように、その者の給料月額の直近上位の号俸に決定すること」とある。

[120] 前掲琉政文書（R00155461B）に収録された、「1971年5月26日人事院管理局長が人事委員会を訪問した際の口頭による説明要旨」。

[121] 前掲琉政文書（R00155454B）に収録された、人事委員会委員長発主席宛文書「人事交流による職員の受け入れ方について」（人委第733号、1971年6月25日）。

[122] 人事院企画法制課文書「沖縄復帰関係」（資料の表紙には「S46」とある）。以下の人事院文書は、すべてこの文書群に収録されたものである。

来ているが、その具体的要望事項についてはいまのところ意見を表明していない」と述べ、「要検討事項」として「本土給与法を適用すると現給を下廻ることになる者が大半と考えられるが、どのような保障措置を講ずるか（保障する給与の範囲、保障の方式、保障額の逓減方法等について）」、「職務の等級および号俸の決定についてはどのような基準で行なうか」といった項目を掲げ、とりわけ「現給保障措置の問題は復帰に伴う特別措置法案との関係から早急にその取扱方針を決定しておく必要がある」としている。

その要検討事項に対応する形で、給与局は同じ6月16日付の「差額保障措置についての検討事項とその問題点」という文書も作成している。ここでは、「沖縄官公庁労働組合がいっている「現給保障」の意味は、現給をそのまま横すべりさせて切替えることであるが、……そのようなかたちでの切替えを行なうことは現行給与法の建前なり、国家公務員部内の均衡からいって適当な措置とは考えられない」として、現給保障案を一蹴している。その上で、しかし「戦後20数年間やむを得ず米軍の管理下におかれていたという特殊事情を考慮すれば、給与法においても特別の優遇措置を講じてしかるべきであるという意見もそれなりに理解されるところであ」り、「したがって、……復帰に伴い現給を下まわることとなる場合のその差額について、あくまでも暫定的に一定期間保障する措置にとどめることとする反面、本土復帰の円滑化を図るため、その保障方法等については、類似の場合の前例よりもある程度寛大な措置を講ずる必要があるものと考えられる」と、差額保障の必要性に言及するのである。

差額保障は、本俸・調整額と、時間外手当・期末手当を除く手当について行い、差額を計算する際の現給については「復帰直前の月の給与額とする」のがそれぞれ適当とされた。保障額は逓減させていくことが前提とされており、その方法として、「①昇給、昇格による増額分に見合う額とする。②給与改訂等による増額分に見合う額とする。③昇給、昇格、給与改訂等の理由をとわず給与が増加した場合には、その額に見合う額とする」という三つの案を挙げ、「少なくとも本俸保障分については、①によることが適当」とした（後述するように、実際には定率／定額での逓減を基本とし、一部、昇給による増額分相当の逓減、という方法が採られた）。

この文書では、「復帰」後の給与額について、「本土の給与法の適用」によっ

て決定するとしか述べられていないが、7月22日の給与局文書「沖縄復帰に伴う給与関係の取扱いについて（案）」では、「俸給の切替えについてはいわゆる再計算方式により決定する」と明言している。すなわち、琉球政府（およびその前身機関）に採用された時点から日本の給与法の適用を受けていたとするならば「復帰」時点における俸給月額がいくらになるかを、個々の職員ごとに計算する。そして、これによって算出された額と、職員が復帰時点で（琉球政府の給与法の適用によって）受けていた給与額＝現給の差額が、保障されるべき対象となったわけである。

再計算という方法については、先に見たとおり、琉球政府・官公労の8月協定にも盛り込まれており、人事院を加えた三者の意見は一致していたように思われる。しかし、再計算の先にある措置については、食い違いがあった。すなわち、人事院は、再計算で得られた給与が現給に届かない場合、その差額を手当のようなもので保障しようと考えていたのに対し、琉球政府・官公労は、協定にあったように、再計算で得られた給与額と現給の高い方の額を本俸として保障せよと主張していたのである。この点、琉球政府は9月の対日要請時に「基本給を本土の制度で号俸保障すること」を求めたが、「同年度同資格で採用された国家公務員と〔元〕琉球政府公務員との間に差異がある……ことは好ましくない」という理由で不可能だと返答されている[123]。なお、再計算を行うことについて、琉球政府には上記の意図以外に、国に引継がれる職員と県に引継がれる職員の給与額に差が生じないよう、同じ基準ですべての職員の新しい給与決定の基礎となる額を算出しておきたいという思惑もあった[124]。

さて、人事院文書中の作業日程案では、8月の給与勧告提出後に沖縄・北方対策庁へ「説明・打合せ」を行い、9月から本格的に作業を開始することとな

---

123) 1971年9月21日の局長会議における人事課長の発言。会議録は前掲琉政文書（R00098598B）に収録。
124) たとえば、1971年9月21日の局長会議には、次のようなやり取りが見られる。会議録は同上文書に収録。
　　復帰対策室長＝国と県の処遇に違いが出れば、職員は有利なところに移行したいとの意向になると思う。
　　行管課長＝国と県の処遇を同一にして、スタートの時点で同じ条件にする必要がある。
　　民事部長＝全員を対象にして仮計算するということは、その配慮もあってのことか。
　　人事課長＝その通りである。

っている。仮計算については、9月中に基準の作成、10月に琉球へ出張して仮計算のための打合せ・研修、11月から12月いっぱいにかけて実際の作業を実施し、翌72年の正月明けから1月中旬まで調整を行う。そして、調整が終了した直後から個々の職員の（日本の給与法による給与等級への）具体的な格付を開始し、途中から並行して格付の調整を行い、3月初頭には作業を終了して発令の準備にとりかかる、というスケジュールになっていた。

琉球政府では、9月21日の局長会議で仮計算作業の実施計画案が承認された[125]。これを受けて総務局は、25日付で各局に対して仮計算作業にあたる職員の派遣要請をしており[126]、総務局人事課からの10名、人事委員会からの5名を筆頭に、各局庁から合計46名の専従スタッフを集めることとなっていた。これらの職員に、10月上旬から20日間ほどにわたって、人事院による研修が行われたようである[127]。これに合わせて人事院は、「琉球政府職員の給与仮計算の基準および要領」[128]という、213ページにおよぶ詳細な手引書を作成していた。

かくして、仮計算の作業が始まった。作業は上記の琉球政府職員が担当したが、その内実は、「当時の給与第二課の藤野制度班長と、給与局調査官の私〔清水秀雄〕とが交替で現地に出張し、直接その指導と調整に当たるという、いわば人事院主導の作業」[129]であった。作業は、手引書のボリュームからも推察されるように、細かく技術的なものとなった。さらに、計算作業のみならず、その前提となる情報の収集が難関だったようである。その苦労を、（人事院側の）当事者は次のように述べている[130]。

　　作業を始めるにあたり問題となったのは、職員の前歴の調査・確認であ

---

125) 同上文書に収録された会議録を参照。
126) 琉政文書「一般文書 1971年」（R00004998B）に収録された、総務局長発企画局長宛文書「給与の仮計算に伴う職員の派遣について（要請）」（総人第634号、1971年9月25日）。
127) 1971年9月21日の局長会議における人事課長の発言による。会議録は前掲琉政文書（R00098598B）に収録。
128) 人事院職員福祉局文書として保存されている。また、沖縄県公文書館が所蔵する川上朝健資料（0000065176）の中にも、同じ文書が含まれている。
129) 清水秀雄「沖縄の復帰に伴う準備作業——給与の仮計算作業のことなど」人事院編『人事行政五十年の歩み』1998年、338頁。
130) 福島登「沖縄の復帰——給与仮計算調書の開示」同上、339-340頁。

った。琉球政府においては、職階制のもと、職員の初任給は、職員の前歴は全く考慮されることなく、採用される職種・職級に基づき決定されることとなっていたため、人事記録等には前歴の記載がなく、従って、……〔その〕洗い出しから始めなければならなかった。前歴のあった職員については、前歴証明を付して申請させることとしたが、前歴として申請されてきたのは、中小企業における経歴が多く、また、当該企業は倒産し、所在が不明など、その確認作業に相当の時間を要することとなった。

作業は当初の予定より遅れて 1972 年 1 月末に終了し、2 月 12 日付で報告書[131]も作成されている。その報告書によって、仮計算の結果を簡単に示しておこう。

仮計算の対象となった職員数は、履歴書の未整備等の関係もあり、一般職（給与法適用職員）14,646 人、医師等 92 人、琉大教員 303 人であった。医師・琉大教員は、例外なく全員について、仮計算による給与額が現給を下回った（つまり「復帰」後、給与が下がる）。一般職では、仮計算額が現給を上回った（つまり「復帰」後、給与が上がる）職員が 5,191 人で全体の 35.4%、下回った職員が 9,455 人で 64.6% となった。

仮計算の基準では、琉球政府の給料表の等級の数が、日本政府の俸給表のそれよりも少ない（たとえば琉球政府の行政職（一）は 5 等級であるのに対し、日本政府のそれは 8 等級である）ために、前者の一つの等級に、後者の複数の等級が対応づけられている場合があり（たとえば琉球政府の行政職（一）の 5 等級は、日本政府のそれの 7・8 等級相当とされた）、それにしたがって、下位等級をとる「仮計算①」と、一定の条件のもとに上位等級をとる「仮計算②」という 2 種類の計算が行われた（当然、②の方が仮計算額は高くなる）。上の一般職の数字は仮計算①によるものだが、仮計算②によると、現給を上回る職員は 8 ポイント増えて 43.4% となった。

官公労は、仮計算調書を入手して 2 月 6 日から 11 日の間に 7,848 人分の計算を総点検し、その結果を公表している[132]。そこでは、調書の記載漏れや計

---

131) 琉政文書「一般文書」(R00004975B) に収録。
132) 「給与仮計算の分析・批判」『沖縄官公労』99 号、1972 年 2 月 21 日。

算の誤りなどが（それほど多くはなかったものの）指摘されるとともに、職員をA＝仮計算①でも現給を上回る者、B＝仮計算①では現給を下回るが②ならば上回る者、C＝仮計算②でも現給を下回る者の3グループに分け、Aが37.4％、Bが13.4％、Cが49.2％と弾き出している。また、10,000円以上の減額になる者は11.2％、逆に10,000円以上の増額になる者も5.3％いたという。

　その後官公労は、14日から18日まで人事院と交渉を行って、仮計算額を上昇させるように計算方法を調整することで合意し、その後も3月、4月に交渉を持った[133]。具体的には、「勤務年数や給与較差を考慮して3号給の範囲内で」上乗せが行われた[134]。それらの成果としての、ほぼ最終的なものであろう（しかし残念ながらおおまかな）数字は、5月9日の国会審議における人事院給与局長の答弁[135]に見ることができる。それによれば、当初、仮計算額が現給を上回る者と下回る者の比率が約半分ずつだったのを、「昇給時期の調整を加えまして、上がる者を八割、下がる者が二割という状態にいたした」。その後、4月末に8.6％のベースアップを伴う給与改定が行われた（後述）ため、現給が上昇し、その結果として仮計算額が現給を下回るようになった者が「約七割」にのぼったという。これらの「下回る」職員に対して実際に差額保障が行われたわけだが、その制度については後述する。

　ところで、局長会議では、職場内の混乱を招くとして、個々の職員に対する仮計算の個表の公開は行わないと決めていた[136]。しかし、官公労から個人別の仮計算調書の開示を強く求められ、数回にわたる交渉の結果、「確認は前歴に限定する」、「前歴について異存がある場合は、期限内に申し出ること」等を条件にして開示することとなった[137]。また、確認後の職員からの苦情・意見等については、受付窓口を設けて対応することになった。閲覧は、4月10日付の総務局長文書[138]で実施が伝えられ、各局がそれぞれ対応したようである。苦情を申し立てた職員は551人にのぼったという[139]。

---

133) 『官公労運動史』195-196頁や、沖縄官公労運動史編集委員会編『沖縄官公労運動裏面史（下）』1990年、121頁。
134) 沖縄県人事委員会編『人事委員会史──復帰10年のあゆみ』1982年、8頁。
135) 第68国会参議院内閣委員会（1972年5月9日、会議録9号）における尾崎朝夷政府委員の発言。
136) 1972年2月17日の局長会議。会議録は前掲琉政文書（R00098595B）に収録。
137) 福島、前掲、340頁。

差額保障は、その具体的方法（後述する逓減の方法や給与改定分の取扱いについて）に関する人事院の案に直前まで大蔵省が抵抗した[140]が、5月8日に政治決着[141]し、「復帰」の日に人事院規則9-59「沖縄の復帰に伴う特別措置に関する法律の規定による特別の手当等」が施行された。制度は、基本的には、仮計算を基に最終的に決定された「復帰」時点における俸給月額と、同時点において琉球政府から受けていた給料月額の差額を、手当として支給するものである。ただ、琉球政府の一般職給与法を適用される職員については、同法が復帰直前に給料表の増額改定を含む改正（1972年立法4、4月28日公布・施行、71年12月1日に遡及して適用）を受けたため、①改定前の給料表による給料月額と、「復帰」後の俸給月額の差額分にあたる「差額基本手当」と、②改定後の給料表による給料月額と、「復帰」後の俸給月額に差額基本手当の額を足した額との差額分にあたる「差額加算手当」という二本立ての、やや込み入ったしくみとなった[142]。

　両手当とも、人事院が検討していたように、年数の経過とともに支給額を逓減させるしくみとなっていたが、その方法は異なっている。すなわち、基本手

---

138) 琉政文書「官紀及び服務に関する書類 1972年05月」（R00003627B）に収録された、総務局長発文書「給与仮計算調書の閲覧について」（総人第284号）。
139) 『官公労運動史』196頁。
140) 同上。
141) 第68国会参議院内閣委員会（1972年5月9日、会議録9号）において、山中総務長官が以下のように発言している。「差額手当を五年間でなしくずしにしていくそのくずし方について、……これは人事院と大蔵省と話し合い……でございましたけれども、これもきのう昼過ぎに、大蔵省と私のほうとで話がつきまして、……解決をした」（下線筆者）。
142) 理解を容易にするため、モデルケースを示そう（金額はまったく仮定のものである。また、A・Bは本来ならドル建てであるが、簡略化のため、すでに円に換算したものとして示している）。
　　○ケース1
　　　　改定前琉球給与法による給料月額（A）　　300,000円
　　　　改定後琉球給与法による給料月額（B）　　310,000円
　　　　「復帰」後の俸給月額（C）　　　　　　　280,000円
　　　　差額基本手当（A－C）　　　　　　　　　 20,000円
　　　　差額加算手当（B－〈C＋基本手当〉）　　　10,000円
　　○ケース2
　　　　改定前琉球給与法による給料月額（A）　　270,000円
　　　　改定後琉球給与法による給料月額（B）　　285,000円
　　　　「復帰」後の俸給月額（C）　　　　　　　280,000円
　　　　差額基本手当（A－C）　　　　　　　　　－10,000円＝支給されず
　　　　差額加算手当（B－〈C＋基本手当〉）　　　 5,000円

当については、1 年度ごとに、差額が 10,000 円以下の場合は 2,000 円を、10,000 円以上の場合はその金額の 5 分の 1 の額を逓減させ（5 年経過後の逓減額は人事院が定める）、加算手当については、1973・74 年度に当初の差額の 3 分の 1 の額（前年度中の昇給額がその額を超える場合は、昇給額）をそれぞれ逓減させ、1975 年 3 月 31 日限りで支給を終了するものとされた[143]。

以上は国家公務員に対する手当であるが、県庁に引継がれた職員については、1972 年 8 月 7 日に人事委員会規則 30 号「沖縄の復帰に伴う特別措置に関する法律の規定による特別の手当に関する規則」が制定され（適用は 5 月 15 日に遡及）、上記の人事院規則 9-59 とほぼ同内容の制度が導入された。

最後に、仮計算をめぐって問題になった、ドル円の換算レートに関するやりとりについて簡単に見ておきたい。琉球の通貨は 1958 年 9 月以来ドルであり、したがって、琉球政府職員の給与も当然ドルで支払われていた。そのため、ドル建ての琉球政府の現給額を円建ての仮計算額と対照するには、前者を円に換算する必要が生じた。そこで、この場合の換算レートが問題となったのである。

いわゆる「ニクソン・ショック」を受け、ドル円レートは、1971 年 12 月にそれまでの 360 円から 308 円に切り上げられており、1971 年末の時点では、山中総務長官はその時のレートで換算するという意向を示していた[144]。これに対して官公労は 360 円での換算を主張し、琉球政府に圧力をかける[145]。それを受けて、琉球政府も 360 円換算を日本政府に要請することを決め、3 月末の段階で、総務局長が山中総務長官から「必ずやる」という言質を得たのである[146]。その約束どおり、人事院規則 9-59 の第 6 条は、換算レートを「特別措置法の施行の日における基準外国為替相場によ」ると定めつつも、但し書きで「人事院が必要と認めるときは、……人事院の定めるところにより調整」する

---

143) 上記注 142 のケース 1 で、俸給月額が 1972 年度中の昇給により 285,000 円になったと仮定すると、1973 年度に支給される差額基本手当は 16,000 円（20,000 円からその 5 分の 1 の 4,000 円を逓減）、差額加算手当は 5,000 円（10,000 円の 3 分の 1 の 3,333 円よりも、昇給額 5,000 円の方が多いため、その額を逓減）ということになる。

144) 1971 年 12 月 20 日の局長会議における復帰対策室長の発言による。会議録は前掲琉政文書（R00098595B）に収録。

145) 「一ドル＝三六〇円の保証を　仲吉議長、公務員給与で要請」新報 72.1.6、2。なお、360 円換算を求める動きは官公労にとどまるものではなく、民間労組は 2 月から 3 月にかけてストライキを起こすなど、広く問題となっていた。

146) 「年休消化期限の撤廃は可能」新報 72.4.1、1。

としており、これにより、現給は実際には、復帰の日における基準外国為替相場（= 308 円）により日本円に換算した額に 100 分の 116.88 を乗じて[147]、360 円で換算された。

3. 身分引継

「復帰」に伴う職員の後継機関への身分引継という課題自体は、すでに見たように、1969 年 9 月の時点で認識されていた。だが、それから実際の準備作業が行われてきた形跡は見当たらない。1971 年 5 月 26 日に人事委員会を訪問した人事院管理局長は、「日琉両政府においては、職員の身分引き継ぎに関する諸業務が諸種の事情によりかなり遅れているので該業務を円滑にかつ迅速に処理するためには、両政府間の相互連絡を密にすることが必要である」[148]と述べている。

「諸種の事情」がどのようなものだったのかは不明である。ただ一つ、根本的な問題が存在したことは間違いない。すなわち、ある所からある所へ職員の身分を引継ぐ場合、引継元と引継先が確定されていなければならない。だが、「引継元」である琉球政府職員は、組織運営上、固定することが不可能である。新しい職員は採用されるし、いくらかの職員は退職する。また、異動も行われる。理屈の上では、ある一定の時点において、あらゆる任用を完全に凍結してしまうという方法は考えられようが、少なくとも「復帰」までかなりの時間を残した時点でそれを行うことは不可能であったろう。

一方、「引継先」についても、新しい沖縄県庁と、沖縄県に設置される国の出先機関の組織・定員の決定はかなり後ろ倒しとなった。ここで、その検討過程を見ていこう。すでに紹介したように、日本政府側は、1972 年中の「復帰」が決まった後の 1969 年 12 月には、琉球政府に対して「沖縄及び本邦の政府関係機関等調」「標準的沖縄県の機構調」の検討を要請している。また、1970 年のものと思われる総務局行政管理課の「行政組織及び定員管理方針」と題する文書[149]は、「2 年後の復帰が現実となったいま……復帰時における県機構と沖

---

147) 人事院事務総長通達「復帰職員の復帰の日の俸給月額等について」（給実甲第 385 号、1972 年 5 月 15 日）の第 2 項。
148) 前掲琉政文書（R00155461B）に収録された、「1971 年 5 月 26 日人事院管理局長が人事委員会を訪問した際の口頭による説明要旨」。

縄に設置される国家機関を想定し、漸次それに近づける措置が必要となる」と述べ、「72年までの年次計画に基づき、県並み機構を逐次導入する」ため、まず「沖縄県庁機構の青写真を策定する必要がある」としている。

総務局はこの方針を踏まえ、1970年8月6日付で「沖縄県庁機構（青写真）」を各局に提示した[150]が、これはあくまで「青写真」にとどまったようで、1年後の1971年8月19日にも再び案が出されている。この際作成されたスケジュール[151]では、自治省との東京での調整などを経て、9月20日には局長会議で最終決定をする、という予定となっていた。しかし結局、この時にも決定には至っていない。

国の出先機関については、1970年5月の局長会議において、沖縄開発庁とその在沖総合出先機関としての沖縄開発局を設置、府県単位に置かれているものは当然に沖縄県にも設置、ブロック単位に置かれているものは沖縄管区を新設して設置、という方針で国との交渉に臨むことが決定され[152]、それに沿って5月20日に総務長官への要請が行われた[153]。その後、先述のとおり6月下旬には、総務局が各局へ具体的な出先機関の設置要請の提出を求めている。だが、こちらも本格的に動き始めたのは1971年の下半期になってからである。上述の県庁機構案の提示と併せて、各局へ出先機関の設置要請の打診が再び行われ、9月3日に日本政府へ要請された[154]。この要請時の日本政府の反応を、行政管理課長が21日の局長会議において次のようにまとめている。①「総務長官との折衝では……国への身分引継ぎは、国の総定員法との関係もあり、行管庁、大蔵省は厳しいようだが、総務長官の責任においてなさなければならないだろうとのことであった」。②沖縄に設置される国の出先機関のうち、「法律事項となる33機関については10月国会[155]で制定する。予算と関連する行政

---

149) 前掲琉政文書（R00155455B）に収録。
150) 琉政文書「県政機構関係」（R00064967B）に収録された、総務局長発文書「沖縄県庁機構（青写真）について」（総管第62号）。
151) 前掲琉政文書（R00004998B）に収録された、行政管理課長発企画局総務課長宛文書「県庁機構、国の出先機関の作業日程の変更について（通知）」（総管第107号、1971年8月25日）を参照。
152) 瀬長、前掲、226頁。
153) 同上、31頁。
154) 前掲琉政文書（R00155454B）に収録された、主席発総務長官宛文書「国の出先機関の設置に関する要請書」（総管第112号、1971年9月3日）。

機関については、12月までに決める」とのこと（後に、「法律事項」の機関については、12月31日公布の「沖縄の復帰に伴う関係法令の改廃に関する法律」〈昭46法130〉で一括設置された）。③行管庁との折衝については「法律事項については、琉政側が上京して、調整すること。その他の機関については、行管庁が来沖して、調査、協議、調整すること」が確認されたが、「定員措置の方法については、未確定である」。

結局、県庁についても国の出先機関についても、確定的な結論は出ないまま、組織と定数（とりわけ後者）の検討は、この後、身分引継作業と並行して進められることになる。ここでも、論述は一回棚上げにして、話を進めよう。

職員の身分引継に関する具体的な検討のかなり早い例として、1971年8月19日の日付が付された、労働省作成の「琉球政府職員振替要求一覧」という1枚の表がある[156]。どのような文脈において作成されたものかは不明だが、タイトルから推測するに、琉球政府が労働省に対して行った身分引継の要求がまとめられたものであろう。左に琉球政府労働局の各組織が、右に「復帰後の沖縄県」に設置が予想される労働省関係の各組織が記され、どの組織からどの組織へどれだけの人数をどのように引継がせるかを、矢印とその上に記された数字で示したものである。

9月21日の局長会議では、日本政府に対する琉球政府の要請の結果について人事課長が報告しており、「公務員の身分の引継ぎは、国、県、市町村の各業種別に区分し、これを基本としてふまえて各機関に引継ぐことの了解を得た」[157]としている。この時に要請に使われたのは、先にもふれたように、8月協定であった。だがこの後、またしばらく、表立っての作業の跡は途絶える。

先に見たとおり、官公労は、身分引継において非常勤職員を常勤職員と同様に扱うことを要求していたが、この点に関し、12月に入って動きが見られた。8日の局長会議[158]において、行政部長が「長期勤続者について定数措置をはか

---

155) 10月16日に召集され、12月28日まで開会された、いわゆる「沖縄国会」（第67臨時国会）である。
156) 琉政文書「日本復帰に伴う身分引継 1972年」（R00091983B）に収録。
157) 1971年9月21日の局長会議における人事課長の発言。会議録は前掲琉政文書（R00098598B）に収録。
158) 会議録は、前掲琉政文書（R00098595B）に収録。次の13日の局長会議も同じ。

りたい」と提議し、「2年勤続あるいは1年以上勤続者について措置したい。非常勤の処遇については、本土政府にも要請してきた。これについて、本土政府、人事院、行政管理庁等の関係職員からは、琉政で定員化したらどうかとの示唆もあった」と説明している。つまり、非常勤職員のままで「復帰」後の処遇を考えるのではなく、定員化＝常勤職員化した上で、通常の身分引継の手続に乗せようという方針が採られたのである。13日の局長会議では、「①1年以上継続雇用されたものは、原則として定員化する。②上記以外の非常勤職員は、原則として1972年1月以後は継続しない。③具体的な配置については、各局と調整する」ことが決定され、これに基づいて、一種非常勤職員409人中80人が定数化された[159]（なお、社会保険庁の一種非常勤37人中の1年以上勤続者20人は、診療報酬支払基金に引継がれた）。

　その後、引継作業には具体的な進展がないまま年が明け、「復帰」の年、1972年となった。1月20日の局長会議において行政部長は、「今の調子でいっては、5月15日までに身分の引継ぎは困難である」と述べ、同22日の局長会議でも、「引継ぎの件は各省庁でもあせっている。……各省庁とも組織定員がきまり、それとともに引継ぎについても職種、職位がきまってしまう。先方で受皿がきまってしまうと引継ぎはなお困難になる。事前に……具体的考え方を提示する必要がある」と強調している[160]。先に、引継元と引継先の確定が引継の前提だと述べたが、これは、いまや「大まかな」確定、と言いかえる必要があろう。引継元がある程度固まり、所与のものとなると、今度は、引継先にある程度の可塑性がなければ、かえって引継に支障を来たす事態が考えられるようになったのである。

　この問題は、やや先取りになるが、2月7日の局長会議において行政管理課長から以下のように具体的に指摘されるに至った。すなわち、「問題は現在技

---

159) 琉政文書「人事に関する書類 1972年」（R00005067B）に収録された、総務局長発企画局長宛文書「非常勤職員（一種）の定員化に伴う定数措置について」（総管第135号、1972年2月9日）によれば、繰入れは1972年2月15日をもって行われた。なお、一種非常勤職員とは、「非常勤職員の任免」（1964年人事委員会規則16号）の第2条による種別で、「臨時の補助的な業務又は技能的若しくは単純な労務その他これらに準ずるものに服する非常勤職員」（同条1号）。なお、もう一つの種別である二種非常勤職員は、一種非常勤職員に該当するものを除いた「勤務日が特に指定される非常勤職員」である（同条2号）。

160) 会議録は、前掲琉政文書（R00098595B）に収録。

能労務職が 1,478 人いるということである。国の方へは我々としては、645 人を考えている。国は、……390 人しか技能労務職を採らないといっている。我々としては更に、220 〜 230 人は国に採ってもらうよう調整をせねばならない。それができない場合はこれを国と県で分けて採るということになる」[161]。職種のミスマッチによって、人数枠には問題がなかったとしても、引継が不可能になる事態が生じたのである。

　さて、引継作業の本格的な開始にあたり、1 月 29 日の訓令 1 号で、主席を本部長、副主席を副本部長、各局長を構成員とする「職員の身分引継ぎ準備本部」(以下、本部) が設置された。さらに、その下部組織として行政部長を議長、人事課長と行政管理課長を副議長とし、各局の部長・総務課長をメンバーとする幹事会も置かれた。

　これに先立ち行政管理課は、1972 年 1 月 19 日付で身分引継の配分数を示している[162]。それによれば、身分引継対象職員は 18,828 人、そのうち沖縄県・市町村等への引継数は 11,737 人（文書には「自治省調整済」の文字あり）、国の出先機関への引継は 6,745 人（全体の定数は 8,351、各省庁別の内訳も出ている）で、残余の 346 人は勧奨退職させることとなっていた。琉球政府は 1971 年末にはすでに、日本政府と引継数の調整をしていたようで、1972 年元日の新聞には、「本土政府は琉球政府からの職員の引き受けをできるだけ少数に押えようとしており、……調整が必ずしもスムーズにすすんでいない」とする記事[163]が見られる。1 月中旬には、「新年度予算の第一次内示で大蔵原案は五千七、八百人分の予算措置しかしておらず」、新垣総務局長が上京して、上乗せの折衝を行った[164]（この折衝の結果が、上で述べた 1 月 19 日付の配分数であろう）。

　1971 年 9 月の局長会議でも「行管庁、大蔵省は厳しい」という報告があった（既述）ように、査定官庁は、当然ながら国の組織・予算の膨張を抑制する

---

161)　会議録は、同上文書に収録。
162)　琉政文書「復帰前の諸準備資料他」(R00001054B) に収録された、「琉球政府公務員等の国県市町村への身分引継に関する定数割振（資料）」、「沖縄県庁等職員定数関係資料」、「国家出先機関定員関係資料」。
163)　「難航する復帰後の政府人事」新報 72.1.1、2。
164)　「公務員の身分保障で再折衝」沖タ 72.1.11、2。

姿勢であった。これによって国への引継数が減れば、当然県への引継数を増加させざるを得ない。しかし、琉球政府（とりわけ予算を所管する企画局）にとっても、県の組織・予算の膨張は望ましいものではなく[165]、両者の立場は真っ向からぶつかっていた。また自治省も、県庁機構の膨大を危惧し、総務局長に「余った分は国にやったらよい」との意向を伝えていた[166]。

このような思惑の錯綜の中、国の出先機関への琉球政府からの引継数はその後も変動し、2月28日時点[167]では6,716（定数7,724）、4月18日時点[168]では6,811（定数7,727）となっていた。全体の定数がわずかしか伸びていないのに対して、引継数は伸びていること、「総理府は、〔2月〕二十七日午後二時から東京・平河町の町村会館で各省庁沖縄担当官連絡会議を開き、……〔この時点での引継数〕六千七百余人とは別に、さらに国家公務員への職務がえを希望するものがいたら、できるだけ引き受けてほしい――と対策庁が要望、各省庁も前向きに処理することになった」[169]という報道があることから、国への引継分を積み増す交渉が、沖縄・北方対策庁（そしておそらく、その背後にある「政治」であるところの総務長官）を仲立ちにして、繰り返し行われていたと推察される。

県庁機構と定数についての最終決定は、3月1日の局長会議に持ち越され、ようやく3月3日に各局に通知された[170]。その通知文には、「組織および定員と関係する各種の復帰準備事務は、本案に基づいてなされるよう」とある。この時点で定数は11,536人とされた[171]が、4月18日付の身分引継関係文書「国家機関への身分引継数」[172]の欄外には、赤字で「県定数12,000人以内　320人

---

165) たとえば、1972年2月7日の局長会議で、副主席は「国に行かすことができない場合は、県がひきとるという安易な考え方では困る。県の定員の大枠は県財政の中で考えねばならない」と発言している。会議録は前掲琉政文書（R00098595B）に収録。
166) 1971年12月20日の局長会議における総務局長の発言。会議録は同上文書に収録。
167) 琉政文書「職員の身分引継ぎ準備関係資料」（R00091984B）に収録された、「国家出先機関の定員及び引継予定数（総括）1972.2.28 行政部」。
168) 琉政文書「職員の身分引継幹事会資料」（R00163346B）に収録された、「国家機関への身分引継数」。
169) 「政令公布準備急ぐ　各省庁担当官会議が方針」沖タ 72.1.28、2。
170) 前掲琉政文書（R00091983B）に収録された、総務局長発労働局長宛文書「沖縄県行政組織案について」（総管第222号、1972年3月3日）。
171) 「県庁組織機構と定員を決定　行政府局長会議」新報72.3.2、2。
172) 前掲琉政文書（R00163346B）に収録。

位の新採用予定」とあるなど、これも最後まで含みが持たされていた。

　かくのごとく、引継先の形も固まっていく中、引継作業はどのように進められたのだろうか。当初の計画[173]では、2月14日から19日までの東京における「各省説明及び意見交換」に始まり、21日から「身分引継基準作成」「身分引継者の具体的割振」、3月1日から14日まで「引継者の第一次分調整」・「引継者の第二次分調整」、27日から31日まで「引継者の最終調整」を行い、4月15日に「身分引継内示」というスケジュールとなっていた。

　「各省説明及び意見交換」は予定どおり行われ[174]、事前に準備されていた資料によれば、琉球政府は、各省庁に出先機関の内部組織・等級別定数・所掌事務・職種の説明や、国から派遣予定のポストとその数の見通しを聞く一方、「復帰」の時点では復帰職員を原則として県外に配属せず、また「復帰」後当分の間、職員の意に反し配転しないことについての申し入れや、復帰職員で本土国家機関に勤務を希望する職員の受け入れ要請を行ったようである。

　「身分引継基準」は、基本方針－基準－具体的割振要綱という三層構造で制定された。「基本方針」は、8月協定の第1節「身分引継ぎについて」をほぼそのまま引用し、国・県・市町村への職員の配分の大方針を示す。「基準」は、それを詳細化したものである。そこでは、現行組織を、①所掌事務が国政／県政のどちらか単一である組織、②所掌事務が国政・県政混在している組織、③所掌事務が国政・県政に区分不可能な組織（総務など）、④所掌事務が機関委任事務となる組織の4類型に分類し、それぞれの組織に属する職員の身分引継先を定めている。①については、現行組織に一対一対応する組織が設置される場合にはそこにそのまま身分を引継ぎ、設置されない場合は事務が引継がれる組織に身分を引継ぐ（ただし、引継先の組織の人員に空きがなければ、国政／県政の別を維持したまま別の組織に身分を引継ぐ）。②については、当該組織の所掌事務の大半が国政事務の場合は国の組織へ、県政事務の場合は県の組織へ身分を引継ぐ。③の場合は、現行組織に対応する組織に身分を引継ぐ。④の場合は、原則としてそのまま機関委任事務を担当する（県の）職員として引継ぐ。さらに、組織の所掌事務の国政／県政の区分にかかわらず、明らかに国政

---

173) 同上文書に収録された、「職員の身分引継ぎ事務スケジュール表」を参照。
174) 「身分引き継ぎ問題　今日から協議」新報72.2.14、2。

に属する事務を担当する職に就いている職員は、国の組織へ身分を引継ぐとされた。「具体的割振要綱」は案の段階のものしか手元にないが、引継の際に勘案するべき事項として、引継先の組織においても、琉球政府における等級序列、職員の男女比率、年齢構成、等級構成、学歴構成を維持するようにし、資格・免許等を必要とするポストへの有資格者の割振を特に留意することが挙げられている。

　具体的な割振作業は、どのような手順で進められたのだろうか。2月下旬から3月末までのスケジュールについては、琉政文書に管見のかぎりで三つの微妙に異なる日程表（案と表記されたものも含む）が存在している[175]ため、新聞報道などで適宜補足をしながら、幅を持たせて大まかな流れを述べる。

　三つの日程表は、2月14日〜19日に行われた日本政府との折衝の報告書が提出された2月23日を起点とすることで共通している。2月末に幹事会が開かれ、その場で今後の日程が説明されるとともに、先述の割振要綱が示された。また、3月1日付で、職員の希望調査が行われている（3月10日締め切り）[176]。この調査に基づいて弾き出されたと思われる数字が新聞報道されているが、それによれば、「職員の七割が国に引き継がれる主税局」では「六対四と県に移行を希望する者が一割多」く、「農林局や通産局でも、国政と県政にまたがるところでは、県政に希望する者が圧倒的に多」かったという[177]。この「県庁志向」は、3月18日に労使で結ばれた「琉球政府機構の分離再編に伴う職員の配置に関する協定」に、「身分引き継ぎは原則として組織単位に行うが本人の意志、生活条件等最大限に尊重し、強制や不利益を与えることのないようにする」[178]とあったことと相まって、割振作業の桎梏となる。

　3月のはじめの10日間ほどで、まず、国政事務であることが明確で、引継

---

175)　うち二つは前掲琉政文書（R00091984B）に、もう一つは「職員の身分引継関係」（R00064836B）に収録。
176)　その様式は、前掲琉政文書（R00004975B）に収録。
177)　「100万人の復帰（13）　どこへ行くお役人さん」新報72.4.24、3。同記事では立法院事務局が2月に実施した調査の結果も示されており、回答者106人中、国への引継を希望した職員は6人だったという。また、人事委員会が行った同様の調査（実施時期不明）とその結果が前掲琉政文書（R00155454B）に収録されているが、ここでも、国への引継を希望した職員は29人中2人と少ない。
178)　『官公労運動史』252頁。

案の作成が容易であると考えられたのだと思われる、警察庁・琉球大学・郵政省・気象庁・厚生省（社会保険庁を除く）・税関が第一次分として取り上げられ、引継案の作成および幹事会への提出・調整が行われた。これと並行して各局で、県庁と国の残余（第二次分）の引継案の作成作業が行われた。承前のとおり、3月3日には確定した県庁機構と定員数が各局に通知された。

　3月9日ごろ、県と国第二次分の引継案が幹事会に提出され、のち、本部会議へ示された。その後の一週間ほど、県への引継案についての調整が行われた。この作業中に作成されたと思われる、「引継数内訳」、「他機関から引継（受入れ）可能数及内訳」という二つの企画局文書が存在する[179]。前者は、企画局の組織別現員数と県庁企画部の定数を対照させ、過不足分の措置案を示しており[180]、後者は、他機関から県庁企画部に受け入れ可能な職員について、その所属組織名・職制・受け入れ可能数・業務内容・性別年令その他の希望を記したリストである。希望欄には、単に「男」「女」とだけ書かれているものもあれば、「男、25歳前後、経理事務経験者」などと細かく指定されているものまである。これを他局に示し、調整を行ったのであろう。

　また、3月28日付の通産局文書「身分引き継ぎに関する問題点（通産局）」「身分引き継ぎに関する要調整事項」[181]に、県庁への引継作業の実態を垣間見ることができる。両文書では、この時点で引継先が決まっていない職員について、①具体的な引継先の案を挙げる（陸運課女子職員について「1人はタイピストとの入れ替え（海運第2課へ）」）、②引継先が他局所管の組織のため、そことの調整の必要を挙げる（通商課、海運課、陸運課に所属するタイピストの労働商工部労務管理課、渉外労務管理事務所への引継について「労働局との調整」）、③本部調整の必要を挙げる（八重山物産検査所の運転手について「本部調整が必要」）、④定数増を模索する（計量検定所の2名について、まず「郵政庁はとれるか」を考えた上で、不可能ならば「暫定的に2ポストの増員は考えられないか」）といった対処策を立案している。

---

179)　琉政文書「復帰に伴う引継職員に関する書類 1972年」（R00005070B）に収録。
180)　労働局が記入した同じ様式（ただしこちらは様式部分まで手書きされている）が、前掲琉政文書（R00091983B）に収録されている。おそらく、本部がある程度の書式統一を図っていたのだろう。
181)　前掲琉政文書（R00064836B）に収録。

基本的にまず①が考えられ、次に他局と相対で対応策が決められるようなら②を採り、どうしても行き先が決まりそうにない場合に、③の本部調整に持ち込まれていたのではないだろうか。挙げられている八重山のケースは、地域限定＋職種限定の「二重苦」で、引継先の調整が難しくなっていたものと想像される。④は、行政管理課との折衝になったであろう。

　その他、同文書には県庁以外の組織への引継についても記されている。たとえば「海運課の職員で本土就職を希望する職員」については「名簿提出」し「確認」することとされており、具体的に国へ要求を出す回路の存在をうかがわせる。また、那覇市に組織ごと移管されることが決まっていた那覇商港港務所に「市への〔身分〕移管を希望しないもの」が7人おり、その措置の検討が必要だとされている。新聞報道によれば、この職員引継のひっかかりによって、当初予定された3月末日に商港を市に移管できなかったのだという[182]。

　県庁への引継作業も進められる中、3月17日から21日には、各省庁との第二次分の調整が行われた。この際に提示されたと思われる、18日付運輸省文書が存在する[183]。ここでは、「海運第二課船員係長に予定されている玉城氏については、年令その他からいって問題ないか否かについて再度検討されたい」「八重山海運事務所長に予定されている玉城氏が管理係長で了解すれば、所長には海運関係の経験者（玉城氏より□〔「高」か〕令者）を外部より受け入れてもさしつかえない」「陸運事務所長には、登録制度が大巾に切り替わるため、現在の車両登録事務所長比嘉氏をあてられたい」など、役付職員の人選・配置について、日本側がかなり具体的に容喙している様子がうかがえる。

　第二次分の調整が終わった時点で作成されたのであろう3月22日付の日程[184]では、第一次分の5等級（引継先の官職の給与等級）以上は25日に、総合事務局開発建設部については27日に、第一次分の6等級以下と第二次分は30日にそれぞれ候補者名簿を提示し、4月3～5日に最終調整することとなっている。

　しかし、「最終調整」が済み、当初の予定では内示が行われていたはずの4

---

182)　「もたつく身分引き継ぎ　那覇商港の移管遅れる」新報72.4.6、8。
183)　前掲琉政文書（R00064836B）に収録された、運輸省大臣官房人事課文書「琉球政府職員の身分引継ぎに関連して調整を要する主要な問題点について」。
184)　前掲琉政文書（R00091984B）に収録された、「身分引継日程 47.3.22」。

月中頃になっても、作業は終わらなかった。報道によれば、4月15日の段階で国への引継が390人分ほど残っており、これは「たとえば通信関係、医療技術者、看護婦、土木職、建築職、郵政、気象等の離島職員については不足し、作業職、守衛、用務員など単純労務については国引き継ぎが少なく、だぶついている」[185]という職種のミスマッチ（前述のとおり、2月上旬にすでに指摘されていた問題であった）や、なるべく女子職員を受け入れたくないと難色を示す省庁があった[186]ことなどによる、調整困難が響いていた。また、県庁への引継の最終決定作業は4月16日に開始され[187]、20日の時点では「八割方の調整がすん」だが[188]、こちらもギリギリまでの調整が続けられた。

結局、内示は5月4日となった。これは、単に作業が遅れていたというだけではなく、「国に移される職員の一部に動揺のきざしがあるところから、……復帰準備に支障のないぎりぎりの時点まで」発表を引っ張ろうとした結果でもあった[189]。当日の様子を、新聞は次のように伝えている[190]。

　　当初、三時の予定だった内示発表は、局長会議が長びいて五時すぎになった。……職員たちは退庁時の五時になっても帰らず、ソワソワ、イライラ。課長が名簿を持って帰ってくると同時にワァーと取り巻き、「どうなっていますか」と、せき込むように名簿をのぞき込む。
　　「希望通りの異動だ」とホッと胸をなで降ろす職員、「ウーン」としかめっつらで考え込む人など、四日の行政府ビルは喜びと失望が入りまじっていた。

引継対象職員は17,979人、うち国の出先機関へ6,409人、県庁へ11,446人、市町村へ64人、その他の公共的団体へ60人となった[191]。なお、4月21日時点での引継対象職員数は18,384人と報じられており[192]、内示ではそこから

---

185)「返還へあとひと月　政府準備仕上げもたつく」沖タ 72.4.15、1。
186)「きょう仮内示　公務員身分引き継ぎ」沖タ 72.5.4、2。
187)「25日に第一次内示　政府職員の身分引き継ぎ」新報 72.4.17、2。
188)「「内示」28日にのびる　身分引き継ぎ作業遅れる」新報 72.4.20、2。
189)「本土政府と最終つめ　身分引継ぎほぼ完了」沖タ 72.4.27、2。
190)「喜ぶ人、失望する人　公務員の身分引継」沖タ 72.5.5、11。

395 人減となっているが、これは、同日の国会審議に「残りの四百人は自発的な退職となる予定というふうにも聞いておる」[193]という発言があるように、勧奨退職者の数が最終的に引かれた結果であろう。

　ちなみに、この勧奨退職は、「琉球政府公務員の退職手当に関する立法の一部を改正する立法」(1965 年立法 53) の第 4 条の 2 に、5 年以上勤続した 60 歳以上で、退職の勧奨を受けてから 90 日以内に退職した職員は、通常規定で算出された退職手当額の 3 倍額を受け取ることができるとされており、「復帰を前にして、むしろ退職金を三倍もらって勧奨退職の形でやめたいという人たちが……円満に退職をしていかれ」[194]た結果であったようである。官公労側の資料にこの件を糾弾する記述が見られないことは、これが（半）強制的な退職でなかったことの傍証となろう。振り返ってみれば、そもそも 8 月協定で「復帰の前日までに琉球政府の法令の要件を具備する者は復帰の前日までに全員退職を勧しょうする」という合意が行われていたのである。また、同じ 8 月協定の「その財源は国で配慮する」という規定どおり、退職手当に充当する財源は日本政府によって措置された[195]。

　内示の後、統計庁の女子職員 25 名が、（統計庁の消滅に伴って）警察・税務署・労働渉外課などに引継されたために、職種や勤務地が大きく変わってしまうことに抗議したり[196]、官公労が総務局長に対して「①職務内容がまったく違う困難な場所への配転、②防衛施設庁など本人のいやがるところ[197]への強

---

191)　「公務員身分引き継ぎを内示」新報 72.5.5、1。「公共的団体」とは、雇用促進事業団、沖縄開発金融公庫、日本電気計器検定所沖縄支店、診療報酬支払基金沖縄支部、日本専売公社沖縄局。「市町村」は、那覇市、南風原町、読谷村、金武町、名護市、今帰仁村。

192)　「「身分」4 日に内示」新報 72.4.30、1。

193)　第 68 国会参議院沖縄及び北方問題に関する特別委員会（1972 年 4 月 21 日、会議録 4 号）における藤原房雄委員の発言。

194)　同上における山中総務長官の発言。

195)　前掲琉政文書（R00098595B）に収録された 1971 年 12 月 20 日の局長会議の会議録に「勧奨退職費の件　山中長官は、「475 万ドルはすでに出した。あとは琉政で考えなさい。」といっていた」とある。その山中は、第 68 国会参議院沖縄及び北方問題に関する特別委員会（1972 年 4 月 21 日、会議録 4 号）で「四十五年度予算、四十六年度予算と措置もいたしてまいりました」と述べている。

196)　「"分散引き継ぎいや"　統計庁の女子職員」新報 72.5.9、8。

197)　官公労は、防衛施設庁（那覇防衛施設局）への配置を行わないことを主張しており、1972 年 3 月 18 日の労使協定にもその旨が規定されている。しかし、そこへの配置希望者は比較的多く、「希望者は個人で直接同庁に願書を出した」という報道もある（前掲新報 72.5.5）。

制配転、③本庁から名護、宮古、八重山への配置で生活に犠牲をしいる部分、④予定として内示したもの——などが出ているが、そういったものをどうするか、と追及」[198]したりという波紋も巻き起こった。しかし、ともあれ「一人の解雇者も出」[199]さずに、身分引継作業は完遂されたのであった。

第4節　本章のまとめ——「復帰」による窮極的な連続性の獲得

　以上、奄美、沖縄・宮古・八重山それぞれにおける、〈琉球政府公務員の「復帰」〉の実態——その過程と結果——を詳しく記してきた。
　奄美については史料が少なく、とりわけ結果の面についての解明は不十分にならざるを得なかったが、琉球政府公務員の国家公務員および鹿児島県職員への身分引継の検討が、当事者・関係者からの要望を受けながら、日本政府によって進められていく過程を示した。また、在琉奄美籍公務員の処遇という特殊な問題をめぐって交錯する日米琉の関係を描き出した。
　沖縄・宮古・八重山については、常に琉日関係に焦点を当てながら、「一体化」の大義の下に人事交流・研修という施策の検討が主であった時代から、「復帰」が明確になるにつれて、職員の身分引継や「復帰」後の給与の問題が大きくクローズアップされるようになったことを確認し、1971年後半から1972年にかけて集中的に行われた、身分引継と給与切替の作業の実態を詳しく解明した。
　〈琉球政府公務員の「復帰」〉の結果の面を見ると、職員の首切りが行われることもなく、給与についても（年を追うごとに減少はしたものの）差額手当によって現給が保障されるなど、激変を生じさせることのない、円滑なバトンリレーが行われたと言える。一方、過程の面を見ると、その執拗な低音部を構成していたのは、琉球政府と日本政府の非対称な力関係であったように思われる。その背景には、本文中で見たとおり、琉日間の接触が具体化・常態化するにつれて日本政府の関係者の間に拡がった琉球政府の「指導対象」視（と、琉球政府の側での、そのような視線の内面化）があった。しかしそれは、そもそも

---

198) 「「身分引き継ぎ」追及　不満、一般異動で考慮」沖タ 72.5.9、2。
199) 前掲沖タ 72.5.5。

「復帰」が、(「祖／母国」へ帰る、という情緒的・民族主義的な装いを剝がしてみれば)「琉球の日本への(再)吸収」にほかならない以上、構造的に避けがたいものだったと言える。その(おそらく現在の沖日関係においても鳴り続けている)ベースラインが響きわたる中、「戦後琉球」の幕は閉じられたのである。それは、日本との連続性が、窮極的に獲得された瞬間でもあった。

終章　琉球政府とは何だったのか

　以上、米軍の統治下に置かれた1945年から1972年の琉球列島における政府機構の公務員制度・人事行政について、さまざまな論点——琉球政府以前の諸政府および全琉機関職員の任用・給与、「公務員法」の形成、琉球政府の職階制、給与制度、任用制度および任用の実態、市町村職員の実態と制度（の「不」制定の経緯）、米軍公社の職員制度、そして琉球政府公務員の「復帰」——を取り上げ、多角的に検討してきた。

　各章で明らかにしたことは、それぞれの章末にまとめておいたので、ここでは、本書の表題である「戦後琉球の公務員制度史」を、「連続性」という主題のもとに、一つの流れを持ったストーリーとして再構成することで全体の総括とし、最後にそれを踏まえた今後の展望を行う。

1.「戦後琉球の公務員制度史」——総括

　1945年から46年にかけて、琉球列島のそれぞれの島のそれぞれの場所で、それぞれの形で戦争が終わっていった。その後に現れた行政組織は、戦前の県庁の支庁を復活させたものか、戦前日本の官制に範型を求めて再構築されたものであった。組織の形態のみならず、そこに勤務する職員も、基本的には戦前の行政職員が求められ、「再雇用」されることが多かった。このような行政組織が作る制度群は、戦前日本との通時的な連続性を保持し、したがって、それに基づいて実施される行政運営の方式も——むろん、それが置かれた社会環境は戦前とは大きく異なっていたものの——戦前との通時的連続性を色濃く帯びたものとなった。公務員制度について言えば、職員の任用について規定するフォーマル制度がいずれの群島でも整備されなかったこと、そして逆に、戦前にすでにフォーマル制度が定められていた警察組織で、戦後早い段階から試験に

よる任用が行われ、任用規程も整備されていったことは、その現れであった。この時期の通時的連続性は、「行政」というシステムが本来的に持つ、過去・前例との継続性を重んじ、「創造性」（＝新しいものを無の状態から生み出そうとする志向）を排除する性質に起因していたと考えられる。

　統治者である米軍のスタンスも、連続性の形成・維持に寄与した。1946年4月に開かれた軍民協議会で軍政府総務部長が述べた、「米国人は法律を作りたがる人種だが法律を作るに沖縄の歴史を知らないから作り得ない」[1]という言葉に端的に象徴されるように、軍政府は、統治の基盤を脅かされない限りにおいて、琉球人が作る法制度への介入を避けた。とりわけ行政組織については、既存の組織を利用することによって「安上がりの占領」を実現するというのが基本方針となっていたのである[2]。加えて、軍政府が英語を琉球の公用語とせず（できず）、諸政府の行政が日本語で行われることになったのも重要である。仮に英語による行政に切り替わっていたならば、第6章で見た琉球水道公社の例が示唆するように、制度的にも人的にも、戦前日本との連続性は保たれ得なかったであろう[3]。

　だが、統治者はあくまで統治者である。必要とあれば、積極的な介入を辞さなかった。群島諸政府の人事行政においてそれが現れたのは、給与（制度）の領域である。それは、給与政策が経済・物価という統治全体の有効性に関わる大きな問題系の中で重要な位置を占めていたことや、軍政府財政の健全性保持のために諸政府の歳出の膨張を抑制しなければならなかったことなどに起因していた。これにより、とりわけ沖縄においては、制度面にまで米国との連続性が現れることとなる。

　群島諸政府と並立する形で、まず特定政策領域において、全琉を管轄する行政機関が設置された。琉球貿易庁、琉球農林省、琉球郵政庁がそれである。いずれの組織も、沿革的に多かれ少なかれ諸政府との連続性を持っていた。とりわけ郵政庁については、郵便局をはじめとする郵政関係機関が戦前から存在し

---

1) 沖縄県沖縄史料編集所編『沖縄県史料 戦後1 沖縄諮詢会記録』1986年、533頁。
2) 大田昌秀『沖縄の挑戦』恒文社、1990年、317頁。
3) 念のため付け加えれば、業務遂行に不可欠な軍政府・USCARとの調整・折衝は英語で行われたのだから、英語が不要だったなどということはない。むしろその逆である。だが、それは、一部の英語運用能力が高い職員が通訳・翻訳を担当することで解決された。

ていたことから、その沿革的連続性は戦前にまでつながっていた。加えて、農林省は、職員の回想によれば、日本への職員派遣を通して、他の諸機関に先駆けて「本土化」したとされ、同時代の日本との連続性が生まれていたようである。また（細かいことであるが）、郵政庁や、農林省の前身組織の一つである琉球列島米穀生産土地開拓庁は、その内部組織を「官制」によって定めており、ここには戦前日本との連続性の存在がうかがえる。これらの機関では、諸政府と同じように若干の試験による職員採用が行われたが、フォーマルな任用制度の整備は見られなかった。給与についても、諸政府と同様の、米国的な制度が適用されていたが、財政難から制度に実態がついていかなかった諸政府に比べると、その適用が貫徹されていた。

　1951年4月、全琉統一政府への準備機構として琉球臨時中央政府が設立され、以後、段階的に行政機構が整備されていった。その職員の任用・給与の状況は、それまでの全琉機関と類似のもので、若干の採用試験が行われ、給与は米国的制度によって決定されていた。異なっていたのは、立法院において行政職員任用法が制定されたことである。戦後琉球の公務員制度史における一つのエポックとも言えるこの立法は、戦前日本の文官任用令と戦後日本の国家公務員法の発想を取り交ぜた、通時的・共時的連続性が共存する過渡期の法であった。

　ところで、日本のそれに準拠した「公務員法」の制定は、すでに1950年の後半には構想されていた。その中心となったのは沖縄群島政府の知事与党・社大党であり、背景には、同党の「復帰」志向や、それと一体の日本法準拠志向があった。政府は、「一日も早く戦後の日本の地方制度がどのようになっているか知るチャンスだけをねらっていた」という稲嶺行政課長を日本に送り、リアルタイムの法制度を「輸入」したのである。その後、制定作業は臨時中央政府、さらに1952年4月に設置された琉球政府の手に渡った。そして作られたのが、琉公令と琉公法である。前者は、琉球政府の発足に合わせてUSCARが暫定的に作成した可能性があるが、それに取って代わった後者は、行政府作成の案を元に、公選議員からなる立法院によって制定された。いずれにせよ、それらが日本の国公法・地公法に準拠していたことは明らかである。ここに、それまで見られた戦前日本との通時的連続性が、同時代の日本との共時的連続性

に転形していく端緒が開かれた。

　基本法である公務員法が日本の法律に準拠したものになったことの帰結として、琉球政府の公務員制度の体系は、日本との共時的な連続性を有するものになった。任用制度や給与制度の大枠を定める法規は——給与制度については当初USCARの指令によって定められ、それが日本法に準拠した一般職給与法に置き換えられるのは政府設立1年後の1953年5月と若干の遅れを見せた上、その後も給与法改正に対してUSCARの容喙が見られたものの——いずれも日本のものに準拠して制定されていったのである。

　さらに琉球政府では、日本式の公務員法が予定していたとおりの、日本の制度に準拠した職階制が実施されていた。だが、準拠先である日本では、職階制はとうとう実施されなかった。すなわちここには、「連続的な制度を実施するという断絶」が現れたのである。なお、琉球政府で職階制が実施された背景には、導入を求めるUSCARからの圧力という、特殊琉球的な事情があった。しかしUSCARはここでも、いたずらに米国式の制度を押し付けることは避け、日本の制度への準拠を容認したのである。

　職階制の実施に起因して、給与制度の面では、日本のそれにはない装置が現れ／にある装置が姿を消したり、任用制度の面では、試験が日本のような給与等級型ではなく、職階職級型、つまり職階制による職級に任用するものとなるなど、細部において日本との違いが現れた。ただしこれらは、職階制が実施されていれば日本でも起こったはずの変化であり、要はそれが顕在化したか潜在したまま終わったかの違いであった。その意味では、ここに本質的な断絶があったとは言えない。

　一方、職階制が実施されていたにもかかわらず、制度的にも実態的にも相当広範に選考任用が是認され、競争試験主義が貫徹されなかったことや、昇任の資格要件が結局のところ学歴と経験年数にすり替えられてしまう「琉球型給与法体制」が現出したことなど、職階制を実施しなかった日本と、任用制度の運用の帰結が類似するという現象も起こっていた。これは、職階制という制度自体の限界に起因する、日本との連続性の発現であった。

　以上、琉球政府の公務員制度は、同時代の日本との体系における連続性と細部における相違——それは本質的な断絶とまで言えるものではなかった——を

その特徴としていたと総括することができる。一方、琉球政府の人的側面を見ると、課長級以上の幹部職員経験者の少なくとも4人に1人が戦前に沖縄県庁に勤務しており、(県庁も含む)官公庁勤務経験のある職員となれば、その割合は4割弱となる。1961年8月以前に課長になった職員に限れば、県庁経験者は4割弱、官公庁経験者は5割強となる。それに対して、1965年8月以降に課長となった職員では、ようやく県庁経験者が1割強、官公庁経験者が2割となる。つまり、少なくとも幹部クラスについては、1960年代後半になるまで、戦前との連続性が相当程度見られたと言うことができる。このような連続性が保たれたのは、琉球政府の職員の任用が閉鎖的であったことに一因があろう。また、職員における日本との共時的連続性の不在は、単純に、琉球政府が(USCARに命ぜられるまま)公務員の門戸を「日本人」に対し閉鎖していたことによる。

　ところで、同じ行政組織でも、日本との連続性が現れない場合があった。本書で取り上げた一つは、その職員に適用される公務員法の不在という観点から見た場合の市町村である。市町村自体は、戦前から連続するものとして置かれたが、日本の地方公務員法にあたる市町村公務員法は、1950年代から制定を模索されながら、当初はおそらく、市町村の財政基盤が弱く、同法が要求する諸制度の実施に耐えられないのではないかという財政的な懸念から、その後は、自治体労組や(同法と密接なつながりを持つ教公二法に対する反対勢力であった)教職員会の強い抵抗という政治的な事情から、「復帰」に至るまでついに成立をみなかったのである。これは確かに、日本との共時的断絶であった。

　必ずしも公務員法の不在のみが理由ではなかろうが、市町村職員の種別・職制に、戦前との連続性の残存を見ることができる。戦前の那覇市の吏員種別を見ると、事務系は主事―書記、技術系は技師―技手―技手補となっており、吏員の他に雇員が存在した[4]。一方、戦後、1955年10月の時点で、雇員を試験によって書記に昇任させる制度が考慮され、これが1962年11月に実現し、「事務補助」職員(これが相変わらず「雇」という名称だったかは不明)に対する書記／技手補昇任試験が実施されている。すなわち、少なくとも1962年

---

[4] 東京市政調査会編『市吏員に関する調査』1940年。

まで、戦前期と同様の吏員種別が継続していたのである。

　さて、日本との連続性が現れなかったもう一つの空間は、USCARが自身の管轄のもとに置いた琉球水道公社を初めとする各公社である。その職務分類制、任用制度、給与制度は、どれをとっても米国との連続性を持ったものであった。さらに、職員はほとんどが琉球人であったが、その経歴を特徴付けていたのは「英語運用力・米留経験・軍関係勤務」であった。かくて公社は、組織・制度的にも人的にも、琉球政府とは隔絶していたと言ってよい。だが、そのような「米国的空間」であった公社は、その職員ともども沖縄県企業局として「復帰」し、日本の地方公営企業となる。

　話を琉球政府に戻そう。日本との連続性がもたらしたものは何だったのだろうか。端的に言ってそれは、琉球と日本の非対称性（＝後者が前者に優越する力関係）であった。制度レベルにおける準拠が、運用レベルにおける準拠を呼び込む。運用レベルにおける準拠を担保するのは、「上級官庁」に対する「お伺い」[5]であり、あるいはそのイロハを学ぶための「本土研修」である。こうして、制度的な影響－被影響の関係は、具体的な指導－被指導の関係に転化する。1970年以降に琉球政府が日本政府の各省から課長級職員として受け入れた課長補佐・係長級職員の職名が「指導官」であったことは、象徴的である。また、琉球政府と日本政府の接触が具体化・常態化するにつれ、1960年代前半には、すでに日本政府による琉球政府の「格下」視が始まっていた。「行政能力」の劣る琉球政府は、日本政府関係者にとって「指導」の対象と認識されたのである。このような非対称的な関係が形成された上に行われる「復帰」事務は、完全に日本政府主導で進み、琉球政府はその流れに呑み込まれた。人事行政における大きな課題であった身分引継や給与切替においても、非対称性は明確に現れていた。

　そして1972年5月15日、「復帰」。琉球政府公務員は、国家公務員・地方公

5）　その例として、琉政文書「雑書 1964年1月～7月」（R00156046B）に収録された、専従休暇や特別昇給について問うた人事委員会文書（人委第387号、1964年5月20日）に回答する人事院給与局長発人事委員会事務局長宛文書「人事院規則9-8および人事院細則9-8-2の疑義について」（給2-100、昭和39年6月10日）や、琉政文書「雑書 1964年7月～12月」（R00156047B）に収録された、枠外昇給の運用に関して問う人事委員会事務局長発人事院給与局長宛文書「人事院規則9-8第18条第1項の疑義について」（人委第565号、1964年7月22日）。

務員となった。解雇者は一人も出ず、給料の減額分は保障された。琉球政府公務員制度は消滅し、国家公務員制度と地方公務員制度が適用されることになった。職階制が消え、地方公務員法が現れたことは、それをよく象徴していた。かくて、日本との連続性が窮極的に獲得され、戦後琉球の公務員制度の歴史は終焉したのである。

2.「琉球政府とは何だったのか」──展望

　序章で行った先行業績の検討によって、これまでの戦後琉球史研究における琉球政府への注目の薄さを示した。その理由がどこにあるのかを考えてみると、各所で琉球政府が「米軍の下請け機関」と片付けられがちであることに思い至る。つまり、琉球政府が無視、あるいは軽視されるのは、それが単なる下請け機関として、「取るに足らない」存在だと考えられてきたからなのではないだろうか。

　なるほど制度的に見れば、そもそも琉球政府はUSCARの布告（1952年13号）によって設立され、「布告・布令・指令に従う」（第2条）とされていた。さらに、立法・行政・司法の三権は政府のそれぞれの機構（立法院・行政主席・裁判所）に授権されていた（第4～6条）ものの、琉球列島民政副長官／高等弁務官が「琉球における全権限の一部又は全部を自ら行使する権利を留保」（第7条）していた。だが、その高等弁務官の強大な権限が常に発動されていたわけでないことは、琉球政府の活動に積極的に介入した（とされる）キャラウェイ高等弁務官の治世が、わざわざ当人の名前を冠した「旋風」の名のもとに語られることからして明白である。つまり、高等弁務官に与えられていたのは、可能性的権力であった。日々実際に展開されていた活動とその動態を十分に検討することなく、この「可能性」の存在のみによって琉球政府に安易なレッテルを貼り付けるというのは、（少なくとも研究者としては）問題外の姿勢である。

　公務員制度・人事行政という角度から琉球政府を詳細に分析した本書からは、それが「米軍の下請け機関」であったと結論づけることが到底できないのは、すでに明らかであろう。公務員制度・人事行政の領域では、USCARの介入・容喙は皆無だったわけではないが、きわめて限定的なものにとどまった。むし

ろ、そこに存在感を持って立ち上がっていたのは、日本政府や日本の制度であった。

 だがこれはもちろん、琉球政府の限られた一面を見たのみである。たとえば、第4章で若干言及したとおり、社会局においては、少なくとも一定の時期において、人事へのUSCARの容喙が見られた。これは、同局の政策全般に対してもUSCARが介入していたことを予想させる。ただし、仮に介入が強かったとしても、それをもって直ちに「下請け」扱いすることはできない。その介入の中で／に対して、琉球政府の関係者がどのように動き、何を生み出した／せなかったのかを、事実に即して精緻に議論する必要がある。その上で、USCARの政策意図が100％貫徹され、琉球政府はそれを単に実施しているだけだった、というのであれば、その時初めて、（少なくともその領域においては）琉球政府は単なる「米軍の下請け」であったと言うことができる。そうでないならば、しかるべき性格規定をなさねばならない。

 これ以外の局、政策領域においても、それぞれ様相を異にする琉－日／米関係が現れているはずで、そこには、それぞれの琉球政府像を浮かび上がらせることができるだろう。さらに今後は、行政府だけでなく、立法府＝立法院や、司法府＝各裁判所についても、その制度のみならず、活動まで細かく研究し、ガヴァメントとしての琉球政府を総体的に解明していく必要がある。これらの仕事をひとつひとつ丹念に積み重ねていくことで、私たちはようやく、きちんとした（少なくとも今よりはだいぶましな）琉球政府像を手にすることができるに違いない。

＊

 最後に、本書が明らかにしてきたことを、現在の沖縄の問題との関係において捉え考えてみよう。今日、沖縄と日本の間（現時点では沖縄が日本の一部であることを重々承知した上で、このような表現を使っている）には、琉球と日本の間に見られたあの非対称性が、相も変わらず立ち上がっており、そこから、さまざまな問題が生み出され続けているように見える。

 思えばこの非対称性は、琉球処分（あるいは島津の侵略）以来、ずっと存在

し続けてきたものだった。敗戦によって沖縄-日本関係は絶たれ、米軍統治の時代が来たが、それでも、いや、それだからこそ、行政制度における日本との共時的連続性が希求され、実際にそれは獲得された。そしてその連続性から、再び非対称性が帰結したのである。本書が見てきたのは公務員制度・人事行政というかぎられた領域のみであるが、それが「基盤行政」であり「一切の行政の土台」である[6]ならば、その領域における連続性とは、琉球政府という行政組織にとって、ある意味で決定的な影響力を持つものだったと言えるだろう。加えて、詳細な解明は先に述べたように今後の課題となるが、（行政府が実際には原案を作り、）立法院が制定してきた立法は、その名称から判断する限り、大多数が日本法に準拠したものであった。これは、琉球政府のあらゆる政策領域において、多かれ少なかれ日本との連続性が発現していたのではないかと仮設するに十分な事実ではある。各政策領域において連続性の存在が実証されたとして、その先にそれを起因とする非対称性が生み出されたかどうか、これもまた、「琉球政府とは何だったのか」という問いに直結する、今後解明すべき課題である。

　沖縄と日本の（してみれば、このように「沖縄と日本」と並列して言えることが、希望であり可能性であるとも考えられるのではないか？）非対称的な関係を、いかにすれば少しでも対称的な関係に変えていけるだろうか。制度における連続性だけが、非対称性をもたらす要因ではないことは承知している。また、非対称性が連続性を呼び込むという、逆方向の因果の流れがあることも認識せねばならない。たとえば、非対称性＝圧倒的な軍事力の差による、連続性＝日本（制度）への編入の強制が、「琉球処分」であった（しかし日本政府は、都合が悪いと考えたものについては、選択的に非連続性を残した。国政参政権、地方制度、徴兵制などはその代表例である）。

　だがそれでも筆者は、今度は沖縄が日本（この場合、中央政府のみならず、他の都道府県も含めて考える）との制度的非連続性を（選択的に）希求する番である、と言おう。もとよりそれは容易なことではない。連続性を断つことは、一時的あるいは長期的な不安定性・不確実性を招来する——あえて感情的な言

---

6) 辻清明「"人事行政の本旨"とはなにか」『公務員制の研究』東京大学出版会、1991年、2頁（初出は『人事院月報』8巻11号、1957年）。

葉を使うが——恐怖心を伴う選択であるに違いない。また、そもそも日本（政府）の斉一化力にどれだけ抗えるのか、という実際的な問題もある。「それにもかかわらず！」[7]と言わんとする時、求められるのは、連続性の追求の後ろに打ち捨てられてきた「創造性」であるに違いない。

---

7) マックス・ヴェーバー（脇圭平訳）『職業としての政治』岩波書店、1980年、106頁。

あとがき

　「どうして沖縄の研究を？」と問われることが、けっこうある。書くべきことは本文中に書き尽くしたので、残されたこの場所では、そのことについて書くことにしたい。

*

　私は、東京で生まれ、東京で育ち、今も東京で暮らしている。父は東京、母は福井の出身で、親戚にも沖縄にルーツを持つ人がいるとは聞かない。沖縄に住む友人・知人は五指に余るし、沖縄生まれの恋人がいたためしもない。その私が、なぜ、「戦後琉球の公務員制度」などというテーマを選んだのか。あらためて振り返ってみると、その答えははっきりしているようでもあり、ぼんやりしているようでもある。
　まずは何より、私がこれまで曲がりなりにも取り組んできたのが公務員制度の研究だった、ということがあり、そして、その切り口から見てみると、琉球政府というのが──いくらかの人が、もしかしたら何か面白いものが埋まっているかもしれない、と感じながらも──ほとんど手付かずのままになっている、ということがあった。
　修士論文を書き上げた後、2003年の春だったと記憶しているが、思い立って、沖縄県公文書館のウェブサイトで公開されていた琉球政府公報に「公務員法」を探してみた。ほどなく画面に現れた「琉球公務員法」を眺めると、それはどうやら米軍が発した布令であり、にもかかわらず、形式や内容は日本の国家公務員法そのものだったのである。そして、これに取って代わったらしい「琉球政府公務員法」という「立法」も、やはり日本法と見紛うばかりのものだった。米軍の統治下に置かれた現地政府の法が、米国のそれではなく、日本の、それも同時代の法律をなぞっている──。これは、私の興味を掻き立てるに充分す

ぎる事実であった。

　たぶん、なのだが、物心ついてから琉球政府時代を体験した世代の研究者や関係者にとって、この手の法制度の日本との連続性は、あたりまえの、さして驚くに足りない事実なのだろう。これまで琉球政府の研究が極めて少なかったのは——それだけがすべてではないだろうが——素朴な「驚き」に起因する研究対象としての「気付き」、という体験が起こらなかったからではないかと思う。

　ともあれ、私はその時、知られていないこと、考えられていないことが、あの島々を取り囲む緑碧の大海のように広がっている、と感じた。愚鈍な私に研究者としての資質がただ一つだけあるとするなら、それは、まだ知られていないことを知りたい、まだ考えられていないことを考えたい、という素朴な欲求を平均的な人よりは少し多めに抱えているということだ。だから、その欲求の充足のために、私はこのテーマを選んだ、という面が確かにある。

　だが、やはりそれだけではない。私が「琉球政府」を研究の対象に選んだのは、それが沖縄に在ったものだからだ、とも言える。1996年の晩春、私は高校の修学旅行で初めて沖縄を訪れた。（リニューアル前の）平和祈念公園、ガマの圧倒的な闇、ヌチドゥタカラの家と底抜けに明るい伊江島の浜、ゴーヤーチャンプルー、サーターアンダギー、浮かれた国際通り、ギラギラとした「新品」の首里城、13階のない宿泊先、東南植物楽園で聞いた戦闘機の烈音、友人たちとの「平和」をめぐる青臭い議論、交通量の少ない高速道を疾走する軍用ジープ、帰りの飛行機の離陸直後の低空飛行と急旋回………。あのとき確かに、私の頭には「わけのわからない感情」が芽生えたのだと思う。その「わけのわからない感情」は、「わけのわからない」なりに、〈沖縄をおまえ自身の問題として引き受けよ〉と私に迫っていた。しかし、東京に帰った私はやがて、「平凡で平和な」毎日の暮らしの中で、その感情の上に「日常」という地層を堆積させていった。つまり、私は、沖縄を忘れた。

　分厚く積もった「日常性の地層」の底から、96年の感情を発掘するに至るまでの細かい経過は、なぜかうまく思い出せない。だが、まごうことなき「きっかけ」（のうちの少なくとも一つ）として思い出されることはある。私の修士時代、ひそかに（？）沖縄の問題に関心を寄せてきた師・西尾勝が開いた、

ゼミ形式の講義である（したがって、やはりここでも師は私を「導いた」のであり、だからこその師、なのだ）。そのゼミでは、伊波普猷やら新崎盛暉やら高良倉吉やら大田昌秀やら、手当たり次第にいろいろなものを講読した。それで、ふと思った。沖縄について研究すれば、常に沖縄のことを気にせざるを得ない、考えざるを得ない。したがって、二度と沖縄を忘れることはないのではないか、と。こうして話は、冒頭の「公務員法」探しにつながる。

　それから私は、ありがたいことに、東京市政調査会という研究機関に職を得ることができた（今振り返っても、それはほとんど奇跡だったと言っていいと思う）。さらにありがたいことに、そこでは個人研究が奨励されており、少なくない時間を自分の研究に費やすことが認められていたのである。もはや迷いなどあろうはずがない。2004年10月。私は8年ぶりに沖縄島へ「帰還」した。

＊

　かくして、私が初めて沖縄島に降り立ってから16年、毎年1・2回のペースで訪れるようになって、8年の時が過ぎたことになる。だが、正直に告白してしまえば、私はいまだ、沖縄との距離をうまく測れずにいる。時には、「単なる」研究の対象として。時には、ヤマトンチュ／ナイチャーである（しかない）私を斬り付ける刃物として。時には、私の体に吸い込まれていく音楽や料理や泡盛の甘さとして。そして、相変わらず、「わけのわからない感情」の源として。沖縄はそのつど姿形を変え、私に現れる。それに向き合ってきた私は、不幸にも（あるいは幸にも？）「沖縄が好きだ」と思ったことが一度もない。果たしてこれからも、「好きだ」と言えるようになるかどうかはわからない。しかしそれは、私に現れ続ける。私が沖縄を忘れることは、もはやないだろう。あとは、この先、ずっと付き合っていくだけだ。

＊

　本書は、筆者が2005年から2011年にかけて、主に、勤務先である後藤・安田記念東京都市研究所（旧・東京市政調査会）の機関誌『都市問題』に発表し

てきた戦後琉球の公務員制度に関する7本の論文に大幅な加筆・修正を施し（とりわけ初期の論文については、ほとんど原形を失っている）、書き下ろしの部分も加えて、全体を再構成したものである。既発表の論文より内容は増え／正されこそすれ、その逆はない（はずである）。したがって、本書をお読みいただいた方は、特殊な関心なきかぎり、それらをご覧いただく必要はない。

　出版を薦めてくださった西尾勝先生、後藤・安田記念東京都市研究所の新藤宗幸常務理事、国際基督教大学の西尾隆教授、そして、企画に尽力してくださった東京大学出版会の斉藤美潮さんのお力なしには、この極めて特殊な対象を扱った研究が、書籍という形で陽の目をみることはなかっただろう。この場を借りて、心より感謝したい。なお本書は、日本学術振興会平成24年度科学研究費補助金（研究成果公開促進費、課題番号245154）を受けて刊行される。

＊

　表紙について。画家・真田希さんの作品を使わせていただいた。2004年に、とある画廊の小さな個展で初めて対峙して以来、私は、「彼女の絵を世界中に遍在させたい」と願い続けてきた。（まったく大袈裟な物言いだと笑われるかもしれないが、）そうすることで〈世界は変わる〉のではないか、と直感したからだ。この表紙は、そのささやかな一歩である。彼女の絵が、この本を手に取り、今ここをお読みになっているあなたにも気に入っていただけたとしたら、私は幸せである（そして世界はもう、少しだけ変わり始めている、のかもしれない）。

＊

　「琉球政府とは何だったのか」。終章の今後の展望についての箇所で、そう言った。言った当人はもちろん、今後さらにこの問題を追究していきたいと思っている（さしあたり、本書には収録できなかったが、琉球政府の特別職公務員について、短くない論文を書いた。『都市問題』103巻7号、2012年に掲載されている）。ここまでがそうだったように、単独行も悪くはないのだが、やは

り、同じ山を登っている人がいることは、（互いに）励みになるし、きっと楽しいはずだ。どうか本書が少しでも多くの人の目に止まり、琉球政府研究という「山」への興味を掻き立てるものとならんことを。

＊　＊　＊

　最後に。私を今ここにあらしめるためにつぎこまれてきた、すべての善意と犠牲に感謝します。とくに今は、私のすべての活動の源泉になっている、あたたかい包容力を湛えた妻の奈津子に。そしてやはり、私という存在の因果の起点であり、私を私にしてくれた、母・眞由美と父・修一に（父は、この本の完成を見ること遠く叶わず、2010年2月28日に59年のいのちを果たした）。それから、「ひたすら育つ」ということによって、日々前へ進み続ける希望と意味を私に与えてくれる、息子の真識に。四つの群島の、かぎられた言葉だけで、ありがとうを言います。

　ありがてぃさま
　にふぇーでーびる
　たんでぃがーたんでぃ
　みーふぁいゆー

2012年10月

川　手　摂

索　引

[あ　行]

IWS →全島統合上水道を見よ
安里積千代　　39, 81, 92
奄美群島官庁職員組合　　56
奄美群島政府　　27, 38, 262, 263, 291
奄美群島政府職員給与条例　　57
奄美籍公務員　　296-301
一体化　　106, 231, 301, 305, 307, 311
一般職給与法→一般の職員の給与に関する立法を見よ
一般職の職員の給与に関する立法（一般職給与法）　　104, 156, 159, 161, 271, 352
稲嶺成珍　　28, 87, 89, 201, 202, 233, 351
「インチキ職階制」　　167
英語　　139, 262-264, 268, 350, 354
S-1試験　　38
大島支庁　　22, 54, 292, 306
大田政作　　121, 219, 221, 225, 227, 303
沖縄教職員会（教職員会）　　92, 132, 204, 205, 208, 214, 217, 219, 220, 222, 224, 226, 229, 233, 353
沖縄群島政府　　26, 38, 52, 85, 87, 89, 139, 190
沖縄県企業局　　261, 284, 287, 354
沖縄県庁　　2, 28, 29, 43, 60, 120, 131, 325, 333, 334, 338, 339, 341-344
沖縄県労働組合協議会（県労協）　　228, 229, 272
沖縄諮詢会　　18, 27, 42, 188, 191
沖縄社会大衆党（社大党）　　41, 85, 88, 92, 94, 132, 209, 215, 217, 223, 229, 349
沖縄自由民主党（自民党）　　209, 214, 217, 224, 225, 233
沖縄人民党（人民党）　　2, 84, 88, 92-94, 217, 229
「沖縄中心主義」　　3
沖縄の復帰に伴う特別措置に関する法律　　287, 321
沖縄の本土復帰に伴う琉球政府公務員の身分の取扱いについて（8月協定）　　319, 324, 326, 328, 336, 340, 345
沖縄民政府　　19, 28, 41, 43, 118, 193, 240

屋田甚助　　250, 262

[か　行]

開金→琉球開発金融公社を見よ
格付　　148, 149, 152, 164-170, 172, 173, 177-179, 276, 277, 279-281, 284
鹿児島県庁　　60, 291, 306
兼次佐一　　92-94, 196, 203
可能性的権力　　355
嘉陽安春　　5, 68, 72
仮計算　　329-331
官公労　　133, 180, 215, 219, 229, 232, 233, 314, 319, 324, 325, 328, 330, 331, 333, 345
官制　　19, 351
官吏　　20, 44
官吏服務規律　　20, 38, 86
キャラウェイ（Paul Caraway）　　12, 222, 303, 355
級別資格基準表　　157, 159, 160, 182
給与（の）切替　　287, 294, 320, 321, 323, 354
給与制度　　12, 61, 96, 156, 177, 275, 276, 288, 350
給与制度の「生命力」　　184
給与等級　　101, 104, 142, 143, 156, 158-160, 162, 167, 178-180, 183
給与法体制　　156, 158, 181, 183, 167, 352
給料表　　159-163
給料表適用職級表（職級表）　　158-160, 162
教公二法　　201, 205, 208, 214, 216, 219, 220, 222, 223, 225, 226, 228-230
教職員会→沖縄教職員会を見よ
行政法務委員会（行法委）　　92, 143, 144, 190, 207, 209, 211, 212, 214, 215
競争試験主義　　100, 111, 115, 175, 183
行法委→行政法務委員会を見よ
局長会議　　148, 156, 228, 230, 233, 318, 324, 329, 331, 335-337, 339
勤続年数　　167, 183
久手堅憲次　　123, 129, 265
国県事務分離　　306, 308, 310, 312
軍政府　　17, 19-27, 31, 36, 43, 45-52, 55, 56, 58, 60, 188

365

群島諸政府　17, 82, 348
群島組織法　26, 37, 42
軍民間人事部（CPO）　253, 277-280
警察　32-34, 39, 47, 54, 86, 110, 147, 300
現給保障　326, 327
言語手当　268, 271
県労協→沖縄県労働組合協議会を見よ
公社マニュアル→琉球水道公社人事マニュアル
　を見よ
高等弁務官　91, 217, 240, 242, 272, 273, 302, 303, 355
高等弁務官機関監督者の人事マニュアル（統一
　マニュアル）　253, 254, 256, 268, 269, 279-281
公務員関係労組共闘会議（公労共闘）　222, 225, 226, 228
公務員制度　3, 12, 84, 184, 276, 355
公労共闘→公務員関係労組共闘会議を見よ
国政事務　309, 312, 315, 319, 340, 341
国籍条項　105, 297
国家公務員法（国公法）　80-83, 316, 351
国公法→国家公務員法を見よ
雇用の流動性　136, 137

[さ 行]

再計算　288, 320, 325-328
採用試験　32-34, 38, 103-106, 108, 110, 115, 175, 195-198, 258
差額保障　327, 331
360円換算　333
CPO→軍民間人事部をみよ
志喜屋孝信　18, 27, 29, 48
市制町村制　187
自治省　232, 314, 324, 335, 339
市町村会　189, 209-211, 213, 216, 220, 224
市町村公務員法　353
市町村自治法　190
市町村制　6, 189, 190
自治労→自治労沖縄県連を見よ
自治労沖縄県連（自治労）　216, 218-220, 222-224, 226, 229, 232, 233
指導官　138, 352
自民党→沖縄自由民主党を見よ
諮問委→琉球列島高等弁務官に対する諮問委員
　会を見よ
社大党→沖縄社会大衆党を見よ
就官能力　105

準　拠　80, 86, 88, 90, 100, 102, 149, 154, 184, 234, 249, 277, 288, 351, 352, 354, 357
昇格　156-160, 162, 178, 181
昇　任　101, 102, 156, 158-160, 176-178, 181, 183
昇任試験　33, 104, 106, 110, 175
職位　149, 164-166, 169, 171-174, 179, 255-257, 276, 278, 280, 282
職位台帳　166
職位と人　172
職員の任免［人事委員会規則］　101, 115, 177, 181, 182
職級表→給料表適用職級表をみよ
職　種　43, 45, 46, 50, 51, 104, 105, 142, 143, 146, 149, 150, 153, 165
職務記述書　147, 165, 166, 173, 254, 278, 284
職務給原則　154, 162, 167, 175, 178-180
職務権限規程　285, 286
職務調査　141, 165, 167, 174
職務定義→琉球人職務定義マニュアルを見よ
職務の級の巾　101, 159, 181
職務分類　152, 156, 163, 174, 277, 281
職務分類制　46, 105, 154, 256, 257, 275, 276, 279, 284
職務分類制と任用の開放性に関する連合関係　256
職名主義　167, 168, 172, 178
職階制　5, 102, 104, 105, 224, 277, 330, 352
職階制実施の要因　152
職階制の廃止　318
職階法→琉球政府公務員の職階制に関する立法
　を見よ
職級　105, 112, 143, 149, 150, 152, 157, 159-162, 164-167, 169, 171, 178-180, 182, 276, 280
職級明細書　147-149, 152, 163, 171, 172, 178
職級明細書の不完全性　176, 183
初任給、昇格、昇給等の基準　156, 179
初任給、昇給、異動等の基準　101, 158, 179-181
初任給、昇給、昇任等の基準　160, 179
人員整理　21-24, 26, 40, 42, 56, 118, 255
人規→人事院規則を見よ
人事委員会［琉球政府］　82, 105-107, 113, 127, 141-143, 145, 148, 161, 164-166, 168, 169, 173, 176, 178, 180, 183, 198, 203, 214, 297, 299, 313, 314, 318, 319, 325, 326, 334, 352

人事委員会［臨時北部南西諸島政庁］　34
人事委員会規則　100, 103, 147, 337
人事院　81, 106, 143, 145, 313, 314, 324, 326, 328, 329, 331, 332, 334, 337
人事院沖縄事務所　313
人事院規則（人規）　100, 102, 147, 149, 156, 320, 325, 332, 333, 354
人事行政　3, 12, 355, 357
人事交流　137, 138, 303, 305-307, 309, 310
人事選考委員会　76
人民党→沖縄人民党を見よ
推定主義　167, 170, 178, 183
ストライキ　208, 216-218, 220, 224, 227, 233, 273, 333
瀬長亀次郎　40, 88, 90-94, 196
全沖縄軍労働組合（全軍労）　272, 273, 279
全沖縄労働組合連合会（全沖労連）　218, 219, 229
全軍労→全沖縄軍労働組合を見よ
選考　111, 176, 177, 196, 197, 352
戦後琉球　1, 289
全沖労連→全沖縄労働組合連合会を見よ
全島統合上水道（IWS）　240, 242-245, 248, 286, 287
「創造性」　350, 358
総理府特別地域連絡局（特連）　302, 310

［た　行］

大卒　105, 106, 109, 110, 125, 131, 179, 180, 198, 199, 261
平良辰雄　26, 30, 40, 41, 86, 88
平良良松　198, 211, 232
玉城盛幸　129, 135
断絶　15, 60, 185, 234, 352, 353
地公法→地方公務員法を見よ
地方行政緊急措置要綱　6, 188
地方公務員法（地公法）　81, 82, 187, 202, 204, 205, 232-234, 351
地方自治法　26, 189, 190
中央教育委員会（中教委）　204, 205, 207, 208, 214, 216, 219, 220, 229
中央労働委員会（中労委）　206, 208, 211
中教委→中央教育委員会を見よ
中途採用　121, 133
中労委→中央労働委員会を見よ
調査団　232, 291, 303, 305, 306, 309
賃金委→陸・空軍賃金委員会を見よ

ティルトン（Cecil G. Tilton）　26
統一マニュアル→高等弁務官機関監督者の人事マニュアルを見よ
等級　101, 112, 142, 143, 181, 275, 280
当間重剛　121, 189, 206
当銘由憲　125, 217
特定職位　178, 179
特連→総理府特別地域連絡局を見よ

［な　行］

内部昇進原則　119, 121, 133, 137
中江実孝　23, 27, 41, 42, 144
仲宗根源和　5, 18, 27, 28
中村安太郎　2, 93, 94, 144
那覇市　191, 193, 194, 196, 213, 220, 227, 228, 231, 232, 240, 244, 250, 343, 353
那覇市職員労働組合（那覇市職労）　195, 212, 215-217, 223
那覇市職労→那覇市職員労働組合を見よ
那覇日本政府南方連絡事務所（南連事務所）　297, 298
南方連絡事務局（南連）　290, 292, 300
南連→南方連絡事務局を見よ
南連事務所→那覇日本政府南方連絡事務所を見よ
西銘順治　85, 197, 220
日本化　14, 153, 285
日本人　23, 83, 105, 296, 298, 353
日本政府　13, 137, 142, 233, 297, 298, 300-303, 305, 307, 308, 311, 314, 316, 317, 319, 324, 326, 335, 336, 338, 345, 346, 354, 356, 357
日本政府の斉一化力　233, 358
任用資格基準表　127, 182
任用制度　61, 99, 100, 102, 139, 156, 175, 288, 352
任用等級　101, 102, 111, 182
年次休暇（の）買上げ　323
能力実証主義　99, 175, 176, 183

［は　行］

8月協定→沖縄の本土復帰に伴う琉球政府公務員の身分の取扱いについてを見よ
比嘉秀平　88, 92, 121, 134
非常勤職員　112, 314, 315, 336, 337
非対称性　354, 356, 357
「復帰」　88, 93, 108, 191, 234, 284, 289, 346, 354

索　引　367

復帰対策要綱　316, 325
フライマス（Edward Freimuth）　201, 299, 300
布令7号　50-52, 54, 56, 58, 87, 155, 270
文官任用令　29, 60, 351
俸給表　42, 45, 48-50, 55, 57, 58, 91, 155, 156, 157
俸給率［1952年指令7号］　91, 155, 271
ポストエンジニア　240, 248

［ま 行］

又吉康信　247, 250, 259, 267
松岡政保　18, 40, 41, 120, 121, 135, 227, 309
身分（の）引継　108, 290, 291, 293, 295, 299, 312, 315, 319, 321, 334, 354
身分保障　85, 87, 203-205, 211, 213-215, 220, 314
宮古群島政府　58
宮古支庁　24, 37, 57
宮古民政府　24, 40, 58
宮良用英　134, 135, 264
民主党
　沖縄──　227, 228, 230
　琉球──　93, 118, 207, 209
民政副長官　91, 105, 240, 355
メーデー　212, 214, 215, 223, 228, 231

［や 行］

八重山（仮）支庁　25, 59
八重山群島政府　39
八重山民政府　25, 35, 40, 59, 60
山中貞則　284, 287, 314, 323, 324, 333
山野幸吉　232, 302, 306, 308, 309
屋良朝苗　121, 130, 132, 135, 231, 323
USCAR →琉球列島米国民政府を見よ
USARYIS →琉球列島米陸軍を見よ
与儀達敏　37, 93, 118, 144, 203
四軍合同労働委員会　273

［ら 行］

陸・空軍賃金委員会（賃金委）　270-274, 280
立法院［琉球政府］　2, 143, 190, 207, 209, 210, 213, 221, 223, 272, 354
立法院［琉球臨時中央政府］　88, 89, 91
立法勧告　91, 204, 205, 207-209, 215, 221-213, 229

立法調査　209, 211, 212, 214, 215, 225, 227
立法要請　91, 92, 143, 205
琉球開発金融公社（開金）　242, 246, 253, 263, 265-267, 274
琉球公務員法（琉公令）　80, 81, 89, 90, 95, 99, 154, 351
琉球処分　1, 356, 357
琉球人　1, 105, 239, 247, 250, 269, 278, 296
琉球人職務定義マニュアル（職務定義）　279, 280, 282
琉球水道公社　354
琉球水道公社人事マニュアル（公社マニュアル）　254, 258, 283, 284
琉球政府　4, 13, 75, 193, 194, 198, 200, 242, 243, 246, 252, 257, 262, 265, 271, 272, 285, 297, 299, 300, 302, 303, 305-307, 309, 328, 338, 340, 346, 354-357
琉球政府公務員の職階制に関する立法（職階法）　143, 145, 149, 158, 173, 175
琉球政府公務員法（琉公法）　81, 92, 100, 111, 115, 143, 153, 174, 179, 180, 191, 203, 297, 351
琉球政府章典　90, 91, 95, 105, 190, 297
琉球電力公社　138, 239, 249, 253, 264, 274, 283
琉球農林省　65, 348
琉球貿易庁　63, 263, 348
琉球郵政庁　64, 348
琉球臨時中央政府　88, 114, 145, 291, 351
琉球臨時中央政府行政職員任用法　88, 89, 349
琉球列島高等弁務官に対する諮問委員会（諮問委）　305, 306, 309, 310
琉球列島米国民政府（USCAR）　10-12, 18, 52-54, 87-91, 95, 105, 134, 139, 145, 149, 154, 155, 160, 162, 163, 190, 201, 203, 206, 208, 210, 214, 230, 239, 240, 243, 245, 246, 249-251, 253-255, 258, 263, 268, 270, 271, 280-282, 296-299, 306, 350, 353, 354
琉球列島米陸軍（USARYIS）　240, 243, 245, 246, 248, 254
琉公法→琉球政府公務員法を見よ
琉公法理念体系　174, 184
琉公令→琉球公務員法を見よ
留職　177
猟官　36, 40, 41, 207, 275
臨時的任用　115, 315

368

臨時北部南西諸島政庁　23, 34, 54, 190, 262
臨時琉球諮詢委員会　67, 73
連続性　14, 26, 60, 96, 118, 119, 153, 184, 185, 349
　戦前との——　14, 19, 30, 34, 61, 96, 140, 199, 349, 353
　日本との——　14, 96, 139, 234, 346, 351, 352, 355-357
　米国との——　14, 61, 288, 350, 354
労組→労働組合を見よ
労働組合（労組）　132, 200, 206, 209, 210, 212, 213, 215, 217, 220, 274, 287, 353

著者略歴

1979 年　東京都生まれ
2001 年　国際基督教大学教養学部卒業
2003 年　国際基督教大学大学院行政学研究科博士前期課程修了
現　在　後藤・安田記念東京都市研究所（旧・東京市政調査会）研究員

主要著書

『戦後日本の公務員制度史――「キャリア」システムの成立と展開』（岩波書店，2005 年）
『雑誌「都市問題」にみる都市問題 1925–1945』（共著，岩波書店，2010 年）
『雑誌「都市問題」にみる都市問題 Ⅱ 1950–1989』（共著，岩波書店、2012 年）

戦後琉球の公務員制度史
米軍統治下における「日本化」の諸相

2012 年 11 月 20 日　初　版

［検印廃止］

著　者　川手　摂（かわて しょう）

発行所　一般財団法人　東京大学出版会
　　　　代表者　渡辺　浩
　　　　113-8654　東京都文京区本郷 7-3-1　東大構内
　　　　http://www.utp.or.jp/
　　　　電話 03-3811-8814　Fax 03-3812-6958
　　　　振替 00160-6-59964

印刷所　株式会社暁印刷
製本所　牧製本印刷株式会社

© 2012 Sho Kawate
ISBN 978-4-13-036243-6　Printed in Japan

〈JCOPY〉〈(社)出版者著作権管理機構　委託出版物〉
本書の無断複写は著作権法上での例外を除き禁じられています．複写される場合は，そのつど事前に，(社)出版者著作権管理機構（電話 03-3513-6969，FAX 03-3513-6979，e-mail: info@jcopy.or.jp）の許諾を得てください．

辻　清明著	新版 日本官僚制の研究	A5判	5800円
辻　清明著	公務員制の研究	A5判	5800円
西尾　勝著	行政学の基礎概念	A5判	5400円
新藤宗幸著	講義 現代日本の行政	A5判	2400円
新藤宗幸著	概説 日本の公共政策	46判	2400円
伊藤修一郎著	政策リサーチ入門	A5判	2800円
山崎幹根著	国土開発の時代	A5判	5400円
副田義也著	内務省の社会史	A5判	9800円
副田義也編	内務省の歴史社会学	A5判	6200円

ここに表示された価格は本体価格です．ご購入の際には消費税が加算されますのでご了承下さい．